国际贸易理论、政策与案例

主　编　周敏倩　竺杏月

副主编　狄昌娅　张　倩

参　编　贝淑华　狄昌娅　黄友军

张　倩　竺杏月

东南大学出版社

·南京·

图书在版编目(CIP)数据

国际贸易理论、政策与案例 / 周敏倩，竺杏月主编.
—南京：东南大学出版社，2013.2 (2018.1 重印)
ISBN 978-7-5641-4126-4

Ⅰ.①国… Ⅱ.①周…②竺… Ⅲ.①国际贸易理论
—案例②国际贸易政策—案例 Ⅳ.①F74

中国版本图书馆 CIP 数据核字(2013)第 037248 号

国际贸易理论、政策与案例

出版发行：东南大学出版社
社　　址：南京市四牌楼 2 号　邮编：210096
出 版 人：江建中
责任编辑：史建农
网　　址：http://www.seupress.com
电子邮箱：press@seupress.com
经　　销：全国各地新华书店
印　　刷：南京京新印刷厂
开　　本：787mm×1092mm　1/16
印　　张：19
字　　数：462 千字
版　　次：2013 年 3 月第 1 版
印　　次：2018 年 1 月第 3 次印刷
书　　号：ISBN 978-7-5641-4126-4
定　　价：39.00 元

本社图书若有印装质量问题，请直接与营销部联系。电话：025－83791830

前　言

随着经济全球化和区域经济一体化趋势的加深，国际贸易的发展速度超过了世界 GDP 的增长速度。中国作为第 143 个成员国加入 WTO 已近 11 个年头，至 2012 年 8 月 WTO 更有 157 个成员国，世界经济的联系将愈加紧密。世界经济发展轨迹和各国发展历程表明，国际贸易是促进世界经济和各国经济发展的强大动力。因此，对国际贸易问题的研究不仅是经济学家所关注的，也是我国高校经管类专业学生必修课程中不可缺少的内容。

本书共分 4 篇 13 章。全书全面地介绍了国际贸易的相关内容基础理论、基本政策和基本知识，在理论编写过程中尽可能地吸收了该领域的最新成果，力求能够在内容上反映本学科发展的前沿动态。本书具有体系的完整性、理论的深刻性、知识的新颖性和生动的可读性。

本书注重理论联系实际，突出应用型人才培养的特点，强化实际动手能力的培养，每章都配有引导案例和复习思考题。全书文字阐述通俗易懂，力求做到深入浅出。

本书既可作为高等院校经管类和非经管类本科教材，也可作为相关专业专科生及成人高等学历教育的教材，还可作为涉外经济工作者和理论工作者研究国际贸易问题的参考用书。

参加本教材编写的人员及任务分工如下：竺杏月编写第三、四、五章，黄友军编写第二章，狄昌娅编写第七、八、九章，张倩编写第十、十一、十二、十三章，贝淑华和黄友军共同编写第一章，黄友军和狄昌娅共同编写第六章。

本书由周敏倩和竺杏月担任主编，狄昌娅和张倩为副主编，全书由竺杏月负责统稿。本书在编写过程中参考了大量相关的文献及教材，在此一并对原作者表示衷心感谢！

限于水平，本教材可能存在不足之处，敬请各位读者不吝赐教。

编　者

2012 年 10 月

目 录

第一篇 导 论

第二篇 自由贸易理论

第三篇　国际贸易政策及措施

第四篇 国际贸易运行规则与热点问题

第一篇　导　论

第一章　国际贸易学的基本概念与研究对象

学习目的

- 掌握国际贸易的基本概念。
- 了解国际贸易的产生与发展。
- 了解国际贸易的研究对象。

【引导案例】

从贸易大国走向贸易强国

回顾中国对外贸易发展历程，走过的道路很不平坦，成绩来之不易。1950 年，新中国的外贸总额只有 11.3 亿美元；2011 年，外贸总额逾 3.64 万亿美元，是 1949—1978 年总和的 33 倍，跃居全球第一大贸易国。贸易伙伴由 1950 年的十几个增至 220 多个，商品结构由新中国成立初期以初级产品出口为主转向以劳动、资本和技术密集型制成品出口为主，从“中国制造”朝着“中国创造”迈进。

毫无疑问，中国已成为贸易大国，但并非贸易强国。虽只有一字之差，但足以表明差距。我国外贸一直以来的最大问题，在于主要靠数量扩张和低价竞争。有些产品世界产量第一，世界出口第一，但出口厂商获得的比较利益是非常低的，基本没有知识产权。无论是专有技术、专利、商标还是国际的销售渠道，基本不在中国自己的企业手上。另外，我国很多出口商品与国际标准不相适应，以及我国企业对自有品牌、自有技术在海外进行的知识产权保护手段不足，都给企业在未来国际竞争中带来很大制约，比如遇到专利包围的问题，中国大部分企业没有还手之力。

在当今世界经济全球化大潮的推动下，国际贸易已成为世界各国政治、经济、文化交往的重要领域和平台，成为人们社会生活中不可或缺的内容。那么各国为什么都追求贸易增长？为什么贸易可以拉动各国的经济发展？为什么贸易使双方都能获益？获益的源泉何在？如何分配利益？为什么有的国家继续实施保护贸易的政策？国际贸易与国际投资关系如何，两者如何相互影响？为了解答这些问题，必须对国际贸易的概况和相关理论系统学习。入世以后，中国已作为一个经济实体全面的融入了全球经济之中。所以，中国同其他国家和地区的商品和服务交易将会更加扩大。如何使中国能够从贸易大国走向贸易强国，熟悉国际贸易基本概念、理论和政策，了解国际贸易领域的规则和发展动态非常必要。

国际贸易是指世界各国和地区之间商品和服务的交换活动，是世界各国经济在国际分工的基础上相互联系、相互依赖的主要形式。从一个国家的角度来看，这种交换活动为该国的对外贸易；从国际范围来看，人们常把它称为国际贸易，又称为世界贸易。对外贸易是国际贸易的组成部分，国际贸易是对外贸易的总和。

国际贸易学是研究国际商品交换关系及其运动规律的一门学科。国际商品交换包括有形商品和无形商品的交换活动，即包括商品贸易、服务贸易和技术贸易等方面的交换关系和运动规律。国际贸易学通过研究国际商品交换各个方面的关系，研究支配国际商品交换关系发展变化的国际和国内的政治、经济、历史、文化等因素，以及国际商品交换关系的发展变化对各国经济和国际经济关系产生的影响，从而研究国际商品的运动规律。

第一节　国际贸易的基本概念

一、国际贸易与对外贸易

国际贸易(International Trade)是指世界各国或地区之间在商品和服务方面的交换活动。它既包括有形商品(实物商品)的交换，也包含无形商品(服务，如劳务、技术、货币或咨询等)的交换。国际贸易可以说是各个国家或地区在国际分工的基础上相互联系的主要方式。

对外贸易(Foreign Trade)是指国际贸易活动中一个特定的国家或地区同其他国家或地区之间所进行的商品和服务的交换活动。它是从单个国家或地区的角度出发来看待它与其他国家或地区的商品和服务的贸易活动，所以对外贸易有时也被称为国外贸易(External Trade)。而一些海岛国家或地区以及对外贸易活动主要依靠海运的国家或地区，如英国、日本、中国台湾等，把这种交换称为海外贸易(Oversea Trade)。

国际贸易与对外贸易是一般与个别的关系。如果从国际范围来考察，国际贸易是一种世界性的商品和服务交换活动，是各国对外贸易的总和。因此，国际贸易又常被称为世界贸易(World Trade)、全球贸易(Global Trade)。

值得注意的是，在上述定义中都是包括商品与服务在内的，所以称为广义的对外贸易和国际贸易；如果不把服务包括在内，则称为狭义的对外贸易和国际贸易，即传统的对外贸易和国际贸易。

二、总贸易体系与专门贸易体系

总贸易(General Trade)和专门贸易(Special Trade)是贸易国家记录和编制进出口统计的一种方法。大部分国家只采用其中的一种方法进行记录和编制。

总贸易体系是以货物通过国境作为统计进出口的标准。据此，凡是进入该国国境的商品一律列为进口，称为总进口(General Import)；凡是离开该国国境的商品一律列为出口，称为总出口(General Export)；总进口额加上总出口额就是一个国家的总贸易额(General Trade)。采用这种统计标准的国家有日本、英国、加拿大、澳大利亚和美国等 90 多个国家和地区。我国采用的就是这种统计方法。

专门贸易体系是以货物经过关境作为统计进出口的标准。据此，外国商品进入关境之后才列为进口，称为专门进口（Special Import）。如果外国商品虽已进入国境，但仍暂时存放于海关的保税仓库之内，或只是在免税的自由经济区流通，则不被统计为进口，如加工贸易。凡是离开关境的商品都列为出口，称为专门出口（Special Export）。从关境外国境内输往他国的商品，也不被统计为出口。专门出口额加上专门进口额，就是一个国家的专门贸易额（Special Trade）。当外国商品进入国境后，暂时存放在保税仓库，不进入关境，一律不列为进口。只有进入关境的货物才作为进口，对运出关境的货物作为出口。采用这种统计标准的有德国、意大利、法国、瑞士等80多个国家和地区。

总贸易与专门贸易两者之间的区别：

(1) 总贸易与专门贸易的数额是不相同的。这是因为：①关境与国境的不一致；②对某些特殊形式的贸易两者的处理不同。比如过境贸易计入总贸易额，但不会列入专门贸易额。所以，联合国在公布各国对外贸易统计数字时，一般都注明该国是总贸易体制还是专门贸易体制。

(2) 总贸易与专门贸易反映的问题各不相同。总贸易包括所有进出入该国国境的商品，反映的是一个国家在国际货物流通中所处的地位；而专门贸易只包括那些进口是用于该国生产和消费，出口是由该国生产和制造的商品，所反映的是一个国家作为生产者和消费者在国际贸易中所起的作用。

专栏

关境与国境

关境又被称为关税领域、关税领土，在《国际海关术语汇编》中，关境被定义为是一个国家的海关法得以全部实施的区域。而国境是指一个国家的领土，也就是处于一个国家主权支配下的地球表面特定部分。

两者之间的关系：一般情况下，关境和国境是一致的。但有两种例外：

一是关境小于国境。一些国家的国境内设有自由港、自由贸易区或海关保税仓库等，这些均不属于关境范围之内，此时，关境就小于国境。比如我国就是关境小于国境的典型例子，因为香港、澳门、台湾都在我国的国境之内，却不在我国的关境以内。WTO成员中，来自中国的就有4个，分别是中国大陆、中国香港、中国澳门、中国台北。香港和澳门是作为单独关境；而台北是作为单独关税区。单独关境和单独关税区都适用不同的关税制度。

二是关境大于国境。有些国家之间缔结关税同盟，参加关税同盟的国家的领土即成为统一的关境，此时，关境大于国境。比如欧盟是典型的关境大于国境的例子。

三、对外贸易额与对外贸易量

对外贸易额（Value of Foreign Trade）是以金额表示的一国对外贸易，又称对外贸易值。一定时期内一国从国外进口商品的全部价值，称为进口贸易总额或进口总额；一定时期内一国向国外出口商品的全部价值，称为出口贸易总额或出口总额。两者相加为进出口贸易总额或进出口总额，是反映一国对外贸易规模的重要指标之一。一般都用本国货币表示，也有用国际上习惯通用的货币表示。联合国编制和发表的世界各国对外贸易额的资料是以美元表示的。

把世界上所有国家的进口贸易总额或出口贸易总额按同一种货币单位换算后加在一起，即得国际贸易额（Value of International Trade）。由于一国的出口就是另一国的进口，因此从世界范围来看，所有国家进口的合计理应等于所有国家出口的合计。但是，由于各国一般都是按离岸价格（FOB 价）计算出口额，按到岸价格（CIF 价）计算进口额，因此，世界出口总额总是小于世界进口总额。通常所说的国际贸易额是指世界出口总额。表 1-1 为 2005—2010 年世界及各洲国际贸易额。

表 1-1　世界及各洲国际贸易额（单位：亿美元）

年　份	北美出口	拉美出口	欧洲出口	亚洲出口	北美进口	拉美进口	欧洲进口	亚洲进口	国际贸易总额
2005	14 758	3 595	43 970	30 602	22 844	3 001	45 732	2 565	213 440
2006	16 642	4 355	49 758	35 761	25 417	3 643	52 387	3 027	245 500
2007	18 408	4 981	57 984	41 417	27 021	4 573	60 981	3 740	283 000
2008	20 352	6 035	64 682	47 251	29 081	5 951	68 627	4 792	326 360
2009	16 025	4 590	50 222	38 911	21 780	4 431	51 745	4 066	252 400
2010	19 637	5 749	56 262	50 682	26 815	5 764	58 405	4 627	306 140

资料来源：国家统计局 2011 年鉴。

以货币所表示的对外贸易额经常受到价格变动的影响，因此不能确切地反映一国对外贸易的实际规模，不同时期的对外贸易额是不能直接比较的。所以在实际工作中，往往要用以固定年份为基期计算的进口或出口价格指数去除当时的进口额或出口额。通过这种方法计算出来的对外贸易额已经剔除了价格变动的影响，单纯反映对外贸易的量，所以又称为对外（国际）贸易量（Quantum of Foreign/International Trade）。贸易量指标不仅可以比较确切地反映出对外贸易的规模，便于把不同时期的对外贸易额进行比较，而且可以由此计算各个时期定期的或对比的物量指数。

$$\text{对外贸易量}=\text{进出口额}\div\text{进出口价格指数}\times 100\%$$

例题

假定 2000 年国际贸易值（出口值）为 14 000 亿美元，2010 年国际贸易值为 30 000 亿美元，设 2000 年出口价格指数为 100，2010 年出口价格指数为 160，试比较 2010 年与 2000 年国际贸易值和国际贸易量的增长变化情况。

解析：

在此例中，很明显 2000 年作为基期，而 2010 年是作为报告期，出口价格指数为已知。

(1) 国际贸易值的增长变化

2010 年国际贸易值÷2000 年国际贸易值＝30 000÷14 000＝2.14(倍)，即增加了 114%。

(2) 国际贸易量的增长变化

2010 年国际贸易量÷2000 年国际贸易量＝(30 000÷160)/(14 000÷100)＝1.34(倍)，即增加了 34%。

由此可见，按贸易值计算，2010 年国际贸易值是 2000 年国际贸易值的 2.14 倍，增加了 114%；而按贸易量计算，剔除价格因素，2010 年国际贸易量是 2000 年国际贸易量的 1.34 倍，仅增加了 34%。

由于通过对贸易量的计算可以得出较为准确的反映国际贸易实际规模变动的情况，所以许多国家和国际组织都采用这种方法计算贸易量。

应该正确地看待贸易值这个指标，可以再思考以下两个问题：

(1) 若中国对美贸易值为 1 000 亿美元，占国民收入的 5%，能说明什么？能说明美国的经济波动会对我国经济产生 5%的影响。

(2) 假设 2000 年我国国际贸易值为 10 000 亿美元，2010 年的国际贸易值为 20 000 亿美元，能不能说明在这 10 年里国际贸易值翻了一番，增加了 10 000 亿美元的国际贸易值？答案是不能，因为必须要考虑价格、货币贬值等一系列的因素和问题。

四、贸易差额

一定时期内一国出口总额与进口总额之间的差额称为贸易差额(Balance of Trade)。贸易差额用以表明一国对外贸易的收支状况。如果出口值大于进口值，即出现了贸易盈余，称为贸易顺差(Trade Surplus)或出超；如果出口值小于进口值，即出现了贸易赤字，称为贸易逆差(Trade Defict)或入超；如果出口值与进口值相等，则称为贸易平衡(Trade Balance)。表 1-2 是我国 2006—2011 年进出口额及贸易差额。

表 1-2　2006—2011 年中国进出口额及贸易差额(单位：亿美元)

年　份	进出口总额	出口额	进口额	差　额
2006	17 606.8	9 690.8	7 916	1 774.8
2007	21 738.3	12 180.2	9 558.2	2 622
2008	25 616.3	14 285.5	11 330.8	2 954.7
2009	22 072.2	12 016.6	10 055.6	1 961
2010	29 727.6	15 779.3	13 948.3	1 831
2011	36 420.59	18 986	17 434.59	1 551.41

资料来源：商务部 2011 年商务统计资料。

贸易差额是衡量一国对外贸易状况的重要指标。一般情况，贸易顺差表明一国在对外贸易收支上处于有利地位，贸易逆差则表明一国在对外贸易收支上处于不利地位。因此各国都希望有贸易顺差，以增强本国的对外支付能力，稳定和提高本国货币对外币的比值，并将其视为经济成功的标志。单纯从国际收支的角度来看，当然顺差比逆差好，但是长期保持顺差也不一定是一件好事。顺差过多会使资金大量积压，同时，巨额顺差也会使本国货币升值，不利于扩大出口，并且会造成同其他国家的贸易关系紧张。有贸易逆差也并不一定是坏事，应分析造成逆差的原因。如果贸易逆差是由于进口大量奢侈品等造成的，这种逆差对一国的经济发展来说是不利的。但是如果逆差是由于进口机器设备和技术等造成的，是为了扩大再生产，这种逆差对经济发展来说不是坏事。

五、对外贸易商品结构与国际贸易商品结构

对外贸易商品结构(Composition of Foreign Trade)是指一定时期内一国进出口贸易中各种商品的构成，即某大类或某种商品进出口贸易与整个进出口贸易额之比，以份额表示。国际贸易商品结构(Composition of International Trade)是指一定时期内各大类商品或某种商品在整个国际贸易中的构成，即各大类商品或某种商品贸易额与整个实际出口贸易额相比，以比重表示。为便于分析比较，世界各国和联合国均以《联合国国际贸易商品标准分类》公布国际贸易和对外贸易商品结构，表 1-3 中是 2011 年世界上一些国家和地区的出口商品结构。

表 1-3　出口货物构成(单位：%)

国家和地区	农业原材料	食　品	燃　料	矿物和金属	其　他
世界	1.5	8.4	11.7	3.7	4.8
高收入国家	1.5	7.7	9.1	3.3	5.7
中等收入国家	1.6	11	22.2	5.2	1.2
中国	0.5	2.9	1.7	1.2	0.1
中国香港	2	6.9	4.4	6.4	0.9
印度	1.2	8	13.4	6.2	4.4
日本	0.7	0.7	1.8	2.8	6
韩国	0.8	1.1	6.4	1.9	0.1
加拿大	3.6	11.5	25	7.3	2.5
美国	2.3	10.3	5.8	3.5	11.3
法国	0.8	12.4	3.6	2	2.6
德国	0.8	5.6	2.1	2.5	7.5

资料来源：世界银行 2011WDI 数据库。

一国对外贸易商品结构可以反映出该国的经济发展水平、产业结构状况、科技发展水平等。国际贸易商品结构可以反映出整个世界的经济发展水平、产业结构和科技发展水平。

六、对外贸易地理方向和国际贸易地理方向

对外贸易地理方向(Direction of Foreign Trade)又称为对外贸易地区分布(Foreign

Trade by Regions)，是指一国出口商品的去向和进口商品的来源，从而反映一国与其他国家或国家集团之间经济贸易联系的程度。一国对外贸易地理方向通常受到经济互补性、国际分工的形式与贸易政策的影响。国际贸易地理方向(Direction of International Trade)又称为国际贸易地区分布(International Trade by Regions)，是指一定时期内世界各个国家或各个地区的对外贸易在整个国际贸易中所占的比重。通常可以用它们的出口贸易额或进口贸易额占世界出口贸易总额或进口贸易总额的比重来表示。

国际贸易地理方向也称"国际贸易地区分布"，用以表明世界各洲、各国或各个国家集团在国际贸易中所占的地位。计算各国在国际贸易中的比重，既可以计算各国的进出口额在世界进出口额中的比重，也可以计算各国的进出口总额在国际贸易总额中的比重。表 1-4 中表示农产品的主要进出口国家和地区。

表 1-4　农产品进出口额及贸易地理方向(单位：亿美元)

国家和地区	农产品进口额			农产品出口额		
	Exports			Imports		
	2000	2009	2010	2000	2009	2010
世界	5 956.62	8 991.23	11 966.65	5 512.94	8 469.21	11 688.47
中国	195.44	451.89	766.17	163.84	287.11	408.8
中国香港	117.28	110.87	171.51	56.93	43.14	67.73
中国澳门	2.9	5.07	8.06	0.45	0.46	0.56
孟加拉国	17.16	26.83	62.49	4.98	7.41	15.35
柬埔寨	1.89	2.51	4.1	0.53	0.81	1.2
印度	39.53	75.47	140.63	59.31	102.71	166.61
印度尼西亚	57.27	73.16	113.51	77.64	140.63	252.64
伊朗	29.43	37.94	70.6	9.32	22.79	29.11
以色列	22.88	29.3	41.5	11.82	17.25	21.44
日本	621.85	659.47	676.63	43.95	60.07	78.95
哈萨克斯坦	5.06	14.13	26.02	7.25	8.77	17.24
韩国	128.37	167.73	210.97	42.98	52.85	71.63

资料来源：国家统计局 2011 年鉴。

由于对外贸易是一国与别国之间发生的商品交换，因此，把对外贸易按商品分类和按国家分类结合起来研究分析，即把商品结构和地理方向的研究结合起来，可以查明一国出口中不同类别商品的去向和进口中不同类别商品的来源，具有重要意义。

从表 1-5 中可以发现，对外贸易地理方向既表明了一个国家或地区出口商品的去向，也表明了该国进口商品的来源，从而反映该国进出口贸易的国别分布与地区分布，表明该国同世界各国或地区之间的经济贸易联系程度。

表 1-5　日本 2006 年某商品的对外贸易地理方向

	美　国	中　国	韩　国	沙　特	印　尼
出口	37.1%	7.1%	4%	2%	1.5%
进口	19.9%	5%	5.4%	7.9%	7.8%

对外贸易地理方向也可以理解为是某种商品或某一类商品在一定时期内的国别分布。比如我国每年都会公布主要的贸易伙伴，其实也就体现了我国的对外贸易地理方向。2011年，我国主要的贸易伙伴有：欧盟、美国、中国香港、东盟、日本、韩国、印度、俄罗斯、中国台湾。

七、对外贸易依存度

对外贸易依存度（Ratio of Dependence on Foreign Trade）是指一个国家商品与劳务进出口总额在国内生产总值中所占的比重。对外贸易依存度可分为进口依存度和出口依存度，分别表示进口贸易总额与国内生产总值之比和出口贸易总额与国内生产总值之比。对外贸易依存度是进口依存度和出口依存度之和。计算公式如下：

$$\text{对外贸易依存度} = (\text{进出口总额} \div \text{GDP}) \times 100\%$$
$$\text{进口依存度} = (\text{进口额} \div \text{GDP}) \times 100\%$$
$$\text{出口依存度} = (\text{出口额} \div \text{GDP}) \times 100\%$$

对外贸易依存度是衡量一个国家对外开放程度的重要指标之一，它反映了一个国家参与国际分工和国际经济合作的程度。一般来说，国土面积较小，天然资源紧缺的国家，其外贸依存度要大些。如表 1-6 中的新加坡就是一个典型，它是港口城市，关键是它要从马来西亚进口淡水资源及电力资源等，它的外贸依存度名列世界首位。

表 1-6　2011 年世界几大国家和地区的外贸依存度

美　国	日　本	德　国	法　国	巴　西	俄罗斯	新加坡	中国香港
25%	29%	76%	47%	20%	46%	298%	397%

资料来源：WTO 国际贸易统计 2011。

1978 年中国改革开放伊始时，外贸依存度只有 9.8%，此后持续上升，到 2011 年外贸依存度已经高达 50.15%，其中出口依存度为 26.2%，进口依存度为 23.9%，见表 1-7。目前中国工业实际外贸依存度已经接近于美国、日本等发达国家。2011 年，美国和日本工业外贸依存度在 50%～70%区间内。由于新加坡的加工贸易比较发达，其出口依存度 1991 年以后一直约为 200%，即它的出口额超过了国内生产总值，这是因为其产出是根据增值来计算的，也就是根据投入的劳动力和资本的贡献来计算的。而出口额则根据商品的价值来计算，它包括了进口零部件的价值。

表 1-7 2006—2011 年中国 GDP、进出口额及外贸依存度

年 份	GDP(亿元)	进出口总额(亿美元)	出口额(亿美元)	进口额(亿美元)	外贸依存度(%)
2006	216 314.4	17 606.8	9 690.8	7 916	63.65
2007	265 810.3	21 738.3	12 180.2	9 558.2	59.71
2008	314 045.4	25 616.3	14 285.5	11 330.8	55.77
2009	340 506.9	22 072.2	12 016.6	10 055.6	44.23
2010	397 983	29 727.6	15 779.3	13 948.3	49.15
2011	471 564	36 420.59	18 986	17 434.59	50.15

资料来源:商务部 2011 年商务统计资料。

八、出口与进口

1. 出口与进口

出口与进口是一个国家对外贸易的两个组成部分。换个角度来看,进口和出口其实也就是商品和服务的流向。所以,当一个国家从其他国家购进商品和服务用于国内生产或消费时,由此而产生的全部贸易活动称为进口(Import)。反之,一个国家向其他国家输出本国商品和服务的活动称为出口(Export)。

专栏

所有运出(入)国境的货物都列为出(进)口吗?

那么,一个国家在进行对外贸易统计时,是不是可以把所有运出国境的货物都列为出口?是不是可以把所有运入国境的货物都列为进口?答案是否定的。因为列入一个国家出口和进口范围的货物必须是由于买卖而运出运进国境的货物,也就是说必须具备贸易性质,否则不在进出口之列,比如以下几种情况就不能作为进出口:

① 外国馈赠、捐赠而运进国境的货物(如非典期间有关国际机构向我国捐赠的医疗器械、药品;日本海啸时各国捐赠的财物等)。

② 本国在国外举行展览而运出的货物(如展览品、样品等)。

③ 供我国驻外使领馆使用的有关物资(如中国驻南斯拉夫使领馆被炸后,在重建过程中,需要的有中国特色的国内物资等)等。

2. 净出口与净进口

一个国家在同类产品上通常是既有出口又有进口。那么在一定时期内(通常为 1 年),将某种商品的出口数量和进口数量加以比较:如果出口量大于进口量,则为净出口(Net Export);如果出口量小于进口量,则为净进口(Net Import)。净出口和净进口是以数量来反映的一个国家某种商品在国际贸易中所处的地位。

3. 复出口与复进口

在国际贸易中,一国对从外国进口的商品不经任何实质性加工改制,再行向外出口,称

为复出口(Re-export Trade)。复出口在很大程度上同经营转口贸易有关。反之,一国的商品输往国外,未经加工改制又被该国重新购回,称为复进口,或称为再进口(Re-import Trade)。造成复进口的原因主要是商品销路不畅或货物破损等质量方面的问题等,如出口退货、退回货款购回等。

4. 出口部门和进口竞争部分两大部门

为了分析进出口贸易对一个国家经济的影响,通常会将国民经济分为出口部门和进口竞争两大部门。出口部门是一国能够将产品销往国际市场的各类产业的总和(如我国的纺织品、彩电、自行车等);进口竞争部门是一国与进口产品在本国市场上进行竞争的各类产业的总和(比如我国的汽车等)。

当然,出口部门与进口竞争部门的划分主要是为了给政府对不同的产业采取不同的贸易政策时提供依据。比如,对于出口部门一般采取相对自由的贸易政策,对于进口竞争部门则采取符合国际惯例和 WTO 规则的保护政策措施。

九、有形贸易与无形贸易

对外贸易按商品形式与内容的不同,分为有形贸易和无形贸易。实物商品的进出口称为有形贸易(Tangible Goods Trade),因为实物商品是有形的和看得见的。不是因为实物商品的进出口而发生的收入与支出,称为无形贸易(Intangible Goods Trade)。它包括:伴随着实物商品和人的国际间移动而发生的劳务收支项目,如货物运输费、保险费、客运费、旅游费用等;由资本的国际间移动而产生的投资收益项目,如利润、利息、红利、租金等;以及如驻外机构费用、侨民汇款、专利使用费等其他收支项目。表 1-8 是 2011 年我国及其他国家的无形贸易额。

表 1-8 按行业划分的服务出口额(单位:亿美元)

国家和地区	服务总额	交通运输	旅 游	其他服务	通 讯	建 筑	计算机	保 险	金融服务
中国	1 712	342.11	458.14	911.79	12.2	144.95	92.56	17.27	13.31
中国香港	1 080	327.77	227.66	524.57	8.94	1.39	6.83	4.96	112.86
中国澳门	286.82	4.52	277.9	4.4	0.83			0.31	1.08
孟加拉国	24.14	1.74	0.81	21.59	2.78	0.07	0.38	0.07	0.41
文莱	10.61	4.52	2.54	2.09	0.22			0.13	
柬埔寨	18.41	2.16	12.31	3.95	1.06	0.07		0.07	
印度	1 237.6	132.48	141.6	963.54	14.11	5.24	567.01	17.82	60.03

资料来源:国家统计局 2011 统计年鉴。

有形贸易因要报关,故其金额显示在一国的海关统计上。无形贸易不经过海关办理手续,其金额不反映在海关统计上,但是显示在一国的国际收支表上。

十、直接贸易、间接贸易、转口贸易、过境贸易

直接贸易(Direct Trade)是指商品生产国与商品消费国不通过第三国而直接买卖商品

的交易行为。此时,出口国就是生产国,进口国就是消费国。贸易双方直接谈判、直接签约、直接结算且货物直接运输。

间接贸易(Indirect Trade)是指商品生产国与商品消费国通过第三国所进行的商品买卖行为。间接贸易主要是因为政治、地理等各方面的原因,导致商品的生产国和消费国之间不能直接进行洽谈、签约和结算,而必须通过第三国商人的转手来间接地进行买卖。间接贸易对于第三国来说,就是转口贸易。

转口贸易(Entrepot Trade)是指从商品生产国进口商品,不是为了本国生产或消费,而是向第三国出口的交易行为。前面提到的复出口就属于转口贸易的一种形式。转口贸易的经营者参与了这笔买卖的商品价值转移活动,但不一定参与商品的实体转移。转口贸易的经营方式可以有两种:一是把商品从生产国输入进来,然后由该国商人销往商品的消费国;二是直接转口,转口商人仅参与商品的交易过程,但商品还是从生产地直接运往消费地,即转口贸易可以直接运输。从事转口贸易的大多是运输便利的国家或地区的港口城市,如伦敦、新加坡、香港等,由于它们地理位置优越,便于货物集散,因而转口贸易相当发达。

转口贸易可以直接运输,直接贸易也可以转口运输,就是过境贸易。过境贸易(Transit Trade)是指商品生产国与商品消费国之间进行的商品买卖活动,由于特殊的地理位置,或者为了节约运输费用和时间,其实物运输过程必须要通过第三国的国境。那么,对于被通过的第三国来说,这就是过境贸易。过境贸易可以分为两种:一种是间接的过境贸易,即外国商品进入国境之后,先暂时存放在海关仓库内,然后再提出运走,比如需要转船或转机运输;另一种是直接的过境贸易,即运输外国商品的船只、火车、飞机等,在进入本国境界后并不卸货,而是在海关等部门的监督下继续输往国外。

过境贸易与转口贸易的主要区别在于:

(1) 过境贸易中第三国不直接参与商品的交易过程,转口贸易则须由转口商人来完成交易手续。

(2) 过境贸易通常只收取少量的手续费,如印花税等,而转口贸易则以营利为目的,要有一个正常的商业加价。

第二节　国际贸易的产生与发展

一、国际贸易产生的条件

国际贸易属于历史的范畴,它是在一定历史条件下产生和发展起来的。国际贸易产生的条件主要有四个方面:

1. 社会生产力的发展和社会分工的扩大

这是国际贸易产生的根本条件和发展的基础。随着社会生产力的发展,出现用以交换的剩余产品,使得交易活动成为可能;同时,随着社会分工的不断扩大才使交易活动变成现实。

2. 国家的出现

国家是阶级矛盾的产物,它的出现使商品交换不断扩大,逐渐越出国界,从而产生了国家与国家间的商品交换，即对外贸易。

3. 商品和商人的出现

商品生产规模扩大、货币的产生以及商人的出现，使得商品交易超出国家的界限，形成了最早的国际贸易。

4. 交通业的发展

交通业的发展为国家间贸易活动的运输等提供了条件。

二、国际贸易的发展过程

（一）原始社会的贸易

在原始社会初期，人类的祖先结伙群居，打鱼捕兽，生产力水平极度低下，人们处于自然分工状态，劳动成果仅能维持群体最基本的生存需要，没有剩余产品用以交换，因此谈不上有对外贸易。

人类历史的第一次社会大分工，即畜牧业和农业的分工，促进了原始社会生产力的发展，产品除维持自身需要以外，还有少量的剩余。人们为了获得本群体不生产的产品，便出现了氏族或部落之间用剩余产品进行原始的物物交换。当然，这种交换还是极其原始并偶然发生的物物交换。

在漫长的年代里，随着社会生产力的继续发展，手工业从农业中分离出来成为独立的部门，形成了人类社会第二次大分工。由于手工业的出现，便产生了直接以交换为目的的生产——商品生产。当产品是专门为满足别人的需要而生产时，商品交换就逐渐成为一种经常性的活动。随着商品生产和商品交换的扩大，出现了货币，于是，商品交换就变成了以货币为媒介的商品流通。这样就进一步促使私有制和阶级的形成。由于商品交换的日益频繁和交换的地域范围不断扩大，又产生了专门从事贸易的商人阶层。第三次社会大分工使商品生产和商品流通进一步扩大。商品生产和流通更加频繁和广泛，从而阶级和国家相继形成。于是，到原则社会末期，商品流通开始超越国界，这就产生了对外贸易。

人类社会三次大分工，每次都促进了社会生产力的发展和剩余产品的增加，同时也促进了私有制的发展和奴隶制的形成。在原始社会末期和奴隶社会初期，随着阶级和国家的出现，商品交换超出了国界，国家之间的贸易便产生了。可见，在社会生产力和社会分工发展的基础上，商品生产和商品交换的扩大，以及国家的形成，是国际贸易产生的必要条件。

（二）奴隶社会的国际贸易

在奴隶社会，自然经济占主导地位，其特点是自给自足，生产的目的主要是为了消费，而不是为了交换。奴隶社会虽然出现了手工业和商品生产，但在一国整个社会生产中显得微不足道，进入流通的商品数量很少。同时，由于社会生产力水平低下和生产技术落后，交通工具简陋，道路条件恶劣，严重阻碍了人与物的交流，对外贸易局限在很小的范围内，其规模和内容都受到很大的限制。

奴隶社会是奴隶主占有生产资料和奴隶的社会，奴隶社会的对外贸易是为奴隶主阶级服务的。当时，奴隶主拥有财富的重要标志是其占有多少奴隶，因此奴隶社会国际贸易中的主要商品是奴隶。据记载，希腊的雅典就曾经是一个贩卖奴隶的中心。此外，粮食、酒及其他专供奴隶主阶级享用的奢侈品，如宝石、香料和各种织物等也都是当时国际贸易中的重要商品。

奴隶社会时期从事国际贸易的国家主要有腓尼基、希腊、罗马等，这些国家在地中海东部和黑海沿岸地区主要从事贩运贸易。我国在夏商时代进入奴隶社会，贸易集中在黄河流域沿岸各国。

对外贸易在奴隶社会经济中不占有重要的地位，但是它促进了手工业的发展，奴隶贸易成为奴隶主经常补充奴隶的重要来源。

（三）封建社会的国际贸易

封建社会时期的国际贸易比奴隶社会时期有了较大的发展。在封建社会早期，封建地租采取劳役和实物的形式，进入流通领域的商品并不多。到了中期，随着商品生产的发展，封建地租转变为货币地租的形式，商品经济得到进一步的发展。在封建社会晚期，随着城市手工业的发展，资本主义因素已孕育生产，商品经济和对外贸易都有较快的发展。

在封建社会，封建地主阶级占统治地位，对外贸易是为封建地主阶级服务的。奴隶贸易在国际贸易中基本消失。参加国际贸易的主要商品，除了奢侈品以外，还有日用手工业品和食品，如棉织品、地毯、瓷器、谷物和酒等。这些商品主要是供国王、君主、教堂、封建地主和部分富裕的城市居民享用的。

在封建社会，国际贸易的范围明显地扩大。亚洲各国之间的贸易由近海逐渐扩展到远洋。早在西汉时期，中国就开辟了从长安经中亚通往西亚和欧洲的陆路商路——丝绸之路，把中国的丝绸、茶叶等商品输往西方各国，换回良马、种子、药材和饰品等。到了唐朝，除了陆路贸易外，还开辟了通往波斯湾以及朝鲜和日本等地的海上贸易。在宋、元时期，由于造船技术的进步，海上贸易进一步发展。在明朝永乐年间，郑和曾率领商船队七次下“西洋”，经东南亚、印度洋到达非洲东岸，先后访问了 30 多个国家，用中国的丝绸、瓷器、茶叶、铜铁器等同所到的国家进行贸易，换回各国的香料、珠宝、象牙和药材等。

在欧洲，封建社会的早期阶段，国际贸易主要集中在地中海东部。在东罗马帝国时期，君士坦丁堡是当时最大的国际贸易中心。公元 7—8 世纪，阿拉伯人控制了地中海的贸易，通过贩运非洲的象牙、中国的丝绸、远东的香料和宝石，成为欧、亚、非三大洲的贸易中间商。11 世纪以后，随着意大利北部和波罗的海沿岸城市的兴起，国际贸易的范围逐步扩大到整个地中海以及北海、波罗的海和黑海的沿岸地区。当时，南欧的贸易中心是意大利的一些城市，如威尼斯、热那亚等，北欧的贸易中心是汉撒同盟的一些城市，如汉堡、卢卑克等。

综上所述，资本主义社会以前的国际贸易是为奴隶主和封建地主阶级利益服务的。随着社会生产力的提高，以及社会分工和商品生产的发展，国际贸易不断扩大。但是，由于受到生产方式和交通条件的限制，商品生产和流通的主要目的是为了满足剥削阶级奢侈生活的需要，贸易主要局限于各洲之内和欧亚大陆之间，国际贸易在奴隶社会和封建社会经济中都不占有重要的地位，贸易的范围和商品品种都有很大的局限性，贸易活动也不经常发生。那么，15 世纪的“地理大发现”及由此产生的欧洲各国的殖民扩张则大大发展了各洲之间的贸易，从而开始了真正意义上的“世界贸易”，而到了资本主义社会国际贸易才获得了广泛的发展。

（四）资本主义时期的国际贸易

15 世纪末期至 16 世纪初，哥伦布发现新大陆，瓦斯哥达·伽马从欧洲经由好望角到达亚洲，麦哲伦完成环球航行，这些地理大发现对西欧经济发展和全球国际贸易产生了十分深远的影响。大批欧洲冒险家前往非洲和美洲进行掠夺性贸易，运回大量金银财富，甚至还开始进行买卖黑人的罪恶勾当，同时还将这些地区变成本国的殖民地，妄图长久地保持其霸权。这样，既加速了资本原始积累，又大大推动了国际贸易的发展。西班牙、荷兰、英国之间长期战火不断，目的就是为了争夺海上霸权，讲到底，就是要争夺殖民地和国际贸易的控制权。可见，国际贸易是资本主义生产方式的基础，同争夺海运和国际贸易的霸权相呼应，这些欧洲国家的外贸活动常常具有一定的垄断性质，甚至还建立了垄断性外贸公司（如英国的东印度公司）。

17 世纪中期英国资产阶级革命的胜利，标志着资本主义生产方式的正式确立。随后英国夺得海上霸权，意味着它在世界贸易中占据主导地位，这就为它向外掠夺扩张铺平了道路。18 世纪中期的产业革命又为国际贸易的空前发展提供了十分坚实而又广阔的物质基础。一方面，蒸汽机的发明使用开创了机器大工业时代，生产力迅速提高，物质产品大为丰富，从而真正的国际分工开始形成。另一方面，交通运输和通信联络的技术和工具都有突飞猛进的发展，各国之间的距离似乎骤然变短，这就使得世界市场真正得以建立。正是在这种情况下，国际贸易有了惊人的巨大发展，并且从原先局部的、地区性的交易活动转变为全球性的国际贸易。这个时期的国际贸易，不仅贸易数量和种类有长足增长，而且贸易方式和机构职能也有创新发展。显然，国际贸易的巨大发展是资本主义生产方式发展的必然结果。

19 世纪 70 年代后，资本主义进入垄断阶段，此时的国际贸易不可避免地带有“垄断”的特点。主要资本主义国家的对外贸易被为数不多的垄断组织所控制，由它们决定着一国对外贸易的地理方向和商品构成。垄断组织输出巨额资本，用来扩大商品输出的范围和规模。

（五）二战后的国际贸易

如果说自由竞争时期的国际贸易活动还在推动资本主义方式发展的话，那么此时资本主义国际贸易则完全是为了攫取高额垄断利润，为了更有效地争夺原料产地、商品市场和投资场所。正因为这样，从全球范围来看，总的来说，国际贸易的范围和规模在不断扩大，国际贸易越来越成为各国经济发展的重要因素。

两次世界大战期间，资本主义世界爆发了三次经济危机，战争的破坏和空前的经济危机使世界工业生产极为缓慢，在 1912—1938 年的 26 年间，世界工业生产量只增长了 83%，同时，这一时期贸易保护主义显著加强，奖出限入措施交互推进，螺旋上升，给国际贸易的发展设置了层层的人为障碍。因此，两次世界大战期间，国际贸易的扩大过程几乎处于停滞状态。1913—1938 年，世界贸易量只增长了 3%，年增长率为 0.7%，世界贸易值反而减少了 32%，而且这一时期，国际贸易的增长更为明显地落后于世界工业生产的增长，许多国家对对外贸易的依赖性减小了。

在这一时期，国际贸易的地理格局发生了变化。第一次世界大战打断了各国间特别是欧洲国家与海外国家间的经济贸易联系，使欧洲在国际贸易中的比重下降，而美国的比重却有了较大的增长。亚洲、非洲和拉丁美洲经济不发达国家在国际贸易中的比重亦有所上升。但在这一时期，欧洲国家仍然处于国际贸易的控制地位，因为两次大战间的经济危机和超保护主义政策措施在限制欧洲各国间贸易的同时，鼓励和扩大了欧洲对其他国家的贸易。

两次世界大战期间，国际贸易商品结构的特点表现为初级产品和制成品上。在1913—1937年的初级产品贸易中，食品和农业原料所占的比重都下降了，而燃料和其他矿产品所占比重均有所增加。制成品贸易结构的突出变化是重工业品贸易所占比重显著增加和纺织品贸易所占比重下降。金属和化学品的国际贸易比重也有所增加，但其他轻工产品贸易比重则下降了。制成品贸易日益从消费品贸易转向资本货物贸易，半制成品贸易也稍有增加。

第二次世界大战后，世界经济又一次发生了巨大变化，国际贸易再次出现了飞速增长，其速度和规模都远远超过了19世纪工业革命以后的贸易增长。从1950年到2000年的50年中，全世界的商品出口总值从约610亿美元增加到61 328亿美元，增长了将近100倍。即使扣除通货膨胀因素，实际商品出口值也增长了15倍多，远远超过了工业革命后乃至历史上任何一个时期的国际贸易增长速度。而且，世界贸易实际价值的增长速度(年平均增长6%左右)超过了同期世界实际GDP增长的速度(年平均增长3.8%左右)。这意味着国际贸易在各国的GDP中的比重在不断上升，国际贸易在现代经济中的地位越来越重要。

二战后国际贸易领域出现了两个不同于以前的特征：服务贸易的快速发展和电子商务的广泛应用。二战后，伴随着第三次科学技术革命的发生，各国，尤其是发达国家产业结构不断优化，第三产业急剧发展，加上资本国际化和国际分工的扩大和深化，国际服务贸易得到迅速发展。发达国家服务业占其国内生产总值比重达2/3，其中美国已达3/4，发展中国家服务业所占比重也达1/2。发达国家服务业就业人数占其总就业人数比重达2/3，发展中国家的这一比重达1/3。随着服务业的发展，其专业化程度日益提高，经济规模不断扩大，从而效率不断提高，为国际服务贸易打下了坚实的基础。在国际贸易商品结构不断软化的过程中，国际贸易的交易手段也发生着变化。

特别是20世纪90年代，随着信息技术的发展，信息、计算机等高科技手段在国际贸易上的应用，出现了电子商务这种新型的贸易手段，无纸贸易和网上贸易市场的发展方兴未艾，已经引起了全球范围的结构性商业革命，有人声称，没有EDI，就没有订单。据统计，EDI使商务文件传递速度提高81%，文件成本降低44%，文件处理成本降低38%，由于错讯造成的商贸损失减少40%，市场竞争能力则提高34%。电子商务的蓬勃发展，为企业生存注入了强大的活力。运用现代先进的电子网络技术，建立高新技术产品的信息数据库和电子交易系统，形成连接国际市场和国内高技术企业产品出口的专用信息网、交易网，中、小高技术企业能够及时获得国内外高技术产业发展状况和高技术产品的供求信息，并根据这些信息，完成自己的技术创新，跻身国际市场。

随着历史的演进，科学技术的发展，国际贸易无论是其总量、规模还是结构、形式都将逐步改变。

专栏

服务外包

国际经济学中最热的争议焦点之一，是现代信息技术是否导致一些新的贸易形式急剧增长，因为从长远来看，信息技术承载一些经济功能是可能的。比如通过呼叫中心，一个远在13 000千米之外的专业人士可以回答你的信息咨询。多种其他的同类服务都能够远距离实现。曾经必须在一国国内实现的服务现在可以在国外实现，这种变化就是服务外包(Service Outsourcing)(有时称之为离岸服务)。

普林斯顿大学的经济学家艾伦·布兰德(Alan Blinder)2006年在《国外事务》(Foreign Affairs)上发表的一篇文章认为，“在将来，其实就在眼前，国际贸易的关键区别不再是商品能否装入箱子，相反，关键的区别在于服务能否以电子的方式实现远距离的传输，并且没有或几乎没有损耗”。例如，杂货店的上货工人当然必须在现场，但是会计人员可以在另外一个国家通过网络为这家店进行会计管理。医生必须在病人身旁才能把脉，但是诊断X照片的放射医生可以在任何一个能高速联网的地方对电子影像进行分析。

在这一点上，正是因为目前还应用得较少，服务外包才受到了很大的关注。问题是服务外包会有多大空间，有多少现在还无需面对国际竞争的工人将在未来感受到这种变化。经济学家设法回答这一问题的方法是考察在美国境内有哪些服务可以实现远距离贸易？例如，很多金融服务是从美国金融资本中心纽约向国家提供；很多美国软件是在微软总部的西雅图出版发行；很多美国及全世界的网络搜索服务是由在加利福尼亚景城的谷歌提供的，诸如此类还有很多。

美国一项研究表明，美国60%的职业由于包含了必须联合顾客完成的工作，因而是不可贸易的，40%的职业由于包含了服务而不是制造的工作，因此是可贸易的。长远来看，服务贸易、电子传输等可能成为世界贸易的主要内容。

(资料来源：保罗·R.克鲁格曼(Paul R. Krugman)，茅瑞斯·奥伯斯法尔德(Maurice Obstfeld).国际经济学理论与政策(上册).北京：中国人民大学出版社，2011：21-22)

第三节 国际贸易的研究对象和内容

经济学界一直注意研究和探讨国际贸易中的各种问题与规律。资本主义原始积累时期的重商主义研究对外贸易如何带来财富。资本主义自由竞争时期的古典学派亚当·斯密和大卫·李嘉图探讨了国际分工形成的原因和分工的依据，论证了国际分工和国际贸易的利益。20世纪以来瑞典经济学家赫克歇尔和俄林提出了按照生产要素禀赋进行国际分工的学说。二次世界大战后，西方经济学家把比较成本说动态化，特别是在产品周期学说中动态地考察了比较利益的转移过程。发展经济学家正努力探讨发展中国家的贸易发展模式。

一、国际贸易的研究对象

国际贸易理论是国际经济学中非常重要的一个部分，其基础是微观经济学。国际贸易理论是开放条件下的微观经济学。国际贸易的研究对象包括国际商品交换的运行机制，国际贸易的原因和基础,影响国际贸易的各种因素、国际贸易对一国国内、收入分配的影响以及国际贸易与经济增长之间的关系等。国际贸易理论研究的范围不仅包括商品和服务的国际流动,也包括生产要素的国际流动和技术知识的国际传递。国际贸易理论研究商品、服务和生产要素国际流动的原因和方向,也研究流动的结果,包括对各国生产、消费、商品价格和社会各集团利益的影响。与商品、服务和生产要素的国际流动有关的对外贸易政策也是国际贸易的研究对象。对外贸易政策是国际商品交换活动的准则,它对国际贸易起着促进或限制的作用,也关系到各国的经济发展和财富的积累。国际贸易的研究还包括经济增长、技术进步对贸易的影响,即动态分析国际贸易变动的原因与结果。因此,国际贸易是一门理论性、政策性和社会实践性都很强的课程。

二、国际贸易的研究内容

国际贸易的具体研究内容主要包括以下几个方面:

(一) 国际贸易基本理论

国际贸易的基本理论主要围绕以下三方面的问题展开研究:

1. 关于国际贸易的基础

研究国际贸易的基础,也就是讨论贸易发生的原因。国际贸易的基本原则是低价进口,高价出口。所以,只有当产品在国家与国家之间存在价格差异时才会发生贸易。对各国之间的产品价格差异产生的原因的不同解释就形成了不同的国际贸易理论模型。

大部分的国际贸易理论模型是从供给方面即生产成本上解释国际贸易的基础,包括古典的斯密和李嘉图模型、新古典经济学中的赫克歇尔—俄林模型,以及新贸易理论中的规模经济模型等。

亚当·斯密和大卫·李嘉图最早提出了自由贸易的理论,建立了以技术差异来解释贸易基础的古典贸易模型。瑞典经济学家赫克歇尔和俄林的要素禀赋模型用不同的生产要素配置来解释贸易产生的原因。保罗·克鲁格曼等经济学家的规模经济贸易模型用市场和生产规模不同来解释贸易基础。弗农的产品周期理论从产品生产技术的变化出发,强调不同要素在不同阶段的作用来解释这种贸易基础的变化。

也有经济学家如林德从需求方面解释贸易基础,提出收入不同、偏好不同是贸易产生的基础。

2. 国际贸易产生的影响

经济学家从不同的情况出发对自由贸易所产生的影响作了全面的分析。包括国际贸易对本国经济的影响;对本国生产者的利益、消费者的利益、整个社会的净利益的影响;对国际市场和外国贸易伙伴利益的影响,以及对国际市场价格的影响。

3. 国际贸易的动态变动

国际贸易的动态变动是指贸易模式和贸易量的动态变化。在古典和新古典贸易模型中,一般都假设技术不变和资源储备不变。但在现实中,技术在不断进步,资本和劳动力资源在不断增加,因此,贸易理论转向研究技术变动、资源增长以及要素的国际流动(移民、国际投资等)对一国的经济与贸易产生的影响,和国际贸易的发展对经济增长、技术进步的影响。

（二）国际贸易政策

国际贸易政策的基本性质是对自由贸易的干预，包括限制和鼓励进出口贸易。国际贸易经济学中的另一个重要部分是关于贸易政策的分析。国际贸易政策主要研究贸易政策的影响和贸易政策制定中的政治经济学。

1. 贸易政策的影响

主要研究各种贸易政策（包括关税、配额、出口补贴等）以及影响贸易的其他经济政策（包括产业政策、消费政策等）对国内市场价格、贸易量、国内生产量和消费量的影响，以及对各种生产要素收益、各种集团利益和整个社会福利的影响。

2. 贸易政策的政治经济学

主要研究贸易政策制定过程中的政治与经济利益，即利用贸易政治经济学理论解释各国不同时期不同产业贸易政策的动因及政府运用政策干预国际贸易的过程。

（三）国际贸易的前沿和热点问题

2009 年全球贸易增长速度受金融危机影响而大幅下降，2010 年虽恢复较快，但随之而来的欧债危机对全球经济发展的影响更是不容忽视，贸易战愈演愈烈。加强 WTO 在国际经济发展中的协调作用，推动区域经济合作将是各国发展对外贸易的重要选择。近年来，随着中国经济地位的提升，中国贸易问题已经从国别问题上升为国际贸易领域研究的主流问题之一。另外，随着经济全球化进程的加快和科学技术的迅猛发展，知识产权制度在经济和社会活动中的地位得到了历史性提升，知识产权保护在当代国际贸易中的重要性受到更多的关注。一国知识产权保护的程度越高，国际贸易的发展水平就越高。知识产权贸易已经成为国际贸易中的重要组成部分，知识产权保护也成为国际贸易中的焦点和难点。

本章要点

1. 国际贸易基本概念主要包括国际贸易与对外贸易、总贸易和专门贸易、对外贸易额和对外贸易量、国际贸易地理和结构、对外贸易依存度、出口贸易与进口贸易、直接贸易与间接贸易等。

2. 国际贸易是一个历史范畴。资本主义各个发展阶段国际贸易发展的具体形态和商品运动的一般规律具有各自的内容。它是社会生产力发展的必然结果，是人类社会发展到一定历史阶段的产物。对外贸易产生于人类社会发展的初期，但是它的迅速发展，18 世纪以来国际贸易的增长速度均大于世界生产的平均增长速度。

复习思考题

一、名词解释

贸易差额　总贸易体系与专门贸易体系　国际贸易额与国际贸易量　对外贸易商品结构与国际贸易商品结构　对外贸易地理方向与国际贸易地理方向　对外贸易依存度　直接贸易与间接贸易　转口贸易与过境贸易

二、单项选择题

1. 国际贸易是指世界各国(地区)之间的　　(　　)
   A. 商品和劳务的交换　　B. 货物的交换
   C. 服务的交换　　D. 汽车与农产品的交换
2. 货物生产国与货物消费国通过第三国进行的贸易,对第三国而言是　　(　　)
   A. 过境贸易　　B. 转口贸易　　C. 直接贸易　　D. 多边贸易
3. 从一国对外贸易角度来说,________是指一国对外贸易额的地区分布和国别分布的状况。　　(　　)
   A. 贸易的商品结构　　B. 贸易条件
   C. 贸易的地理方向　　D. 贸易差额
4. 以货物通过国境为标准统计的进出口标准,称为　　(　　)
   A. 有形贸易　　B. 无形贸易　　C. 总贸易体系　　D. 出口贸易
5. 转口贸易又称　　(　　)
   A. 间接贸易　　B. 进口贸易　　C. 出口贸易　　D. 对外贸易
6. 一国的________收支是其国际收支中经常项目中最重要的组成部分。　　(　　)
   A. 进出口贸易　　B. 进口贸易　　C. 出口贸易　　D. 对外贸易
7. 当一定时期内一国出口总额超过进口总额时,称为　　(　　)
   A. 贸易顺差　　B. 贸易逆差　　C. 贸易失衡　　D. 贸易平衡
8. 国际贸易是研究国际商品交换特点,并揭示________运动规律的一门学科。(　　)
   A. 贸易往来　　B. 贸易冲突　　C. 贸易利益　　D. 国际商品
9. 海岛国家,如英国、日本,也常用________来表示对外贸易。　　(　　)
   A. 国外贸易　　B. 外国贸易　　C. 商业贸易　　D. 海外贸易
10. 通常所说的国际贸易额是单指________而言。　　(　　)
    A. 世界进口总额　　B. 世界出口总额
    C. 世界进出口总额　　D. 世界进口差额

三、简答题

1. 怎样理解国际贸易的性质与研究对象?
2. 简述国际贸易的几组基本概念。
3. 怎样学习国际贸易学?
4. 国际贸易与对外贸易的区别与联系。
5. 什么是对外贸易依存度?
6. 为什么说对外贸易既是资本主义生产方式的基础,又是资本主义生产方式的产物?
7. 如何正确理解社会主义制度下大力发展对外贸易的客观必然性?
8. 试述对外贸易在一国国民经济中的地位和作用。

第二章 国际分工和世界市场

学习目的

- 了解国际分工的形成和发展。
- 掌握影响当代国际分工的主要因素。
- 了解世界市场的产生与发展。

【引导案例】

世界市场采购策略

随着中国企业不断融入世界经济大潮中，越来越多的中国企业积极投身国际分工，参与跨国企业的配套协作，加快融入全球生产配套体系和跨国公司采购供应体系之中。这些跨国公司在发出分包生产合同给中国企业的同时，往往会指定专门的原料供应商以保证其工艺品质，这些供应商往往分布在欧美各地。因此，国内企业在安排好生产的同时，也卷入到国际采购行列中。由于国际采购的复杂性和国际贸易固有的风险，加大了这些国内企业在采购和供应上的成本和经营风险，尤其是遇到某些原料只有一个可选供应商的情况。

T 公司的主要业务是为某世界知名整机厂制造和加工部件。在部件表面处理的工序中，需要大量使用某种耗材。整机厂在工艺手册中，详细说明了该耗材的技术参数，指定唯一的供应商是 W 公司。因此，长期以来 T 公司一直从 W 公司在英国的工厂进口这一物料。2007 年 8 月，T 公司收到 W 公司的加价要求，加价幅度高达 20%。如此，不仅将大大地增加 T 公司的采购支出，而且由于 T 公司与整机厂的合作协议，这类耗材的成本是由 T 公司包干的，没法转嫁到整机厂，这意味着 T 公司的利润会因此降低。

【案件处理】 T 公司的采购人员对此进行了一系列的努力。

首先，要求 W 公司解释大幅加价的理由。

其次，根据工艺手册中说明的该耗材的技术参数向相关的供应商询价，了解行情。由于 T 公司在行业中的知名度和可观的使用数量，很快就收到了不少厂家的回复。在同等规格下，价格要比 W 公司低很多，并有一些厂家积极地提供了产品的相关认证，以此说明本身的产品与 W 公司的产品质量相当甚至更好。

W 公司自许在行业中的地位，在以前业务中一直有“牌大欺客”的作风，这次也不例外。在 T 公司的连连追问下，只简单解释加价是因为“成本增加”。因此，T 公司判断，W 公司一直作为 T 公司该物料的唯一供应商，可能认为采购方已势成骑虎，从而提价盘剥采购方。

T 公司一方面继续联系 W 公司要求解释具体是哪方面的成本增加，另一方面，向整机厂反映情况。同时，要求整机厂在手册中增加可选的供应商，引入竞争，从而打破 W 公司唯一供应的垄断地位。整机厂答复可以考虑，但表示试验新样品和认证新供应商的时间会比较长。由于 T 公司现有的库存不断减少，明显等不到新供应商通过认证进入供应商清单的那一天。

T 公司进而希望整机厂直接协调买卖双方的价格问题，或者，由整机厂牵头联合其他也使用该耗材的分包厂，与 T 公司一起组成一个采购联盟。如果能组成联盟进行集团采购，将增加与 W 公司谈判的筹码，应该可以取得更好的价钱和服务。但整机厂的反应令人失望。

这么看来，只有和 W 公司短兵相接了，谈多少是多少，谈不动就只能挨宰了。

这时，W 公司终于回复了。这次物料提价除了每年例行的 2%的涨价以外，主要是其原料来自中国，而中国在当年的 7 月 1 日取消了出口补贴，导致了成本的大幅上升。T 公司迅速查证，证实该物料的原料的确来自中国并且中国政府确实刚刚对该原料取消了 5%的退税。

这只说明 W 公司找到了一个很好的机会提价，但提价的幅度不合理。

T 公司的采购人员进行了简单测算。假定中国的原料生产者为补偿退税损失而向 W 公司提价 5%，而该原料约占该耗材成本的 50%，反映为成品价格上升 2.5%，加上例行的每年涨价 2%，合计为 4.5%。考虑到英镑对人民币持续升值，保守估计 W 公司的外汇收益可以在 1.5%左右。因此，T 公司向 W 公司还价：只同意加价 3%。

经过艰难的谈判，最后双方同意加价 5%。大致符合 T 公司的预期，节省了大量的资金。

【案件启示】 通过这件事情，T 公司认识到 W 公司的价格已高过市场行情，并且还会不断地借机提价，任其发展下去，对公司的营利目标相当不利。不能在一棵树上吊死，当务之急是推动整机厂尽快增加新供应商。但整机厂庞大的机构和拖拉的作风，新供应商的认证工作迟迟不见有实质的进展。T 公司再次建议，根据整机厂工艺手册上的材料规格对应一个同等的或更高的行业标准，将这个标准写入工艺手册。由此一来，只要符合这个行业标准并取得该认证的众多厂家就可以自动地获得该整机厂合格供应商的资格，从而解决了唯一供应商的问题，这也省去了整机厂认证新供应商的手续。为了给整机厂施加压力，T 公司表示如果整机厂没有在日程内完成相应的事项，T 公司会在将来的合同中收取相应附加费以转嫁 W 公司的提价。

国际分工是指世界上各国之间的劳动分工。劳动分工是指社会生产中的各种具体劳动的分化和独立化，是生产力发展的结果和表现。这种社会的劳动分工超越了国界，在国际范围内的广泛发展就形成了国际分工，它是社会分工发展到一定阶段国民经济内部分工超越国家界限的结果。从其发展过程来看，影响国际分工的因素众多，其中社会生产力是国际分工的决定因素。各国生产力的发展和差异，决定了国际分工的格局，国际分工格局决定了国际贸易格局。因此，国际分工是国际贸易的基础。

世界市场是指世界各国进行有形商品和无形服务交换的场所和领域，是国际经济关系的总和。世界市场是在国际分工的基础上形成与发展起来的，并与国际分工一起构成国际贸易的基础。随着国际分工的发展与深化，世界市场也不断地发展和深化，各国对世界市场的依赖性不断增强。特别是第二次世界大战以来，世界市场出现了一些新特点，即交易方式多样化以及世界市场价格形成机制的重大变化。

本章主要阐述国际分工和世界市场的形成与发展,影响国际分工发展的主要因素和国际分工对国际贸易的影响,当代世界市场的特征和世界市场交易方式。

第一节　国际分工的形成和发展

国际分工是社会分工发展到一定阶段的结果。国际分工的产生与发展有着悠久的历史,纵观其演变过程,大致上可分为萌芽、形成、发展和深化发展四个基本阶段。在国际分工发展的不同阶段,呈现出国际分工的不同格局。

一、国际分工的萌芽阶段

15 世纪末到 18 世纪初是国际分工的萌芽阶段,也可以说是国际分工的初期发展阶段。国际分工的产生是与 15 世纪末的地理大发现以及 16、17 世纪从简单协作向工场手工业的过渡联系在一起的,可以说这两大事件为国际分工的产生准备了条件。在这一时期,世界经济中自然经济占统治地位,国家之间的经济交往是建立在不发达的地域分工的基础上的。15 世纪末的地理大发现开拓了美洲大陆和东印度的航路,为当时商品经济的发展开辟了新的市场,这就带动了工场手工业的发展。在此基础上,开始出现了真正意义上的国际分工。

在这一历史阶段(也就是资本主义原始积累阶段),新兴的资产阶级开始开辟新的海外市场,促进了资本主义的发展和海外殖民地的开拓,使商业、航海业和工业得到了迅速发展。而且,西欧的殖民主义者利用暴力和超经济的强制手段在拉美、亚洲、非洲进行掠夺。他们在西印度群岛生产蔗糖和烟草,由西非提供劳动力;在英国生产毛纺织品、铁器、铜等工业品,建立了早期的在工场手工业基础上的国际分工。这种国际分工格局可以说是西欧的宗主国与其殖民地之间的国际分工,也是一种以奴隶劳动为基础面对殖民地市场需要的专业化生产体系。这种国际分工建立在自然条件基础上,而且这一时期世界范围内仍然是自然经济占统治地位,因此它只是处于萌芽状态。

二、国际分工的形成阶段

18 世纪 60 年代到 19 世纪 60 年代是国际分工的初步形成阶段。在 18 世纪 60 年代开始的人类历史上的第一次产业革命中,即以大机器工业代替以手工技术为基础的工场手工业的革命,社会化大生产取代了小商品生产而成为占据主导地位的生产方式。生产力的发展使国际工农业分工格局初步形成。

大机器工业的建立和发展,一方面使亚、非、拉国家传统的家庭手工业产品无法和机器生产的商品竞争,自然经济下的民族自给自足局面被打破;另一方面机器大工业使主要的资本主义国家的生产能力有了巨大的提高,可以源源不断地向世界市场提供商品,同时大规模生产也需要从国外大量进口原材料。因此,这一时期形成了一部分国家主要从事农业生产,另一部分国家主要从事工业生产的局面。其明显的例证就是英国的棉纺织业和美国、印度、埃及等国的棉花生产之间的国际分工。这次产业革命中发展最快的英国被称为"工业太阳",它用大机器生产的廉价工业品征服了世界,许多国家成为它的殖民地,成为它的工业品的倾销市场和原料的供应地。所以这一时期国际分工的格局表现为工业国和农业国之间的分工。

三、国际分工的发展阶段

19 世纪 70 年代到 20 世纪初期是国际分工体系的发展阶段。在这个历史时期,人类历史上发生了以电力的发明及其在生产中的广泛应用为标志的第二次产业革命。这次产业革命中,钢铁、电力、电器、石油和汽车等新兴工业部门纷纷建立,美、英、法、日等国的经济实力迅速增强,资本不断地获得积聚和集中。20 世纪初,自由资本主义过渡到垄断资本主义阶段,国际分工体系迅速发展。

这一时期的国际分工格局有两个新特点:一是工业国之间的不同经济部门的分工初步形成。如英国和比利时主要生产钢铁,德国侧重化学工业,挪威主要生产铝制品,芬兰主要生产木材以及木材制品,荷兰与丹麦主要生产肉类和乳类食品,美国是谷物的生产大国等。二是工业国和初级产品生产国间的分工进一步加深。这一时期的工业生产主要集中在欧美、日本等国,而食品及原料的生产则主要集中在亚(日本除外)、非、拉国家。亚、非、拉国家变为畸形的片面的单一经济,这些国家的经济主要依赖于少数几种初级产品的生产和出口。

这种国际分工格局的形成具有两重性:它一方面促进了国际间的经济交往,加强了各国之间的相互依赖关系,促进了一些国家生产力的发展;另一方面它又表现出一些资本主义强国利用自己的优势,运用强权把畸形的社会分工强加给殖民地和一些弱小的国家,表现出国际分工中不平等的分工关系。所以说,这种国际分工格局既具有促进世界经济发展的作用,也具有极不合理性。

四、国际分工的深化发展阶段

第二次世界大战后,人类迎来了影响深远的第三次科技革命。这次产业革命以信息化为特征,涌现出许许多多的新技术,如电子技术、核能技术、空间技术、分子合成技术、自动化技术、激光技术、海洋工程技术、信息技术等。这些现代科学技术的广泛传播与应用,导致了一系列新兴产业部门的诞生,促进了国际分工日益深入地发展。另外,第二次世界大战后民族解放运动的迅速发展使殖民体系瓦解,出现了一大批发展中国家和地区,国际分工进入深化发展阶段。这一阶段的国际分工呈现出下述几个新特点:

(一)工业国与工业国之间的分工处于主导地位

第二次世界大战后,科学技术进步使战前以自然资源为基础的国际分工逐步发展为以现代技术、工艺为基础的国际分工。在第二次世界大战刚刚结束的一段时间里,美国的制造业最为发达。1948 年美国制造业在世界制造业中所占的比例达到 56%,但从 20 世纪 50 年代后半期起,西欧各国以及日本经济迅速恢复和振兴,制造业有了较快发展,到 20 世纪 60 年代已经与美国势均力敌,发达工业国家之间的分工格局基本形成。

(二)工业部门内部的分工有逐步增强的趋势

科技进步使原来的生产部门初步划分为更细的部门,原来的一个部门变成了若干新的独立部门,而且超越了国界,使工业部门内部分工国际化。第一次世界大战前的国际分工体系中,占主导地位的是各个国家在不同的生产部门之间的分工。战后随着科技革命的发展，在现代技术、工艺的基础上，产品生产专业化、零部件生产专业化的现象日益显著，这使得各国生产部门在内部的分工上发展迅速，这一点在汽车、飞机、电器等产品方面表现得尤为突出。例如欧洲式的高端载重汽车是由瑞典生产发动机，德国生产控制设备，美国生产底盘、弹簧，意大利生产车身，在英国进行装配的。美国波音公司生产的波音 747，每架飞机有 600 多万个零部件，由分布在 65 个国家的 1 500 家大企业和 15 000 多家中小企业参与协作完成。“阿丽亚娜”火箭则是从设计到生产装配都由欧盟的成员国分工协作完成。

根据世界银行《世界发展报告》，在 20 世纪 90 年代初所有制成品贸易中，大约有 1/3 是组件和部件，这种贸易已经形成了一个不断扩展的全球生产网络。这种生产网络将跨国公司的子公司同互不相关的组件设计者、生产者和销售者联系到一起，这些网络帮助入网公司进入新的市场，建立新的商业关系，并为技术转让提供了便利。信息技术的发展有助于发展中国家的企业进入全球生产网络，像通用电气公司就在因特网上张贴关于所需组件规格要求的信息，全球各地的企业都可以通过竞标提供产品。

（三）发达国家在世界农产品和原材料方面的出口中所占比重越来越大

这主要是由于在第二次世界大战后科技革命的发展中，一些国家在制造业发展的同时，完成了农业机械化、化学化、电气化和种植、养殖的工厂化，使其农业劳动生产率成倍增长。例如美国农业在 20 世纪 40 年代就已经完成了机械化，第二次世界大战后朝着农业现代化方向发展，生物医学、遗传学等学科的许多科技成果被广泛地应用到农业生产中，使美国农业有了较大发展，成为世界上主要的农产品出口国。另外，在科技革命的推动下，像人造纤维、合成橡胶、塑料等合成原料越来越多地出现并且取代了一些天然原料。据世界银行统计，20 世纪 80 年代中期，发达国家在世界食用农林牧副产品中的出口份额以及原材料出口份额中的比重都已经达到 60%以上。

（四）发达国家与发展中国家之间的工业分工在发展

第二次世界大战后，特别是 20 世纪六七十年代以来，发达国家出现了由传统产业逐渐向发展中国家转移的趋势。随着科技革命的发展，一些发达国家进行了产业结构的调整，在新技术产业迅速发展的同时，把一些传统的劳动密集型产业转移到发展中国家。发达国家之所以进行这样的调整，主要是因为 20 世纪 70 年代的石油危机使这些国家的高能耗工业遭到重大打击，另外就是这些国家的劳动力成本普遍提高，许多劳动富裕型产品生产丧失了优势。

这一时期，一些发展中国家在这种调整中抓住时机，在工业现代化方面取得了一些进展。它们在国际分工中的地位有了明显改变，这使国际分工出现了以资本、技术富裕型产品为主的发达国家和以劳动密集型产品为主的发展中国家之间的分工。

20 世纪 80 年代以来，发达国家又把一些中低级的技术密集型产品生产转移到一些发展中国家和地区，但其中的一些关键零部件仍然由自己国内生产。另外，引人注目的是在美国、日本等国出现的产业“空心化”现象，即国内对某些产品进行设计、总装，从国外进口质优价廉的零部件进行装配。这实际上是这些国家的产业结构在深层次上的调整，也是国际分工发展的新现象。

（五）区域性经济集团内部分工趋势加强

第二次世界大战后，随着区域性经济集团的不断建立和发展，各集团内部成员国之间的分工和贸易的趋势加强。

（六）国际分工类型多样化

在垂直型、水平型和混合型国际分工并存的情况下，从垂直型分工向水平型分工和混合型分工发展也是其重要特征之一。

垂直型国际分工是指经济发展水平不同的国家之间的纵向分工。其主要特点表现为一些国家主要生产并出口初级产品而进口制成品，另一些国家则主要生产并出口制成品而进口原材料。在国际分工萌芽时期和国际分工形成时期就主要呈现出这种景象。

水平型国际分工是指经济发展水平大体相当的国家之间的工业分工。其主要特点表现为不同国家的不同工业部门分工和同一工业部门的内部分工。这种分工建立在零部件生产专业化基础之上。第二次世界大战后，水平型分工迅速发展。前面介绍的发达国家之间的分工基本属于这种情况，另外一批发展较快的发展中国家在参与国际分工时，也在越来越多的产品的关键部件生产上表现为水平分工。在国际分工的发展中，水平型分工使许多中间产品在发达国家工业品贸易中所占比重不断提高。从世界贸易的总体情况看，机床、成套设备、农业机械、飞机、汽车、船舶、计算机、办公用自动化产品、电讯产品、电子消费品等机电产品在世界工业制成品贸易中所占比重也是最高的。

混合型国际分工是从一个国家参与国际分工的角度看，它在国际分工体系中表现为既参与了垂直型分工又参与了水平型分工的混合型国际分工形式。发达国家与发达国家之间的工业分工是水平型国际分工，而同时它们与发展中国家之间存在着垂直型国际分工。这说明第二次世界大战后国际分工形式愈加复杂，世界各国相互依赖与联系的关系进一步加深。第二次世界大战后水平型分工形式与混合型分工形式的出现与发展，使对外贸易的地理方向也发生了较大的改变，发达国家成为国际贸易的主要对象国，它们之间的贸易活动在国际贸易中占据了主要地位，而经济发展水平悬殊的国家间的贸易活动却在国际贸易中退居次要地位。

第二节　影响当代国际分工的主要因素

影响国际分工发展的因素是多方面的，既有社会经济方面的条件，包括各国的科学技术水平、生产力的发展水平、国内市场的大小，也有国际政治方面的条件，各国政府、国际经济秩序的情况以及各国的自然条件的差异，包括气候、土地、资源、国土面积、人口、地理条件等。

一、生产力发展水平

生产力发展水平的高低决定了商品生产的成本。商品生产成本的高低决定了该商品在世界市场上的竞争力。取得竞争优势的出口国可以在较长一段时期内形成生产该商品的固定分工格局，没有取得竞争优势的国家，或者竞争优势略差一些的国家，完全可通过提高该商品生产中的生产力、降低成本，逐步建立自己在该商品生产与出口中的优势，改变国际分工的格局。相反，已经在某种商品的生产与出口中取得竞争优势的出口国，如果生产力提高的速度较慢，被其他国家赶上来，会逐步失去优势，成本会逐渐地高于其他国家，最终失去出口机会，这也会改变已有的国际分工格局。

二、科技革命

科学技术是生产力，历史上的科学技术革命曾深刻地改变了社会物质生产领域的许多状况，促使社会产生了新的产品和新的产业部门，同时使劳动过程和生产工艺不断变革，从而使社会分工和国际分工发生变化。18世纪末，英国发生产业革命之后的国际分工，不同于以前工场手工业时代的国际分工。19世纪中期以后，蒸汽机的广泛应用，铁路、轮船、电报等的出现，这一切又使国际分工得到进一步的发展，开始打破了只有英国是世界工业中心的局面。到20世纪初，随着垄断资本主义的产生和发展，帝国主义的资本输出不但深化了资本主义生产关系，而且也使现代生产技术和设备输出到殖民地半殖民地，使世界各国更深入地卷入到国际分工之中。

战后的科技革命形成了一系列新的技术和产业部门，如原子能、电子计算机、航空航天技术等。这一切使原先在发达资本主义国家存在的产业部门分工进一步发展到部门内部分工。现代新技术的研究开发需要大量的资金和极其巨大的科研力量，这促使不少国家走上联合开发的道路。现代交通、通信技术的发展使运费不断下降。许多产品的生产可以通过各国的产品零部件生产和工艺流程上的分工来完成。以往的钢铁工业中心通常是在煤矿、铁矿附近，但是自从十几万吨，甚至几十万吨的大型专用运输船出现之后，从万里以外的地方运来铁矿石和煤炭进行钢铁生产的日本，在世界钢铁市场上保持了强大的竞争力。在现代技术高速发展的影响下，不少国家的钢铁工业开始从煤、铁矿产地向港口转移。过去没有煤、铁矿石而依赖进口钢铁的国家，在其港口建立了自己的钢铁工业，并成为钢铁出口国的例子并不少见。

三、自然条件

任何社会的经济活动都是建立在一定的自然条件之上的。马克思指出："正像威廉·配第所说，劳动是财富之父，土地是财富之母。"这里所说的土地就是指自然条件。应当指出，一定的自然条件只是提供了进行生产和国际分工的可能性，并不提供这方面的现实性。要把可能性变为现实性需要其他条件的配合。铁矿、煤炭、石油的生产前提是应该有这方面的矿藏，但要使这些矿藏开发出来并销售到世界市场上去，没有一定的科学技术和生产力水平是不可能的。海底石油的开发使英国和挪威成为石油出口国，但在勘探和开采海底石油的技术发明以前，这两个国家却是石油的进口国。

许多农产品的生产需要一定的自然条件，像咖啡、橡胶、可可需要一定的热带气候条件，而水稻、茶叶也需要一定的特殊气候条件。因此，农产品生产上的国际分工受自然条件的影响大一些。但是，从整个世界经济发展趋势来看，自然条件在国际分工中的作用在下降。因为自然条件主要影响农矿等初级产品的生产，而现代经济的发展产生了大量合成的替代品。比如，合成橡胶的发明与生产就使许多国家减少了对天然橡胶的进口。而且现代的经济增长越来越依靠技术进步而不是原材料的增加投入。人们不断发明更加节能的生产方式，对产品更强调高科技的含量和高附加值，因此自然条件在现代国际分工中的影响是不断下降的。

四、人口、生产规模和市场情况

世界人口在各国分布很不平衡。有的国家人口众多富裕度大，劳动力显得比较丰富；有的国家人口富裕度低，因而劳动力显得比较稀缺。各种产品的生产对劳动力的需求情况是不同的。劳动力丰富的国家在生产劳动密集型产品方面具有比较优势，而劳动力稀缺的国家则在生产其他生产要素密集的产品方面具有优势，这样就会在这样两类不同的国家中产生分工。而且，人口的教育水平的高低也会影响国际分工。因为受教育程度高的劳动力相当于多倍的简单劳动力，而且适合于生产技术富集的高科技产品。于是，教育事业发达、劳动力素质高的国家可以发展高科技产品的生产和出口，而劳动力素质低的国家只能生产一般的劳动密集型产品。

生产规模的经济规模会影响国际分工。现代工业要求大规模生产以便获得规模经济的好处。在许多工业部门，有时候一家工厂或一个企业的经济批量，就会超过一个国家市场的容量。比如英国经济学家布劳恩等人就指出，虽然西欧许多国家都能生产集成电路块，但只要一家现代化工厂生产的集成电路块就能满足所有西欧国家的需要。因此，没有必要在西欧的每个国家都生产集成电路块。在世界市场的调节下，各国就会根据规模经济的要求去发展一个或几个产业部门的生产，通过市场满足所有国家对这些产品的需求。规模经济反映在各国合作生产某一产品，使其产量达到经济批量，从而在国际市场上具有竞争力。比如，生产大型喷气式客机需要大量的研究开发资金和大量的科研力量，西欧各国如若各自单干，也许能生产出这种飞机，但由于西欧各国的市场相对较小，他们生产的飞机达不到经济批量，势必在世界市场上竞争失败。而西欧各国联合开发生产的“空中客车”飞机，由于各国进行了专业化分工，又有整个西欧大市场作为基础，就达到了规模经济的效应，现在欧洲的“空中客车”飞机已成为美国波音飞机公司的有力竞争者。

现代科技的发展和社会富裕程度的提高，使产品差异化、多样化得到发展。产品的种类、质量、规格、性能、外观等日新月异；新的产品不断出现，原有的产品又不断升级，以新的规格、型号出现在市场。据统计，电子工业产生到现在，电子产品已有几万种。合成纤维的种类也随着化学技术的发展而不断增加。显然，没有一个国家能够生产出所有这么多种类的产品去满足口味千差万别的消费者。因此，各国有必要通过国际分工，去生产出本国有比较优势的那些种类、规格、性能、商标的产品，去满足整个国际市场的需要。

五、跨国公司的发展

战后跨国公司的大发展是推动当代国际分工的重要力量。在市场经济条件下，社会生产的分工可以有两种形式：一种是各个企业和各个生产单位通过市场而联系起来的分工；另一种就是在企业或生产单位内部的分工。这种企业内部的分工是在企业经理的指挥下进行的。进入帝国资本主义时期之后，资本主义企业规模有扩大的趋势，逐步形成了一些垄断企业。这些垄断企业把它们的生产、销售活动扩展到国外去，形成了跨国公司，从而把企业内部的有组织、有计划的分工扩展到世界范围。跨国公司通常是伴随着它们的资本输出而进行这种扩展的。第二次世界大战之后的国际政治、经济环境十分有利于跨国公司的发展，因而跨国公司在战后得到了极大的发展，使国际分工呈现出一些新的特点。

战后跨国公司主要投资于制造业，而且是具有新技术的制造业。跨国公司的资本输出具体表现为发达资本主义国家之间的互相投资，由此产生的主要是水平型国际分工。这种投资流向反映到国际贸易方面，就是发达国家之间的制成品贸易发展迅速，并成为当前国际贸易的主要部分。跨国公司为了保证对产品市场的控制，通常避免把生产过程的所有环节都放在同一个国家。它们通常在总公司保留最重要的研究与开发及其他关键环节，而把其他生产环节分散到不同国家，并通过公司内部交易等控制活动，把各国的国内生产活动联系在一起，从中获取高额利润。在这种情况下，各国间的分工就反映了跨国公司的垂直一体化体系的内部分工。

六、国家政策和国际政治经济秩序

在一定经济基础上产生的上层建筑，如国家力量、经济政策、国际组织等又能给经济基础以反作用力，促进和推动经济基础的发展。在国际分工方面也是如此。当年英国等欧洲殖民帝国为了形成有利于自己的国际分工，就运用国家的力量，强迫其殖民地按照宗主国的需要去发展单一农作物。殖民主义者用武力打开别国大门，强迫受侵略国家接受殖民主义者的贸易条件，把别国纳入到有利于其剥削的国际分工体系中去。

战后的民族独立运动风起云涌，一大批殖民地国家获得了独立。它们为了摆脱殖民统治留下来的单一经济结构和对宗主国的经济依赖，纷纷提出发展民族工业的政策措施，于是这些发展中国家的制造业就获得了巨大的发展。据联合国有关机构的统计，战后发展中国家工业生产增长速度超过了发达国家。比如，从1960年到1970年，发达资本主义国家工业生产年均增长5.3%，而发展中国家为7.5%；从1970年到1980年，这两个数字分别是3%和4.5%。有些发展中国家和地区通过政府指导下的工业化政策，成功地发展了制造业，进入了“新兴工业化国家”的行列。国际的政治、经济秩序也起着延缓或推进国际分工的作用。如第二次世界大战以前，各资本主义国家为了转嫁经济危机，实行以邻为壑的高关税政策，各国进行竞争性货币贬值，国与国之间的关系十分紧张，结果极大地阻碍了国际分工的发展。战后各国达成了《关税与贸易总协定》，建立了国际货币基金组织和世界银行。这些超国家的国际经济组织协调了各国的贸易政策，通过了多次关税和非关税减让谈判，大幅度地降低了各国的关税水平，减少了非关税壁垒，保持了汇率的稳定，推进了贸易自由化。战后世界国际贸易的增长速度高于世界经济的增长速度。这表明，战后的国际经济秩序促进了国际分工的发展。当然，战后兴起的地区经济一体化趋势，促使建立了一些地区性的经济贸易集团。这些集团成员国之间的部分或全部产品免除关税。

第三节　世界市场的产生与发展

一、世界市场的萌芽

世界市场是指世界各国进行商品交换的场所。世界市场萌芽于16、17世纪。地理大发现以前，人们对世界的认识是很不全面的，因此当时只有区域性市场，没有世界市场。在各个区域性市场之间，产品的价格是不统一的，即使在一个国家的不同市镇之间，同种产品的价格也可能会有很大差异。比如，在中世纪的英国，在两个相隔只有十几英里的城市里，小麦的价格可以相差40%。一个国家只有在形成统一的市场之后，才可能逐步形成统一的国内市场价格。当然，这并不意味着全国各地的价格完全相同，而是指全国各地通过国内市场的流通使各地的价格维持一种动态的平衡。

地理大发现为世界市场的产生和形成奠定了基础。欧洲航海事业的发展，使各个区域性的市场不断扩大范围，并使各个区域性的市场彼此联系起来。于是，亚洲、美洲、非洲、大洋洲的许多商品都开始到欧洲市场上来了，而其他地方对欧洲国家的各种产品，特别是工场手工业产品的需求也增加了，这导致国际贸易额的迅速增加，并开始形成了世界市场。欧洲各国为了争夺市场而开展激烈竞争，最终由大西洋沿岸的一些城市取代了原来地中海沿岸的一些城市，成为当时世界市场的中心。里斯本、安特卫普、阿姆斯特丹、伦敦变成具有世界商业意义的大都市，与世界性的贸易相适应的海上运输、银行、保险公司、交易所和股份公司相继出现。这时候在世界市场上交易的商品大多数是奢侈品，占支配地位的是商业资本，它对开拓市场和资本的原始积累起了很大的作用，并促使封建主义生产方式向资本主义生产方式过渡。我们把这一时期看作是世界市场的萌芽期。

二、统一的世界市场的形成

（一）世界市场形成的特点

18 世纪 60 年代在英国开始的产业革命，标志着资本主义生产方式的胜利。产业资本取代了商业资本的地位，开始在世界市场上占据统治地位。世界市场的发展进入了一个新的时期。

(1) 大机器工业只有在经常扩大生产、夺取新市场的条件下才能生存，因此，这种扩大再生产的压力驱使资产阶级超越已有的市场范围去寻找新市场。生产技术和工艺的发展与进步就意味着需要更大的市场来容纳这个新的生产力。事实表明，19 世纪资本主义国家每一次新的工业快速增长，都是与国外新市场的开辟，即世界市场的扩大同时发生的。

(2) 大机器工业既需要不断扩大的世界销售市场，同时也需要不断扩大其原材料的供应来源。大机器工业成为吸纳各种农产品和矿产品原料的巨大市场。英国等国产业革命以后工业迅速增长，使它们越来越多地到世界市场，特别是到殖民地、半殖民地购买大生产所需的原材料。这样，资本主义大机器工业把越来越多的原料来源卷入到世界市场上来了。

(3) 产业革命以后，工厂规模和数量的扩大使人口不断向城市集中，在发达资本主义国家形成了许多大工业中心城市。这些工业中心城市所需的大量食品及其他消费品，已不可能单靠国内生产来供应，因而需要不断从世界市场去采购输入。

(4) 社会生产力的快速增长，加快了人们对荒芜原野的开发。19 世纪国际间的移民运动有了极大的发展，数以百万计的欧洲移民到了北美、大洋洲及其他地方。中国、印度等国的大批劳动力也以各种形式移往世界各地。这种国际劳动力市场的发展，无疑也促进了世界各国之间的贸易规模不断扩大。

(5) 大机器工业为加强国内地区之间以及国际间的经常性经济联系所需的交通运输工具提供了物质技术基础。大工业需要把大量原材料及产品作远距离的运输。蒸汽机的发明和应用，推动了铁路的大发展；轮船取代了帆船；电报的发明极大地便利了世界市场各部分之间的联系。商品生产和交换越来越具有世界的规模，世界各国之间的经济联系以及它们之间的相互依赖程度都加强了。

（二）统一的世界市场形成的标志

产业革命以后的一百年间，世界市场已有了很大的发展，但一直到19世纪中叶，世界市场上只有英国处于支配地位。西欧、北美诸国属于刚开始工业革命的阶段。这些国家刚刚开始大修铁路，使本国的内地和国际市场更紧密地联系起来。从全世界的角度看，资本主义生产关系对于像中国等亚洲大陆国家来说才刚刚开始，此时不能认为统一的世界市场已经完全形成。到19世纪末20世纪初，资本主义进入垄断时期，才可以认为最终形成了统一的无所不包的世界市场。其标志为：

1. 帝国主义列强已把世界瓜分完毕

20世纪初，全球任何一个国家或地区都已处在资本主义生产关系的支配之下。欧洲一些国家和美国在19世纪中期开始的新科技革命中迅速地发展了自己的生产力，使它们的生产力水平开始接近最早实现工业化的英国。到19世纪末20世纪初，美国、德国的经济实力已超过英国。这些发达资本主义国家进入垄断阶段以后，加强了资本输出。为了保证本国产品的销售市场和原料产地，帝国主义纷纷掠夺殖民地，在世界上划分势力范围。到20世纪初，世界上已没有什么国家和地区可以脱离世界市场而进行经济活动了。

2. 多边贸易、多边支付体系的形成

19世纪末，随着国际分工的发展，西欧大陆各国和美国这些发达资本主义国家从不发达的国家和地区进口的农产品和原材料越来越多，而不发达国家和地区从西欧大陆和北美进口的数量则相对较少，因而欧洲大陆的工业国和美国对不发达国家有大量的贸易赤字。与此同时，英国因实行自由贸易政策，从西欧大陆工业国和美国输入的工农业产品持续增长，出现了英国对这些新兴工业化国家的贸易赤字。当时世界上不发达国家和地区进口的工业品，很大部分来自英国，因此又存在着不发达国家和地区对英国的贸易赤字。这样就出现了对多边支付的需求。英国需要用其对不发达国家的贸易顺差来弥补对西欧大陆和美国的贸易逆差；不发达国家和地区需要用它们对西欧大陆工业国和美国的贸易顺差来弥补其对英国贸易的逆差；西欧大陆工业国和美国则需要用它们对英国贸易的顺差，来弥补对不发达国家和地区的贸易逆差。由于英国作为一个老牌资本主义国家在海外有大量的投资收入需要汇回，它的航运业、银行业、保险业每年也要从世界各地赚得大量收入，这就使当时的英国成为世界多边贸易、多边支付体系的中心，伦敦因此而成为国际金融中心。这使得国际贸易参加国都可以在伦敦完成国际之间债权债务的清偿，有助于资本输出和国际间的资金流动。

3. 国际金本位制度的建立与世界货币的形成

世界市场与世界货币是密切相关的，两者相互促进，相辅相成。所谓世界货币是指在世界各国都能通用的、担任一般等价物的商品，它为参加世界市场的人们所接受。早期的世界货币是黄金和白银并用，是一种复本位制。1816年英国过渡到单一的金本位制，但国际金本位制的建立则是在1873年至1897年间的事。当时欧洲许多国家和美国、日本等主要资本主义国家纷纷放弃复本位制而采用单一的金本位制。到20世纪初，世界上大多数国家都实行了金本位制。国际金本位制的好处在于：

（1）它使世界市场上各国货币价值的相互比较有了一个尺度，并使各国货币之间的汇率保持稳定。

(2) 它给世界市场上各国的商品价格提供了一个互相比较的尺度,使人们很容易把商品价格从用一种货币表示转换为用另一种货币表示,有利于把各国的价格结构联系在一起,这个国际金本位货币制度使当时的多边支付体系顺利发挥作用,是世界市场机制的一个重要组成部分。

4. 形成比较固定的销售渠道,各国同受世界市场行情变化的影响

19 世纪末 20 世纪初,世界上已形成了许多大型的商品交易所,不少地方举办的博览会把世界各地的客商及产品汇集到一起。这一切都使世界各地的同类产品的价格有趋于一致的倾向,形成了许多产品的世界市场行情。这有利于航运、保险、银行及各种机构的健全,交通设施和运输工具的进一步完善。并且,人们通过长期的实践,已在世界市场上大体形成了一整套有利于各国贸易往来的规则和惯例,这保障了国际贸易的顺利进行。这一切都使世界市场的各个部分紧密结合在一起,各国的进出口贸易,无不受到世界市场行情变化的影响。

三、当代世界市场发展的主要特征

(一) 世界市场的规模大大增加

第二次世界大战后由于一系列殖民地国家独立,它们不再由宗主国来安排进入世界市场,而以独立主权国家的身份进入世界市场,世界市场的参加主体大大增多了。另外,各国卷入世界市场的深度也在增加,表现为各国对外贸易额占其国民生产总值的比重,即外贸依存度有提高的趋势。1980 年至 2010 年间,世界货物贸易的年均增长速度达到 6.1%,而世界经济增长速度为 5.4%。据 WTO 和 IMF 的数据测算,1960 年全球外贸依存度为 25.4%,1970 年为 27.9%,1990 年升至 38.7%,2000 年升至 41.7%,2010 年已接近 50%。中国作为转型中的发展中大国,对外贸易依存度也逐年提高,国际贸易的方式也呈现多样化。战后的各国间贸易除了传统的商品贸易之外,还在国际之间开展多种形式的资金、技术、服务等合作和联合投资,共同开发生产各种新产品、开发新市场已屡见不鲜。国际经济合作形式的多样化促进了国际贸易方式的多样化,像补偿贸易、来料加工贸易、租赁贸易等新的贸易形式在战后得到很大发展。

(二) 国际贸易的商品结构发生了重大变化

由于第二次世界大战后国际分工格局的变化,国际贸易商品结构也发生了相应的变化。战前初级产品与工业制成品在世界贸易中所占的比重大约是 60%与 40%,战后这个比例开始倒过来了。在工业制成品中,机械产品、电子产品等与新技术有关的产品比重在加大。造成这种情况的根本原因是,科技革命带来国际分工的深化,部门内分工的发展使国际贸易中的中间产品大大增加,大量的合成材料代替了原先的初级产品原料,发达资本主义国家的新技术使它们的农产品自给率提高,同时在产品价值含量提高的同时使所消耗的物质量减少。世界 GDP 在增长,但单位 GDP 消耗的能源资源是下降的,如 20 世纪 80 年代石油需求占世界产出比重 7%,但 90 年代后期仅占 1.5%,特别是进入 2012 年后,美国变成了世界能源净出口国。

(三) 国际服务贸易发展迅速

战后的科技革命和经济高速增长,在加深国际分工的同时,也使各种生产要素在国家间的流动得到加强，于是国际服务贸易迅速发展起来，不但传统的服务贸易项目，如银行、保险、运输等随着国际贸易的发展而发展，而且其他的服务项目，如国际租赁、提供国际咨询和管理服务、技术贸易、国际旅游等也在战后得到快速发展，服务贸易的增长速度大于同期商品贸易的增长速度。目前，世界服务贸易总额已相当于世界商品贸易额的1/4左右。

（四）区域经济一体化和跨国公司给世界市场以巨大影响

世界各国经济联系日益加强，有一部分国家通过结成地区性经济集团，在一个区域的范围内追求更加紧密的国际经济联系。于是在一个世界市场的范围内，存在许多跨国家的区域性市场。这些地区性经济集团，对内实行程度较高的自由贸易，对外则实行一定程度的歧视或排斥，如欧盟、北美自由贸易区等就是这样的区域经济一体化组织。看起来这似乎使世界市场被分割为一些板块，使世界市场变小，但世界上众多国家在参加到世界市场中去的时候，原本就实行内外有别的政策。因此，世界上有多少国家和地区就可以认为世界市场被分割为多少板块。现在地区经济一体化只是使一些较小的板块合并为大一些的板块而已，并大大促进了集团内的国际分工和国际贸易。战后的贸易自由化大大打破了国际间的关税和非关税壁垒，使国与国之间或板块与板块之间的经济联系进一步增强。因此，战后的地区经济一体化并没有使世界市场变小，而是在世界自由贸易程度提高的同时，在某一区域内实行更高程度的自由贸易，因而区域经济一体化起着促进世界市场发展的作用。

战后跨国公司的大发展也给世界市场带来了巨大影响。跨国公司利用其雄厚的资本和科学技术上的优势，通过对外直接投资，绕过别国的关税和非关税壁垒，进入别国市场。它们采用多种组织形式和策略，垄断着世界的销售市场和原料产地，从而垄断了世界市场上很大一部分贸易。有人估计，当今世界上国际贸易的80%与跨国公司有关，而跨国公司的内部贸易在资本主义世界贸易中的比重约占1/3。

（五）不同社会制度的国家在世界市场上的联系在加强

第二次世界大战前，作为唯一社会主义国家的苏联对参与世界市场是持警惕态度的。战后初期，出现了十几个社会主义国家，东西方处于冷战状态，社会主义国家与资本主义国家的经济关系受到严重影响。中共十一届三中全会以后，我国在邓小平理论指导下实行改革开放，与其他国家、地区建立和发展多层次的经贸关系。中国恢复了在世界银行、国际货币基金组织的合法席位，2001年12月又加入了世界贸易组织。自从党的十四大确立我国建设社会主义市场经济体制的目标之后，我国在世界市场上的竞争力不断增强，与世界市场的联系也更加紧密。作为最大的发展中国家，我国与广大发展中国家一起，积极要求改变原来不合理的国际经济秩序，建立新的国际经济秩序，以便更有利于世界各国的发展。

四、世界市场的分类和国际贸易中心

世界市场是一个广泛的概念，人们根据不同的标准，可以把它划分为不同的类型。如果以参加国的经济发展水平为标准，可以划分为发达国家市场和发展中国家市场；如果以参加国的地理分布为标准，则可以划分为北美市场、欧洲市场、亚洲市场、拉美市场、非洲市场、澳洲市场等。也有人把地理位置划分得更细一些，划分为西欧市场、中东市场、东南亚市场等。或干脆按国别划分为美国市场、日本市场、德国市场等。还有是以产品的种类为标准，可以划分为世界纺织品市场、世界粮食市场、世界钢铁市场、世界汽车市场、世界飞机市场、世界电子计算机市场等。总的来看，按照地理位置或国别来划分，以及按照产品种类来划分这两种方法比较常见。

世界市场的交易活动是通过多种形式进行的，在其交易过程中，国际贸易中心城市起着重要作用。所谓国际贸易中心是集结着国际商品和国际贸易机构的大城市，它通常是交易便利的港口或者铁路枢纽城市，在经济发展的过程中成为国际商品的集散中心，或者设有国际商品交易所、商品交易会、国际博览会，为国际贸易提供各种信息、通信、金融等各方面服务的城市。它们吸引众多的来自世界各地的客商，为他们提供办公场所和相应的服务设施，使国际贸易活动能高效率地进行。国际贸易中心的形成要受多方面因素的影响，除了地理位置、经济发展水平等因素以外，也有历史和政治方面的因素。许多国际贸易中心都具有固定组织形式的国际贸易市场，如商品交易所、国际商品拍卖中心、国际博览会和展览会等。

本章要点

1. 国际分工是社会分工发展到一定阶段的结果。国际分工的产生与发展有着悠久的历史，纵观其演变过程，大致上可分为萌芽、形成、发展和深化四个基本阶段。在国际分工发展的不同阶段，呈现出国际分工的不同格局。

2. 世界市场是在国际分工的基础上形成与发展起来的，并与国际分工一起构成国际贸易的基础。随着国际分工的发展与深化，世界市场也不断地发展和深化，各国对世界市场的依赖性不断增强。

复习思考题

一、名词解释

国际分工　垂直型国际分工　水平型国际分工　混合型国际分工　世界市场

二、单项选择题

1. 国际分工体系形成于　　　　　　　　（　　）

   A. 第二次世界大战后　　B. 15 世纪末 16 世纪初

   C. 原始社会后期　　D. 18—19 世纪产业革命后

2. 在世界贸易中，________国家是世界贸易的主体，是各国主要市场。　　（　　）

   A. 发达资本主义　　B. 发展中

   C. 不发达资本主义　　D. 转型

3. 对外贸易产生和发展的基础是　　　　　　（　　）

   A. 社会生产力的发展和社会分工的扩大

   B. 畜牧业的发展

   C. 手工业的出现

   D. 商业的出现

4. 对外贸易是________生产方式的基础和产物。 ( )

A. 奴隶社会 B. 封建社会 C. 资本主义 D. 社会主义

5. 国际分工与国际贸易之间的关系是 ( )

A. 两者没有联系 B. 两者为平行关系

C. 国际分工是国际贸易的基础 D. 国际贸易是国际分工的基础

6. 从 18 世纪后半期到 19 世纪中叶是资本主义 ( )

A. 国际分工和世界市场的萌芽时期

B. 国际分工的形成和世界市场的建立时期

C. 国际分工体系和统一的世界市场的形成时期

D. 国际分工的升华和世界市场的扩大时期

7. 国际分工形成和发展的决定性因素是 ( )

A. 自然条件 B. 生产力发展水平

C. 资本国际化 D. 上层建筑

8. 国际分工的深化发展是在 ( )

A. 19 世纪中叶到二战 B. 二战后

C. 18 世纪 60 年代—19 世纪中叶 D. 16—18 世纪中叶

9. 国际分工的性质是由________决定的。 ( )

A. 国际生产关系 B. 生产力发展水平

C. 上层建筑 D. 自然条件

10. 目前发达国家间的劳动分工主要属于________分工。 ( )

A. 垂直型 B. 水平型 C. 混合型 D. 以上都不对

11. 国际贸易和世界市场的基础是 ( )

A. 社会分工 B. 国际分工

C. 资本主义生产关系 D. 自然条件

三、简答题

1. 什么是国际分工？国际分工有哪些类型？当代国际分工有什么特征？
2. 影响国际分工发展的主要因素有哪些？
3. 当代世界市场有哪些特征？

第二篇　自由贸易理论

第三章　古典国际贸易理论

学习目的

- 理解绝对优势理论。
- 掌握比较优势理论。
- 全面理解并掌握各类贸易条件的概念及其计算方法。
- 了解相互需求原理和提供曲线。

【引导案例】

“海上马车夫”的传奇

在15世纪末期，欧洲国家开始了开辟新航路的征程，这让欧洲出现了前所未有的商业繁荣，也为荷兰成为商业帝国提供了历史性的机遇。

但是有谁能够想到这个后来被称为“海上马车夫”的国家在最初的时候竟然是依靠出口鲱鱼的优势而为自己赢得了发展时机。其实，鲱鱼并不是荷兰特有的物种，更具体地说，在当时的情况下，鱼类的存储困难使它们的运输路程受到了严重的限制。而荷兰人却掌握了一种技术，这就是先用一把小刀将鲱鱼的肚子剖开，然后将内脏取出来，将头切掉，最后用盐腌制，这样就能延长鲱鱼的保存时间。由此一来，荷兰就获得了出口鲱鱼的优势。

但是，荷兰商人很快发现，那些能够获得丰厚利润的海外贸易中，他们必须面对来自英国商人的强力挑战。而当时的英国拥有庞大的国土面积，甚至是荷兰面积的四倍，而人口则是荷兰的五倍。因此，与荷兰相比，英国具有更优越的地理条件。那么，荷兰人怎样做才能击败英国这个强大的竞争对手呢？

荷兰又开始加紧改良造船技术，主要体现在对船体的设计上。与传统的船只相比，经过荷兰改造的船只没有了武装系统，同时船价只有欧洲其他国家船价的一半，而载货量却得到了很大的提升。此外，当时货船所缴纳的税款取决于甲板的宽度，而荷兰人在改进船只的时候缩小了大肚船的甲板，因此也省下了很多的税款。经过荷兰人改造的没有武装系统但造价低廉的航船就是荷兰人打败英国人的工具。虽然在船舰上装上武力系统可以有效地防御海盗的突袭，但是荷兰人却冒险造出一种只能用于运输货物而缺少必要武力系统的商船。而这样做就需要荷兰人付出代价，因为每一次出航都变成了一次命运的赌博。当然,造船成本低廉也就意味着货物的运费相应便宜,正是依靠对航船的创新,荷兰在对外贸易中的竞争力得到了很大的提高。

荷兰人凭借着这种优势赢得了广阔的国际市场。到了16世纪末期,整个欧洲的海运贸易几乎被荷兰人垄断,荷兰船队的数量甚至比英格兰、法国和苏格兰的海上商船的总数还要多。于是,荷兰人赢得了"海上马车夫"的称号,并因此而享誉世界。

(资料来源:胡东宁.国际贸易理论与政策.北京:中国铁道出版社,2011:25-26)

【思考】 荷兰为什么能够垄断16世纪欧洲的海上贸易?

第一节 绝对优势理论

第一个建立起市场经济学分析框架的是18世纪的英国古典经济学奠基人亚当·斯密。斯密花了将近十年的时间,于1776年写出了一部奠定古典政治经济学理论体系的著作《国民财富的性质和原因的研究》(An Inquiry into the Nature and Causes of the Wealth of Nations,简称《国富论》),影响巨大。在这部著作中,斯密第一次把经济科学所有主要领域的知识归结成一个统一和完整的体系,而贯穿这一体系的基本思想就是自由放任的市场经济思想。

一、绝对优势理论的基本观点

(一) 斯密的自由贸易思想

18世纪70年代英国工业革命处于萌芽时期,在晚期重商主义的政策主张下,包括英国在内的欧洲主要国家工业制造业的发展都快于农业。斯密看到了贸易对国民财富增长的作用,但同时也意识到重商主义极端的保护政策从根本上阻碍了新兴资产阶级从海外获取生产所需的廉价原料,并扩大海外市场的努力,使得国民经济的发展受到限制。

斯密的自由贸易思想是其整个自由竞争市场经济体系的一个有机组成部分。在《国富论》中,斯密运用分工理论对自由贸易的合理性进行了论证:"如果一件东西购买时所费的代价比在家内生产时所费的小,就永远不会想要在家内生产,这是每一个精明的家长都知道的格言。裁缝不想自己制作鞋子,而向鞋匠购买。鞋匠不想制作他自己的衣服,而雇裁缝制作……如果外国能以比我们自己制造还便宜的商品供给我们,我们最好就用我们有利的使用自己的产业生产出口的物品的一部分向他们购买。"①

斯密通过对国家和家庭进行对比来描述国际贸易的必要性,提出对家庭而言只生产一部分它自己需要的产品而用那些它能出售的产品来购买其他产品是合算的,同样的道理应该适用于国家。

斯密首次从消费者(裁缝)的角度强调进口(从鞋匠那里购买鞋子)的利益(比自己在家生产便宜),他从分工交换的好处来分析贸易所得。在国际贸易中,不仅出口带来利益,进口也同样给一国带来好处。因此,在斯密的体系中,无论是进口还是出口,都应是市场上的一种自由交换。这种自由交换的结果,双方都会得到好处。国际贸易只是自由市场经济的一部分,不应加以任何限制。

① [英]亚当·斯密.国民财富的性质和原因的研究(下卷).郭大力,王亚南,译.北京:商务印书馆,1974:28

专栏

亚当·斯密

亚当·斯密(Adam Smith,1723—1790)是英国著名的经济学家,资产阶级古典经济学派的主要奠基人之一,国际分工及国际贸易理论的创始者,自由贸易的倡导者。亚当·斯密于1723年出生在苏格兰法夫郡(County Fife)柯科迪(Kirkcaldy)一个海关官员的家庭,他的父亲在他出生前2个月就去世了。斯密自小博览群书,在十四岁时就进入了格拉斯哥大学(Glasgow University)学习。他选定了人文科学的方向,在逻辑、道德哲学、数学和天文学方面都成绩斐然。1740年,他作为斯内尔奖学金获得者进入牛津大学深造6年。由于某些政治事件的原因,斯密不得不于1746年回到柯科迪,当时无固定工作。1748年,他开始应邀到爱丁堡作讲演,内容涵盖法学、政治学、社会学和经济学,由此名声大振。

到了50年代,斯密就提出经济自由主义的基本思想。1751年斯密被推举为格拉斯哥大学的逻辑学教授,1752年转任道德哲学(即社会科学)教授。他的讲课内容包括了伦理学、修辞学、法学、政治经济学以及"治安和税收"领域。1758—1763年,斯密曾兼任格拉斯哥大学财务主管、教务长、副校长等职务。在这段被他称之为"一生中最幸福的时期"中,斯密参加了政治经济学俱乐部活动(被称为"俱乐部人"),而且,他每年总要到爱丁堡待上2～3个月,宣扬他的经济自由思想。他曾在讲演中说道:"应该让人的天性本身自然发展,并在其追求自己的目的和实施其本身计划的过程中给予它充分自由……"

1759年,斯密发表了他的第一部科学巨著《道德情操论》,标志着他哲学和经济思想的形成。在《道德情操论》创作的过程中,内在的兴趣和时代的需要(发展格拉斯哥工商业)使斯密沉湎于政治经济学的研究之中。在1762—1763年的讲稿里,他提出了一系列出色的唯物主义思想,在讲稿的经济学部分中,已出现了在《国富论》中得到发展的思想萌芽。这部著作为斯密树立了威望,并因此被聘为年轻的巴克卢公爵的私人教师。1864年,斯密正式辞去大学教授工作,并在1764—1766年间和他的弟子一同游览欧洲,大多是在法国。在那里,斯密有幸认识了阿郎贝尔(Alembert)、奥尔巴克(Holbach)和爱尔维修(Helvetius),尤其重要的是结识了重农主义学派的领导人——弗朗索瓦·魁奈(Francois Quesnay)。斯密曾对政治经济学有过兴趣,他到达巴黎之时正是法国重农学派的影响和成就达到高峰的时候。在法国巴黎期间,斯密批判性地借鉴重农主义学派,沿着英国传统的道路,在劳动价值论的基础上创立了自己的经济理论。同法国唯物主义伦理学的重要代表爱尔维修结识后,斯密又将其关于新伦理的思想用于政治经济学,创造了关于人的本性和人与社会相互关系的概念,成了古典学派观点的基础。斯密通过"经济人"这一概念,提出了一个具有重大理论意义和实际意义的问题:关于人的经济活动的动因和动力问题。而"看不见的手"这一提法指出了客观经济规律的自发作用。斯密又把利己主义和经济发展自发规律相结合,提出了自然秩序这一概念。这是他放任主义政策的原则和目的。当他最后写作《国富论》之时,竞争和自由是他的经济学的基石，成为一条主线贯穿于整部《国富论》之中。

1767年春，斯密回到柯科迪开始了大约6年的写作工作。1776年3月，《国民财富的性质和原因的研究》（即《国富论》）在伦敦出版并在其后被翻译成多种语言。书中的经济观点集中地体现了产业资产阶级的利益和要求，因而受到了热烈的赞扬。该书对当时政府的经济政策产生了一定的影响。斯密将其渊博的学问、深刻的洞察力和别具一格的幽默贯注于这部著作之中。《国富论》无疑是政治经济学史上最引人入胜的著作之一。当时一位有名的学者指出，这不仅是一篇经济专题论文，而且是“一本描述时代的非常有趣的书”。1776年，斯密被授予爱丁堡市荣誉市民称号。1787—1789年，他被选为格拉斯哥大学名誉校长。

斯密成名后，曾被任命为苏格兰海关专员和盐务专员，但大部分时间还是致力于精炼修改他的这部著作。1790年7月，斯密于爱丁堡逝世，享年68岁。

（资料来源：新帕尔格雷夫经济学大辞典（第4卷）. 北京：经济科学出版社，1996：384-404）

（二）绝对优势的理论基础

斯密认为，国际贸易的基础是各国之间生产技术的绝对差别。他用一国中不同人的劳动生产率和职业分工来解释国际贸易的原因：裁缝之所以自己不去制作靴子，是因为从鞋匠那里购买靴子比自己在家生产要便宜；而裁缝擅长做衣服，在做衣服方面裁缝比鞋匠能干，裁缝应该用衣服来换靴子。一个国家之所以要进口别国的产品，是因为该国生产这种产品的技术处于劣势，自己生产比购买别国产品的成本要高；而一国之所以能够向别国出口产品，是因为该国在这一产品的生产技术上比别国先进，或者说具有绝对优势（Absolute Advantage）。因为该国能够用同样的资源比别国生产出更多的产品，从而使单位产品的生产成本低于别国。

因此，斯密认为，国际贸易和国际分工的原因和基础是各国间存在的劳动生产率和生产成本的绝对差别。一国如果在某种产品上具有比别国高的劳动生产率，该国在这一产品上就具有绝对优势；相反，劳动生产率低的产品，就不具有绝对优势，即具有绝对劣势。绝对优势也可间接地由生产成本来衡量：如果一国生产某种产品所需的单位劳动比别国生产同样产品所需的单位劳动要少，该国就具有生产这种产品的绝对优势，反之则具有劣势。各国应该集中生产并出口其具有劳动生产率和生产成本“绝对优势”的产品，进口其不具有“绝对优势”的产品，其结果比自己什么都生产更有利。在贸易理论上，这一学说被称为“绝对优势理论”。

斯密将导致各国积极参与国际贸易取得贸易利益的所谓“优势”区分为“自然优势”（Natural Advantages）和“获得性优势”（Acquired Advantages）。前者为一国固有的天赋优势，如一国所处的地理位置、自然环境、土壤质量、气候条件或矿产资源。比如苏格兰即便投入数十倍甚至数百倍的资本与劳动，都生产不出可以与法国葡萄酒相媲美的红葡萄酒和白兰地；后者为后天获得的优势，如通过接受教育与训练，以及大量的生产实践，一个工匠的生产技艺可以日臻精湛。当然，一个国家（如当时的英国）也可以通过技术创新和制度创新，使其工业生产能力处于世界领先地位，从而取得获得性优势。至于一国同另一国相比的优势地位是先天固有的,还是后天获得的,其实都无关紧要。斯密的这些观点在后来的国际贸易理论中得到了进一步发展:赫克歇尔—俄林的资源禀赋理论和克鲁格曼的规模经济理论都可追溯到早期古典经济学的思想。

按照亚当·斯密的主张,每一个国家都应集中致力于生产其最擅长生产的物品,而所谓擅长与否则全然取决于在各自拥有的优势基础上生产成本的绝对差异。生产成本绝对低于他国谓之"最擅长",否则即为"最不擅长"。各国都照此原则进行生产和开展相互贸易,势必导致资本劳动等经济资源向其最擅长的产业流动。如此一来,既实现了本国经济资源的最佳配置,提高了生产效率,又形成了国与国之间合理的分工,贸易双方都能以绝对低的成本从对方换回本应付出更大成本才能生产出来的产品。如此贸易的最终结果当然是双方皆大欢喜,各自获得贸易利益。

二、绝对优势理论的模型

(一) 基本假设

与其他经济理论分析一样,为了不影响结论,使分析更加严谨,在研究国际贸易时,亚当·斯密将许多不存在直接关系和当时并不重要的变量假设为不变,并将不直接影响分析的其他条件尽可能简化。绝对成本理论的基本假设主要有:

(1) 假设世界上只有两个国家,并且只生产两种商品。

(2) 劳动是唯一的要素投入,每国的劳动力资源在某一给定时间都是固定不变的,且具有同质性,劳动力市场始终处于充分就业状态。

(3) 劳动力要素可以在国内不同部门之间流动但不能在国家之间流动。

(4) 两国在不同产品上的生产技术不同,并且两国的技术水平都保持不变。

(5) 规模报酬不变。

(6) 所有市场都是完全竞争的,没有任何一个生产者和消费者有足够的力量对市场施加影响,他们都是价格的接受者;且各国生产的产品价格都等于产品的平均生产成本,没有经济利润。

(7) 实行自由贸易,不存在政府对贸易的干预或管制。

(8) 运输费用和其他交易费用(Transaction Costs)为零。

(9) 两国之间的贸易是平衡的,因此,不用考虑货币在国家间的流动。

(二) 衡量方法

根据绝对优势贸易理论,各国应该专门生产并出口其具有"绝对优势"的产品,不生产但进口其不具有"绝对优势"(或有"绝对劣势")的产品。确定一国绝对优势产品的方法有两种:

(1) 劳动生产率,即用单位要素投入的产出率来衡量。产品 j 的劳动生产率可用 $\frac{Q_j}{L}$ 来表示,其中 Q_j 是产量,L 是劳动投入。一国如果在某种产品上具有比别国高的劳动生产率,则该国在这一产品上就具有绝对优势。

(2) 生产成本,即用生产 1 单位产品所需的要素投入数量来衡量。1 单位产品 j 的生产成本(劳动使用量)可用 $a_{Lj}=\frac{L}{Q_j}$ 表示。如在某种产品的生产中,某国单位产量所需的要素投入低于另一国，该国在这一产品上就具有绝对优势。

（三）举例

假设中国和美国都生产大米和小麦。劳动是唯一要素投入，且两国的劳动力数量都是100人。由于自然资源和生产技术条件不同，两国生产同量大米和小麦的生产成本不同。如果两国所有的劳动都用来生产大米，假设中国可以生产100公吨，而美国只能生产80公吨。如果两国的劳动都用来生产小麦，假设中国能生产50公吨，而美国能生产100公吨。两国的生产可能性如表3-1所示。

表3-1 中国和美国大米和小麦的生产可能性（单位：公吨）

	大 米	小 麦
中国	100	50
美国	80	100

1. 贸易模式

从劳动生产率的角度说，中国每人每年可以生产1公吨大米，而美国每人每年只生产0.8公吨大米，中国具有生产大米的绝对优势。美国每人每年可以生产1公吨小麦，而中国每人每年只能生产0.5公吨小麦，美国具有生产小麦的绝对优势。表3-2列出了中美两国在大米和小麦生产中的劳动生产率。

表3-2 中国和美国的劳动生产率（人均产量）

	大 米	小 麦
中国	1=100公吨/100人	0.5=50公吨/100人
美国	0.8=80公吨/100人	1=100公吨/100人

从生产成本的角度来说，每公吨大米在中国只要1个单位的劳动投入，在美国则要1.25个单位。相反，每公吨小麦在中国需要2个单位的劳动投入，在美国只要1个。在表3-3中我们分别用a_{LR}和a_{LW}来表达中美两国单位大米和单位小麦生产中的劳动要素投入，即生产成本。

表3-3 中国和美国的生产成本

	大米 a_{LR}	小麦 a_{LW}
中国	1=100人/100公吨	2=100人/50公吨
美国	1.25=100人/80公吨	1=100人/100公吨

显然，a_{LR}（中国）$<$ a_{LR}（美国），而a_{LW}（中国）$>$ a_{LW}（美国）。通过生产成本的比较，可以得出与以上比较劳动生产率时同样的结论。

根据“绝对优势”贸易理论，中国应该专门生产大米（100公吨），然后用其中的一部分去交换美国的小麦。美国则应专门生产小麦（100公吨），然后用一部分小麦去交换中国的大米。

2. 贸易所得

分工前：如果没有贸易的话，两国都处于封闭经济下，自给自足，为了满足不同的消费，每个国家都要生产两种产品。这里假设中国的大米产量是 50 公吨，小麦是 25 公吨，美国则生产 28 公吨大米和 65 公吨小麦。在封闭经济中，交换比例等于生产可能性曲线的斜率，中国的大米与小麦的交换比例为 1∶0.5，而美国为 1∶1.25，各国的生产量也是各国的消费量，如表 3-4 所示。

分工后：在两国开放自由贸易和专业化分工之后，中国生产 100 公吨大米而美国生产 100 公吨小麦。

交换：假设中国大米与美国小麦的交换比例是 1∶1，中国在留足本国消费的产品后拿出 30 公吨大米去交换美国的 30 公吨小麦，而美国也是如此。贸易的结果是，中国在分工交换后消费了 70 公吨大米（自己生产的）和 30 公吨小麦（进口的），分别比自给自足时多了 20 公吨大米和 5 公吨小麦。而美国也消费了 70 公吨小麦和 30 公吨大米，比自给自足时多了 5 公吨小麦和 2 公吨大米，两国都比贸易前增加了消费，都得到了在自给自足时不可能达到的消费水平。美、中两国的大米和小麦消费总量由分工前的 78 公吨、90 公吨都增加到了分工后的 100 公吨，如表 3-4 所示。

表 3-4　中美两国分工前后生产量和消费量比较（单位：公吨）

		中国		美国		合计	
		大米	小麦	大米	小麦	大米	小麦
分工前	生产量	50	25	28	65	78	90
	交换比例	1∶0.5		1∶1.25			
	消费量	50	25	28	65	78	90
分工后	生产量	100	0	0	100	100	100
	交换比例	1∶1					
	消费量	70	30	30	70	100	100
分工后收益增加（＋）						＋22	＋10

在这个例子中，中国大米与美国小麦的交换比例是 1∶1，而实际中这一比例会变动，而此交换比例取决于国际市场上两种产品的供给与需求。但有一点非常明确，中国用 1 公吨大米换取的小麦不能少于 0.5 公吨，否则不如自己生产；进口 1 公吨中国大米，美国愿意支付的小麦不会超过 1.25 公吨，否则无利可图。两国都能从分工和贸易中获利的小麦/大米交换比例（大米的相对价格）应在 0.5 与 1.25 之间。

（四）总体均衡分析

在总体均衡的分析中用生产可能性曲线说明供给，社会无差异曲线表示需求。

1. 封闭状态下的均衡

图 3-1 分别说明中美两国的生产消费情况，两图中的纵坐标都表示小麦的生产量，横坐标都为大米的生产量。由于在斯密的“绝对优势”模型中劳动是唯一的生产要素投入，而劳动生产率又是固定的，因此，产品的机会成本也就固定不变了，各国的生产可能性曲线均为直线。

图 3-1 中，中美两国对小麦和大米这两种产品的需求分别用各自的社会无差异曲线表示。在各国的社会无差异曲线图中，U_1 都比 U_0 具有更高的社会福利水平。两国在发生贸

易之前，各自根据社会的需求偏好和生产能力即社会无差异曲线与生产可能性曲线相切的 S_0 点作为生产的均衡点，C_0 作为消费的均衡点。封闭经济下，如果社会福利达到最大化，本国生产的产品完全用于本国消费，即 S_0 与 C_0 重合。

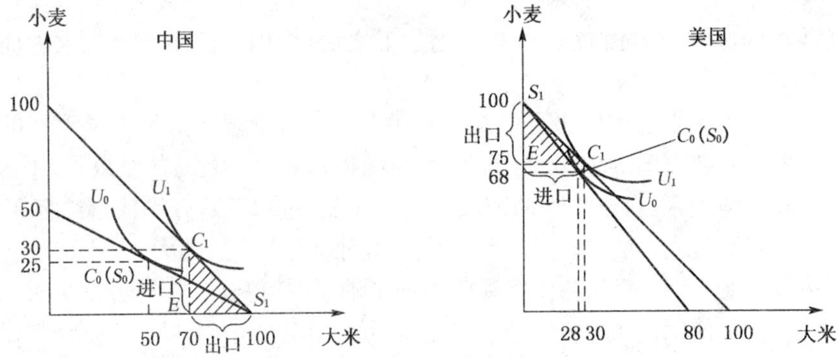

图 3-1　绝对优势贸易模型中中美两国之间的贸易

2. 开放经济下的均衡

在开展国际贸易与国际分工后，根据绝对优势的原理，美国会专门生产小麦并向中国出口一部分小麦以换取大米，中国则集中生产大米并用出口一部分大米与美国换小麦。各国的生产点都会从原来没有贸易时的 S_0 点转移到 S_1（中国生产 100 公吨大米，美国生产 100 公吨小麦）。两国的消费可能性曲线为图中的虚线，其斜率等于国际价格或国际交换比例。假定中国大米与美国小麦的交换比例是 1 ∶ 1，在给定的国际价格下，各国根据自己的社会消费偏好进行最优选择。各国都会在自己的社会无差异曲线与国际价格曲线相切的点（C_1）上决定两种产品的消费。假设中国在这一点上需要消费 70 公吨大米，中国就可用余下的 30 公吨大米去跟美国交换小麦。在国际价格为 1 ∶ 1 的情况下，中国可以获得（进口）30 公吨小麦，总的消费量为 70 公吨大米和 30 公吨小麦。美国也根据同样的道理选择他们的消费，在国际价格下出口 30 公吨小麦以换取 30 公吨大米。在均衡点上，美国进口的大米量与出口的小麦量正好等于中国相应的出口量和进口量。生产（S_1 点）与消费（C_1 点）之间的差别就是国际贸易量，C_1ES_1 三点所组成的三角被称为“贸易三角”。

根据比较优势形成的专业化分工和国际贸易使中国的消费从无贸易时的 50 公吨大米、25 公吨小麦增加到 70 公吨大米、30 公吨小麦，美国的消费也从原来的 28 公吨大米、65 公吨小麦提高到 30 公吨大米、70 公吨小麦。两国的生产能力（由生产可能性曲线表示）都没有变化，而消费水平却都提高了，两国都从国际分工和国际贸易中获得了利益，达到了比贸易前更高的社会福利水平（用社会无差异曲线表示）。需要说明的是，在总体均衡分析中，衡量福利水平的是社会无差异曲线的水平而非产品的绝对消费量。如果中国特别偏好大米的话，贸易后的消费水平也可能是 80 公吨大米 20 公吨小麦。与贸易前相比，大米消费量增加了，但小麦消费量却减少了，但总的社会福利水平仍是提高了。因此，贸易后两种产品的消费都增加的情况可以用来说明整个国家的贸易所得，但说明贸易所得并不一定需要两种产品的消费都增加。

3. 收益结构

再进一步进行分析，可以看到贸易收益由“交换所得”与“分工所得”两个部分构成，在总体上，都可称为配置所得(Gain from Allocation)。

(1) 交换所得

交换所得是产品在消费领域的重新配置所得。在上面的例子中，假设中国在与美国发生贸易时并不改变生产结构，即仍然生产 50 公吨大米和 25 公吨小麦，但中国大米的相对价格是 0.5，而美国大米的相对价格是 1.25。在这种情况下，中国愿意将 50 公吨大米中的一部分与美国交换小麦。我们仍然假定其交换比例(或称国际价格)为 1∶1。交换的结果使得中国大米消费减少小麦消费增加，并达了新的更高的社会福利水平。在图 3-2 中，消费从 A 点移到 B 点，社会福利水平从 U_0 提高到 U_1。

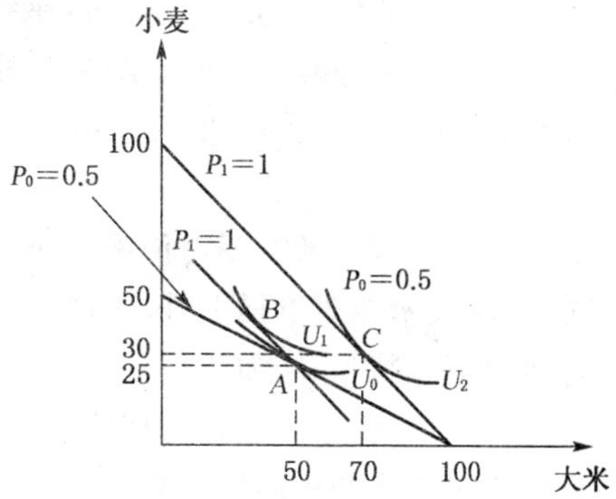

图 3-2　"交换所得"和"分工所得"

(2) 分工所得

分工所得是资源在生产领域的更有效配置所得。假设在新的国际价格下中国的生产发生了变化。此时国际大米的相对价格是 1，中国大米生产的相对成本为 0.5。中国有生产大米的比较优势，出口大米有利可图。这样，中国将全部资源用于生产大米而不生产任何小麦，美国则正好相反，只生产小麦不生产大米。然后两国再进行交换。这种生产资源的重新配置使得中国有能力将消费点进一步从 B 点移到 C 点，并使社会福利水平提高到 U_2。这一部分的提高主要来源于生产资源的重新配置，是"分工所得"。

(五) 局部均衡分析

与总体均衡分析不同，局部均衡分析只讨论某个产品市场的价格、生产、消费以及这一产品的生产者和消费者的利益变动，商品均衡价格是如何决定和变动等情况。

1. 相对价格变动

图 3-3 是根据图 3-1 假设的数据推导出来的中美两国大米市场情况。在中国，大米生产的相对成本为 0.5。如果大米的相对价格低于 0.5，中国将不会生产大米，供给量为零。大米相对价格等于 0.5 时，中国有可能生产，也有可能不生产，产量在 0～100 公吨(最大产量)之间，供给曲线为水平直线。如果相对价格大于 0.5，中国就会将全部资源用来生产大米，但供给量不会超过其最大生产能力(100 公吨)，所以这一段的供给曲线在 100 公吨处垂直。

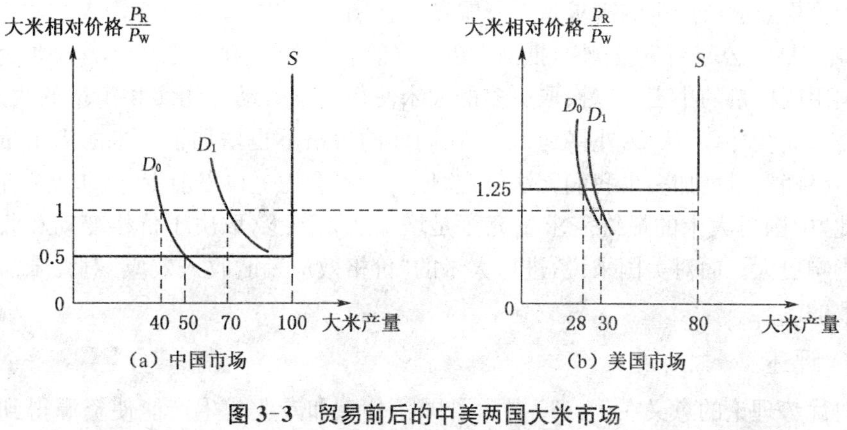

图 3-3　贸易前后的中美两国大米市场

美国的大米市场情况类似，如果大米的相对价格低于 1.25，美国不会生产任何大米。在相对价格等于 1.25 时，美国就可能生产大米，产量在 0～80 公吨之间，供给曲线为水平直线。但是相对价格超过 1.25 时，供给曲线在 80 公吨处垂直。

在没有贸易时，两国大米的相对价格等于其相对成本，生产多少则由国内的需求（由“需求曲线 D_0”表示）决定。根据假定，在自给自足的情况下，中国大米生产量为 50 公吨，美国为 28 公吨。

由于中国大米的相对价格低于美国，因此，一旦发生贸易，两国的大米相对价格就会趋同：中国大米相对价格上升，美国的大米相对价格下降，从而造成中国的大米产量变为 100 公吨，而美国则降低为 0。这时，中国成了唯一的大米生产者，中国所面对的也是两国对大米的总需求，大米的国际价格由中国的供给与两国的总需求来决定。在这一例子中，我们假定这一最终的均衡价格为 1。

2. 价格效应

两国总需求并非贸易前两国对大米的需求（D_0）的简单相加，而是自由贸易下两国对大米的需求（D_1）之和。自由贸易使各国对大米的需求受到价格变动的影响。根据供求规律，大米价格上升的国家，对大米的需求量下降；而价格下降的国家，需求量会上升。这种影响称为价格效应。价格效应表现在需求量沿原有的需求曲线上下滑动。

例如，中国出口大米，国内的大米相对价格上升，通过“价格效应”，人们降低大米的消费量，顺着原来的需求曲线向左上方移动（假定消费量下降到 40 公吨）。在图 3-3 中，中国大米需求的价格效应是消费量下降 10 公吨（从 50 公吨到 40 公吨）。美国则大米价格下降，需求量增加。

3. 收入效应

各国对大米的需求还会受到通过贸易而产生的收入变动的影响。由于参与贸易，各国不仅通过出口直接增加了收入，而且还由于进口便宜产品而节省了原来用于消费同量产品的开支，各国总的实物消费量都增加了。国际贸易使各国按实物衡量或按原来物价计算的总收入增加。由于大米是一种正常品（收入的需求弹性为正），收入增加，需求就会增加，表现为需求曲线向右移动。这就是收入效应。

例如，中国由于集中生产大米并能用大米换取比封闭经济中更多的小麦，整个国家用实物衡量的收入增加，导致大米需求曲线外移（从 D_0 外移到 D_1），总需求量增加甚至有可能超过由于价格效应所产生的需求量下降幅度。在图 3-3 中，中国大米需求的收入效应是增加 30 公吨（从 40 公吨到 70 公吨），抵消由于价格效应减少的 10 公吨大米，净增加为 20 公吨。

美国用同样量的小麦可以换取更多的大米使得美国劳动力用实物衡量的收入增加，导致大米需求曲线外移（从 D_0 外移到 D_1），在同样的价格下也增加了大米的需求量。美国对大米的最终消费量增加多少我们无法确定，但一定不会比进口以前少，除非大米是劣等品。

因此，中国对大米的最终需求量究竟是增加还是减少，取决于价格变动和收入变动中哪一个影响更大。而对美国来说，进口大米的“价格效应”和“收入效应”对大米需求量的影响是一致的。

（六）评述

绝对优势理论的意义在于：(1)揭示了国际分工和专业化生产能使资源得到更有效地

利用，从而提高劳动生产率的规律；(2)首次论证了贸易双方都能从国际分工与国际贸易中获利的思想，即国际贸易可以是一个“双赢游戏”，而不是一个“零和游戏”，从而部分地解释了国际贸易产生的原因；(3)斯密的研究把国际贸易理论纳入了市场经济的理论体系，开创了对国际贸易的经济分析；(4)反映和代表了当时英国资产阶级的利益，为自由贸易思想提供了理论依据。

但是，绝对优势理论存在很大的局限性，它只是部分地解释了国际贸易产生的原因，或者说，它解释的是国际贸易中的一种特例，其理论不具有普遍意义。因为在现实社会中，有些国家比较先进发达，有可能在各种产品的生产上都具有绝对优势，而经济落后的国家可能在任何生产技术上都居于绝对劣势，如表 3-5 所示，美国在大米和小麦的生产上都具有绝对优势，而中国在这两种产品的生产上都处于绝对劣势，但是贸易仍然在这两国之间发生，而斯密的理论无法解释这种绝对先进和绝对落后国家之间的贸易。

表 3-5 中美两国的生产可能性(单位：公吨)

	大 米	小 麦
中国	100	50
美国	150	100

专栏

绝对优势理论的局限

什么是导致国家进行贸易的根本原因？斯密会说：“绝对优势。”即一个国家之所以能够出口某种产品，是因为它生产的这种产品具有绝对优势，生产这种产品的劳动力成本比其他国家低，或者生产这种产品的劳动生产率比其他国家高。但是，这种只有绝对优势才能出口的观点往往让人们陷入认知上的误区。例如，19 世纪时许多国家都确信英国将成为世界的大工厂，没有什么不能生产的，而且没有哪个国家能够比英国的生产效率更高，因而英国将夺走所有的工业。后来担心的国家是美国，一直到 20 世纪 60 年代，法国还在担心美国的竞争力是否会对法国所有行业产生毁灭性的打击。六七十年代这种担心转移到了日本身上，七八十年代人们又开始担心韩国。到了 21 世纪，中国又成了人们最为担心的国家。在东南亚和西方国家一种流行的观点是，中国的 13 亿人口似乎是廉价劳动力用之不竭的源泉，随着中国技术的进步，生产力的提高，中国没有什么不能生产的，中国正在变成世界的大工厂，许多国家，尤其是东南亚国家的产业将在与中国的竞争中无法生存，因此国家应该采用贸易政策来限制中国产品的进口，以防止中国产品对本国产业的毁灭性打击。

事实上，所有这些担心的情况都没有出现，东南亚国家的产业也不会因为中国产品的出口而消失。直观上，每个国家，即使生产率低下，仍然必定可以找到在世界市场上具有竞争力的产品，否则用什么来支付进口产品呢？因此，基于绝对优势的贸易理论只是解释了小部分的贸易，事实上，国际贸易并不依赖于国家是否存在绝对优势，国家可以从贸易获利，并不需要依赖绝对优势的假定。

第二节　比较优势理论

一、比较优势理论的基本观点

（一）产生背景

工业革命使英国的工业生产急剧增长，从 1770 年到 1820 年大约增长了四倍，出现了许多新的城市和工业中心。机器生产大大促进了劳动生产率的提高，给英国资产阶级提供了数量巨大、成本低廉的商品。当时英国社会的主要矛盾是工业资产阶级同地主中贵族阶级的矛盾，这一矛盾由于工业革命的进展而变得异常尖锐，如图 3-4 所示。这个斗争在经济方面表现为关于《谷物法》的存废。作为英国工业革命时期的资产阶级经济学者，大卫·李嘉图都是站在了工业资产阶级的立场上，并在《政治经济学及赋税原理》一书中提出了以自由贸易为前提的比较优势理论（Comparative Advantage），为工业资产阶级的斗争提供了有力的理论武器。

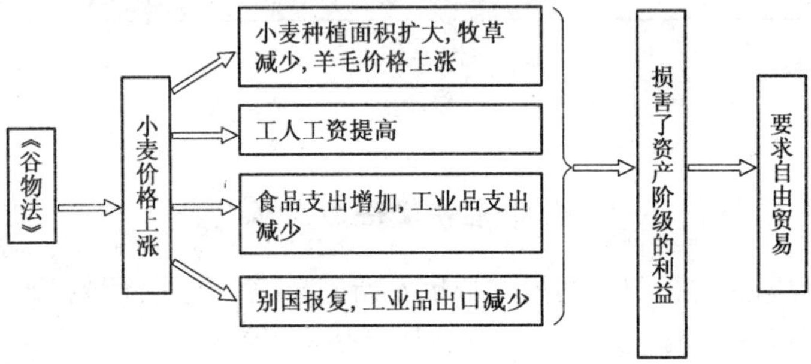

图 3-4　《谷物法》与资产阶级的利益冲突

专栏

英国的《谷物法》及其废除

1815 年，英国政府为维护土地贵族阶级利益，制定了《谷物法》（Law of Corns）。禁止或不鼓励进口的法规可以追溯到 15 世纪，但是直到 1663 年的一个法令中它才生效。然而，出口补贴开始于 14 世纪，并且依照 1689 年制定的一个法令而变得更有系统了。1815 年的《谷物法》，其目的在于通过禁止进口，直到价格达到一定水平（对小麦来说，达到每夸脱 80 先令）的方法，来鼓励国内生产。《谷物法》颁布后，英国粮食价格上涨，地租猛增，它对地主贵族不利，而严重地损害了产业资产阶级的利益。昂贵的谷物，使工人货币工资被提高，工业生产成本增加，利润减少，削弱了工业品的竞争能力。《谷物法》还招致外国以高关税阻止英国工业品对它们的出口。这样，出于发展资本主义和提高利润率的需要，英国产业资产阶级迫切要求废除《谷物法》，从而与土地贵族阶级展开了激烈的斗争。

为了废除《谷物法》,工业资产阶级在全国各地组织了"反《谷物法》同盟",广泛宣传《谷物法》的危害性,鼓吹谷物自由贸易的好处。而地主贵族阶级则千方百计维护《谷物法》,他们认为,既然英国能够自己生产粮食,那就根本不需要从国外进口,反对在谷物上自由贸易。就在这种形势下,工业资产阶级迫切需要找到谷物自由贸易的理论依据。李嘉图适时而出,他认为,英国不仅要从国外进口粮食,而且要大量进口,因为英国在纺织品生产上所占的优势比在粮食生产上所占的优势大,故英国应专门发展纺织品生产,以其出口换取粮食,取得比较利益,提高商品生产数量。为此,李嘉图提出了比较成本说。

从 19 世纪 30 年代中期开始,《谷物法》已经无法对谷物贸易制造很大的实际困难,但《谷物法》的废除被认为标志着自由贸易理论在英国的最终胜利,并且迅速获得象征性的价值。《谷物法》的废除没有(像大家希望的那样)导致小麦价格的下跌,可是这样做减少了每年进口量的波动。

(资料来源:新帕尔格雷夫经济学大辞典(第 1 卷).北京:经济科学出版社,1996:725)

（二）李嘉图的贸易思想

作为古典政治经济学的重要人物,大卫·李嘉图继承和发展了亚当·斯密的观点,在绝对优势理论的基础上提出了比较优势理论,认为一个国家不仅可以依据绝对优势原则参加国际分工和国际贸易,而且即使一个国家在生产上没有任何绝对优势,只要它与其他国家相比,生产各种商品的相对成本不同,那么这个国家仍然可以通过生产相对成本较低的产品并出口,来换取它自己生产中相对成本较高的产品,从而获得利益。

比较优势理论的基本思想可以归纳为:在国际分工中,如果两国的生产力不等,一国生产任何一种商品的成本均低于另一国,处于绝对优势地位;而另一国的劳动生产率在任何商品的生产中均低于甲国,处于绝对劣势地位,这时两国仍存在进行贸易的可能性。也就是说,两国中处于优势地位的一国可以专门生产优势较大的产品,处于劣势地位的另一国可以专门生产劣势较小的产品,通过国际分工和贸易,双方仍然可以在相互贸易中获得利益。也就是说,只要各国之间存在着劳动生产率上的相对差别,就会出现生产成本和产品价格的相对差别,从而使各国在不同的产品上具有优势,使国际分工和国际贸易成为可能。

李嘉图用实例由个人推及国家说明了这一道理,他说:"如果两个人都能制造鞋和帽子,其中一个人在两种职业上都比另一个人强些。不过制帽子时只强 1/5 或 20%,而制鞋时则强 1/3 或 33%。那么,这个较强的人就专门制鞋,那个较差的人就专门制帽子,这样双方都能获利。"①

李嘉图比较成本理论的核心可以归纳为一句话:"两利相权取其重,两弊相权取其轻。"依据这一思想进行国家之间的分工和贸易,对各方都有利。

① 李嘉图.政治经济学及赋税原理.北京:商务印书馆,1979

专栏

大卫·李嘉图

大卫·李嘉图(David Ricardo,1772—1823)于1772年出生于英国伦敦一个富有的交易所经纪人家庭,14岁就开始跟随父亲在交易所从事证券金融业务。因婚姻和宗教问题与父亲脱离关系,自己经营交易所,干得非常成功,10年之后就拥有了200万英镑的财产,成为伦敦证券交易所和房地产市场上炙手可热的投资家,后来又当上了英国下院议员。功成名就后,他利用空闲时间学习了自然科学。1799年,李嘉图在巴思逗留期间偶然得到一本《国富论》,成为这本书的一个真正"赞赏者"。当时英国脱离金本位制的特定环境使李嘉图对政治经济学产生了很大的兴趣。最终,他在分析、批判前人经济理论的基础上,结合时代提出的问题,将经济理论推上了一个新的阶段。

李嘉图对经济理论的研究和著作,几乎涉猎了经济学中的所有方面,他首先研究的是货币。李嘉图是货币数量论的倡导者。他在1809—1811年发表的几篇文章和几个小册子中,批判了当时的货币流通制度,并且拟定了一个实事求是的纲领,甚至提出要创立新的国家银行,显示了他极大胆的建议方式和极雄辩的著作能力。他的货币理论思想主要有:(1)稳定货币流通是发展经济的最重要条件;(2)这种稳定只有以黄金为基础的条件下才有可能实现;(3)在流通中黄金可以在相当大程度上,甚至完全为按固定平价兑换黄金的纸币所取代。之后,他出版了《论谷物低价对资本利润的影响》。书中,他主要研究了价值理论。他以斯密的价值理论为出发点研究价值问题,力图在基本点上纠正和揭露斯密价值学说的混乱和矛盾。他坚持了耗费劳动量决定商品价值的原理,并将这一原理始终贯穿在他的经济理论中。他考虑了劳动性质与价值的关系,认为各种不同性质的估价由市场决定,并且主要决定于劳动者的相对熟练程度和所完成的劳动的强度,最不利条件下的劳动决定价值。决定商品价值的是劳动总量,即不仅包括生产该商品时所需的劳动,而且包括生产用于该过程的资本物所需的劳动。

李嘉图对国际贸易理论有开创性的贡献,他是贸易自由的坚决支持者。在他的主要著作《政治经济学及赋税原理》(Principles of Political Economy and Taxation)一书中,李嘉图以一个有关国际贸易的一般理论支持了自己的观点。该理论包括了比较优势学说——该学说或许可以说成是政治经济学中最广泛地为人们所接受的"真理"(马歇尔,1887)。在《政治经济学及赋税原理》的《论对外贸易》一章中,他对苏格兰和葡萄牙的外贸进行了研究并用精彩的例子"葡萄酒"和"棉布"说明了比较成本,以及得到了贸易的结果使贸易参与国更加富裕的结论,即后来所谓的比较优势原则。这个基本思想在后来被无数经济学者引用并发展。他还从比较耗费原则得出了与他的在贸易自由条件下和谐发展国际经济关系理论相适应的结论。

终其一生,李嘉图都以严谨的思维、数学逻辑性和精确性著称。他是古典政治经济学的集大成者。他发展了斯密的工资、利润和地租的观点,即社会三个主要阶层最初收入的观点。他认为,地租只是从利润中扣出的部分,从而利润被说成是收入最初的基本形式,而资本是收入的基础,即利润实质上就是剩余价值。这又是他在科学上取得的光辉成就之一。1819 年，他成为一名议员，积极参与讨论银行改革、税收提议等问题，并成为伦敦政治经济俱乐部的奠基人。

（资料来源：新帕尔格雷夫经济学大辞典（第 1 卷）. 北京：经济科学出版社，1996：196-214）

二、比较优势理论的模型

除了强调两国之间生产技术存在相对差别而不是绝对差别之外，比较优势模型的假设与绝对优势模型基本一样。

在比较优势模型中，生产和贸易的模式是由生产技术的相对差别以及由此产生的相对成本差别决定的。各国应该专门生产并出口其拥有“比较优势”的产品，进口其不具有“比较优势”（或有“比较劣势”）的产品。

（一）衡量方法

那么，什么是比较优势呢？某种商品所具有的比较优势可以用相对劳动生产率、相对生产成本或者机会成本三种方法来确定。

1. 用产品的相对劳动生产率来衡量

相对劳动生产率是不同产品劳动生产率的比率，或两种不同产品的人均产量之比，用公式表示为：

$$\text{产品 A 的相对劳动生产率(相对于产品 B)} = \frac{\text{产品 A 的劳动生产率}\dfrac{Q_A}{L_A}}{\text{产品 B 的劳动生产率}\dfrac{Q_B}{L_B}}$$

如果一个国家某种产品的相对劳动生产率高于其他国家同样产品的相对劳动生产率，该国在这一产品上就拥有比较优势。反之，则只有比较劣势。

2. 用产品的相对成本来衡量

所谓“相对成本”，指的是一种产品的单位要素投入与另一种产品的单位要素投入的比率，用公式表示为：

$$\text{产品 A 的相对成本(相对于产品 B)} = \frac{\text{单位产品 A 的要素投入量}}{\text{单位产品 B 的要素投入量}}$$

如果一国生产某种产品的相对成本低于别国生产同样产品的相对成本，该国就具有生产该产品的比较优势。

3. 用机会成本来衡量

所谓“机会成本”，是指为了多生产某种产品而必须放弃的其他产品的数量，用公式表示为：

$$\text{产品 A 的机会成本} = \frac{\text{减少的产品 B 的产量 } \Delta B}{\text{增加的产品 A 的产量 } \Delta Q_A}$$

（二）举例

假定英国和葡萄牙两国同时生产棉布和酒，劳动生产技术条件的不同导致两国生产同量棉布和酒的成本不同。生产 1 单位棉布和 1 单位酒，英国各需投入 100 人/年和 120 人/

年的劳动，葡萄牙各需投入 90 人/年和 80 人/年的劳动，如表 3-6 所示。

表 3-6　英国和葡萄牙棉布和酒的生产成本

	棉　布	酒
英国	100 人/年	120 人/年
葡萄牙	90 人/年	80 人/年

1. 贸易模式

从相对劳动生产率的角度说，由表 3-7 可得，英国棉布的相对劳动生产率高于葡萄牙棉布的相对劳动生产率，因此，英国具有生产棉布的比较优势，而葡萄牙具有生产酒的比较优势。

表 3-7　英国和葡萄牙的相对劳动生产率

	棉布/酒	酒/棉布
英国	1.2	0.83
葡萄牙	0.89	1.125

葡萄牙和英国的相对生产成本如表 3-8 所示，英国棉布的相对生产成本 0.83 低于葡萄牙棉布的相对生产成本 1.125，而葡萄牙酒的相对生产成本 0.89 低于英国酒的相对生产成本 1.2，因此，可以得到与上述相同的结论。

表 3-8　英国和葡萄牙的相对生产成本

	棉布/酒	酒/棉布
英国	0.83	1.2
葡萄牙	1.125	0.89

按照表 3-6，英国为了多生产 1 单位棉布需要增加 100 人/年，而增加的 100 人/年可以生产 0.83 单位酒。也就是说，英国每增加 1 单位棉布的生产，就意味着放弃了 0.83 单位酒的生产，0.83 单位酒就是英国生产棉布的机会成本。英国和葡萄牙两国生产棉布和酒的机会成本如表 3-9 所示。很明显，英国生产棉布的机会成本较低，而葡萄牙生产酒的机会成本较低，由此可以得到上述相同的结论。

表 3-9　英国和葡萄牙的机会成本

	棉布/酒	酒/棉布
英国	0.83	1.2
葡萄牙	1.125	0.89

无论用相对劳动生产率、相对生产成本还是用机会成本来判断，结果都是一致的：英国拥有生产棉布的相对优势，葡萄牙拥有生产酒的相对优势。英国应该集中生产并出口棉布，葡萄牙应该集中生产并出口酒。

2. 贸易所得

分工前：每年生产 1 单位棉布，英国需要 100 人，葡萄牙需要 90 人；每年生产 1 单位酒，英国需要 120 人，葡萄牙需要 80 人。葡萄牙的棉布成本是英国棉布成本的 90%，葡萄牙的酒的成本是英国的 67%，葡萄牙两种产品的劳动成本都绝对低于英国。按照斯密的绝对优势理论，在这种情况下，英、葡两国之间是不会发生贸易的。但是，李嘉图通过分析认为，两国仍能进行对双方都有利的国际分工和国际贸易。因为相对而言，葡萄牙的酒的成本更低，优势更大，按"两利相权取其重，两弊相权取其轻"，英国应分工生产棉布并交换葡萄牙分工生产的酒，如表 3-10 所示。

分工后：劳动总量没有增加，产品总量却有所增加。英国把 220 人的劳动全部用于生产棉布，每年产出 2.2 单位棉布；葡萄牙把 170 人的劳动全部用于生产酒，生产出 2.125 单位的酒。

交换：假设英国棉布与葡萄牙酒的交换比例是 1∶1。英国用 1 单位棉布交换葡萄牙生产的 1 单位的酒，结果是英国换得 1 单位酒后还有 1.2 单位的棉布，相对于分工前多得了 0.2 单位的棉布；葡萄牙则增加了 0.125 单位的酒。显然，按比较优势理论进行国际分工和交换，无论是经济发展水平高的国家还是经济发展水平低的国家都能从中受益。

表 3-10 英、葡两国分工前后生产量和消费量比较

		棉布产量(单位)	投入劳动(人/年)	酒产量(单位)	投入劳动(人/年)
分工前	英国	1	100	1	120
	葡萄牙	1	90	1	80
	合计	2		2	
分工后	英国	$\frac{100+120}{100}=2.2$	100+120=220		
	葡萄牙			$\frac{90+80}{80}=2.125$	90+80=170
	合计	2.2		2.125	
交换后	英国	1.2		1	
	葡萄牙	1		1.125	
分工后收益增加(+)	英国	+0.2			
	葡萄牙			+0.125	

(三) 评述

1. 比较优势理论对实践的指导意义

与"绝对优势"学说相比，"比较优势"学说更有普遍意义。在第一节的例子(表 3-5)中，美国不但拥有生产小麦的绝对优势，也拥有生产大米的绝对优势。根据"绝对优势"学说，美国应该生产所有两种产品并向中国出口，中国应该什么也不生产只是进口。但是，这种情况实际是不可能发生的，因为贸易本身是双向的。一个国家不可能只有进口没有出口。如果只有在绝对优势的条件下才能出口获利的话，中国什么东西都不能出口，中国和美国就不会发生贸易。但是，根据比较优势学说，贸易仍能在两国间发生。中国虽然在所有两种产品上都不拥有绝对优势，却在大米生产上拥有比较优势。生产 1 公吨大米的机会成本，在美国是 1.25 公吨小麦，在中国只是 0.5 公吨。也就是说，用 0.5 公吨小麦在中国就可以换到1公吨大米，在美国则要用1.25公吨。中国生产大米的相对劳动生产率比美国高：2>0.5(见表3-11)，中国则有生产大米的比较优势。从而中国可以集中生产大米并出口美国，同时从美国进口小麦，两国之间发生了贸易。通过这个例子我们可以看到，"比较优势"学说不仅在理论上更广泛地论证了贸易的基础，在实践上也部分解释了先进国家与落后国家之间贸易的原因。

表3-11　中美两国的机会成本(单位：公吨)

	大米/小麦	小麦/大米
中国	2	0.5
美国	1.5	0.67

比较优势理论认为贸易的基础是生产技术相对差别以及由此产生的相对成本的不同。一国之所以能够出口获利，只需在该产品的生产上有比较优势而不一定要有绝对优势。一国可能会在所有的产品上都不具有绝对优势，但一定会在某些产品上拥有比较优势。因此，任何国家都可以有出口的产品，都有条件参与国际分工和国际贸易。比较优势理论的提出是西方古典国际贸易理论体系建立的标志。

比较优势理论曾为英国工业资产阶级争取自由贸易提供了有力的理论武器。尽管自李嘉图提出至今已近200年，但仍不失为指导一般贸易实践的基本原则。不仅如此，比较优势理论的原理除了可以用于对国际贸易问题的分析以外，还有较为广泛的一般适用性。

如大学教授一般都要聘请助教，专门负责对学生的日常辅导，负责批阅学生的作业，同时还要帮助教授做好讲授课程的有关准备工作。但我们知道，一位学术造诣高深的教授，完全可以在承担教学和科研工作任务的同时兼顾这些工作，而且教授直接对学生进行辅导，学生们的收益一定会更大、更多。又如经验丰富的外科大夫除了能够给病人动手术以外，肯定还完全能够胜任对病人的护理，完全能够亲自为一个外科手术作各方面准备。但外科大夫往往都要专门聘请护士。再如企业的高级资深管理人员，除了可以全面打理公司业务外，还能非常熟练地处理公司的日常业务档案，至于文件的打印，资料的分类、整理、归档等，公司经理们更应是行家里手。但他们同样还是要专门聘请秘书和打字员。

凡此种种，还可以举出很多其他例子。究其原因，无非是因为社会的劳动分工中普遍存在着绝对优势或绝对劣势中的比较优势。教授、外科大夫、公司经理同助教、护士、总经理秘书相比，前者尽管在各方面都享有绝对优势，但他们更大的优势或曰比较优势分别在教学和科研、主刀动手术和企业的经营管理方面；后者虽然处在全面劣势地位，但他们在辅导学生的学业和批阅学生作业、对病员进行常规护理和处理公司的一般文件打印归档的日常事务上的劣势相对较小，或者说他们在这些方面具有比较优势。可见"两利相权取其重，两弊相权取其轻"不仅仅是指导国际贸易的基本原则，在社会生活的其他诸多方面，都应该成为进行合理社会分工以取得最大社会福利与劳动效率的原则。

2. 比较优势理论的缺陷

然而，比较优势理论也存在着理论上的"硬伤"，或者说，存在理论分析上的"死角"。这是因为，在李嘉图的理论分析中，比较优势之所以能够成立，全然取决于两国间两种商品生产成本对比上"度"的差异。但是，如果只是考察经过高度抽象的"2×2贸易模型"，势必存在着这样一种情况，即两国间在两种商品生产成本对比上不存在“度”的差异。表 3-12 所示即为“等优势或等劣势贸易模型”(Equal Advantage or Equal Disadvantage Model)。

表 3-12　等优势或等劣势 2×2 贸易模型(单位：公吨)

	大　米	小　麦
中国	100	50
美国	200	100

一旦出现此种等优势或等劣势的情况，即便具有相当的普遍适用性，李嘉图的比较优势理论及其基本原则“两利相权取其重，两弊相权取其轻”就不再起作用了。人们惊异地看到，李嘉图陷入了“此优为彼优，无甚可择”或“彼劣即此劣，何以权轻”的尴尬境地。

另外，比较优势理论的分析方法是静态的、短期的，没有考虑到产量变化对产品价格和国际贸易的影响。虽然李嘉图也承认，当各国的生产技术及生产成本发生变化之后，国际贸易的格局也会发生变化，但他并没有进一步阐明这一思想，更没有用来修正他的理论。

3. 绝对优势理论与比较优势理论的关系

比较优势理论与绝对优势理论都认定对外贸易可以使一国的产品销售市场得以迅速扩张，因而十分强调对外贸易对促进一国增加生产扩大出口供给的重要作用。或者反过来说，斯密和李嘉图站在当时新兴的产业资本家阶级的立场上，为了给产业资本所掌握的超强的工业生产能力以及由此产生的大量剩余产品寻找出路，从供给的角度，论证了开拓国际市场推进国际贸易的重要性，以及推行自由贸易政策的必要性和合理性。从这个意义上来说，可以将斯密和李嘉图的贸易思想归于贸易理论研究上的“供给派”(School of Supply)。

但就绝对优势理论与比较优势理论各自涵盖的研究对象而论，对此两者进行比较，人们也可以清楚地看到，无论一国是否拥有绝对低成本的优势商品，只要存在相互间的比较优势，国际间的自由贸易就可以使贸易双方都获得贸易利益。这就是说，实际上，从理论分析的角度考察，比较优势理论分析研究的经济现象涵盖了绝对优势理论分析研究的经济现象，而不是相反。这说明，斯密所论及的绝对优势贸易模型不过是李嘉图讨论的比较优势贸易模型的一种特殊形态，是一个特例。绝对优势理论与比较优势理论是特殊与一般的关系。将只适用于某种特例的贸易模型推广至对普遍存在的一般经济现象的理论分析，正是李嘉图在发展古典国际贸易理论方面的一大贡献。

专栏

比较优势能创造吗？以冰酒为例

记得在李嘉图原创的葡萄牙与英国贸易的例子中，他假设了葡萄牙基于其适宜的气候在葡萄酒和布的生产上都具有绝对优势。英国会发现它很难种植酿酒用的葡萄，但生产布却不太困难，因此它在布的生产上具有比较优势。这就提出了一个问题：如果发现了新技术能使英国生产世界级的葡萄和葡萄酒，情形又会如何？有可能在葡萄酒的生产上创造新的比较优势吗?

类似的事情发生在加拿大尼亚加拉大瀑布地区,那里出售一种叫“冰酒”的产品。冰酒最早于1794年由德国开发(当时李嘉图21岁)。冰酒是通过让葡萄藤上的葡萄冰冻生产出来的。冰冻浓缩了葡萄的糖分和香味。经过冰冻的葡萄由人工采摘然后加工成甜美的葡萄酒。1983年,加拿大尼亚加拉大瀑布地区的几家酿酒厂进行了冰酒的试生产,自此以后,它就成了当地的一种特产。由于葡萄采摘前的温度必须在－10℃到－13℃之间,尼亚加拉大瀑布地区寒冷的气候赋予了它生产冰酒的优势。这种工艺的产量是很低的——一整棵葡萄或许只能酿造一瓶酒——这就是为什么半瓶装销售的原因。但是由于这种葡萄酒有独特的风味,需求很大,半瓶装的售价通常达50美元或更高。现在冰酒也可以在加拿大英属哥伦比亚的奥卡诺根峡谷地区进行生产,那里的气候同样是夏季湿润适合葡萄生长,冬季寒冷可以冰冻葡萄。英国将来能生产这种葡萄酒吗?如果能,李嘉图原创的模型中英国和葡萄牙之间的比较优势可能会逆转了。

(资料来源:罗伯特·C. 芬斯特拉,艾伦·M. 泰勒. 国际贸易. 北京:中国人民大学出版社,2011:41-42)

第三节　相互需求理论

相互需求理论是西方庸俗经济学派在20世纪30年代前的国际贸易理论。约翰·穆勒承上启下,对李嘉图的比较优势理论作了重要的补充,提出了相互需求原理;马歇尔第一次把几何数学方法引入国际贸易的理论分析中去,并对相互需求原理做了进一步的分析。

一、贸易条件的涵义

(一) 贸易条件的概念

所谓贸易条件是指一个国家以出口交换进口的条件,即两国进行贸易时的交换比例。它有两种表示方法。第一种是用物物交换表示,即用实物形态来表示的贸易条件,不牵涉货币因素和物价水平的变动。当出口产品能交换回更多进口产品时,贸易条件改善;如果更多的出口产品交换回相对少的进口产品,则贸易条件恶化。第二种是在以货币为媒介、以价格表示交换价值的条件下,贸易条件也用价格来表示,一般表示为一定时期内一国所有的出口产品价格与所有的进口产品价格的比率,这样的贸易条件又称为进出口交换比例或简称交换比价。由于现实生活中参与国际交换的产品种类很多,而且价格水平在不断变化,因此这种贸易条件通常用一国在一定时期(如1年)里的出口产品价格指数与进口产品价格指数之比来表示,即贸易条件指数。

(二) 贸易条件指数的种类及其意义

贸易条件指数可以分为以下3种,它们分别表示不同意义的贸易条件。

1. 商品贸易条件指数

商品贸易条件指数是一定时期内一国商品出口价格指数与进口价格指数之比。通常,如果没有明确的限定，贸易条件就是指商品贸易条件。这也是最基本和最常用的一种。其计算公式为：

$$N=\frac{P_x}{P_m}\times 100$$

其中，N 表示商品贸易条件指数；P_x 表示商品出口价格指数；P_m 表示商品进口价格指数。在具体计算时，通常先选取先前某一年份（基期）作为参考，然后计算现期贸易条件指数的变化情况。计算的结果，如果比基期指数上升（大于 100），表明贸易条件改善，即表明出口价格较进口价格上涨得多，意味着每出口 1 单位商品能换回的进口商品数量比原来增加，贸易条件比基期有利，贸易利益增大；否则，表明贸易条件恶化。

【例 1】 假定 2000 年为基准年，进出口价格指数均为 100，商品贸易条件指数也是 100。2010 年年底该国的出口价格指数下降 5%，进口价格指数上升 10%，则该国商品贸易条件指数为：

$$T=\frac{100-5}{100+10}\times 100=86.36$$

这意味着 2010 年与 2000 年间该国的贸易条件指数下降了近 15 个百分点，贸易条件恶化了。

可是商品贸易条件指数的有效性通常只局限于不发生进出口商品结构变动的一定时期之内，它是用来表示在过去一段时期内单位商品的贸易利益是增加了还是减少了，即表示贸易利益的变动，并不能表示一国获得的贸易利益总量（这是无法计算的）。现实经济生活中，一国的进出口商品结构有时会发生较大的变动，比如以前进口的商品现在转变为出口，就可能对商品贸易条件产生很大影响，而由此对贸易利益的变化作出判断是不可靠的。所以说，这种指数的有效性只限于不发生结构变动的一定时期内。另外，商品贸易条件指数的下降并不必然意味着一国贸易利益的减少，这还要结合其他因素（比如贸易双方的要素生产率状况等）进行具体分析，才能作出合理的判断。

2. 要素贸易条件指数

将商品贸易条件与要素生产率结合起来考察，可以得到要素贸易条件指数。

（1）单项要素贸易条件指数

单项要素贸易条件指数是一定时期内一国商品贸易条件指数与出口商品生产部门劳动生产率指数的乘积。它是在商品贸易条件的基础上，考虑到出口商品劳动生产率变化的因素，即出口商品劳动生产率提高或降低对贸易条件的影响。其计算公式为：

$$S=\frac{P_x}{P_m}\times Z_x$$

其中，S 表示单项要素贸易条件指数；Z_x 表示出口商品劳动生产率指数。

【例 2】 设该国商品贸易条件指数变化状况与例 1 相同，而该国出口部门的劳动生产率从 2000 年的 100 上升到 2010 年的 130，则该国单项要素贸易条件指数为：

$$S=\frac{95}{110}\times 130=112.27$$

这说明尽管商品贸易条件恶化，但此间出口商品要素生产率提高的幅度大于商品贸易条件指数下降的幅度，贸易条件仍得到改善。由此可见，商品贸易条件下降不一定就意味着一国贸易利益减少了。在要素生产率提高的基础上，一国主动降低商品贸易条件，有可能通过扩大市场占有率而继续获得贸易利益。当然，如果一国商品贸易条件下降的幅度超过了劳动生产率上升的幅度时，该国的贸易利益就会减少。

(2) 双项要素贸易条件指数

双项要素贸易条件指数是一定时期内一国商品贸易条件指数与出口部门和进口部门劳动生产率指数比值的乘积。它不仅考虑出口商品劳动生产率的变化，而且考虑进口商品劳动生产率的变化。其计算公式为：

$$D=\frac{P_{x}}{P_{m}}\times\frac{Z_{x}}{Z_{m}}\times 100$$

其中，D 代表双项要素贸易条件指数；Z_m代表进口商品劳动生产率指数。

【例 3】 假设商品贸易条件指数和出口商品劳动生产率指数仍按前例，进口商品劳动生产率指数 2000 年到 2010 年期间从 100 上升到 105，则该国的双项要素贸易条件指数为：

$$D=\frac{95}{110}\times\frac{130}{105}\times 100=106.93$$

这说明如果一国出口商品劳动生产率指数提高的幅度在同期内高于进口商品劳动生产率指数提高的幅度，就可能抵消商品贸易条件恶化而获得双项要素贸易条件的改善。这反映了进出口国的贸易竞争，实质上是劳动生产率的竞争。劳动生产率水平的高低是决定一国商品国际竞争力的关键，也是影响一国分享利益多少的主要因素。

3. 收入贸易条件指数

收入贸易条件指数是一定时期内一国商品贸易条件指数与出口量指数的乘积。它代表一国出口商品的实际收入水平，反映一国用出口支付进口的能力。其计算公式为：

$$I=\frac{P_{x}}{P_{m}}\times Q_{x}$$

其中，I 表示收入贸易条件指数；Q_x表示出口量指数。

【例 4】 假设商品贸易条件指数变化与例 1 相同，而该国的出口量指数从 2000 年的 100 上升到 2010 年的 120，则该国的收入贸易条件指数为：

$$I=\frac{95}{110}\times 120=103.64$$

这说明，尽管该国商品贸易条件恶化了，但由于出口能力的提高和出口收入的增加，该国 2010 年的进口能力还是比 2000 年提高了 3.63%，也就是说收入贸易条件改善了。

二、穆勒的国际需求方程式

约翰·穆勒是 19 世纪中叶英国最著名的经济学家，通常被看作是“最后一个古典主义者”，他也自称为斯密、李嘉图的追随者。由于李嘉图没有阐明国际商品交换比率究竟如何确定以及贸易利益将怎样分配的问题，也未考虑需求因素对国际贸易的重要影响，于是约翰·穆勒提出了“相互需求学说”(Reciprocal Demand Doctrine)。

专栏

约翰·穆勒

约翰·斯图尔特·穆勒(John Stuart Mill,1806—1873)是自李嘉图后英国政治经济学界的另一位主要人物。他的父亲詹姆斯·穆勒是一位著名的经济学家,李嘉图的密友。老穆勒十分重视对儿子的早期教育,据约翰·穆勒自传称,他3岁起学希腊语,7岁左右读柏拉图的对话,8岁学拉丁文,11岁读父亲写的《印度史》,13岁学完经济学。他的经济学的学习是在与父亲的散步中完成的。每天清晨,老穆勒带着儿子一起散步,将李嘉图的经济理论说给儿子听,要求儿子回去后做好笔记,交给自己审阅,提出意见,再进行修改。后来,这本笔记成为有名的《经济学纲要》(1821年)。

约翰·穆勒17岁到东印度公司工作,直到1858年。1830年,他开始撰写政治经济学论文,1843年出版了《逻辑学体系》(A System of Logic),这本书树立了他作为思想家的名望。1848年,他的代表作《政治经济学原理》(Principles of Political Economy)出版。这本书辞藻华丽,体系严谨,没有古典经济学著作中那些晦涩难懂的词句和散乱的结构,由此受到学术界的推崇,在很长时间内成为西方国家主要的经济学教科书。这本书被西方经济学界称为“主流古典政治经济学最后一本伟大的教科书”,经过两次修订,1852年发行第三版。1859年,穆勒的《论自由》(On Liberty)问世,这本书同样受到学术界的推崇。1865—1868年,他担任威斯敏斯特议员,此后仍不知疲倦地著述,直到弥留之际,他才说:“我的工作已经做完了”。

约翰·穆勒生活的年代正是英国工业革命蓬勃开展、完成,社会经济环境已经发生巨大变化的时期。英国不仅废除了《谷物法》,而且经济也从拿破仑战争后的衰退中恢复;工业革命带来的各种制度的改革,尤其是货币和银行制度的改革均已完成;《济贫法》也已修订到足以促进劳动力自由转移的地步;工业革命基本完成的英国正在积极地对外进行经济扩张。这一切都使穆勒在经济增长的预期上比李嘉图要乐观得多。但是,穆勒接受了马尔萨斯人口论中有关“劳动阶级”的实际工资增加额会被人口迅速增长额吞噬的看法,除了指望劳动阶级能自动地限制人口增长,国家制定公平分配经济增长成果的分配政策外,他还积极地推崇古典经济学家的自由贸易与比较优势论。为了解决国际分工的利益分配问题,他提出了相互需求论。

(资料来源:彭福永.国际贸易.上海:上海财经大学出版社,2002:55-56)

(一) 约翰·穆勒的贸易思想

约翰·穆勒的贸易思想主要体现在以下几个方面:

1. 强调需求对贸易的作用

同斯密和李嘉图强调供给对贸易的作用不同,穆勒从需求角度阐释了贸易问题。穆勒认为,进口商品的消费需求是决定消费者和从事对外贸易业务的商人能否获得贸易利益的关键。他指出:“所谓商业贸易实际上只是使生产成本更为便宜的一种手段。不论在什么情况下,消费者都是最终的受益者。作为消费者的对立面的商人当然也会获得贸易利益,但这必须以消费者愿意花多少钱购买他们的商品为前提。”这充分反映了穆勒对需求的重视程度,因此他的贸易思想被归纳为国际贸易理论研究上的“需求派”(School of Demand),区别于斯密和李嘉图的“供给派”(School of Supply)。

2. 进口是贸易利益的来源

“对外贸易唯一的直接利益寓于进口之中”,这是穆勒区别于斯密和李嘉图的一个重要观点,也是穆勒阐述相互需求理论的基础。穆勒认为,一国可以从国际贸易中获得以下两大利益:

(1) 提高一国消费水平和社会福利

国际贸易可以使一国获得它自己完全不能生产的或者能获得比自己生产还要多的那些商品,因此提高了该国的总体消费水平和社会福利。穆勒提出,各国生产的商品在满足国内市场消费需求的同时,还应该努力满足国际市场的消费需求,并以此作为从后者进口商品的支付手段。

(2) 提高各国的生产力

国际贸易可以使各国的生产力都得到更为有效的利用,因为“如果开展贸易的两个国家都转而勉强地生产本应从对方进口的那些商品,两国的劳动和资本的生产力一定不如它们各自既为自己生产也为对方生产其劳动具有最大相对效益的商品时那么高”。

3. 贸易双方的需求是相互需求

穆勒认为,外国从本国进口商品的需求亦为本国对外国的出口供给,本国从外国进口商品的需求为外国对本国的出口供给,即一切贸易都是商品的交换,一方出口商品是进口对方商品的手段,一方的供给是对对方商品的需求,所以供给和需求也就是相互需求。

4. 国际贸易条件决定外国商品的价值

穆勒认为,价值规律在国际交换中的作用明显不同于国内,国际商品的价值取决于为了得到该商品所需支付给外国的本国商品的数量。换言之,外国商品的价值由国际贸易条件所决定。

国际贸易条件是指用本国出口商品数量表示的进口商品的相对价格,其水平高低取决于两方面的因素:一是外国对本国商品需求的数量及其增长同本国对外国商品需求的数量及其增长之间的相对关系;二是本国可以从服务于本国消费需求的国内商品生产中节省下来的资本数量。在比较成本确定的两国互惠贸易中,贸易条件是能够使贸易双方的总出口恰好等于其总进口的那种贸易条件,双方的需求都必须足以支付对方的供给。

5. 贸易利益的大小取决于两国需求强度的大小

在双边贸易中,对对方出口商品的需求,以及贸易双方共同遵守的国际贸易条件,随着由各国消费者的消费偏好等因素决定的对对方出口商品的需求强度的相对变动而发生变化。倘若外国对本国出口商品的需求大于本国对外国出口商品的需求,外国的相对需求强度较大,本国的相对需求较小,则外国在与本国的竞争中就不得不作出某些让步,本国就可以享有比较有利的贸易条件。

具体来说,对对方出口商品的相对需求强度较小的国家,在贸易双方的相互竞争中占有较为有利的位置,最终决定的国际贸易条件比较靠近外国的国内交换比率,因而本国可以获得相对较大的贸易利益。简言之,贸易双方之间的相对需求强度决定着国际贸易条件的最终水平，进而决定了国际贸易总利益在交易双方间的交割。

（二）国际需求方程式

比较成本只是确定了贸易条件的上下限，在这个交换比例的范围内，具体的、实际的交换比率由什么决定呢？穆勒认为，一国愿意提供的出口商品的数量正好等于其贸易伙伴国在同一贸易条件下所愿意购买的进口商品的数量时，两国的进口需求与出口供给两两相等，国际贸易处于均衡状态。这就是决定国际贸易条件的国际需求恒等式（Equation of International Demand，又称国际需求方程式），即相互需求原理。

穆勒举了一个有名的例子来说明，假定英国每生产 10 码毛呢所消耗的劳动和生产 15 码麻布的相等，德国每生产 10 码毛呢所消耗的劳动则等于生产 20 码麻布的耗费劳动。这样 10 码毛呢在英国换到 15 码麻布，在德国则可换到 20 码麻布，即两种商品的国内交换比率分别是 10 码毛呢：15 码麻布和 10 码毛呢：20 码麻布。按比较优势理论，英国出口毛呢，德国出口麻布。如按 10：15 交换，全部利益都归德国，按 10：20 交换，利益全归英国。显然在这两种情况下必有一方对贸易失去兴趣。所以，只有当英国用 10 码毛呢换到 15 码以上的麻布和德国用少于 20 码的麻布换到 10 码毛呢，即两国都分享到贸易利益时，英德双方才可能进行交换。10 码毛呢交换到的麻布介于 15 码与 20 码之间，是双方贸易得以发生的限定范围（见表 3-13）。这表明，国际交换比率的上下限是由两国国内交换比率所决定的。

表 3-13　英、德两国国际交换价值比的确定

国　别	商品（码）		交换比		愿分工生产的商品	国际交换比	
	毛呢	麻布	国内	国际		下限	上限
英国	10	15	10：15	大于 10：15	毛呢	10：15	10：20
德国	10	20	10：20	小于 10：20	麻布		

那么，10 码毛呢到底能换回多少码麻布呢？穆勒认为，双方消费者对对方商品的需求确定了这种实际的贸易条件。比较如下：

毛呢：麻布	英国（10：15）	德国（10：20）
10：15	—	节约 5 麻布
10：16	多 1 麻布	节约 4 麻布
10：17	多 2 麻布	节约 3 麻布
10：18	多 3 麻布	节约 2 麻布
10：19	多 4 麻布	节约 1 麻布
10：20	多 5 麻布	—

由此可见，国际交换比越接近对方国家国内交换比，该国从贸易中获得的利益就越大于国际分工前的水平。在一个讨价还价的市场中，两国先以 10 码毛呢换 17 码麻布开始。按照这个交换比率，英国愿用 1 000×10 码毛呢换进 1 000×17 码麻布，德国愿用 1 000×17 码麻布换进 1 000×10 码毛呢。此时双方的需求正好吸收掉对方的供给，于是它们会按

10∶17的比例继续进行贸易。然而,如果英国认为10∶17的比例太高,将麻布的需求量降低为800×17码,从而只出口800×10码毛呢。而德国对毛呢的需求量没有变化,只好提高毛呢的价格(即用多于17码的麻布换取10码毛呢)来吸收尚未获得的(1 000×10－800×10＝200×10)码毛呢。于是,双方的需求再一次与对方的供给相等,双方将继续按新的贸易条件(10∶18)把贸易进行下去。

再假定发生相反的情况,即英国感到10∶17的交换比率十分合算,想购买1 200×17码麻布。可是在这种价格水平下德国没有充分满足英国的需求。于是麻布的价格开始上涨,即10码毛呢的价格跌至17码麻布以下。同时,两者的交换比率将不断地自行调整,直至双方的需求又一次吸收掉对方的供给时为止。可见,两种商品的贸易条件是根据双方消费者需求情况的变动自行调整的,实际贸易条件就是使双方进出口都达到均衡时的那种交换比率。换句话说,实际贸易条件就是均衡贸易条件,它是由两国的相互需求决定的。

穆勒又进一步指明了相互需求对国际贸易利益的影响。国际贸易利益的大小取决于贸易交换比率的范围的大小。两国国内交换比率的差异越大,可能获得的贸易利益也越大。这种贸易利益在两国之间分配的多寡,则决定于具体的交换比率。如上所述,10∶17的比例将使德国多获利益,10∶16的比例对英国更为有利。同时这个具体交换比率(即均衡贸易条件)又决定于两国各自对对方商品需求的相对强度。外国对本国商品的需求强度越是大于本国对外国商品的需求强度,实际贸易条件就越接近外国的那种国内交换比率,这个比率会使贸易利益的分配对本国越是有利。反之亦然。上述内容就是穆勒的相互需求学说,用他自己的提法,叫做“国际需求方程式”或“价值法则”。

穆勒明确论证了国际贸易条件变动的范围和贸易利益分配各为多少,对完善和发展比较利益论不失为一个重要贡献。但是,力图从需求方面深化有关的认识和分析,本身也是不可取的。商品价格虽然受到供求关系的重要影响,但毕竟不能脱离劳动价值论的基础,因而穆勒所解释的比较利益和国际价值背离了劳动价值论的方向,并产生重大的错误影响。而且,以贸易收支平衡为前提是很难满足的。以物物交换为例,在一次活动中可求得平衡,但所有活动国际收支平衡不可能。因此,该原理只能运用于经济规模相当、双方的需求都能对市场价格产生显著影响的国家。

三、马歇尔的提供曲线

为较为精确地描述和说明两个国家两种商品进行贸易时交换比率的确定及其变化趋势,英国经济学家阿尔弗雷德·马歇尔在穆勒理论的基础上,提出了用提供曲线这种几何图解的方法来说明供给和需求如何决定均衡的贸易条件。他将供给和需求综合起来,将其创立的均衡价值理论用于对国际贸易问题的全面分析与系统研究,提出了国际供求关系决定商品的国际交换价值,即国际贸易条件,并据此决定贸易利益分配的理论,被称之为“国际供需理论”(International Supply-demand Theory)。马歇尔建立了一套相对完整的“国际供需曲线分析方法”(Analysis Method of International Supply-demand Curves),这一方法经后世众多经济学家的补充、发展和完善,形成了现仍被广泛采用的提供曲线分析体系(Offer Curves)。

(一) 理论基础

马歇尔提供曲线的理论基础是供求决定论。马歇尔将贸易中各国的比较优势作为既定前提，强调供给和需求在决定国际贸易条件和贸易结构问题上的同等重要地位。他认为，需求导致了贸易产生的原因仅仅在于这种需求是建立在该国为别国供给适宜产品的基础之上的，而该国之所以积极地向别国供给商品，也仅仅是因为它对外国商品也存在需求。

马歇尔将自己关于如何决定国际贸易条件的思想概括为："国际贸易条件可以是由国际需求关系来决定，这没有错。但是，认为国际贸易条件是由国际供给关系来决定，同样是正确的。看来最好是说国际贸易条件由国际需求和国际供给共同决定。"

（二）基本假定

在分析国际贸易均衡时，马歇尔使用的是以物易物的"2×2"贸易模型，即两个国家两种商品。马歇尔指出："尽管货币为同一国家生产的各种商品的实际相对成本提供了一个很好的衡量尺度，但是，对资本和劳动不能大量自由流动的两个地方生产的商品的实际成本进行相互比较，就不能以货币作为衡量尺度了。"因为使用货币势必涉及两国货币的兑换比率问题，这会使对贸易问题的研究变得相对复杂。

马歇尔的"2×2"贸易模型没有局限于讨论两种特定的商品，而是具有相同价值的"有的商品包"（Representative Bales），即一个由一系列商品形成的商品组合，其中每一个这样的商品组合"代表着该国不同素质的各种资本和劳动相同的投入量"。从物物交换的角度考察，各国之间的交换实际上就是它们各自的"有代表性的商品包"之间的交换。

（三）提供曲线

穆勒用国际需求方程式说明贸易条件的决定，而马歇尔则用提供曲线来解释贸易条件的决定及其变动。提供曲线，也称相互需求曲线（Reciprocal Demand Curve），它表示一国在不同的相对价格下愿意进口与出口的商品数量。提供曲线既可以看成是一国的出口供给曲线，也可视为一国进口商品的需求曲线。作为出口供给曲线，它表示在不同贸易条件下，一国所愿意提供的出口产品的数量。随着出口产品相对价格的上升和贸易条件的改善，一国愿意出口的商品数量会增加。作为进口需求曲线，它表示在不同的贸易条件下，一国对进口产品的需求量。随着进口产品相对价格的降低，一国愿意进口的商品数量会增加。

1. 互利贸易区

按相互需求理论，两国商品的交换形成了一个国际交换比率，它就是互利的贸易条件，必定在两国国内交换比率所规定的上下限之间。在穆勒的例子中，英、德两国互利的贸易条件限定在 10∶15 与 10∶20 之间。在图 3-5 中，横坐标代表麻布量，纵坐标代表毛呢量，两国国内的交换率用从原点引申出来的射线的斜率（即射线任一点到 X 轴的距离和到 Y 轴的距离之比）加以表示。代表英国国内交换比率的射线为两国贸易下限，代表德国国内交换比率的射线为两国贸易的上限，它们之间的区域即图 3-5 中的阴影部分为互利贸易区。这样，从原点引申出的射线，只要在互利贸易区内，都代表着互利的贸易条件，其中某一条即为一定时点上两国的实际贸易条件线。这条实际贸易条件线决定着贸易利益的分享状况，它越接近下限，对英国越不利而对德国越有利；反之，它越接近上限，对德国越不利而对英国越有利。

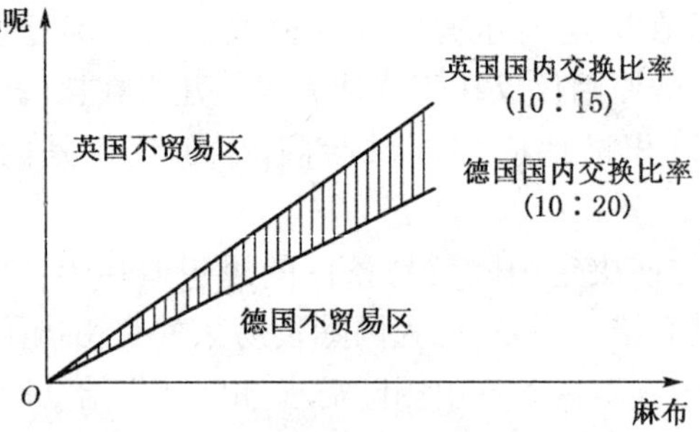

图 3-5 英德两国的互利贸易区

2. 提供曲线的推导

一国的提供曲线可以由生产可能性曲线、社会无差异曲线和各种可能的相对价格推导出来。但这种推导是不很严格的。

贸易条件在不同的情况下是会发生变动的，两国愿意进出口的商品数量也就随之变动。仍按上例，如图 3-6 所示，以德国为例，在给定生产可能性曲线和社会无差异曲线以后，可以求出各种可能的国际相对价格下德国麻布出口数量和毛呢进口数量。图 3-6 中，图 3-6(a)为德国的生产、消费和贸易的情况。图 3-6(b)用来说明提供曲线，假定纵轴为毛呢进口量，横轴为麻布出口量，曲线上每一点都表示一种国际相对价格下德国毛呢进口和麻布出口数量的组合。

当麻布的国际相对价格等于过 A 点（国内均衡点）的切线斜率，即当贸易条件为 t_0 时，德国没有出口也没有进口，这一点对应于图 3-6(b)中的原点。在图 3-6(b)中，由 t_0 给定的与之相切的提供曲线在原点的斜率等于图 3-6(a)中 t_0 在 A 点的斜率。当贸易条件为 t_1 时，麻布的相对价格大于 A 点，是对麻布较为有利的价格，生产点就会从 A 点下移至 B 点，消费则从 C_0 上升到较高的水平 C_1，此时，德国愿意出口 OM_1 麻布换进 ON_1 毛呢。当贸易条件为 t_2 时，生产点会从 B 点进一步下移至 C 点，消费水平则上升到更高的水平 C_2，德国愿意出口 OM_2 麻布换进 ON_2 毛呢。相比于 t_1，t_2 的贸易条件有所改善，这意味着德国用一定量的麻布能换回的毛呢量更多。因此，贸易条件对德国越有利时，它就愿意出口更多的麻布量以换回更多的毛呢量。可以看出，对应不同的相对价格，可得到不同的进出口组合。把所有不同相对价格下德国的进出口组合连接起来，形成的这条曲线 OG 就称为“提供曲线”或“相互供求曲线”。

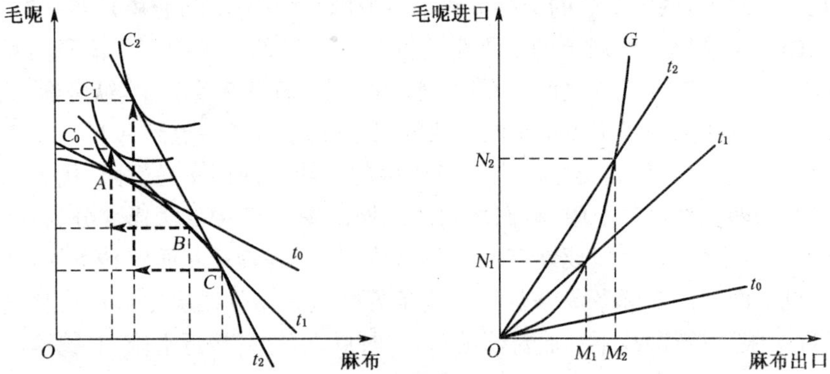

(a) 相对价格变动对贸易量的影响　　(b) 对应的提供曲线

图 3-6 德国的提供曲线推导

同时，也可求得英国的提供曲线 OE（见图 3-7），其中，t'_0 是没有贸易时的麻布的相对价格，英国国内达到均衡，没有出口也没有进口。

提供曲线一般具有以下性质：

（1）曲线上的任一点表示该国在某一相对价格下愿意进行国际贸易时交换的数量。

（2）原点与曲线上点的连线的斜率等于国际相对价格。

（3）提供曲线的形状为过原点凸向比较优势产品（出口产品）坐标轴的曲线。

（4）由于出口产品的生产成本随规模扩大而成本递增，并且进口商品随进口增加而效用下降，因此提供曲线过了一临界点会向回弯曲成弓状。

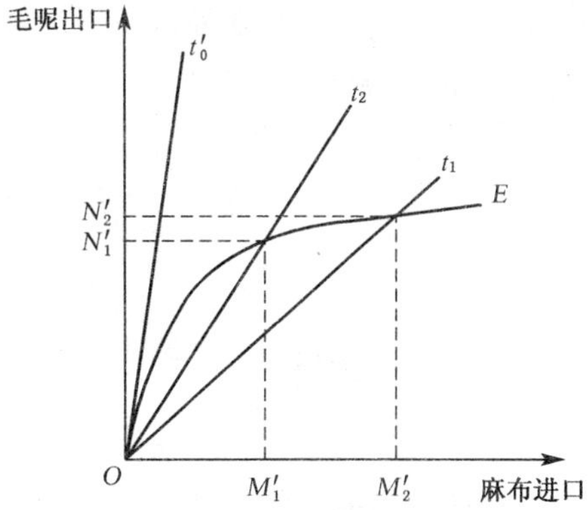

图 3-7 英国的提供曲线推导

提供曲线 OE 和 OG 既是需求曲线，又是供线曲线。这就是说，它们分别表示英德两国在一定的交换比例条件下，需求进口的数量和供给出口的数量。同时，它们实际上还是一种相互供求的曲线。这是因为，在易货交易的“2×2”模型里，一国对他国商品发生需求就意味着同时向对方供给本国商品，进口一定量商品必须出口一定量本国商品来换得。所以需求和供给是互为依存的。

3. 国际相对价格的确定与贸易均衡

然而，什么样的贸易条件能使双方的供求都处于均衡状态呢？将两国的提供曲线放在同一坐标图中，如图 3-8 所示，X 轴表示在不同贸易条件下德国愿意出口麻布的数量和英国愿意进口麻布的数量，Y 轴则表示在不同贸易条件下德国愿意进口毛呢的数量和英国愿意出口毛呢的数量，OG 是德国的提供曲线，OE 是英国的提供曲线。倘若国际贸易按 t_0 或 $t_0{}'$ 点所代表的贸易条件来进行，只能各自满足某一国的供求愿望，必然导致另一国的供求出现缺口。只有当 OG 与 OE 相交于 A 点时，即在这种贸易条件下，德国商品出口量才恰好等于英国需进口的商品量。这表明，两国的相互供求达到均衡状态。因此，A 点称为均衡点，从原点引出经过 A 点的射线 OF 实际上就是均衡贸易条件线。在这种均衡贸易条件下，两国进出口数量相等，互利贸易得以圆满实施。

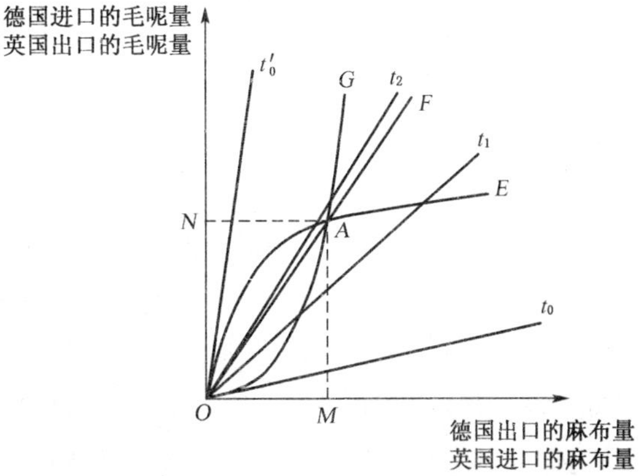

图 3-8 国际贸易相对价格的确定与贸易均衡

马歇尔将供求均衡论形象化地运用于国际贸易分析中，又比较精确地说明了均衡贸易条件的形成，它的积极意义应当肯定。马歇尔的提供曲线理论就均衡贸易条件所得出的结论与穆勒的相互需求原理是一致的，即均衡贸易条件决定于进行贸易的两个国家各自对对方商品的相互需求程度，但提供曲线的分析比穆勒的文字叙述更为精确。马歇尔的提供曲线对贸易条件的分析开创了把几何方法作为国际贸易理论的分析工具的先河，为西方传统国际贸易理论增添了新的表达手段和研究手段。但他的分析主要是发挥和补充约翰·穆勒的学说，并无太多的创新。

第四节　比较优势理论的拓展

一、多个国家或多种产品贸易模型

李嘉图的比较优势理论模型（即 2×2×1 模式）是建立在两个国家、两种商品、一种生产要素（即劳动）假设的基础上，而国际贸易的现实情况却要复杂得多。很明显，这些假设不符合国际贸易的实际情况，同时，它未能指明比较利益原则可以适用于更广泛的范围。两国的两种商品的成本比例都一样，它们之间的贸易便无从发生。但在多国贸易的情况下，因为它们商品的成本比例会与其他很多国家不同，比较利益原则就会起作用。同样，在多种商品的情况下，两国的某些商品必然会各具比较优势，互利贸易就会随之发生。所以，多种商品和多国贸易假定能更全面地反映出比较优势理论的适用性。

（一）多个国家两种商品的贸易模型

仍然假设只有两种产品（毛呢和麻布），但许多国家（比如说有 N 个）都生产这两种产品，那么哪些国家应该出口毛呢，哪些国家应该出口麻布呢？

为了确定谁有比较优势，我们将各国生产大米的相对成本按从小到大的顺序进行排列：

$$\left(\frac{a_{LW}}{a_{LC}}\right)_1 < \left(\frac{a_{LW}}{a_{LC}}\right)_2 < \cdots < \left(\frac{a_{LW}}{a_{LC}}\right)_N$$

其中，a_{LW}和 a_{LC}分别表示生产 1 单位毛呢和 1 单位麻布的劳动投入量；1，2，…，N 代表不同的国家。在这里，第 1 国生产毛呢的相对成本（相对劳动投入量）最低，第 N 国的毛呢相对成本最高。相反，第 1 国麻布的相对成本（毛呢相对成本的倒数）最高，而第 N 国的麻布相对成本最低。如果发生贸易的话，这两个国家的生产贸易模式比较容易确定，第 1 国出口毛呢进口麻布，第 N 国进口毛呢出口麻布。

处于第 1 国与第 N 国之间的国家出口什么进口什么，则取决于国际市场上毛呢的相对价格 $\left(\frac{P_w}{P_c}\right)$，而国际市场上两种产品的相对价格又取决于整个世界对这两种产品的供给与需求。

从理论上讲，各国的生产和贸易模式取决于本国的相对成本和国际市场上产品的相对价格。一旦国际市场上毛呢的相对价格确定之后，毛呢的相对生产成本低于毛呢国际相对价格的国家就会生产和出口毛呢并进口麻布，反之则生产和出口麻布进口毛呢。另一方面，各国的生产和贸易模式又会反过来影响国际市场上毛呢的相对价格。

假设世界上有四个国家：德国、英国、印度、澳洲。四国的投入产出系数及相对生产成本如表 3-14 所列。

表 3-14　各国毛呢/麻布的单位产品劳动投入与相对成本

国　家	单位产品劳动投入		毛呢相对成本 a_{LW}/a_{LC}
	毛呢(a_{LW})	麻布(a_{LC})	
德　国	2	0.5	4.0
英　国	5	2	2.5
印　度	9	6	1.5
澳　洲	8	8	1.0

根据生产毛呢的相对成本排列，我们发现德国生产毛呢的相对成本最高，因此，根据比较优势原理，德国应该生产并出口麻布来换取毛呢。我们也可看出，澳洲生产毛呢的相对成本最低，所以澳洲应该生产并出口毛呢而进口麻布。这两个国家的生产和贸易模式比较容易确定。

其他两个国家的生产和贸易模式则取决于国际市场上毛呢的相对价格，而这一相对价格最终取决于澳洲的毛呢生产能力，德国的麻布生产能力和四个国家对毛呢的相对需求。

如果澳洲的毛呢生产能力很强，德国的麻布生产能力很弱，世界毛呢的相对供给就大，反之则小。在毛呢相对需求给定的情况下，相对供给越大，就越有可能在较低的毛呢相对价格上达到均衡，需要生产毛呢的国家就越少(也有可能只要一个澳洲就够了)。但如果德国生产麻布的能力很强，而澳洲毛呢生产能力很弱，国际毛呢相对价格就越高。在本例中，如果毛呢相对价格超过 2.5，英国和印度也都生产和出口毛呢，并从德国进口麻布。

四个国家将出口什么进口什么则取决于国际市场上毛呢的相对价格，而国际市场上两种商品的相对价格又取决于整个世界对这两种产品的供给与需求(见图 3-9)。当国际市场上毛呢的相对价格确定之后，毛呢的相对生产成本低于国际市场上的毛呢相对价格的国家就会生产和出口毛呢并进口麻布。假定国际市场上毛呢的相对价格是 2.5，则印度和澳洲将向德国出口毛呢，德国向印度和澳洲出口麻布。而此时，英国的贸易地位比较独特，它的国内交换比率 2.5，处在德国和印度、澳洲的互利贸易区内，一般总会参与国际贸易，但贸易条件恰好是 1 单位毛呢交换 2.5 单位麻布即等于英国国内交换比率时，英国则会被排除在贸易之外。至于英国的相对优势和贸易流向则要决定于实际的贸易条件。假设贸易条件下，英国对麻布的需求强度增加，导致新的贸易条件(1∶2，见图 3-9 中虚线所示)介于英国和印度的国内交换比率之间，使德国的贸易地位得到改善，表明英国出口麻布具有贸易利益(1 单位麻布在国内只换到 0.4 单位毛呢，在国外能换到 0.5 单位毛呢)，于是英国将同德

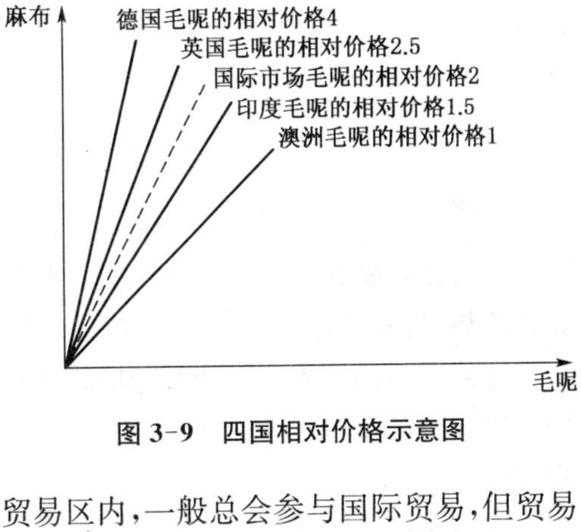

图 3-9　四国相对价格示意图

国一道向印度和澳洲出口麻布。反过来,如果德国对毛呢的需求强度增加,新的贸易条件就会介于英、德两国国内交换比率之间。此时英国占据相对优势的反而是毛呢,使英国的贸易地位得到改善,于是它又将同印度、澳洲一道向德国出口毛呢。可见,英国在自己比较成本差异为既定的情况下,它的相对优势和贸易流向很大程度上是由整个世界对这两种产品的供给与需求所决定的。

（二）两个国家多种商品的贸易模型

假定只有两个国家交换多种商品的贸易,德国和英国都生产 N 种商品,按照比较优势理论,德国和英国各自应该生产并出口哪些产品,进口哪些产品呢?

劳动是唯一的投入,用 a_{Li} 来表示德国生产第 i 种产品的单位成本(劳动投入),a_{Li}^* 为英国生产第 i 种产品的单位成本。为了确定这两个国家在生产哪些产品上具有比较优势,我们将德国生产这些产品的相对劳动生产率(a_{Li}^*/a_{Li})①从高到低排列起来:

$$\frac{a_{L1}^*}{\alpha_{L1}} > \frac{a_{L2}^*}{\alpha_{L2}} > \cdots > \frac{a_{LN}^*}{\alpha_{LN}}$$

从上面的排列中可以看出,德国生产第 1 种产品的相对劳动生产率最高(或相对成本最低),生产第 N 种产品的相对劳动生产率最低(相对成本最高)。也就是说,德国具有生产第 1 种产品的比较优势,而英国具有生产第 N 种产品的比较优势。如果发生贸易,德国一定会生产并出口第 1 种产品,进口第 N 种产品;英国则正好相反,生产并出口第 N 种产品,从德国进口第 1 种产品。

但是如何确定德国和英国将生产和出口其余的商品呢?可以确定的是,当一国生产某种产品的成本低于另一国时,该国将生产和出口这种产品。令 W 为德国的小时工资率,W^* 为英国的小时工资率,则两国的工资率之比,即德国的相对工资就是 W/W^*。商品总是在生产成本最低的地方进行。在德国生产产品 i 的成本是 $W \cdot a_{Li}$,在英国生产产品 i 的成本是 $W^* \cdot a_{Li}^*$。德国若出口 i 商品,则 $W \cdot a_{Li} < W^* \cdot a_{Li}^*$,可改写为 $a_{Li}^*/a_{Li} > W/W^*$,即任何符合 $a_{Li}^*/a_{Li} > W/W^*$ 条件的产品将在德国生产,而任何符合 $a_{Li}^*/a_{Li} < W/W^*$ 条件的产品将在英国生产。$\frac{1}{a_{Li}}$ 为德国的劳动生产率,W/W^* 为德国的工资相对比率。也就是说,当德国生产某种商品的相对劳动生产率大于本国的相对工资率时,德国在生产这种产品上具有比较优势,将专业化生产和出口这种产品。

按照上述的基本思路,可以由简到繁,进一步推论许多国家生产千万种商品的贸易格局。这表明,比较利益说同样适用于多个国家多种商品模式,可以概略地解释贸易的构成和流向。

下面通过一个具体的例子来说明这个问题。

假设德国和英国都能生产四种产品:大米、小麦、棉布和钢铁。但是生产这些产品所需

---

① 相对劳动生产率定义为本国劳动生产率 $\left(\frac{Q_i}{L}\right)$ 与外国劳动生产率 $\left(\frac{Q_i^*}{L^*}\right)$ 之比。由于劳动生产率是单位产品要素投入的倒数,$\frac{Q_i}{L} = \frac{1}{a_{Li}}$,所以相对劳动生产率可写为 $\frac{1}{a_{Li}} / \frac{1}{a_{Li}^*} = \frac{a_{Li}^*}{a_{Li}}$。

要的单位劳动投入不同，如表 3-15 所示。

表 3-15 德、英两国四种产品的单位产品劳动投入与相对单位成本

产 品	单位劳动投入		相对劳动生产率 a_{Lj}^*/a_{Lj}
	德国(a_{Lj})	英国(a_{Lj}^*)	
大 米	10	10	1.0
小 麦	10	5	0.5
棉 布	20	4	0.2
钢 铁	20	2	0.1

在表 3-15 中，如果德国和英国的工资率之比(W/W^*)为 0.15，那么，德国具有生产大米、小麦和棉布的比较优势，英国只具有生产钢铁的比较优势。在自由贸易的情况下，德国出口大米、小麦和棉布，英国出口钢铁。如果工资率之比是 0.2，德国和英国都可以生产棉布。如果相对工资率是 0.6，那么，德国就只能生产大米，英国则将生产并出口钢铁、棉布和小麦。

由此可见，如果各种产品的相对投入产出不变(即相对劳动生产率不变)，德国相对工资率的提高(从 0.15 提高到 0.6)会使德国在越来越多的产品上失去比较优势，生产和出口的产品种类越来越少。反之，如果英国的工资增长速度高于德国，德国的相对工资率下降，德国就会在越来越多的产品上获得比较优势。从动态的角度来看李嘉图模型，一种产品的相对投入产出和面临的工资水平都在不断变化，如果一国相对工资率的提高超过产品相对劳动生产率的提高，该国就会在越来越多的产品上失去比较优势。当然，这里的工资指的是经过汇率和物价调整后的实际工资。

因此，概括起来，两个国家多种产品比较优势和贸易模式确定原则为：如果一国在某种产品 i 的相对劳动生产率 a_{Li}^* 高于相对工资率 W/W^*，则该国具有生产这种产品的比较优势，应该生产并出口这种产品。反之，该国不具有这种产品的比较优势，应该不生产这种产品而从另一国进口。

二、比较优势的衡量指标

(一) 贸易竞争力指数

贸易竞争力指数(Trade Competitiveness，TC)，又称净出口指数，它是指一国某类产品的出口与进口的差额与该类产品进出口总额的比例。该指数一般用来反映某类产品在国际市场上的竞争力状况。计算公式为：

$$TC_i=(X_i-M_i)/(X_i+M_i) \quad TC_i=[-1,1]$$

式中，TC_i表示一国第 i 种产品的贸易竞争力指数，X_i表示第 i 种产品的出口值；M_i表示第 i 种产品的进口值。

TC_i值越接近于 0 表示竞争力越接近于平均水平；该指数为−1 时表示该产业只进口不出口，越接近于−1 表示竞争力越薄弱；该指数为 1 时表示该产业只出口不进口，越接近于 1 则表示竞争力越大。

（二）显示性比较优势指数

显示性比较优势指数(Revealed Comparative Advantage Index，RCA)是由美国经济学家巴拉萨(Balassa)于1965年提出的，它是通过计算一国某种产品出口值在该国出口总值中所占份额与该种产品的世界出口总值在世界全部出口产品总值中所占份额的比率，来确定该国该种产品的比较优势状况，是衡量一国产品或产业在国际市场竞争力最具说服力的指标。通过RCA指数可以判定一国的哪些产业更具出口竞争力，从而揭示一国在国际贸易中的比较优势。用公式表示为：

$$RCA_{ij} = (X_{ij}/X_{tj}) \div (X_{iW}/X_{tW})$$

式中，X_{ij}表示国家j出口产品i的出口值，X_{tj}表示国家j的总出口值；X_{iW}表示世界出口产品i的出口值，X_{tW}表示世界总出口值。如果$RCA_{ij} > 2.5$，则表明国家j出口产品i具有极强的国际竞争力；如果$1.25 \leqslant RCA_{ij} \leqslant 2.5$，则表明该国出口产品$i$具有较强的国际竞争力；如果$0.8 \leqslant RCA_{ij} \leqslant 1.25$，则表明该国出口产品$i$具有中度的国际竞争力；如果$RCA_{ij} < 0.8$，则表明该国出口产品$i$的竞争力弱。

需要指出的是，RCA_{ij}反映的是一国某种产品在世界出口贸易中的竞争强度和专业化水平，在计算中并不考虑国家为鼓励出口或限制进口对显示性比较优势指数产生的影响，因此这是一种静态的研究方法。

本章要点

1. 亚当·斯密的绝对优势理论认为，国际贸易的原因和基础是各国间存在的劳动生产率和生产成本的绝对差异。各国应集中生产并出口其在劳动生产率和生产成本上具有绝对优势的产品，进口其有绝对劣势的产品。斯密所强调的在一国拥有“绝对成本优势”或“绝对利益”时进行国际贸易活动的观点是非常特殊的情况，现实中这种情况非常少见。但“绝对成本说”为后来从事国际贸易理论研究奠定了基础。

2. 大卫·李嘉图的比较优势理论的核心内容是一国应专业化生产和出口其具有更大的优势或更小的劣势的商品。其所指的比较成本就是指更大的优势和更小的劣势。“两利相权取其重，两弊相权取其轻”是国际贸易中确定比较优势的基本原则。与绝对优势理论相比，比较优势理论更能解释现实中普遍存在的国际贸易现象。

3. 约翰·穆勒突破了李嘉图的贸易理论只依赖于供给分析的禁锢，把对需求的研究纳入了研究框架，并提出了著名的国际需求方程式。他认为：(1)国际交换比率的上下限是由两国国内交换比率所决定的；(2)实际的国际交换比率取决于两个贸易国家各自对对方商品的相互需求程度；(3)贸易利益在两国之间分配的多寡，则决定于具体的交换比率，这个具体的交换比率又决定于两国各自对对方商品需求的相对强度。外国对本国商品的需求强度越是大于本国对外国商品的需求强度，实际贸易条件就越接近外国的国内交换比率，这个比率会使贸易利益的分配对本国越是有利。

4. 穆勒的相互需求理论可以借助于马歇尔的提供曲线来分析，提供曲线说明了均衡贸易条件的决定因素，为西方传统国际贸易理论增添了新的表达方法和研究手段。

5. 在两种产品多个国家的模型中，一国的比较优势由该国生产产品的相对成本与国际市场产品的相对价格相比较来决定。在两个国家多种产品的模型中，一种产品的比较优势由该产品生产的相对成本(或相对劳动生产率)与两国的相对工资相比较来确定。如果一国相对劳动生产率的提高超过相对工资率的提高，就说明该国在这些产品的生产上具有比较优势，该国专业化地生产并出口这些商品。

复习思考题

一、名词解释

绝对优势　比较优势　机会成本　贸易条件　提供曲线

二、单项选择题

1. 亚当·斯密的代表著作是　(　　)

A.《国民财富的性质和原因的研究》B.《政治经济学及赋税原理》
C.《域际和国际贸易》　D.《国际贸易》

2. 假设葡萄牙生产每单位酒所需劳动人数比英国少 40 人，生产每单位毛呢比英国少 10 人，那么下列表述错误的是　(　　)

A. 葡萄牙在两种产品的生产上都具有绝对优势
B. 葡萄牙在毛呢的生产上具有比较优势
C. 葡萄牙在酒的生产上具有比较优势
D. 英国在毛呢的生产上具有比较优势

3. 中国生产手表需 8 个工作日，生产自行车需 9 个工作日，印度生产手表和自行车分别需 9 个和 10 个工作日。根据比较成本说　(　　)

A. 中国宜生产和出口手表　B. 中国宜生产和出口自行车
C. 印度只生产和出口手表　D. 印度不宜参加国际分工

4. 李嘉图的比较优势理论指出　(　　)

A. 贸易导致不完全专业化
B. 即使一个国家不具有绝对成本优势，也可以从出口绝对成本劣势相对较小的产品中获益
C. 与不具备绝对成本优势的国家相比，具有绝对成本优势的国家可以从贸易中获利更多
D. 只有具备比较优势的国家才能获得贸易余额

5. 如果一个阿根廷工人能生产 3 蒲式耳小麦或 1 辆汽车，而一个巴西工人能生产 4 蒲式耳小麦或 2 辆汽车，则　(　　)

A. 巴西在小麦和汽车生产上都具有绝对优势，而阿根廷没有比较优势
B. 阿根廷在小麦和汽车生产上都具有绝对优势，而巴西没有比较优势
C. 巴西在小麦和汽车生产上都具有绝对优势，而阿根廷在汽车生产上具有比较优势
D. 巴西在小麦和汽车生产上都具有绝对优势，而阿根廷在小麦生产上具有比较优势

6. 当一国根据比较优势进行专业化生产时 （ ）
   A. 将转向更多地生产具有比较优势的产品，并在高于无贸易下所能达到的无差异曲线上消费
   B. 生产可能性曲线将外移
   C. 在初始社会无差异曲线上，已经移到了一个更好的点
   D. 出口产品价格将相对于进口价格下降
7. 比较优势理论认为国际贸易的驱动力是 （ ）
   A. 劳动生产率的差异　　B. 技术水平的差异
   C. 产品品质的差异　　D. 价格的差异
8. 穆勒相互需求理论 （ ）
   A. 证明了李嘉图比较优势理论的错误
   B. 为斯密的理论提供新的支持
   C. 说明同时考虑需求和供给两个方面才能决定两国贸易的均衡条件
   D. 说明需求和供给在很大程度上决定一国的比较优势和贸易条件
9. 如果机会成本是递增而不是固定不变的，国际贸易将导致 （ ）
   A. 每个国家完全专业化，且生产成本下降
   B. 每个国家不完全专业化，且出口产品生产成本不变
   C. 每个国家不完全专业化，且生产出口产品的机会成本上升
   D. 每个国家不完全专业化，且生产出口产品的机会成本下降
10. 如果没有发生贸易，一国将通过________实现经济独立均衡。 （ ）
   A. 根据比较优势专业化生产
   B. 生产等量的小麦和汽车
   C. 使用一半劳动力进行小麦生产，另一半劳动力进行汽车生产
   D. 在社会无差异曲线与生产可能性曲线的切点上进行生产和消费
11. 在斯密的绝对优势贸易理论中 （ ）
   A. 所有产品均具有绝对优势的国家最终将获得全部黄金和白银
   B. 具有绝对优势的国家将获得大量贸易余额
   C. 如果两个国家分别出口本国劳动成本相对较低的产品，将同时从贸易中获益
   D. 如果一国不用关税壁垒保护本国产业，将丧失绝对优势
12. 根据比较优势原理的政策经验，一国从国际贸易中获益的条件是 （ ）
   A. 制造大量出口顺差
   B. 以较低的机会成本进口商品而不是在国内生产
   C. 本国比贸易伙伴强大
   D. 本国相对于贸易伙伴具备绝对效率优势
13. 在比较利益模型中，两种参与贸易商品的国际比价 （ ）
   A. 在两国贸易前的两种商品的国内比价之上
   B. 在两国贸易前的两种商品的国内比价之下
   C. 在两国贸易前的两种商品的国内比价之间

D. 与贸易前的任何一个国家的国内比价相同

14. 按照穆勒的相互需求理论，若 A 国对 B 国出口商品的需求越强，而 B 国对 A 国的出口需求越弱，则贸易条件对 A 国越 (　　)

A. 有利　　B. 中性　　C. 不利　　D. 不确定

三、分析题

1. 共有 600 单位的劳动，生产面包和蛋糕两种产品。蛋糕的单位产品劳动时间是 3，面包的单位产品劳动时间是 2。

(1) 画出生产可能性边界。

(2) 用面包衡量的蛋糕的机会成本是多少？

(3) 贸易前，蛋糕对面包的相对价格是多少？为什么？

2. A 国和 B 国都生产牛奶和衬衣，它们生产 1 单位产品的劳动时间如下：

	牛　奶	衬　衣
A 国	1/5	1
B 国	1	1/3

(1) A 国在哪一样商品的生产上拥有绝对优势？B 国在哪一样商品的生产上拥有绝对优势？为什么？

(2) 假如 A 国用 5 单位牛奶换取 B 国 3 单位的衬衣，两国的贸易利益分别是多少？为什么？

(3) 假如 A 国用 5 单位牛奶换取 B 国 6 单位的衬衣，两国的贸易利益又分别是多少？为什么？

3. 在古典贸易模型中，假设 A 国有 120 名劳动力，B 国有 50 名劳动力。如果生产棉花的话，A 国的人均产量是 2 公吨，B 国也是 2 公吨；要是生产大米的话，A 国的人均产量是 10 公吨，B 国则是 16 公吨。画出两国的生产可能性曲线并分析两国中哪一国拥有生产大米的绝对优势，哪一国拥有生产大米的比较优势。

4. 本国生产黄油的单位劳动时间为 1/8，生产布的单位劳动时间为 1/4；外国生产黄油的单位劳动时间为 1，生产布的单位劳动时间为 1/2。

(1) 在没有贸易的情况下，本国和外国用布表示的黄油的相对价格是多少？

(2) 这样的相对价格说明各国在什么商品的生产上拥有比较优势？

(3) 这样的相对价格说明在存在贸易的情况下，世界市场上用布表示的黄油的相对价格大致如何？

(4) 如果在贸易均衡状态下黄油与布的价格比为 1，本国的贸易利益如何？

5. 甲国的劳动存量为 1 000 单位，乙国为 1 200 单位，它们均用来生产摩托车和自行车两种产品。甲国生产摩托车的单位劳动时间为 5，生产自行车的单位劳动时间为 2；乙国生产两种产品的单位劳动时间均为 3。

(1) 画出甲、乙两国的生产可能性边界。

(2) 在没有贸易的时候，甲国和乙国用自行车表示的摩托车的相对价格是多少？

(3) 比较在封闭经济与开放经济条件下，两国的消费可能性。画出扩展后的消费可能性。自由贸易下用摩托车表示的自行车价格为4/5。

6. 下表列出了加拿大和中国生产1单位计算机和1单位小麦时所需的劳动时间。假定生产计算机和小麦都只用劳动，加拿大的总劳动为600小时，中国的总劳动为800小时。

	计算机	小　麦
中国	100小时	4小时
加拿大	60小时	3小时

(1) 计算不发生贸易时各国生产计算机的机会成本。

(2) 哪个国家具有生产计算机的比较优势？哪个国家具有生产小麦的比较优势？

(3) 如果给定世界价格是1单位计算机交换22单位的小麦，加拿大参与贸易可以从每单位的进口中节省多少劳动时间？中国可以从每单位进口中节省多少劳动时间？如果给定世界价格是1单位计算机交换24单位的小麦，加拿大和中国分别可以从进口每单位的货物中节省多少劳动时间？

(4) 在自由贸易的情况下，各国应生产什么产品，数量是多少？整个世界的福利水平是提高了还是降低了？试用图分析。(以效用水平来衡量福利水平)

7. 下表给出了英、印两国生产四种产品所需的单位劳动时间。

	电　脑	香　蕉	电视机	汽　车
英国	50	10	20	100
印度	200	2	40	500

如果英国的工资水平是＄10/小时，印度的工资水平是＄3/小时，两国发生贸易，按照比较优势的原则，各应生产和出口什么产品？如果英国的工资水平上升为＄11/小时，贸易模式会受影响吗？

8. 本国与外国均生产和消费以下四种产品，每种产品的单位劳动时间如下：

产　品	本国的单位劳动时间	外国的单位劳动时间
A	1	12
B	2	18
C	4	24
D	15	30

(1) 本国在哪种产品上拥有最大的比较优势？在哪种产品上生产优势最低？

(2) 假如本国工资是外国工资的8倍，本国将生产哪些产品？外国又怎样？

(3) 说明专业化生产及由此产生的贸易是怎样使两国获益的？

(4) 假如本国工资变成外国工资的6倍，专业化模式与贸易模式是否会改变？新的模式是怎样的？

(5) 为什么在实际生活中专业化分工并不完全像题(2)那样进行？

9. 两种产品多个国家的情况。

下表给出了四个国家生产 1 单位大米和小麦的劳动投入量。

	美 国	法 国	中 国	泰 国
大米	2	5	9	8
小麦	0.5	2	3	6

(1) 已知国际市场均衡的大米相对价格为 2,则按照比较优势的原则,各国的贸易模式如何?

(2) 当国际市场对大米需求增加导致大米的相对价格上升至 3.5,各国贸易模式会受到影响吗?如果有,怎样变化?

10. “贸易中的‘双赢理论’本是强权理论,对于弱国来说,自由贸易的结果只能变得更穷。”

请评论上述观点。

11. 在李嘉图贸易模型中,用生产者剩余和消费者剩余的方法说明一国进口和出口的福利水平变动。

第四章 新古典贸易理论

学习目的

- 掌握要素禀赋理论的主要内容。
- 了解里昂惕夫对要素禀赋理论进行实证检验的思想。
- 理解掌握里昂惕夫之谜的各种解释。

【引导案例】

国际贸易是否增加了美国的工资差别

在过去的20年间，国际贸易是否增加了美国以及其他工业国家熟练工人和非熟练工人之间的工资差别？答案是肯定的，但是国际贸易也许不是主要原因。首先我们来看一些事例。1979—1993年，美国高中毕业生的平均真实工资下降了20%多，大学毕业生的工资则上涨了11%，这导致熟练工人和非熟练工人之间真实工资差别的大幅增加。根据另一项研究，1973—1996年，美国大学毕业生和高中毕业生的真实工资差别增加了63%，我们的问题是，国际贸易在多大程度上导致了这一差别的增加？

关于这个问题有很多争论，一些经济学家，如伍德(Wood，1994，1995，1998)、博哈斯和雷米(Borjas and Ramey，1994)、萨克斯和沙茨(Sachs and Shatz，1994，1996，2001)、罗德里克(Rodrik，1997)以及芬斯特和汉森(Feenstra and Hanson，2001)认为，过去20年间，新兴工业国家制成品出口的增长是美国工资差别增加和西欧失业的主要原因。

另外一些经济学家，如克鲁格曼和劳伦斯(1994)、巴格瓦蒂和克斯特斯(Bahgwati and Kosters，1994)、克鲁格曼(1995，2000)、斯劳特和威格尔(Slaughter and Wagel，1997)以及经合组织(1998)则指出，工业国家从低工资国家进口的非石油产品仅占工业国家国内生产总值的大约3%，贸易不可能是过去20年美国非熟练工人真实工资大幅下降和西欧失业大幅增长的主要原因。他们承认国际贸易确实为工业国家非熟练工人带来了麻烦，但是贸易对于美国熟练工人和非熟练工人之间真实工资差别的增加只起了很小的作用(不超过10%～15%)。这些差别的增加也许是由于技术的改进，如自动化和计算机，从而使美国和欧洲对非熟练工人的需求大幅减少。

上述论述似乎证明了这样的观点：国际贸易加速了旨在节约(非熟练)劳动的技术创新，从而间接影响对非熟练工人的需求和他们的工资。但在过去20年间，国际贸易对工业国家非熟练工人及这些工人的工资只有很小的直接影响。表4-1显示了1995年影响美国工资差别的因素。

表 4-1　美国工资差异的原因(1995)

工资差异原因	影响程度(%)
技术进步	37.7
贸易	10.1
停滞的最低工资	7.2
工会衰落	4.4
移民	2.9
无法解释的原因	37.7

资料来源:"At the Heart of the Trade Debate:Inequity", The Wall Street Journal, October 31, 1997, p. A2

(资料来源:多米尼克·萨尔瓦多.国际经济学(第9版).杨冰,译.北京:清华大学出版社,2008:115)

第一节　要素禀赋理论

无论是斯密的绝对优势理论还是李嘉图的比较优势理论,古典学派在解释国际贸易基础,揭示决定生产和贸易模式的因素,以及衡量国际贸易对本国经济的影响和贸易所得等方面都作出了极其重要的贡献。当今的许多重要理论与政策仍然得益于古典贸易理论的启示。

但是,古典贸易理论的基础是古典经济学。作为整个古典经济学理论的一个重要组成部分,古典贸易理论也是建立在"劳动价值论"的基础之上的,即认为劳动是创造价值和造成生产成本差异的唯一要素。因此,在他们的分析中,只要生产技术不变,只有一种要素(劳动)投入。而在有两种或两种以上要素投入的情况下,许多分析过程和结论不再有效。然而,随着资本主义生产关系的出现以及工业革命的发生,资本越来越成为一种重要的生产要素,产品生产不再由单一要素决定,研究投入产出关系的有关经济学理论也随之发展。19世纪末20世纪初,以瓦尔拉斯、马歇尔为代表的新古典经济学逐渐形成,在新古典经济学框架下对国际贸易进行分析的新古典贸易理论也随之产生。20世纪20年代,瑞典经济学家赫克歇尔和俄林认为比较优势的来源是资源禀赋差异,从而提出了比较优势说的另一种解释,即要素禀赋理论(Theory of Factor Endowment,通常被称为"赫—俄理论"或"H-O理论")。

一、要素禀赋理论的基本概念

正确理解和掌握要素禀赋理论的基本原理,首先必须理解相关的一些重要概念。

(一) 生产要素和要素价格

生产要素(Factor of Production)是指生产活动必须具备的主要因素或在生产中必须投入或使用的主要手段。通常指土地、劳动和资本这三个要素。有人把技术知识、经济信息和企业家才能等也当作生产要素。

要素价格(Factor Price)是指生产要素的使用费用或要素的报酬。如土地的租金、劳动的工资、资本的利息、企业家管理才能的利润等。

（二）要素禀赋

要素禀赋(Factor Endowment)是指一国所拥有的可利用的经济资源的总量。它既包括自然存在的资源(如土地和矿产)，也包括"获得性"资源(如技术和资本)。这是一个绝对量的概念。依据要素禀赋的多寡(如劳动与土地资源的总供给量)，可将国家区分为资源丰富的国家和资源贫乏的国家。

（三）相对要素丰裕度

相对要素丰裕度(Relative Factor Abundance)指在一国的生产要素禀赋中，某要素供给所占比例大于别国同种要素的供给比例，而相对价格低于别国同种要素的相对价格。要素丰裕度不同不是指某种生产要素在两个国家的绝对量不同，而是指各种生产要素量的比率在两个国家不同，因此要素丰裕是关于一个国家或地区某种要素是否丰裕的概念。

衡量一个国家的要素丰裕度有两种计量方法。

1. 实物定义(Physical Definition)

在一个"2×2×2"贸易模型中，判断一国生产要素自然禀赋状况的实物标准，是指两个国家的两种生产要素存量的比率之间的相互对比关系。要素禀赋可以用物理量计量，就是每种要素用特定的计量单位计量。如：A、B 表示两个国家，K 为以货币计量的资本，L 为以劳动力人数计量的劳动。若存在 $K_A/L_A > K_B/L_B$，则表示 A 国资本相对丰裕而劳动相对稀缺，B 国劳动相对丰裕而资本相对稀缺。

2. 经济定义(Economic Definition)

经济定义，又称价格定义(Price Definition)，在一个"2×2×2"贸易模型中，判断一国生产要素自然禀赋状况的经济标准，是指两国劳动要素的价格——工资(Wage Rate)和资本要素价格——利息率(Interest Rate)的相对比率之间的相互对比关系。要素禀赋可以用价格计量。假设资本的价格为 I，劳动要素的价格为 W，若存在 $I_A/W_A < I_B/W_B$，则表示 A 国资本相对丰裕而劳动相对稀缺，B 国劳动相对丰裕而资本相对稀缺。

用物理量计量要素禀赋状况的结果是一种相对的数量关系，用价格计量则要受到要素市场上供给和需求的影响。影响要素需求的因素有生产商品的技术和消费偏好。如果假定两国的生产技术和消费偏好相同，要素禀赋的两种计量方法间关系是确定的，即一个国家有一个相对大的 K/L 比率，就必定有一个相对比较小的 I/W 比率，意味着该国资本丰裕。

无论采用实物标准还是采取经济标准，一国生产要素相对丰裕或稀缺，只能就两国间生产要素存量的比率或要素价格比率的相互对比来作出判断。也就是说，一国国内生产要素的绝对存量或要素价格的绝对水平是不能解释该国生产要素丰裕或稀缺的性质的。

但是，要素禀赋的实际度量往往会遇到很多困难。一是各国大都没有关于资本存量的直接统计数据，计算某一时刻(一般是某年)资本存量，必须将以前各个时期的固定投资加总，并考虑不同年份的固定资产折旧，而且用不变价格进行调整，这项工作相当繁琐。二是各国的货币单位不同，比较之前需要统一货币单位。因此，人们运用要素禀赋理论分析实际问题时，往往根据实际观察，判断要素禀赋差异。因此，这样做有时可能会导致错误或不尽合理的结论。

（四）相对要素密集度

相对要素密集度（Rclative Factor Intensity）是指产品生产中某种要素投入比例的大小（与技术相关），如果某要素投入比例大，称为该要素密集度程度高，要素密集度是和产品相关的概念。

根据产品生产所投入的生产要素中所占比例最大的生产要素种类的不同，可把产品划分为不同种类的要素密集型产品（Factor Intensive Commodity）。例如，生产小麦投入的土地占的比例最大，便称小麦为土地密集型产品；生产纺织品投入劳动所占的比例最大，则称之为劳动密集型产品；生产电子计算机投入资本所占的比例最大，于是称为资本密集型产品。通常情况下，经济学家将商品划分为资源密集型、劳动密集型、资本密集型、技术密集型四种基本类型。

在一个“$2\times2\times2$”贸易模型中，假设两种产品为 X 和 Y，两种生产要素为资本 K 和劳动 L。假定产品 X 的生产函数为 $X=8K+4L$，则 $\left(\frac{K}{L}\right)^{X}=2$，说明在产品 X 的生产过程中，每投入 1 单位劳动要素，需要配套 2 单位资本；产品 Y 的生产函数为 $Y=6K+2L$，则 $\left(\frac{K}{L}\right)^{Y}=3$，说明在产品 Y 的生产过程中，每投入 1 单位劳动要素，需要配套 3 单位资本。由 $\left(\frac{K}{L}\right)^{X}<\left(\frac{K}{L}\right)^{Y}$ 可得，X 是劳动密集型产品（Labor-Intensive Goods），Y 是资本密集型产品（Capital-Intensive Goods）。

一般而言，产品的要素密集度是由生产该产品的属性决定的，它不会随国家的不同而发生差异。值得注意的是，要素密集度是一个相对的概念，与生产要素的绝对投入量无关。

（五）要素密集度与要素丰裕程度的关系

假设有 A、B 两国，X、Y 两种商品。其中 A 为劳动力丰富的国家，B 为资本丰富的国家，并且 X 为劳动密集型产品，Y 是资本密集型产品。那么 A 国生产 X 的产量与 Y 产量的比率大于 B 国生产 X 的产量与 Y 产量的比率。

专栏

农业发展与资源禀赋

【案情】

以色列是一个既缺水又缺地的小国，国土面积 2.8 万平方公里，人均耕地仅有 0.07 公顷，人均水资源占有量 364 立方米，仅为我国的 1/5。但以色列的农业却取得了令人刮目相看的成就。在 34 亿美元的农业总产值中，农产品出口值为 14 亿美元，农业技术设备年出口值 12.5 亿美元。以色列人均生产的蔬菜、水果、肉类和奶类，分别为 258 千克、201 千克、61 千克和 202 千克，均远高于世界平均水平（123 千克、76 千克、39 千克和 96 千克）。它是世界上主要的园艺产品（花卉、蔬菜、水果）出口国之一，素有“欧洲庭园”之称。其畜牧业生产水平也是世界一流的（例如奶牛平均年产奶量高达 12 公吨/头，是中国目前水平的 4 倍）。多年来，该国的农业生产年增长率一直保持在 8%左右。

【分析】

以色列作为资源小国而又成为农业强国主要有以下三个原因：

1. 政府重视。尽管农业产值只占 GDP 的 5%，但政府对农业的投入很大。根据实际情况，该国制定了生产出口高附加值产品、进口需求土地和水资源多的粮食的正确战略。

2. 重视农业研究。农业的 R&D 占农业总产值的 2.6%（中国为 0.36%）。该国针对水资源严重短缺的最大研究突破有两项：一是发明了高效的滴灌和微灌设备，并联合使用能溶于水的化肥，使灌溉水和化肥的有效利用率双双超过 90%（我国仅为 35%左右）；二是开发了可以利用低矿化度的咸水（3.5 克/升以下）资源进行农作物种植的技术，其温室技术和滴灌产品的技术水平均为世界领先。

3. 重视农业教育和推广。从事农业生产的人员都具有中专以上学历，每位农业推广人员的年经费高达 4 万美元（其中大部分来自政府），农业推广人员都是高素质的农业专家，兼做科学研究，不断提高推广的水平。

【启示】

资源禀赋是一国经济发展与经济增长的重要推动力，也是参与国际分工和国际贸易的重要基础之一。资源禀赋十分低下的广大发展中国家由于缺乏适应本国国情的农业新技术与新方法，缺乏相应于农业技术与方法迅速变化所需要的人力资本投资，长期以来需要进口大量的农产品，还有很大一部分人群忍饥挨饿。因此，发展中国家应建立农业研究机构，研究出适合于发展中国家的农业新技术与新方法。加强人力资本投资，发展农业教育。这样，即使发展中国家资源不足，也能完成对传统农业的改造。

但是，发展中国家在制定经济发展战略时，在国际贸易中如何扬长避短，既发挥资源禀赋优势，又避免陷入"比较优势陷阱"，也是一个非常值得关注的问题。

（资料来源：陈霜华. 国际贸易. 上海：复旦大学出版社，2006：72）

二、基本假设

要素禀赋理论也是建立在一些简单假设的基础上，当然这些假设是为了在不影响结论的前提下，使我们的分析更加严谨。这些假设主要有：

假设 1　2×2×2 模型

假设世界上只有两个国家（A 和 B），两种商品（X 和 Y），两种生产要素（资本 K 和劳动 L），即是一个典型的 2×2×2 模型。各国拥有的生产要素的初始水平是给定的，各不相同。如果要放松这一假设，研究更为现实的多个国家、多种商品和多种要素，并不会对 H-O 理论所得出的结论产生根本的影响。

假设 2　生产技术相同

假设两个国家在每种商品的生产上使用相同的技术，具有相同的技术水平，或者说同种商品的生产函数相同，各国的劳动生产率是一样的。这样，如果要素价格在两国是相同的，那么两国在生产同一产品时就会使用相同的劳动和资本的比例。

但由于要素价格通常是不相同的，所以各国的生产者都将使用更多价格便宜的要素以降低生产成本。假设的主要目的就是为了考察要素价格在两国商品相对价格决定中的作用。

假设 3 要素禀赋的非对称性

假设一国为劳动相对丰裕的国家，另一国为资本相对丰裕的国家，两国的 K/L 不同，即单位劳动使用的资本不同。在 H-O 理论中，要素禀赋差异主要指的是相对禀赋差异而不是绝对差异。也就是说，若 X 为劳动密集型产品，Y 为资本密集型产品，则在两个国家中，生产商品 Y 相对于生产商品 X 来说，使用的资本—劳动比例较高。但这并不意味着两国生产商品 Y 的资本—劳动比例是相同的，而是在各国生产 X 的资本—劳动比例均低于该国生产 Y 的资本—劳动比例。资源禀赋的非对称性是要素禀赋理论最基本和最主要的假设。

假设 4 规模收益不变

假设两国在两种商品的生产上不存在规模经济或规模不经济。这意味着：增加生产某一商品的资本和劳动投入将带来该商品的产量以同一比例增加。

例如：如果在生产商品 X 时增加 10%的资本和劳动投入，X 的产量也会增加 10%；如果资本和劳动投入增加一倍，X 的产量也会增加一倍。Y 产品的生产也是这样。

假设 5 两国消费者需求偏好相同

假设在给定的商品价格的前提下，消费者在各种收入水平上的消费数量是相同的。这意味着表现两国需求偏好的无差异曲线的形状和位置是完全相同的。当两国的商品相对价格相同时，两国以相同的比率消费两种产品，且不受收入水平的影响。

这一假设的目的是为了需求变动引致的商品价格变动。同时，也将收入水平变动引致的需求变动和价格变动排除，实际上排除了需求差异产生贸易的可能性。这样就将商品相对价格国际差异的原因归之于供给方面，尤其是要素禀赋的差异方面。

假设 6 完全竞争与自由贸易

假设两国的商品市场和要素市场都是完全竞争市场。两国都有许许多多的生产者和消费者，没有任何单个的生产者和消费者能够左右商品的价格。也没有任何单个的厂商或要素的拥有者能够决定要素市场的价格。完全竞争也意味着商品价格等于其生产成本，没有经济利润。

生产要素在一国国内可以自由流动且在生产中可以完全替代，但在国与国之间完全不流动。每个国家的生产要素都是给定的，各国的资源禀赋和生产可能性曲线不变，但劳动和资本在国内可以自由地从低收益的地区和产业流向高收益的地区和产业，直到该国所有地区和所有产业的劳动收益相同，资本收益相同。因此，在每一个国家内部存在一个统一的要素价格。而在国际间却缺乏这种流动性，因而若没有国际贸易，两国的两种要素之间将存在着收益上的差异。

同时，为了简化分析，假设两个国家之间可以自由地从事贸易，交易成本为零，无运输成本，无关税，或其他阻碍国际贸易自由的障碍。这意味着在贸易存在的条件下，当两国的相对(或绝对)商品价格完全相等时，两国的生产分工才会停止。

假设 7 要素密集度不会发生逆转

假如产品 X 在 A 国是劳动密集型产品，产品 Y 是资本密集型产品，那么 X 在 B 国也是劳动密集型、产品 Y 为资本密集型产品，无论劳动和资本价格怎样变动，产品的要素投入结构怎样调整，产品 X 为劳动密集型产品、产品 Y 为资本密集型产品的性质不发生改变，即不存在“生产要素密集度逆转”(Factor Intensity Reversal)的情况。也就是说，虽然同样的产品在不同国家的要素密集度可能不同(假设3),但不会出现这种产品在一个国家是资本密集型产品,在另一个国家则是劳动密集型产品的情形。即一种产品在一个国家是资本密集型产品,则在另一个国家也是资本密集型产品,虽然密集度可能不同。

由以上假设可以看出,两国除了在要素禀赋上不相同以外,其他的一切条件都是完全相同的。

专栏

赫克歇尔(Eli F. Heckscher, 1879—1952)

赫克歇尔于1879年出生于瑞典斯德哥尔摩的一个犹太人家庭。1897年起,在乌普萨拉大学(Uppsala University)学习历史和经济,并于1907年获得博士学位。毕业后,他曾任斯德哥尔摩大学商学院的临时讲师;1909—1929年任经济学和统计学教授。此后,因他在科研方面的过人天赋,学校任命他为新成立的经济史研究所所长。他成功地使经济史成为瑞典各大学的一门研究生课程。

他对经济学的贡献主要是在经济理论上的创新和在经济史研究方面引入了新的方法论——一种定量研究方法。

他在经济理论方法方面最重要的贡献是他最著名的两篇文章:《外贸对收入分配的影响》和《间歇性免费商品》。1919年发表的《外贸对收入分配的影响》是现代赫克歇尔—俄林要素禀赋国际贸易理论的起源。他集中探讨了各国资源要素禀赋构成与商品贸易模式之间的关系,并且,一开始就运用了总体均衡的分析方法。他认为,要素绝对价格的平均化是国际贸易的必然结果。他的论文具有开拓性的意义,其后,这个理论由他的学生俄林进一步加以发展。《间歇性免费商品》(1924)一文提出的不完全竞争理论,比琼·罗宾逊和爱德华·张伯仑的早了9年。文章中还探讨了不由市场决定价格的集体财富(即所谓的公共财物)的问题。在经济史方面,赫克歇尔更享有盛名,主要著作有:《大陆系统:一个经济学的解释》、《重商主义》、《古斯塔夫王朝以来的瑞典经济史》、《历史的唯物主义解释及其他解释》、《经济史研究》等。赫克歇尔通过对史料提出更广泛的问题或假定,进行深入的批判性研究,从而在经济史和经济理论两个方面架起了桥梁,并把两者有机地结合起来。他是瑞典学派的主要人物之一。

俄林(Bertil Gotthard Ohlin, 1899—1979)

俄林于1899年4月出生于瑞典南方的一个小村子克利潘(Klippan)。他1917年在隆德大学获得数学、统计学和经济学学位。1919年在赫克歇尔的指导下获得斯德哥尔摩大学(University of Stockholm)工商管理学院经济学学士学位。1923年在陶西格(Taussig)和威廉斯(Williams)的指导下获得哈佛大学文科硕士学位。1924年在卡塞尔(Cassal)指导下获得斯德哥尔摩大学博士学位。1925年任丹麦哥本哈根大学经济学教授,5年后回瑞典在斯德哥尔摩大学商学院教学,1937年在加利福尼亚大学(伯克利)任客座教授。俄林最为著名的工作是他对国际贸易理论的现代化处理,并由此获得1977年的诺贝尔经济学奖。1979年8月于书桌前逝世。

他的研究成果主要表现在国际贸易理论方面，1924 年出版《国际贸易理论》，1933 年出版其名著，即美国哈佛大学出版的《地区间贸易和国际贸易论》，1936 年出版《国际经济的复兴》，1941 年出版《资本市场和利率政策》等。俄林的理论受他的老师赫克歇尔关于生产要素比例的国际贸易理论的影响，并在美国哈佛大学教授威廉(T. H. Williams)的指导下，结合瓦尔拉斯和卡塞尔的总体均衡理论进行分析论证，在《区间贸易和国际贸易论》中最终形成。因此，俄林的国际贸易理论又被称为赫—俄理论。

(资料来源：新帕尔格雷夫经济学大辞典(第 2 卷). 北京：经济科学出版社，1996：666-667)

(资料来源：新帕尔格雷夫经济学大辞典(第 3 卷). 北京：经济科学出版社，1996：747-749)

三、要素禀赋理论的基本内容

赫克歇尔和俄林都是当代著名的瑞典经济学家，赫克歇尔是俄林的老师。1919 年，赫克歇尔在纪念经济学家戴维的文集中发表了一篇题为《对外贸易对收入分配的影响》的著名论文，提出了要素禀赋差异是国际贸易比较优势形成的基本原因的观点。但这篇文章发表后并没有引起人们的注意。1929—1933 年，由于资本主义世界经历了历史上最严重的经济危机，贸易保护主义抬头，各国都力图加强对外倾销商品，同时提高进口关税，限制商品进口。对此，瑞典人深感不安，因为瑞典国内市场狭小，一向对国际市场依赖很大。在此背景下，俄林继承了导师赫克歇尔的论点，于 1933 年出版了著名的《地区间贸易与国际贸易》(Interregional and International Trade)一书，对赫克歇尔的思想做了清晰而全面的解释，并作了进一步的研究，创立了要素禀赋理论。

要素禀赋理论无论是在理论分析上，还是在实际应用中，都取得了巨大成功，以至于在从 20 世纪前半叶到 70 年代末这段时间内，要素禀赋理论成为国际贸易理论的典范，几乎成了国际贸易理论的代名词。

根据比较成本理论，一种商品在两个国家不同的价格，体现了比较优势的存在(相对价格的不同)，这是两国互惠贸易的基础。也就是说，各国间劳动生产率的差异使得比较优势产生，但这只能解释贸易产生的原因，却无法解释产生这种差异的原因。例如：加拿大向美国出口林木产品，并不是因为加拿大的林木业的相对劳动生产率比美国的高，而是因为在人口稀少的加拿大，人均森林面积的占有量高于美国。所以现实中的贸易理论不仅要看到劳动的重要性，也要看到其他生产要素的重要性，或者说还要看到各国之间的资源差异。

要素禀赋理论认为：一国的比较优势产品是以自己相对丰裕的生产要素生产的产品，所以各国应根据本国要素禀赋的状况，生产并出口以本国丰裕的生产要素生产的产品，进口以本国稀缺要素生产的产品。简单地说，劳动力丰富的国家生产并出口劳动密集型商品，进口资本密集型商品；相反，资本丰富的国家生产并出口资本密集型商品，进口劳动密集型商品。

例如，若 A 国是劳动丰裕的国家，B 国是资本丰裕的国家，而 X 产品是劳动密集型产品，Y 产品是资本密集型产品。那么，在自由贸易的条件下，A 国会生产并出口 X 产品，进口 Y 产品，而 B 国则生产并出口 Y 产品，进口 X 产品。

上述结论是基于这样一个推理(或者也可以说,俄林在分析、阐述要素禀赋理论时,在逻辑上是比较严谨的):

(1) 各国相同商品之间的价格差异是国际贸易产生的直接原因,商品价格的差异是由生产成本的差异决定的。在没有运输费用等的假设前提下,从价格较低的国家输出商品到价格较高的国家是有利的。

(2) 生产成本的差异是由生产要素的价格差异决定的。在各国生产技术相同、生产函数相同的假设前提下,各国要素相对价格的差异决定了两国商品相对价格(生产成本)存在差异。

(3) 生产要素价格的差异是由要素的供求关系决定的,其中要素的供给是由各国的要素禀赋决定的。在要素的供求决定要素价格的关系中,要素供给是主要的,因为在各国要素需求一定的情况下,各国不同的要素禀赋会对要素相对价格产生不同的影响:相对供给较充裕的要素的相对价格较低,而相对供给较稀缺的要素的相对价格较高。因此,国家间要素相对价格差异是由要素相对供给或供给比例不同决定的。

从这个推导过程可以知道:一个国家只要拥有一种丰裕的生产要素,就会导致该国在密集使用这种生产要素生产的商品上拥有价格优势,从而直接导致产生国际贸易。

一个国家生产和出口那些大量使用本国供给丰裕的生产要素的产品,价格就低,因而有比较优势;相反,生产那些需大量使用本国稀缺的生产要素的产品,价格便高,出口就不利。各国应尽可能利用丰富、价格便宜的生产要素,生产廉价产品输出,以交换别国价廉物美的商品。

与比较成本理论相比,该理论实际上是说明了一国的比较优势是如何形成的。也就是说,一个国家在某种产品上占有优势,是由于该国拥有丰富的该种产品密集使用的要素,该种要素价格相对便宜,使得该种产品成本相对低廉。

四、举例

假设日本和澳大利亚使用劳动和土地两种要素,生产小麦和纺织品两种商品(见表 4-2)。

表 4-2 要素比例、要素价格和比较成本

		要素比例		要素价格		成　本
		劳动	土地	劳动	土地	
日本	小麦	1	5	1 日元	4 日元	21 日元
	纺织品	10	1	1 日元	4 日元	14 日元
澳大利亚	小麦	1	5	2 澳元	1 澳元	7 澳元
	纺织品	10	1	2 澳元	1 澳元	21 澳元

日本劳动力相对丰富,所以劳动力价格相对便宜;澳大利亚土地相对丰富,所以价格相对便宜。从表 4-2 中可以看出,要素禀赋的差异决定了两国在小麦和纺织品生产上的比较成本差异。要素禀赋的差异⟶要素的供给(供求)差异⟶生产要素价格的差异⟶商品生产成本的差异⟶商品价格的差异。

根据比较成本理论,日本和澳大利亚的分工模式应该是:日本生产纺织品并向澳大利亚出口，澳大利亚生产小麦并向日本出口。

五、对要素禀赋理论的评价

要素禀赋理论是建立在比较优势基础之上的，但它从三个方面深化和发展了比较优势理论：

(1) 要素禀赋理论以两种生产要素的投入为分析前提，因此理论是建立在多种而不是一种生产要素投入的基础上。这一点与现实更加接近。因为在现实中，生产某种产品时，一般都是两种以上的生产要素组合。

(2) 将比较优势的差异及这种差异的原因归结为各国生产要素禀赋的差异，从而重新解释了国际贸易的基础。

(3) 深入分析了国际贸易对贸易双方要素投入及分配的影响(均等化趋势)。而比较优势理论并没有确切地讲这种贸易利益究竟会对贸易双方的收入分配产生什么影响。

但是，要素禀赋理论也有一些不完善的地方：

(1) 与比较成本理论一样，理论都是建立在一系列基本假设的基础之上，如自由贸易、完全竞争、两国生产技术水平一致、生产要素同质等，这些与现实有一定差距。

(2) 该理论对于需求因素并未予以充分的重视，这影响了对现实问题的分析。

(3) 在理论分析的过程中引进了价格或货币因素，增加了问题的复杂性。

我们在前面的分析中，并没有涉及货币问题。要素禀赋理论为说明问题，引进了价格因素。但是在国际贸易中，因为产品价格的形成受多种因素的影响，所以可能会引起建立在比较成本基础上的比较优势和价格竞争优势之间的差异或脱节。

(4) 要素禀赋理论比较强调静态结果，排除了技术进步的因素，也没有说明一国在特定的要素禀赋下，从动态的角度出发，如何从自给自足转向自由贸易。要素禀赋理论实际上是从现有的贸易结构反推比较利益形成的基础。

(5) 没有考虑政府在国际贸易中的作用，也没有考虑国际生产关系、国际政治环境等对国际贸易的影响。

第二节　生产要素禀赋理论的拓展

自从要素禀赋理论提出以来，经济学家们就开始在其基础上进行了大量理论研究，先后提出了诸多与各国生产要素的自然禀赋及其相对差异相关的贸易理论观点。其中，最有意义同时也是影响较大的，是一系列基于要素禀赋理论的“定理”的提出与阐发。除了赫克歇尔—俄林的理论“定理化”之外，经济学家们还提出并归纳了一些重要的定理。与基本理论本身联系密切的定理主要有三个：两个是关于商品价格变动与要素价格变动之间关系的定理，一个是关于要素禀赋变化及其影响的定理，分别称为斯托尔帕—萨缪尔森定理、要素价格均等化定理与雷布琴斯基定理。这些定理是在要素禀赋理论的基础上进一步分析国际贸易的影响和后果，是 H-O 学说的又一重要内容，有些人称之为广义的要素禀赋理论。

一、斯托尔帕—萨缪尔森定理

按照 H-O 定理，国际贸易首先会促使两国同一种商品价格趋于一致：封闭经济下本国较为便宜的商品受到外国较高价格刺激而大量出口，价格随之上升；本国原来较为昂贵的商品受到较为便宜的进口货冲击而价格下降。因为不考虑交易成本，国际贸易将使两国同一种商品的价格均等化。由于商品价格是由要素相对价格决定的，因此就会产生一个问题：商品相对价格的上述变化对要素相对价格会产生怎样的影响呢？

现以商品 X(假定它是劳动密集型产品)相对价格上升为例，考察一下商品相对价格变动是如何影响要素价格的。在完全竞争条件下，生产要素在每一部门的报酬等于其边际产品价值，即等于其边际产出与商品价格的乘积。在均衡条件下，生产要素在所有部门的报酬应当是相同的。此时，如果商品 X 的相对价格上升，那么 X 部门的资本和劳动报酬与 Y (假定它是资本密集型产品)部门就不再保持一致，X 部门的资本和劳动可以获得比 Y 部门更多的报酬，于是资本和劳动就会从报酬低的 Y 部门流向报酬高的 X 部门。由于 X 部门是劳动密集型的，所以，X 部门生产扩张需要相对较多的劳动与较少的资本相匹配。但由于 Y 部门是资本密集型的，Y 部门只能释放出相对较少的劳动和更多的资本。于是在生产要素重新配置过程中，对劳动新增加的需求(X 部门生产所增加所需的劳动)超过了劳动新出现的供给(Y 部门所释放的劳动)，而资本新出现的供给则超过了对资本新增加的需求，从而在要素市场上，劳动价格将会上涨，而资本价格将会下跌。

随着生产要素价格的重新调整，每个部门中的厂商在生产中所使用的资本－劳动比率也将发生变化。由于劳动变得相对越来越昂贵，资本变得相对越来越便宜，所以每个部门的厂商都会调整其要素使用比例，尽量多使用变得便宜了的资本，来替代一部分变得昂贵了的劳动。最后，每个部门所使用的资本－劳动比率都要高于 X 相对价格变化之前的资本－劳动比率。

由以上分析可知，X 相对价格上升导致它所密集使用的生产要素——劳动名义价格上升，以及另一种生产要素——资本名义价格的下降。但要素名义价格的变化说明不了要素实际价格的变化，只有将要素名义价格的变化与商品价格的变化加以对比之后，才能确定要素实际价格的变化。在均衡状态下，劳动和资本的价格分别为：

$$W = P_X \times MP_{LX} = P_Y \times MP_{LY} \tag{4-1}$$

$$R = P_X \times MP_{KX} = P_Y \times MP_{KY} \tag{4-2}$$

上面两个表达式表示在均衡条件下，资本和劳动价格是如何决定的。其中 W、R 分别代表劳动、资本的价格(或报酬)；MP_{LX}、MP_{LY} 分别表示劳动在 X、Y 两个部门中的边际产出；MP_{KX}、MP_{KY} 分别表示资本在 X、Y 两个部门中的边际产出。由式(4-1)和式(4-2)，可以得到：

$$W/P_X = MP_{LX}, \quad W/P_Y = MP_{LY} \tag{4-3}$$

$$R/P_X = MP_{KX}, \quad R/P_Y = MP_{KY} \tag{4-4}$$

上述各等式的左边均表示要素的实际价格和报酬，即各生产要素的名义价格或报酬若分别用于购买 X、Y 商品时，所能够买到的 X、Y 的数量。上述表达式表明，要素的实际报酬等于其边际生产力。由于在规模收益不变的条件下，生产要素的边际生产力只取决于两个要素的使用比例，与两个要素投入的绝对量没有关系，因此，商品相对价格的变化对要素实际收入的影响只取决于两种商品所使用的要素比例的变化。当 X 的相对价格上升时，X、Y

两个部门所使用的资本—劳动比率均上升，则 MP_{LX}、MP_{LY} 提高而 MP_{KX}、MP_{KY} 下降，由式(4-3)、式(4-4)可知，W/P_X、W/P_Y 均上升，而 R/P_X、R/P_Y 均下降，即 X 相对价格上升后，劳动的实际价格或报酬上升，资本的实际价格或报酬下降。

从以上分析可以得到一个重要结论：某一商品相对价格的上升，将导致该商品生产中密集使用的要素的实际价格或报酬上升，并使另一种生产要素的实际价格或报酬下降。这个思想最初是由美国经济学家斯托尔帕(W. F. Stolper)和萨缪尔森两人共同阐发并论证的，因此被归纳为斯托尔帕—萨缪尔森定理(The Stolper-Samuelson Theorem)。

由斯托尔帕—萨缪尔森定理可以引申出另一个重要结论：国际贸易会提高一国丰裕要素所有者的实际收入，降低稀缺要素所有者的实际收入，原因在于贸易后一国出口商品相对价格上升。根据 H-O 定理，一国出口商品实际上是在间接地出口其丰裕要素。按照斯托尔帕—萨缪尔森定理，出口商品价格的上升将导致该国丰裕要素实际报酬上升，稀缺要素实际报酬下降。这一结果的重要涵义在于：国际贸易虽然可以改善一国整体的福利水平，但这种福利水平的分配在不同要素拥有者之间是有差别的，贸易会对一国要素收入分配格局产生实质性影响。

二、要素价格均等化定理

根据斯托尔帕—萨缪尔森定理，如果各国都以各自的生产要素禀赋比率差距为基础进行贸易，其结果是贸易前相对丰裕的要素价格上涨，相对稀缺的要素价格下降。随着自由贸易的发生，两国间产品的价格将趋于均等，并将使得两国间要素的价格也趋于均等。

要素价格的均等化的逻辑过程，可以借助一张简单的表格予以描述(表 4-3)。

贸易开始前，由于两国要素禀赋存在差异，因而两国的要素价格不一致。随着贸易发生，原来 A 国相对价格较低的 X 商品，由于对方国家的需求，其相对价格趋于上升。依据前面的分析，X 商品所密集使用的生产要素——劳动的价格上涨，而资本的价格将下跌。于是，原来在 A 国比较廉价的劳动现在变得不那么廉价了，而原来在 A 国比较昂贵的资本现在也因贸易变得不那么昂贵了。在 B 国，则出现相反的情况，原来比较昂贵的劳动现在变得不太昂贵了，原来比较廉价的资本现在也不那么廉价了。

表 4-3　要素价格均等化的过程

	A 国	B 国
生产要素禀赋状况	劳动相对丰裕，资本相对稀缺	资本相对丰裕，劳动相对稀缺
贸易前生产要素价格	劳动相对便宜，资本相对昂贵	资本相对便宜，劳动相对昂贵
两种产品 X 和 Y	X 是劳动密集型产品	Y 是资本密集型产品
贸易前两种产品价格	X 产品在 A 国相对便宜	Y 产品在 B 国相对便宜
贸易后	出口 X 产品，进口 Y 产品	出口 Y 产品，进口 X 产品
贸易对产品价格的影响	X 产品的价格相对上升，Y 产品的价格相对下降	Y 产品的价格相对上升，X 产品的价格相对下降
贸易后产品价格	两国 X 产品及 Y 产品的价格达到一致	

续表 4-3

	A国	B国
贸易与两国生产结构	X产品的产量增加,Y产品的产量减少	Y产品的产量增加,X产品的产量减少
贸易与两国生产要素需求	劳动密集型的X产品产量增加,导致劳动需求增加较多,资本需求增加较少;资本密集型的Y产品产量减少,导致资本需求量减少较多,而劳动量需求减少较少。结果:劳动需求量增加,资本需求量减少	资本密集型的Y产品产量增加,导致资本需求增加快于劳动需求增加;劳动密集型的X产品产量减少,导致资本需求减少较少,而劳动需求减少较多。结果:资本需求增加,劳动需求减少
贸易对两国要素价格的影响	劳动的价格相对上升,资本的价格相对下降	资本的价格相对上升,劳动的价格相对下降
贸易后两国要素价格	在一定条件下,两国资本及劳动的价格达到一致	

随着贸易的开展,两国X、Y商品各自的相对价格差异会不断缩小,并最终达到均等(如图4-1所示)。在这个过程中,两国各自的丰裕要素的价格不断上升,稀缺要素的价格不断下降。随着商品价格的拉平,两国要素价格也将达到均等。

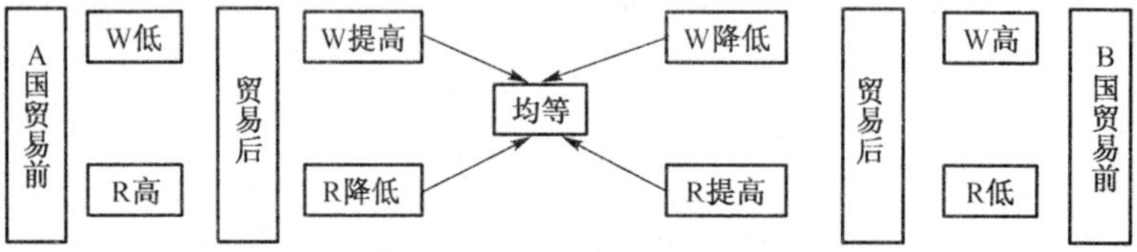

图4-1 要素价格均等化示意图

要素价格均等化理论指出,自由贸易不仅会使商品价格均等化,而且会使生产要素价格均等化,从而两国的所有工人都能得到同样的工资率,所有的土地都能得到同样的土地报酬率,所有的资本都能得到同样的收益率,而不论两国生产要素的供给和禀赋状况有任何差别。任何人为的贸易障碍都会阻止要素价格均等化的实现,导致要素价格均等化的停滞或反向运动。对进口竞争性产品的保护会提高该部门密集使用的生产要素所有者的收入,这也为贸易保护行为提供了一种解释。

三、雷布琴斯基定理

赫—俄理论最初是以不变的要素禀赋为前提的,即假定一国要素禀赋固定不变。事实上,这一假定与现实多少是脱节的,因为在现实世界中,一国的要素禀赋是可以改变的。通常说来,一国人口和劳动力的数量会随时间而增长。同样,通过资本积累,一国的资本存量也会增加。各类生产要素数量的变化可能导致生产要素比例的变化,而要素禀赋变化以及由此引起的要素比例变化究竟会对产出产生怎样的影响,则是后来的经济学家们探讨的另一个重要问题。1955年,英籍波兰经济学家塔德乌什·雷布琴斯基(Tadeusz Rybczynski)发表了一篇题为《要素禀赋与相对商品价格》的论文,就这一问题进行了深入探讨,引出了一个定理,这便是以其姓氏命名的雷布琴斯基定理(Rybczynski Theorem)。按照这一定理，在商品价格不变的前提下，如果一种生产要素增加，会导致密集使用这种生产要素的产品的产量增加，同时导致另一种产品即非密集地使用该要素的产品的产量减少。

假定某国拥有劳动和资本两种生产要素，生产劳动密集型产品X和资本密集型产品Y两种产品。在商品价格不变的情况下，该国的劳动数量增加，则该国劳动密集型产品X的产出将增加，而且增加的比例将超过要素增长的比例，同时另一种产品Y(资本密集型产品)的产出将减少。

上述推断可借助埃奇沃斯盒状图来证明。如图4-2所示，XKY_0L_0是一个埃奇沃斯方盒，K代表资本，L代表劳动。X产品是劳动密集型产品，Y产品是资本密集型产品。A点是从X到Y_0契约线上的一个均衡点。当劳动供给从L_0增加到L_1时，B点成为X到Y_1契约线上的一个新的均衡点。

假定商品价格不变，那么要素价格必须不变。但只有在两种商品生产中资本—劳动比率以及劳动和资本的生产率都保持不变的条件下，才能使要素相对价格不变。为了保证资本—劳动比率不变，同时在劳动增加后资本和劳动都不存在闲置，那么B点应该在XA射线上，而且Y_0A与Y_1B是平行的。

从图4-2中可以看出，劳动增加后，劳动密集型的X产品的产量明显增加了，而资本密集型的Y产品的产量却下降了。这种情况之所以发生，是因为劳动要素供给的增加使得资本要素相对变少了。如果假定生产技术保持不变，则该国只能通过增加X产品的生产来维持一个与劳动要素供给增加之前完全相同的K/L，以便使这两种生产要素的相对价格保持不变，并使比较优势保持不变。

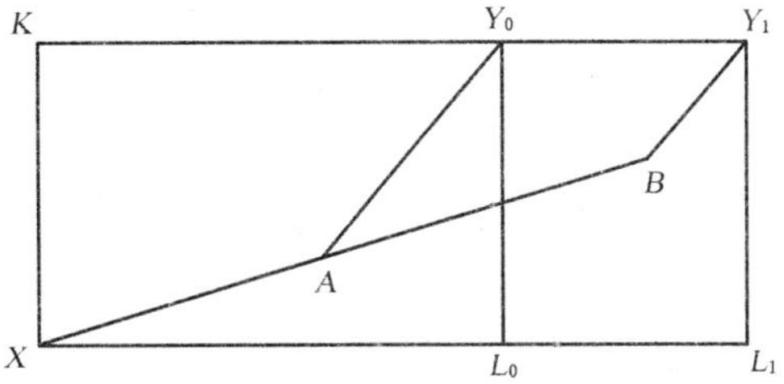

图4-2　雷布琴斯基定理的证明

说明：A点是从X到Y_0契约线上的一个均衡点。当劳动供给从L_0增加到L_1时，B点成为从X到Y_1契约线上的一个新的均衡点，B点在XA射线上，而且Y_0A与Y_1B是平行的。当劳动增加后，劳动密集型的X产品的产量明显增加了，而资本密集型的Y产品的产量却下降了

综上所述，H-O学说从要素禀赋即供给状况的角度出发，坚持相对利益说，阐明了比较成本为什么能够以及如何决定相对优势，解决了李嘉图未曾深入研究的问题。该学说着重用经济结构说明国际贸易的原因、流向和格局，并立足于要素配置合理化的思想来强调自由贸易的必要性和重要性，亦有重要的借鉴意义。但是，它抛弃劳动价值论，又不揭示资本主义国际分工和交换的实质和内在动力，其庸俗性质依然明显。忽略需求对国际贸易的作用，也使它存有理论缺陷。

第三节　对要素禀赋理论的实证检验

自从20世纪初赫克歇尔与俄林提出了要素禀赋理论后，在1933—1953年的这一段时

间，要素禀赋理论由于其逻辑的严谨、模型的精巧，成为解释工业革命后贸易产生原因的主要理论，成为国际贸易学中最具影响力的理论之一。人们普遍认为，各国资源禀赋和生产中的要素使用比例的不同是产生国际贸易的主要原因，但是，这一理论在实证检验中遇到了挑战。

二战以后，随着经济计量方法等经验检验手段的发展，西方学者纷纷从不同角度用经验资料来验证 H-O 模型。其中最为著名的是美国经济学家、投入产出经济学的创始人、1973 年诺贝尔经济学奖获得者里昂惕夫运用他创造的投入产出分析法对要素禀赋理论所作的验证。

一、里昂惕夫之谜

二战以后，美国作为世界上最发达的国家，被认为是一个资本充裕而劳动相对稀缺的国家。按照要素禀赋理论，美国应该出口资本密集型产品进口劳动密集型产品。或者说，美国出口产品的资本—劳动投入比率(K_X/L_X)应高于进口产品的资本—劳动投入比率(K_M/L_M)，即(K_X/L_X)/(K_M/L_M)应该远大于 1。

1953 年，里昂惕夫根据 1947 年美国 200 种产业部门的出口产品和进口产品的资料，编制了美国的投入产出表，计算了 1947 年美国出口行业与进口竞争行业的资本存量与工人人数比率，如表 4-4 所示。从表 4-4 中可以看到，在 1947 年，美国出口每 100 万美元的商品，在国内使用资本 2 550 780 美元，劳动力 182 个，即每个工人耗用的资本量为 14 015 美元。同时，美国每进口 100 万美元商品的国内替代品，则用 3 091 339 美元资本和 170 个劳动力，即每个工人耗用的资本量为 18 184 美元。这样，在每 100 万美元的商品中，进口品与出口品之间人均资本量的比值为 1.30(18 184÷14 015)。这意味着，美国出口的是劳动密集型商品，进口的则为资本密集型商品。里昂惕夫把计算结果以《国内生产和对外贸易：美国资本状况再考察》为题写成论文发表，向其他人提供了一个令人困惑的"谜"：在 1947 年，美国向世界其他国家出口的是劳动密集型产品，而换取的是相对资本密集的进口产品，美国出口商品的资本密集度只相当于竞争性进口替代品资本密集度的 0.77[(K_X/L_X)/(K_M/L_M)]，这与要素禀赋理论的结论正好相反。这就是著名的"里昂惕夫之谜"或"里昂惕夫悖论"。

表 4-4　美国百万美元出口与进口替代品对国内资本与劳动的需求

	1947 年		1951 年	
	出口品	进口替代品	出口品	进口替代品
资本(美元)	2 550 780	3 091 339	2 256 800	2 303 400
劳动(人/年)	181.31	170.00	173.91	167.81
人均年资本量(美元)	14 015	18 184	12 977	13 726

资料来源：里昂惕夫. 投入产出经济学. 北京：商务印书馆，1980：113

二、进一步的检验

里昂惕夫对要素禀赋理论的验证结果公开发表后，立即在国际经济学界引起了不小的争论。有的经济学家怀疑里昂惕夫取得统计结果的方法和对统计资料处理的合理性,并试图收集新的数据进行新的验证,对赫—俄理论进行重新评价。

里昂惕夫本人仔细研究了各主要经济学家的观点和意见,在 1956 年又对美国 1947—1951 年的数据进行了检验,结果与 1953 年的研究一样。其他经济学家对美国其他年份的净出口产品的资本劳动比率(K_X/L_X)也作了分析,表 4-5 列出了其中的一些检验结果。

由表 4-5 中可以看到,用 1899 年和 1972 年的数据检验时,美国出口产品中的资本劳动比(K_X/L_X)高于进口产品中的资本劳动比(K_M/L_M),基本符合美国是一个资本充裕国家的假设和 H-O 模型的预测。但是,用战后到 1971 年这段时间的数据来检验,美国出口产品与进口产品的 K_X/L_X之比都小于 1,“里昂惕夫之谜”仍然存在。

20 世纪 80 年代初,美国经济学家利马(Edward E. Leamer)在 1984 年发表的论文中,使用生产和消费产品资本—劳动比率对美国 1947 年的数据重新进行了计算,其结果证实了美国的确出口更多的资本密集型产品。

对 20 世纪 50 年代加拿大和日本的对外贸易数据分析发现,与美国相比,加拿大和日本都不能算是资本充裕的国家,但他们却向美国出口资本密集型产品进口劳动密集型产品。这一发现实际上进一步证明了“里昂惕夫之谜”的存在。

对同期印度贸易的研究发现,在印度与除美国以外的世界所有其他国家的贸易中,出口的主要是劳动密集型产品,进口则主要是资本密集型产品;但在与美国的双边贸易中,印度主要出口产品中的 K_X/L_X高于其从美国进口的产品。这又使“里昂惕夫之谜”在更大的范围里得到证实。

表 4-5 赫克歇尔—俄林模型的实证检验:美国数据

学 者	数据年份	$(K_X/L_X)/(K_M/L_M)$ = (H-O 预测:> 1)
威特尼(Whitney,1968)	1899	1.12
里昂惕夫(Leontief,1954)	1947	0.77
里昂惕夫(Leontief,1956)	1947/1951	0.94(或不包括自然资源行业,1.14)
鲍德温(Baldwin,1971)	1958/1962	0.79(或不包括自然资源行业,0.96)
斯特南德和马斯克斯(Sternand & Maskus, 1981)	1972	1.05(或不包括自然资源行业,1.08)

三、里昂惕夫之谜的解释

由于里昂惕夫之谜的出现,使得要素禀赋理论处于一种颇为尴尬的境地。问题究竟出在哪里?也吸引了许多经济学家试图从各个方面来解开这一令人困惑的现象,这种探索从某种程度上也推动了国际贸易理论的巨大发展。

对里昂惕夫之谜产生的原因,有各种各样的解释。归结起来,主要有两类:一类是对里昂惕夫的统计方法及统计资料的处理提出不同的意见;另一类是回过头来对要素禀赋理论本身进行重新的研究和探索。概括起来,对里昂惕夫之谜进行解释的论点主要有以下几种:

1. 劳动熟练说

劳动熟练说(Skilled Labor Theory),又称人类技能说(Human Skill Theory)、劳动效

率说、要素非同质说。最先是由里昂惕夫本人提出，对于矛盾现象的出现，他自己也觉得难以置信，他也曾反思自己是不是没有认真评估美国的要素禀赋，想当然地认为美国是资本丰富的国家。在1956年，他发表了论文《要素比例和美国的贸易结构：进一步的理论和经济分析》，文中对于自己作出的“悖论”给予了说明。他从有效劳动的角度作出如下解释：由于劳动素质不同，美国工人具有比其他国家工人更熟练的技术和更高的劳动生产率。按照他的解释，美国工人的劳动生产率大约是其他国家的3倍，因此如果以其他国家作为衡量标准，那么美国的有效劳动数量应该是现存劳动量的3倍。那么从有效劳动数量来看的话，美国应该是劳动力(有效劳动)相对丰富的国家，而资本在美国则是相对稀缺的要素。所以它出口劳动密集型产品，进口资本密集型产品。

但是，有一些经济学家认为他的解释过于武断，一些研究表明实际情况并非如此。如美国经济学家克雷宁(Krelnin)经过验证，认为美国工人的效率和欧洲工人相比，最多高出1.2～1.5倍。里昂惕夫自己后来也否定了这种解释。因为如果说美国的生产效率高于其他国家，那么工人人数和资本量都应该同时乘以3，这样美国的资本相对充裕程度并没有受到影响。

2. 人力资本说

受里昂惕夫有效劳动解释的启发，美国经济学家凯南(P. B. Kenen)等人在要素禀赋理论的框架下引入了人力资本这一因素，提出了人力资本说(Human Capital Theory)。

他们认为，劳动是不同质的，一般劳动可以区分为熟练劳动和非熟练劳动两类。其中熟练劳动是指具有一定技能的劳动，这种技能不是先天具备的，而是通过后天的教育、培训等手段积累起来的，使劳动力获得更高级的劳动能力，提高劳动生产率。这种后天的努力类似于物质资本的投资行为，所以我们称熟练劳动为人力资本。

这样一来，资本的含义就更广泛了，它既包括有形的物质资本(Physical Capital)，又包括无形的人力资本(Human Capital)。人力资本主要是指一国用于职业教育、技术培训等方面投入的资本。人力资本的投入，可以提高劳动技能和专门知识水平，促进劳动生产率提高。美国在人力资本上的投入远远超过了其他国家，这就意味着美国劳动力含有更多的人力资本，这使得美国的劳动与其贸易伙伴国的劳动是不等价的，其出口商品的资本密集度要大于进口商品的资本密集度。

如果将人力资本部分加到有形资本当中，则可以很明显地得出美国出口的是资本密集型产品，而进口的是劳动密集型产品。可见，在加入人力资本后“谜”也就可以解释了。但这种解释由于难以具体衡量人力资本的真正价值，而且现实中还存在受教育程度和所得报酬之间的不协调现象，因此并不为学术界普遍接受。

3. 自然资源说

经济学家范尼克(J. Vanek)在1950年指出，里昂惕夫之谜的症结在于其计算时只考虑了劳动和资本两种生产要素，而忽略了自然资源这一要素在国际贸易中的作用。

在里昂惕夫的统计中，许多被视为资本密集型的进口产品实际上是自然资源密集型产品，而美国正好在这些自然资源的禀赋上是稀缺的。也就是说，从自然资源的角度来看，实际上美国进口的是其稀缺的自然资源，而不是资本。比如美国就是大量矿产和木材的进口国，美国的进口产品中初级产品占到60%～70%，并且这些初级产品大部分是木材和矿产品，而这些产品的自然资源密集程度都很高。如果美国严重依赖几种自然产品(如原油、纸浆、铜、铅以及其他金属矿产)的进口,而这些产品还是使用大量非人力资本的资本密集型产品,那么里昂惕夫之谜就能得到解释。还有人按照里昂惕夫的计算方法,发现里昂惕夫之谜并不存在于美国同日本、西欧之间的贸易,却存在于同加拿大等自然资源丰富国家的贸易中。

因此,如果将自然资源密集型产品从资本密集型产品的统计中分离出来,里昂惕夫之谜就可以获得解释。里昂惕夫后来在对美国的贸易结构进行检验时,在投入—产出表中去掉了 19 种自然资源密集型产品,结果取得了与要素禀赋理论相一致的结果。

4. 贸易壁垒说

美国经济学家罗伯特·鲍德温提出了用贸易壁垒解释里昂惕夫之谜的观点。要素禀赋理论是建立在完全自由竞争的基本假设之上的,而在现实的国际贸易中存在着大量的关税和非关税壁垒。国际间商品流通因受贸易壁垒的限制而使要素禀赋理论揭示的规律不能实现。

美国政府为了解决国内就业,对雇佣大量非熟练劳动的劳动密集型产业采取保护贸易政策,这就势必造成外国的劳动密集型产品难以进入美国市场,而资本密集型产品却相对容易输入。而一些研究也确实表明,美国进口劳动密集型产品比进口资本密集型产品受到更严格的进口壁垒限制。如果实行自由贸易、贸易壁垒不存在,或者说美国政府不实行这种限制的话,美国进口品的劳动密集度必定会比实际的高。

5. 要素密集度逆转论

霍德(Hodd)和纳亚(Naya)等经济学家指出,H-O 原理存在着这样一个错误:无论在什么情况下,X 与 Y 两种商品要素密集度的关系是固定不变的,也就是假设 X 总是劳动密集型产品,Y 总是资本密集型产品。但在现实生活中,事实的情况可能不是这样。例如小麦,在美国由于资本相对丰裕,可以用资本密集(机械化)的方式生产,那么它在美国可能是资本密集型的;而小麦在中国由于劳动力相对丰裕,则可以用劳动密集(手工作业)的方式生产,那么它在中国就可能是劳动密集型的。这就是生产要素密集度逆转(Factor Intensity Reversal)的一种情况,所以,同一种商品的生产可以存在要素密集度的变换。

根据这种解释,美国进口的产品在国内可能是用资本密集型生产,而在国外却是以劳动密集型生产,站在美国的角度来看,就会造成进口以资本密集型产品为主的错觉。同时,美国的出口商品在国内可能是劳动密集型生产的,而在别国却是资本密集型产品,用美国的标准来衡量也会造成出口劳动密集型产品的假象。

不过需要注意的是,要素密集度逆转只存在于少数行业当中,不具有普遍性,因此并不能说明整个贸易结构。里昂惕夫之谜是西方国际贸易理论发展史上的一个重大转折点,它引发了经济学家对二战后国际贸易新现象和新问题的深入探索,推动了国际贸易理论的迅速发展。上述种种解释,可以说,里昂惕夫之谜已经解开,也可以说"谜"还继续保持着。因为每一种解释都有一定的说服力,但同时又存在着一定的不足或缺陷。因此,新的探索还在进行,新的理论还在不断形成。

本章要点

1. 如果像李嘉图模型所假设的那样,劳动是唯一的生产要素,那么产生比较优势的唯一原因就是各国之间劳动生产率的不同。然而在现实世界中，各国间劳动生产率的不同只能部分地解释贸易产生的原因。贸易还反映了各国之间资源的差异。在 H-O 定理中，生产要素不止一种。在每一个地区，应该进口那些昂贵生产要素占较大比重的商品而生产那些便宜生产要素占较大比重的商品。可见，生产要素禀赋的不同既决定了各国的相对优势和贸易格局，又是进行国际贸易的基本原因。

2. 在理想的模型中，国际贸易会导致两国要素价格相等。实际上，由于资源差异、贸易壁垒和技术差异的原因，完全的要素价格相等化是不存在的。

3. 二战后，用计量经济学的方法检验 H-O 定理，但不少经验性工作非但不能证明该学说的有关观点，反而得出完全相对立的结论，其中最著名的是里昂惕夫之谜。尽管实证研究的结果有反对 H-O 定理的，但也有支持的，大多数研究者并不相信只是资源差异就能解释世界贸易模式或世界要素价格。相反，似乎有必要充分看到国际上实际存在的技术差异。

复习思考题

一、名词解释

里昂惕夫之谜　生产要素价格均等化　H-O 定理　斯托尔帕—萨缪尔森定理　要素密集度逆转　雷布琴斯基定理　要素密集度　生产要素和要素价格

二、单项选择题

1. 如果一个劳动力丰富的国家与另一个资本丰富的国家进行自由贸易，那么将出现________趋势。　(　　)
   A. 两国工资水平都会相对资本成本上升
   B. 两国工资水平都会相对资本成本下降
   C. 前一国家的工资会相对后一国家上升
   D. 前一国家的工资会相对后一国家下降
2. 里昂惕夫悖论包括以下解释，除了　(　　)
   A. 美国对劳动密集型进口产品征收高额关税
   B. 美国实际上比其贸易伙伴拥有更多的劳动力
   C. 美国的出口产品密集使用了熟练劳动力
   D. 美国倾向于出口需要大量科学和工程技术投入的高技术产品
3. 里昂惕夫之谜的经验研究结果是　(　　)
   A. 虽然美国资本丰富，但美国出口产品比进口产品的劳动密集程度更高
   B. 美国主要与其他工业国家而非发展中国家进行贸易
   C. 贸易减少了而不是增加了美国居民的福利
   D. 美国的长期出口增长速度远远低于 GNP 的增长速度
4. 赫克歇尔—俄林提出________学说。　(　　)
   A. 绝对成本　B. 比较成本　C. 动态比较成本　D. 要素禀赋

5. 要素禀赋学说认为，产生国际贸易的直接原因是 ( )
A. 劳动生产率的国际差异 B. 价格的国际差异
C. 自然资源的国际差异 D. 资本生产率的国际差异

6. 对于 H-O 定理来说，导致不同国家相对商品价格差异的主要原因是 ( )
A. 要素禀赋不同 B. 国民收入水平不同
C. 技术差异 D. 消费偏好不同

7. “在一个贸易快速增长的国家中，新资本的迅速积累会使该国进口更多的自然资源。”隐含于这一论断的定理是 ( )
A. Heckscher-Ohlin Theorem B. Stolper-Samuelson Theorem
C. Rybczynski Theorem D. Factor-price Equalization Theorem

8. 根据俄林的要素禀赋学说，一国从国外进口的商品应当是 ( )
A. 该国相对稀缺的生产要素密集的产品
B. 该国相对充裕的生产要素密集的产品
C. 外国技术较为先进，价格较低的产品
D. 本国与外国需求相似的产品

9. 人力资本说用对人力投资的差异来解释美国对外贸易商品结构符合________的学说。 ( )
A. 赫克歇尔—俄林定理 B. 里昂惕夫之谜
C. 比较成本学说 D. 劳动熟练说

10. 里昂惕夫之谜说明了________与________存在矛盾。 ( )
A. 绝对利益论 相对利益论 B. 相对利益论 要素禀赋论
C. 实践的验证结果 要素禀赋理论 D. 实践的验证结果 相对利益理论

11. H-O 理论说明 ( )
A. 相对于其他资源，劳动力比较丰裕的国家并不具有比较优势
B. 一个劳动力资源对非劳动力资源比率较高的国家，应当减少对国际贸易的参与
C. 一个非劳动力资源相对丰富的国家将不会从国际贸易中受益
D. 国际市场的力量将引导各国专业化于生产和出口大量使用其相对丰富要素的商品

12. 在下述哪一条件中，要素价格均等化定理将不能成立？ ( )
A. 要素不会在各产业间流动
B. 要素在不同国家中具有不同的生产率
C. 各国均建立贸易壁垒以阻止自由贸易
D. 上述所有三项

13. 根据 H-O 定理的拓展，各国之间分工后，同种生产要素的价格将 ( )
A. 逐渐增大 B. 不变
C. 趋同 D. 呈不规则变化

三、分析题

1. 一国生产 A、B 两种产品。1 单位 A 产品需要 10 单位劳动和 5 单位资本，B 产品的

单位投入是 4 单位劳动和 8 单位资本。该国共有 200 单位劳动和 300 单位资本。问：

(1) A、B 产品的生产中密集使用的要素分别是什么？

(2) 该国是否有能力用本国资源来生产 20 单位 A 产品和 30 单位 B 产品？

2. “世界上有一些最贫穷的国家找不出什么产品来出口。因为在一些又小又穷的国家里，没有什么资源是丰裕的。它们的资本和土地都不丰裕，甚至连劳动也不丰裕。”这种说法是否正确，请说明理由。

3. 试述要素均等化的含义及其实现条件。

4. 我国的东西部发展存在很大的差异。例如，东部沿海发达地区的工资就比西部地区同行业的平均工资高 50%甚至更多。请问：这种现象是否有悖于要素价格均等化理论？

5. 假设 A 国是个劳动力充裕的国家，以劳动力和土地两种要素生产服装和玉米。服装是劳动密集型产品，玉米是土地密集型产品。给定 A 国作为一个小国参加自由贸易。

(1) A 国会出口什么产品？

(2) A 国国内服装和玉米的价格会发生什么变化？

(3) 假设突然有大批移民进入 A 国，对该国的生产、贸易量和福利有什么影响？请简要说明。

(4) 如果 A 国是个大国，上述 3 题的结论还会一样吗？

6. A 国和 B 国有资本和劳动两种生产要素用于生产两种产品 X 和 Y。两国的技术水平一样，X 是资本密集产品，A 国是资本充裕的国家。分析下列情形中两国贸易条件和福利的变化：

(1) A 国的资本存量增加。

(2) A 国的劳动供给增加。

(3) B 国的资本存量增加。

(4) B 国的劳动供给增加。

7. 一国用劳动和土地两种生产要素用于生产两种产品 X 和 Y。生产 X 的单位投入是 10 单位劳动和 5 单位土地；生产 Y 的单位投入是 4 单位劳动与 8 单位土地。

(1) X 的售价为 30，Y 的售价为 16。说明在完全竞争市场上，土地的租金不可能为 3，工资不可能为 2 的原因。

(2) 在(1)的条件下，画出 X 与 Y 的价格与其生产成本相等的曲线。

(3) 求均衡工资与均衡租金。

(4) 若 Y 的价格上升至 24，要素价格会怎样？

(5) Y 价格的上升对工人和土地所有者的购买力有何影响？

8. 一国用劳动和土地两种生产要素用于生产两种产品 X 和 Y。其中 X 是劳动密集，Y 是土地密集。已知该国人口有了很大的增长，从而该国的出口产品 X 的生产有了明显的增长。

(1) 若该国是小国，X 的生产不会影响其相对价格，那么人口的增长对本国的生产组合有何影响？

(2) 若该国是中等国或大国，那么人口增长对世界市场上 Y 的供给有何影响？

(3) 这一增长对该国的贸易条件与国民福利有何影响？

9. 本国生产 1 公吨钢需要 40 单位劳动和 80 单位资本，生产 1 公吨食品需要 10 单位劳动和 5 单位的资本。同时，本国劳动和资本的总供给量均为 1 000 单位。

(1) 判断钢和食品各是什么密集型产品。

(2) 现假设外国生产 1 公吨钢需要的劳动和资本投入量均为本国的一半，生产 1 公吨食品的劳动与资本的投入量同本国的一样，外国劳动和资本的供给量分别为 1 100 和1 000。判断外国生产的钢与食品各是什么密集型产品。

(3) 依据要素充裕度标准，判定本国与外国各为什么类型的国家。

(4) 依据赫克歇尔—俄林理论，本国与外国的生产优势分别是什么？它们可能的贸易方式是什么？

(5) 再设钢的价格为 62，食物的价格为 16。请确定外国贸易前均衡的工资率和地租率。

(6) 假定钢的价格因贸易而下降到 50，食物的价格提高到 20。试问贸易后外国均衡的工资率与利率发生怎样的变动？这种变动是否可验证斯托尔帕—萨缪尔森定理的合理性？

10. 假设 A、B 两国生产技术相同且在短期内不变：生产 1 单位衣服需要的资本为 1，需要的劳动为 3；生产 1 单位食品需要的资本为 2，需要的劳动为 2。A 国拥有 160 单位劳动和 100 单位资本；B 国拥有 120 单位劳动和 80 单位资本。则：

(1) 哪个国家为资本充裕的国家？

(2) 哪种产品为劳动密集型产品？

(3) 假设所有要素都充分利用，计算各国各自最多能生产多少服装或多少食品？

(4) 假设两国偏好相同，两国间进行贸易，哪个国家会出口服装？哪个国家会出口食品？

11. 在经济学中有一种奇怪的现象，经济学家称之为“资源劫难”，指那些拥有大量丰富自然资源的国家，它们的经济发展反而不如那些相对来说资源并不丰富的国家。比如，委内瑞拉拥有拉丁美洲最大的石油储量，但其人口的 2/3 都生活在贫困中；非洲塞拉利昂盛产钻石，但过去 30 年这个国家却陷入了国内纠纷中；而韩国、日本的经济对这个现象却是一个更好的正面教材。请你对此现象进行评论。

12. 关于缅甸与世界其余国家生产关系的信息如下：

国　家	每蒲式耳稻米产出的投入	每码布产出的投入
缅甸	75	100
世界其他国家	50	50

如果满足李嘉图假设，试问：

(1) 缅甸在生产稻米方面有绝对利益吗？在生产布方面有绝对利益吗？

(2) 缅甸在生产稻米方面有比较利益吗？在生产布方面有比较利益吗？

(3) 如果不允许进行国际贸易，在缅甸国内，稻米和布的交换比率是多少？

(4) 如果开展自由贸易，国际“贸易条件”(稻米和布之间的国际比价)的限制是什么？

13. 20 世纪 90 年代中期，美国每年约进口 30 亿桶石油。如果不进口这些石油就会免去数十亿美元的对外支付，这也许对美国有利。毕竟，美国能够生产本国所需要的石油。如果美国突然间停止一切石油进口，就会造成很大的干扰。但如果通过有序的调整逐渐限制并最终停止石油进口,美国或许可以受益。如果给美国的石油生产者和消费者以充分的时间进行调整,调整的幅度可以是很大的,美国国内石油的需求方程为 $P = 42 - 4QD$,供给方程为 $P = 0.6 + 6QS$,其中,P 是每桶的美元价格。

(1) 自由贸易条件下国际价格是每桶 18 美元,此时美国国内的石油产量和消费量分别为多少?在一张图上画出需求曲线和供给曲线并标出相关的点,在图上指出美国进口的石油数量。

(2) 如果美国停止一切石油进口(以足够长的时间,按照方程进行有序调整),美国将要生产多少石油?消费多少石油?无石油进口条件下美国石油价格是多少?请画图说明。

(3) 如果美国禁止一切石油进口,哪个(些)集团获益?哪个(些)集团受损?请在图上说明你的答案。

第五章 当代国际贸易理论

学习目的

- 掌握产业内贸易的概念和特点。
- 掌握不完全竞争、规模经济引起产业内贸易的原理。
- 理解需求偏好差异、需求偏好相似引发国际贸易的机理。
- 熟悉技术差距理论和生命周期理论的基本原理和启示。

【引导案例】

贸易结构的变化

第一次世界大战前的一段时间是国际贸易发展的“黄金时代”。由于交通运输业的不断发展和进步，各国的贸易水平（由进口额、出口额均值与 GDP 比值衡量）达到了历史高点。在两次世界大战之间，世界贸易水平有所下降，之后慢慢回升，但各国都花费了几年时间才使其贸易水平恢复到第一次世界大战之前的水平。然而，今天的贸易类型与过去的贸易类型不同吗？

答案是肯定的，不单单是因为世界贸易总额上升了，而且贸易商品种类也发生了变化。根据商品在经济社会中的使用方式，我们将进出口货物分为五大类：一是食品、饲料、饮料；二是工业用品和材料；三是资本商品；四是消费品；五是汽车。通过这一分类，我们能够清楚地看到美国贸易类型所发生的转变。1925—2005 年间，美国的贸易品已经从农业和原材料产品转向了制造业产品，食品、饲料、饮料类和工业用品与材料类商品占美国进出口的份额不断减少，这两类商品的进口份额之和从 1925 年和 1950 年的超过 90%下降到了 2005 年的 3%，出口份额之和也从 80%下降到了 35%。工业用品与材料类商品主要是一些原材料和基础加工品，如钢铁、新闻纸、纺织原料等。这些不是通过外包而有利可图的商品类型；相反，这些商品往往是在一国生产之后再出口到其他国家。

资本品和消费品的外包业务量有了大幅上升。资本品与消费品及汽车的份额之和分别从 1925 年占进口额的 10%和出口额的 20%上升到了 2005 年的 65%。资本品（包括所有电子零部件）、消费品（包括所有家居用品）和汽车这三类商品最有可能通过外包方式将其部分生产过程转移到海外。同时，从这三类商品不断上升的进出口份额这一事实中我们也可以发现，今天的贸易类型与过去相比已经发生了巨大的变化。

尤其是在最近几年，资本品的进口量大幅上升，在整个 20 世纪 80 年代进口份额增幅超过了 50%。这一趋势表明中间投入品与制成品贸易在美国贸易中扮演着越来越重要的角色。同时,制成品贸易份额的不断上升也是外包业务上升的一个标志。

(资料来源:罗伯特·C.芬斯特拉,艾伦·M.泰勒.国际贸易.北京:中国人民大学出版社,2011:220-221)

第二次世界大战以后,特别是20世纪50年代末以来,国际贸易出现了许多新的倾向,主要表现在:发达的工业国家之间的贸易量大大增加,同类产品之间的贸易量大大增加,以及产业领先地位不断转移。当代西方国际经济学家认为,对于这些国际贸易的新现象,传统的生产要素禀赋理论难以作出令人信服的解释,因为它只是以各国生产要素禀赋的差异来说明贸易格局,无法说明生产要素禀赋相似的发达国家之间为什么贸易量最大,而且产业内贸易迅速发展的原因。传统贸易理论之所以出现危机,是因为其理论依据的前提假设在现实中发生了很大变化。无论是古典比较优势理论,还是新古典的要素禀赋理论,都是以一系列严格的假设条件为前提的。但是,这些假设条件使这些理论对于当今国际贸易中的许多问题无法给予科学圆满的解释,而且如果改变其中的某一些假设条件,就可能导致完全不同的结论。因此,新的国际贸易理论的出现成为必然。

从20世纪50年代里昂惕夫的质疑开始,60年代的林德和维农从动态角度提出了不同于比较优势的新的贸易基础。到70年代末,国际贸易理论出现重大突破。80年代初,以克鲁格曼为代表的经济学家提出了"新贸易理论"。新古典学派一般均衡分析为基础的比较优势贸易理论是"国际贸易的完全竞争理论模型",新贸易理论则可称之为"国际贸易的不完全竞争模型"。

第一节　当代国际贸易的发展

一、产业内贸易的含义

(一)产业内贸易的定义

国际贸易从产品内容上来看大致可以分为两种基本类型:一种是一国进口和出口属于不同产业部门生产的商品,即产业间贸易(Inter-industry Trade),是建立在生产要素自然禀赋基础上的国际贸易,如出口成衣,进口汽车;另一种产业内贸易(Intra-industry Trade),也称作部门内贸易,即一国既出口同时又进口某种商品,或者说贸易两国彼此买卖着同一产业所生产的产品,如美国既向日本出口汽车,也从日本进口汽车。

同类产品是那些消费上能够互相替代而生产上又投入相近或相似的生产要素的产品,它还有同质和异质的区分。同质产品是指性质完全一致因而能够完全相互替代的产品,如同样的水果、砖等。国际贸易中出现同质产品的买卖,往往来自如下原因:(1)许多原材料(如黄沙、水泥等)单位价值低而运输成本相对很高,消费者应该尽可能靠近原料供应地来获得它们。所以一国可能同时进口和出口大宗原材料。(2)一些国家和地区(如新加坡、中国香港)大量开展转口贸易和再出口贸易,其许多进出口商品的形式自然基本不变。(3)由于一些产品(如水果、蔬菜)具有季节性特点,一个国家会有时进口而有时出口这类商品。(4)某些商品的价格被人为地扭曲(如国家干预导致某些国家一些商品的国内价格明显低于世界市场价格),为了利润极大化,私人企业便同时进出口一些同样的商品。(5)出于经济合作或特殊技术条件的需要，有些国家也进行某些同质产品的交易。这些同质产品贸易只要加入运输成本等一类因素的分析，都仍然能用赫—俄理论加以说明。因此，异质产品贸易分析是产业内贸易理论的主要内容。产业内贸易与产业间贸易的主要区别如表 5-1 所示。

表 5-1　产业内贸易与产业间贸易的主要区别

	产业间贸易	产业内贸易
贸易商品来源国	不同经济发展水平的工业国家	同种或相近经济发展水平的工业国家
适用的基础理论	新古典贸易理论	现代贸易理论
生产函数特点	规模报酬不变	规模报酬递增
消费者偏好	同质商品	异质商品
贸易利益来源	生产要素比较优势的利用	产品的差异性和规模报酬递增

（二）产业内贸易的测度

经济学家通常使用行业内贸易指数（Index of Intra-industry Trade，简称 IIT）来测度一个产业的行业内贸易程度。这一指数的计算公式为：

$$\text{IIT} = 1 - \frac{|X - M|}{X + M}$$

其中 X 和 M 分别代表一个行业（或同类产品）的出口额和进口额。IIT 的值介于 0 到 1 之间，如果该国只出口或只进口该产品，那么，$\text{IIT} = 0$，即不存在行业内贸易。如果 $\text{IIT} > 0$，意味着该国同时出口和进口这一行业的产品，有行业内贸易。IIT 的值越大，表示行业内贸易的程度越高。当出口与进口的价值相等时，$X - M = 0$，$\text{IIT} = 1$。当然，IIT 值的大小在很大程度上取决于我们如何定义一个行业或产品，行业或产品定义得越宽泛，IIT 指数的值就会越大，否则就比较小。

二、产业内贸易迅速发展

表 5-2 列出了部分国家制造业部门行业内贸易的状况，从表中可以看出，1970 年，工业化国家中行业内贸易所占的份额最低的是日本（32.8%），最高的是法国（78.1%），平均是 56.8%。到了 1999 年，最低的和最高的仍然分别是日本（62.3%）和法国（97.7%），但所有工业化国家的行业内贸易指数均有较大幅度的上升，平均水平达到了 85.5%。

在发展中国家中，新加坡的行业内贸易指数一直很高：1970 年就超过日本和西班牙，1987 年仅次于法英两国，到 1999 年超过了英国。从变化的幅度看，墨西哥又是行业内贸易增长最快的。1970 年墨西哥的行业内贸易指数还只有 29.7%，到 1999 年则达到 97.3%，超过了新加坡而成为行业内贸易指数最高的发展中国家。

总体来说，从 1970 年到 1999 年将近 30 年内，各国的行业内贸易指数都有很大幅度的上升，且发展中国家上升的幅度更大，与发达国家的差距逐渐缩小。由此可见，随着一国经济的增长，行业内贸易也不断增加。这种“行业内贸易”在许多国家都超过其贸易总额的 50%以上。行业内贸易在国际贸易中的重要性日益增强。

表 5-2 部分国家制造业部门行业内贸易指数(%)

工业化国家	1970	1987	1999	发展中国家	1970	1987	1999
美国	55.1	61.0	81.1	印度	22.3	37.0	88.0
日本	32.8	28.0	62.3	巴西	19.1	45.5	78.8
德国	59.7	66.4	85.4	墨西哥	29.7	54.6	97.3
法国	78.1	83.8	97.7	土耳其	16.5	36.3	82.2
英国	64.3	80.0	91.9	泰国	5.2	30.2	94.8
意大利	61.0	63.9	86.0	韩国	19.4	42.2	73.3
加拿大	62.4	71.6	92.8	阿根廷	22.1	36.4	48.7
西班牙	41.2	67.4	86.7	新加坡	44.2	71.8	96.8
平均	56.8	65.3	85.5	平均	22.3	44.3	82.5

资料来源:海闻,等.国际贸易.上海:上海人民出版社,2003:161

在20世纪50年代,大部分贸易发生在发达国家与发展中国家之间("南北贸易")。到了60年代以后,这种格局逐渐改变,发达国家相互之间的贸易("北北贸易")不断增加。到20世纪末,发达国家之间的贸易已经接近全球贸易的50%(1999年,发达国家之间的进口占全球总进口的48.4%,而出口则占全球总出口的46.9%),成为国际贸易的重要部分。

表5-3给出了2000年7个主要工业化国家从其他工业化国家进口和向其他工业化国家出口占该国总进出口的比例。从表中我们可以看到,这7个国家与其他工业化国家贸易的比例均在50%以上(日本的进口比例除外);这意味着工业化国家的国际贸易中大部分是与其他工业化国家之间进行。其中,加拿大最为典型:它的全部出口中的95%和进口中的82%运往和来自于其他工业化国家。日本最低,但其出口中也有51%是向其他工业化国家,而进口中则有39%来自其他工业化国家。把全部工业化国家放在一起考虑,工业化国家之间的出口占工业化国家总出口的70%;而它们之间的进口也占工业化国家总进口的70%。即工业化国家之间的贸易占它们总贸易的2/3以上。

表 5-3 2000 年各工业国家与其他工业国家贸易占其总贸易的份额(%)

	出口到工业国家的比例	从工业国家进口的比例
美国	56	51
英国	81	76
加拿大	95	82
日本	51	39
德国	75	72
意大利	73	69
法国	77	80
全部工业国家	70	70

资料来源:海闻,等.国际贸易.上海:上海人民出版社,2003:162

第二节　规模经济理论

古典和新古典贸易理论以比较优势为基础，把国与国之间要素禀赋差异作为贸易产生的唯一原因。而规模经济理论则认为，规模经济也可能成为国际贸易的动因，在规模经济作用下，不完全竞争的市场结构普遍存在。该理论的主要贡献者是美国经济学家保罗·R. 克鲁格曼(Paul R. Krugman)。

专栏

保罗·克鲁格曼

保罗·克鲁格曼(Paul R. Krugman，1953—　)于1953年出生于美国的一个中产阶级家庭，父亲是个保险公司的经理。他在纽约的郊区长大，童年时代喜爱看科幻小说，曾梦想成为一名心理或历史学家。当他成为一名著名的经济学家后，他诙谐地说："有趣的思想与有趣的生活经验丰富关系甚微。"

克鲁格曼于1974年毕业于耶鲁大学。在大学期间主修经济，但他只上了经济学必修课，选的更多的是历史课。克鲁格曼在经济学领域第一次向传统作出挑战是在1973年春天。当时著名经济学家威廉·诺德豪斯(William Nordhaus)举行了一个关于能源和自然资源的讲座，克鲁格曼写了一篇论文，表明汽油的长期需求富有价格弹性，这一观点与当时流行的观点恰好相反。克鲁格曼对经济问题的深刻理解引起了诺德豪斯的关注。

大学毕业后，在诺德豪斯的推荐下，克鲁格曼进入麻省理工学院(MIT)攻读博士学位。在1977年取得经济学博士学位之后，便直接去耶鲁大学任教，从此开始了他作为专业经济学家的研究生涯。

克鲁格曼的成名是在1978年。他当时写了一篇关于国际贸易的论文(即《规模报酬递增、垄断竞争和国际贸易》，于1979年发表于《国际经济学杂志》)，并于当年7月在美国国民经济研究局(NBER)的研讨会上宣读。参加这个会议的都是当时国际上最有影响的经济学家。当他刚开始宣读论文时，人们没有加以注意。然而，随着克鲁格曼一步一步地展开他的分析，大厅渐渐地安静了下来，人们开始专心地倾听克鲁格曼的演讲。他的这篇论文奠定了国际贸易理论新的分析框架，从而也使克鲁格曼一夜成名了。克鲁格曼回忆道："那是我生命中最美好的90分钟。"

克鲁格曼是一个不安于现状、不断向自己及社会挑战的经济学家。1982年8月，他成为总统经济顾问委员会的主要成员，对一系列的传统毫不客气地提出挑战。由于他的这种坦率和自身与政界的不融合，一年后便重新回到学校做学者。此后，他与海尔普曼(Elhanan Helpman)合写了《市场结构与对外贸易》。他所撰写的一系列具有真知灼见的经济著作(包括已经翻译成中文的《流行的国际主义》、《汇率的不稳定性》、《地理和贸易》等)在经济学界和政界产生了强烈反响。

克鲁格曼对于国际经济学的贡献主要包括：第一，突破了传统的国际贸易理论，对战后大量出现的工业国家之间和同行业之间的贸易作出了解释。通过引进微观经济学中的产品差异、垄断竞争、规模经济等原理，克鲁格曼不仅为国际贸易理论建立了一个新的分析框架，而且将经济学基本原理与国际贸易中的新思路有机地结合了起来，从而为当代国际贸易理论的发展作出了开创性的贡献。第二，克鲁格曼分析了国际贸易中的寡头竞争行为，为战略性贸易政策的研究奠定了基础。与传统的贸易政策不同，战略性贸易政策有时不仅可以保护国内市场，也可以促进出口。政府对某些产业的有限保护有助于该产业获得规模经济，降低成本，提高竞争力。但是，作为负责的经济学家，克鲁格曼还对战略性贸易政策做了许多实证研究，结果表明这种政策所获得的总体收益是很有限的。因此，克鲁格曼在分析了战略性贸易政策可能带来的益处后又指出了由此产生的问题。他认为，相比之下，自由贸易仍是最好的政策选择。第三，克鲁格曼还在汇率和发展中国家债务等问题上独有建树，其中最主要的贡献是关于汇率的"目标区域"理论，主张汇率的有限浮动等。

由于克鲁格曼在国际经济学领域中的杰出贡献，他于 1991 年获得了两年一次颁发给 40 岁以下的美国杰出经济学者的约翰·贝茨·克拉克奖。目前许多人认为他将是未来诺贝尔经济学奖的有力竞争者。

（资料来源：海闻，等. 国际贸易. 上海：上海人民出版社，2003：183-184）

一、规模经济的含义

传统贸易理论（从斯密到赫克歇尔—俄林）都假设产品的规模报酬不变，即假设产出的增长与下降与要素投入的增长或下降的幅度是一样的，所有的投入增加一倍，产出也增加一倍。在以初级产品生产为主的前工业化时代，这个假设基本是接近现实的。但是，在现代化社会尤其是工业生产中，许多产品的生产具有规模报酬递增的特点，即扩大生产规模，每单位生产要素的投入会有更多的产出。尤其是现代化的工业，大规模的生产反而会降低单位产品成本，即存在着"规模经济"。

规模经济是规模报酬的一种。规模报酬（Returns to Scale）是指所有投入要素同比例增加时，即生产规模扩大时，总产量的变化情况。根据产量的变化程度，规模报酬可以分为三种情形：(1)规模报酬不变（Constant Returns to Scale），指所有投入的增加导致了产出水平同比例的增加；(2)规模报酬递减（Decreasing Returns to Scale），指所有投入的增加导致了产出水平较小比例的增加；(3)规模报酬递增（Increasing Returns to Scale），指所有投入的增加导致了产出水平更大比例的增加。

上述第三种情形也就是通常所说的规模经济（Scale of Economies）。如若存在规模经济，则随着生产规模的扩大，总产量增加的速度超过要素投入的增加速度，意味着平均成本下降，生产效率提高。

根据产品平均成本下降的原因，规模经济可分为内部的和外部的。内部规模经济（Internal Returns to Scale）指的是单位产品成本取决于单个厂商的规模而非行业规模。内部规模经济主要来源于企业本身生产规模的扩大。由于生产规模扩大和产量的增加，分摊到每个产品上的固定成本(管理成本、信息成本、设计成本、科研与发展成本等)会越来越少,从而使产品的平均成本下降。具有内部规模经济的一般都为大企业、大公司,多集中于设计、管理、销售成本较高的制造业和信息产业,如汽车、飞机、钢铁、电脑软件等。

外部规模经济(External Returns to Scale)则指的是单位产品成本取决于行业规模而非单个厂商的规模。外部规模经济主要来源于行业内企业数量的增加所引起的产业规模的扩大。由于同行业内企业的增加和相对集中,在信息收集、产品销售等方面的成本会降低。外部的规模经济一般出现在竞争性很强的同质产品行业中。例如,在美国的"硅谷"有成百上千家电脑公司,每家都不是很大,但集中在一起,形成了外部规模经济。北京的"中关村电脑城",南京的"珠江路电脑一条街",浙江的"纽扣城"、"领带城"、"电器城"、"义乌小商品市场"等,也都具有获取外部规模经济的性质。

内部的和外部的规模经济对市场结构具有不同的影响。一般情况下,内部规模经济的实现与一个产业或行业内的厂商数量呈反比,即厂商数量越少,专业化程度就越高,规模收益也就越高。内部规模经济依赖于厂商自身规模的扩大和产出的增加。在这种情形下,大厂商比小厂商更具有成本优势,能够迫使小厂商退出市场,从而获得市场实力,也形成了不完全竞争的市场结构。

二、外部规模经济与国际贸易

一个只存在外部规模经济的行业,一般由许多生产规模相对较小的厂商构成,且处于完全竞争的状态,即大厂商比小厂商并没有更多的成本优势。

外部规模经济或外部经济是,由于各种原因某个产业集中在一个或几个特定的区域内集中生产,这种地理上的产业集聚降低了该产业的成本。导致外部规模经济发生的原因主要有三个方面:(1)厂商集中能够促进专业化的供应商形成;(2)厂商的地理集中有利于劳动力市场共享;(3)厂商的地理集中有助于产生知识外溢。这一切都使整个产业的劳动生产率得到提高,所有厂商的成本下降,该产业有一条向下倾斜的供给曲线。产业规模越大,生产成本越低。

这种外部经济的存在决定了贸易模式。具体地说,由外部经济所带来的成本优势,能使该国成为商品出口国。或许出口产业的建立是偶然性的,但一国一旦建立起大于别国的生产规模,该国就会获得更多的成本优势。这样,即使其他国家更具有比较优势,如果该国已先行将产业发展到一定的规模,那么其他国家就不可能成为该产品的出口国。在外部规模经济存在的情形下,贸易模式并不能根据比较优势而加以确定,强烈的外部经济会巩固现有的贸易模式,可能导致一国被"锁定"在某种已无比较优势的专业化分工模式中,甚至可能导致该国因国际贸易而遭受损失。这方面最典型的例子就是瑞士的钟表业。

最主要的外部规模经济一般来自于知识的积累。当某个厂商通过经验积累而提高其产品质量或生产技术时,其他厂商可通过对该技术的模仿从中获益。随着该产业整体知识的不断累积,这种知识外溢有助于产业内各厂商的生产成本下降。

如若考虑产业知识随时间推移而积累导致的劳动生产率提高而非单纯成本下降,则外部规模经济就是动态的。一般情况下,知识累积最初由个别厂商突破,而后通过各种形式的"外溢"与模仿传播至整个产业,导致整个产业整体知识积累的增加,由此使产业平均成本不断下降。这个过程与单个企业的边干边学(Learning by Doing)极其相似,实际上是单个企业边干边学模式的放大。

三、内部规模经济和国际贸易

前面分析了具有外部规模经济的完全竞争行业。但是，拥有内部规模经济的，更多的是处于垄断竞争或寡头竞争地位的企业。在垄断竞争下，行业内虽然仍有许多企业，但企业的规模一般要大得多。每个企业并不生产完全相同的产品，而是相互之间有一定替代性的差异产品。由于每个企业生产的产品不一样，各个企业都对自己的产品有一定的垄断力量。企业面临的是一条向下倾斜的需求曲线。也就是说，消费者不会因一个产品稍微提高一点点价格而全部转向另外的产品，也不会因为一个产品稍微降价就全部转向该产品。

由于产品之间的可替代性，企业之间也存在着相当的竞争性。如果垄断竞争企业在短期有经济利润，则会引起更多的企业进入这一行业从而造成对原有产品的需求下降，价格下跌，利润减少直至没有。这时新的企业就会停止进入。另一方面，如果垄断竞争企业在短期内亏损，一些企业就会逐渐退出从而造成对剩下产品的需求增加，价格上升，亏损减少直至没有。这时就不再会有企业愿意退出。总之，垄断竞争企业的长期竞争会造成该行业企业的平均经济利润为零。

在存在内部规模经济的产业中，大厂商要比小厂商更具有成本优势，因而能迫使小厂商退出市场，并最终把市场控制在自己手中，形成不完全竞争的市场结构。在封闭经济情况下，这会导致一系列的负面影响，如经济中的竞争性下降、消费者支付的成本上升、产业多样化程度降低等。而国际贸易可以解决这些问题。与封闭的国内市场相比，世界市场可以容纳更多的厂商，同时单个厂商的规模也会扩大，从而解决了规模经济与竞争性之间的矛盾。

具有内部规模经济的一般是资本密集型或知识密集型行业。内部规模经济之所以会出现，是由于企业所需特种生产要素的不可分割性和企业内部进行专业化生产造成的。采用大规模生产技术的制造业，可以使用特种的巨型机器设备和流水生产线，进行高度的劳动分工和管理部门的分工，有条件进行大批量的销售，而且有可能进行大量的研究和大幅度降低成本，获取利润。对于研究和开发费用较大的产业来说，规模经济的实现更是至关重要。如果没有国际贸易，这类产业可能就无法生存。只有在进行国际贸易的情况下，产品销售到国际市场上，产量得以增加，厂商才能最终实现规模经济。

四、规模经济的主要观点

通过以上分析，规模经济理论的主要观点可以总结为：

(1)规模经济存在的原因有两个：①大规模的生产经营能够充分发挥各种生产要素的效能，更好地组织企业内部的劳动分工和生产专业化，提高固定资产的利用率，取得内部规模经济效应；②大规模的生产经营能更好地利用交通运输、通讯设施、金融机构、资源条件等良好的企业环境，获得外部规模经济。

(2) 规模经济是国际贸易存在的重要原因。当某个产品的生产出现规模报酬递增时，随着生产规模的扩大，单位产品的成本会发生递减从而形成成本优势，这会导致该产品的专业化生产和出口。

(3) 在存在规模经济的条件下，以此为基础的分工和贸易会通过提高劳动生产率、降低成本，从而使产业达到更大国际规模并获利，参与分工和贸易的双方均能获益。

第三节 需求偏好相似理论

需求偏好相似理论(Theory of Demand Similarity)，又称代表性需求理论(the Theory of Representative Demand)，是由瑞典经济学家林德尔(S. B. Linder)在1961年出版的《论贸易和转变》(An Essay on Trade and Transformation)提出的。该理论从需求角度探讨了国际贸易产生的原因。

一、需求偏好的决定因素

在古典与新古典贸易理论的分析中，都是假定参与贸易的两个国家的需求偏好完全相同。事实上，各国对各种商品的需求偏好是不同的。亚洲人喜欢吃大米，欧美人主要吃面包；中国人过年要放鞭炮，美国人过圣诞则要点彩灯，装饰圣诞树；俄国人一年中有将近一半的时间戴皮帽、穿大衣，越南人却整年一件无领衫。因此，各国对大米、面包、鞭炮、圣诞树、皮帽子和无领衫的需求肯定不会相同。即在同样的价格下，各国消费者愿意并且有能力购买的数量会很不同。而造成各国对同一商品的不同需求的主要因素包括以下几个方面：

1. 实际需求

这是由自然条件、地理气候等环境因素所决定的。越南人当然不会有对皮衣皮帽的需求，因为他们一年四季不冷；蒙古人大概不会需要很多船，因为他们基本上没有江河湖海；而皮毛衣服对于位于寒冷地区的国家如俄罗斯来说，船对于沿海或有江河的国家如香港、新加坡来说，则是必不可少的商品。

2. 喜爱偏好

这是由不同的历史文化、宗教信仰和风俗习惯造成的。中东大部分国家信奉伊斯兰教，没有对猪肉的需求，而猪肉是中国人的主要肉食之一；日本人爱吃生鱼片，别的国家大概不会太习惯那个味道；东方人喜欢喝茶，西方人喜欢喝咖啡。各国消费者喜爱偏好的差异会造成对同一商品需求的不同。不过与实际需要不同，偏好改变的可能性比较大。随着各国经济文化的交流，喜爱偏好也会互相影响。现实中，美国人喜欢吃中餐的越来越多，中国人开始过圣诞节，日本、中国台湾的欧美化倾向则更加浓厚。随着喜爱偏好的转移，对商品的需求也会发生变动。

3. 收入水平

在现实中，各国对商品尤其是工业制成品的需求不同，很大程度上是因为收入水平不同。中国原来对汽车的需求量不如美国和日本，不是因为中国人不能开汽车，也不是中国人不爱开汽车，而是在现实的收入水平上许多人还买不起汽车。近年来，随着收入水平的提高，中国人对汽车的需求量也越来越大，同样的现象出现在对耐用消费品、医疗保健、旅游度假、高档住宅、娱乐电子等商品的需求上。这种需求上的差别是由收入水平不同造成的。

二、需求偏好差异与国际贸易

我们知道，相对价格差异是国家间开展贸易的基础，相对价格差异来自于各国的供给和需求的差异。大多理论是从供给方面的差异来解释国际贸易产生的原因的。但即使是两个国家的生产条件完全相同,即不存在任何生产技术、要素禀赋和规模经济上的差异,相对价格差异可以从需求偏好的差异中产生。

例如,假设中国和美国在小麦和大米上有相同的生产能力(用同一条生产可能性曲线表示,如图 5-1 所示),但有不同的需求偏好。中国人喜欢大米,美国人喜欢面食。在双方没有贸易的情况下,中国人根据需求不得不多种大米,甚至不惜在不适合做水田的土地上种大米,生产和消费都在点 A_C上(70 公吨小麦和 280 公吨大米)。美国人不得不多种小麦,也可能把本来应该用来种大米的土地改种小麦,其生产和消费点在点 A_A(270 公吨小麦和 80 公吨大米)。中国的大米机会成本和相对价格(用 P_C表示)比较高,小麦的相对价格低;而美国正好相反,大米相对便宜(用 P_A表示),而小麦的成本价格高。

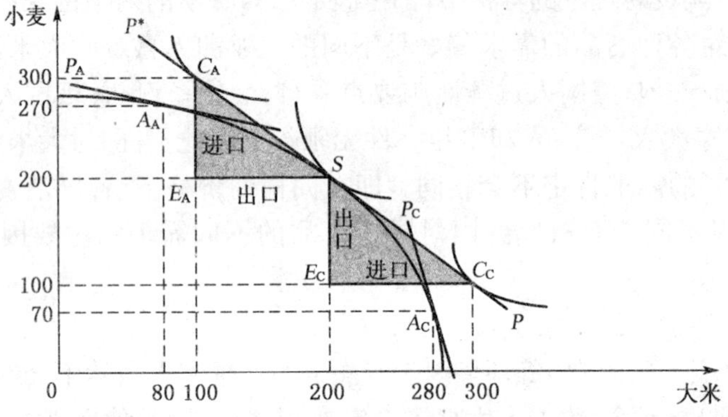

图 5-1 需求偏好不同所产生的贸易

两国大米和小麦市场价格的差异会立即引起贸易商人对利润的兴趣,从而产生贸易的可能性。如果贸易发生的话,美国会增加成本较低的大米生产并向中国出口以换取小麦;中国也不必人为地将旱地改种水稻,而将这些土地有效地用来多生产小麦然后跟美国换大米。贸易和分工的结果使两国的生产都移向 S 点,各自生产 200 公吨大米和 200 公吨小麦。在新的国际市场价格(P^*)下,中国向美国出口 100 公吨小麦,换回 100 公吨大米;美国则进口 100 公吨小麦,出口 100 公吨大米。C_CE_CS 和 C_AE_AS 分别是两国的贸易三角。在贸易平衡的情况下,两国的贸易三角相等。两国新的消费点分别为 C_C和 C_A,通过分工和贸易,中美两国的小麦和大米的消费量都增加了,达到了超出自己生产能力的新水平。

三、重叠需求理论

瑞典经济学家戴芬・伯伦斯坦・林德(Staffan Burenstam Linder)提出的重叠需求理论(Overlapping Demand Theory)从需求方面探讨了国际贸易发生的原因。该理论的核心思想是:两国之间贸易关系的密切程度是由两国的需求结构与收入水平决定的。

重叠需求理论具有下列基本假设:

(1) 一种产品的国内需求是其能够出口的前提。林德认为一种产品是否生产取决于国内市场的有效需求,而若要出口,还须有来自国外市场的有效需求。当厂商决定生产什么产品时,完全要看他所能获得利润的多少。要使生产有利可图,则先决条件是这种产品先在国内有市场。总之，厂商根据消费者的收入水平与需求结构来决定其生产方向与内容，而生产的必要条件是存在对其产品的有效需求。

(2) 一国的需求由其“代表性消费者”的需求倾向决定。影响一个国家需求结构最主要的因素是平均收入水平。不同收入阶层的消费者偏好不同，收入越高的消费者越偏好奢侈品，收入越低的消费者越偏好必需品。一国的“代表性消费者”的需求倾向会随着该国人均收入的提高逐渐转向奢侈品并造成社会需求的转移。当人们收入提高，对工业消费品特别是奢侈品的需求增加时，本国的工业品和奢侈品生产也会增加。

(3) 世界不同地方的消费者如果收入水平相同，则其偏好也相同，即需求的重叠部分越大。这样，一国生产很容易与另一国的需求相适应，两国之间开展贸易的可能性就越大，贸易量也越大。

根据上面的基本假设，可推断两国的消费结构与收入水平之间的关系是一致的。如果两国的平均收入水平相近，则两国的需求结构也必定相似；反之，如果两国的收入水平相差很大，则它们的需求结构也必存在显著的差异。例如，欧美的一些高收入国家收入水平比较接近，打高尔夫球是一项比较普及的运动。但在非洲的一些低收入国家里，虽有少数富人有能力从事这种运动，但打高尔夫球不是代表性需求，这些国家的人民大量需要的可能是食品等生活必需品。

两国之间的需求结构越接近，则两国之间进行贸易的基础就越雄厚。若两国的需求结构相同，则对任意一个国家的厂商来说，他会发现对其产品的需求，除了国内之外，还有国外。那么厂商不断扩大生产，改进技术，通过贸易(出口)来扩大其产品的有效需求，获取更多的利润，就成为一种自然的选择。结果是，产量增加的速度超过需求增长的速度，从而使该国有能力向别国出口。对于该国出口的工业产品，只有与之收入相近的国家才会有需求。因此，进口工业产品的主要国家也是收入较高的国家。

比较一下中国和美国。在图 5-2 中，假定中国人均收入水平为 Y_C，中国所需商品的品质等级处于以 D 为基点，上限点为 F，下限点为 C 的范围内；美国的人均收入水平为 Y_{US}，所需商品的品质等级处在以 G 为基点，上下限点分别为 H 和 F 的范围内。对于两国来说，落在各自范围之外的物品不是太高档就是太低劣，是其不能或不愿购买的。

由图 5-2 可知，重叠需求是两国开展贸易的基础，当两国的人均收入水平越接近时，重叠需求的范围就越大，两国重复需要的商品都有可能成为贸易品。所以，收入水平相似的国家，相互间的贸易关系也就越密切；反之，如果收入水平相差悬殊，则两国之间重复需要的商品可能很少，甚至不存在，贸易的密切程度也就很小。

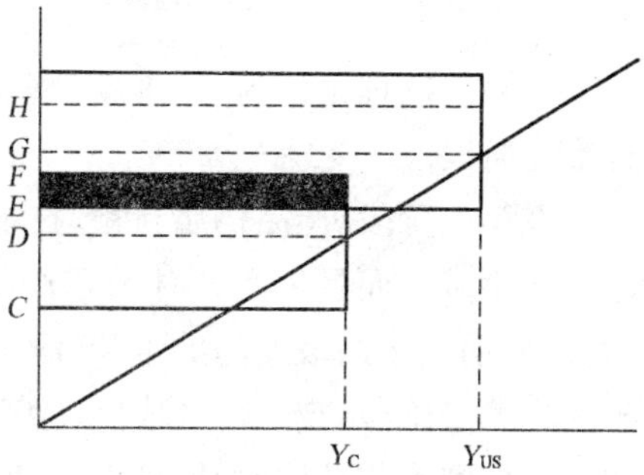

图 5-2 重叠需求模型

林德实际上是从需求的角度来分析说明当代工业国家之间贸易和同一工业产业的双向贸易。根据林德的理论，需求是引起工业变动和产业贸易的基础，收入变动又是引起需求变动的主要因素。收入增加的结果是工业制成品的贸易在人均收入较高的国家之间得到更大发展。

关于重叠需求理论的适用性，林德曾指出，其理论主要是针对工业产品或制成品。他认为，初级产品的贸易是由自然资源的禀赋不同引起的，所以初级产品的需求与收入水平无关。而且，就算生产国缺少对初级产品的国内需求，它也可能成为出口品。也就是说，初级产品的贸易可以在收入水平相差很大的国家之间进行，所以初级产品的贸易可以用要素禀赋理论来说明。而工业产品的品质差异较明显，其消费结构与一国的收入水平有很大的关系。从需求方面看，发生在工业品之间的贸易与两国的发展水平或收入水平有密切关系。所以，重叠需求理论适用于解释工业品贸易。另外，发达国家的人均收入水平较高，它们之间对工业品的重复需要范围较大，因此工业品的贸易应主要发生在收入水平比较接近的发达国家之间。

重叠需求理论与要素禀赋理论各有其不同的适用范围。概括而言，要素禀赋理论主要解释发生在发达国家与发展中国家之间的产业间贸易，即工业品与初级产品或资本密集型产品与劳动密集型产品之间的贸易；而偏好相似理论则适合于解释发生在发达国家之间的产业内贸易，即制造业内部的一种水平式贸易。

综上所述，产业内贸易理论对发达国家之间大力发展工业制成品贸易作出比较符合实际的分析，指明它的产生原因和重要特点，弥补了赫一俄学说的缺陷和不足。应该说这是贸易理论的一大突破。偏好相似理论深入研究需求结构对国际贸易形成和发展的影响，也提供了一种新的思路。把规模经济视作贸易利益的来源，对分析国际贸易格局也有现实作用。但是，产业内贸易理论只是补充而非取代比较利益学说。

第四节　产品生命周期理论

对于行业内和工业国家之间的贸易，不完全竞争和规模经济的贸易理论已作了很好的解释，但怎样解释贸易模式的动态变动和在一些产品中领先地位的变化呢？美国经济学家雷蒙德·弗农(Raymand Vernon)分析了产品技术的变化及其对贸易格局的影响，提出了产品周期理论(Theory of Product Cycle)。

一、新产品的技术周期

产品周期理论认为，一个新产品的技术发展大致有三个阶段：新产品阶段，成熟阶段，标准化阶段。

在第一阶段，产品仍属新颖，技术上是新发明。除了发明国外，其他国家对这一项新技术知之不多。而且生产者对于新产品生产技术和市场反应还在不断摸索和改进。在这一阶段，发明国垄断该产品的生产，满足国内外消费者的需求。

在第二阶段，技术已经成熟，生产过程已经比较标准化，成熟的生产技术也随着产品的出口而转移。与此同时，国外的生产也已增加，发明国的出口开始下降，一些产品进口国能够迅速地模仿掌握技术进而开始在本国生产该产品并出口到其他国家。

到了第三阶段，技术已不再是什么新颖和秘密了，已经在世界范围内扩散。许多技术都已包含在生产该商品的机器(如装配线)中了。任何国家只要能够购买这些机器也就购买了技术，技术本身的重要性已经逐渐消失。至此，新产品的技术也完成了其生命周期。

专栏

美国为什么能成为科研资源最充裕的国家?

美国是一个经济发达的国家,更重要的是,美国是一个科技领先的国家。工业革命使美国成为世界头号工业强国,而美国工业革命的完成在很大程度上则是得益于科学技术的发展。美国在发展科学技术上不因循欧洲的现成技术,而是致力于科学创新。许多重要的现代科技发明都来自美国,包括电、汽车、电视机、互联网等。在19世纪初到20世纪初的一百年间,美国在各个领域完成了许许多多技术发明。进入20世纪,美国继续保持着科学技术飞速发展的势头。1953—1973年的20年间,在世界总共500种技术革新项目中,265种即半数以上是由美国完成的。1940年以后世界主要的技术革新项目的大部分出自美国人之手。例如,20世纪40年代的黑白电视机、半导体收音机、电子计算机,50年代的磁带录像机、数控机床、电子复印机,60年代的激光、集成电路、太阳能电池、通讯卫星和70年代的微处理机等,都是由美国科学家和工程技术人员首先开发出来的。直到今天,美国仍是世界科学技术最先进的国家。在基础科学的研究中,美国也是名列第一。在全世界最著名的大学中,美国占了大多数。诺贝尔科学奖获得者中美国人是最多的。在2001年9个诺贝尔奖获得者中,就有5个是美国人或美国籍的科学家,占总数的56%。美国无疑是科研资源最充裕的国家。

美国科研能力之所以如此强大,除了经济发达、人均GDP高以外,与美国的教育科研制度、移民政策,以及政府与企业对科研的重视程度有密切关系。

首先,从美国的科研教育制度看美国对创新的重视。美国的高等教育主要分三个层次。第一个层次是社区大学,主要是普及知识,提高国民素质。第二个层次是公立和私立的本科大学,包括硕士教育,主要是培养技术工人和白领阶层。第三个层次是研究型大学,授予博士学位的大学多为研究型大学,主要目标是知识创新。这些著名大学的主要任务不是普及教育,哈佛大学的办学目标明确指出,哈佛就是要努力去创造知识,启发学生们发现知识的心智,使学生们可以最大限度地利用他们的教育机会。

美国教育制度对创新的重视还表现在入学招生制度方面。美国在本科招生中比较重视考试成绩,学校也公布入学标准,也以新生入学前各项考试的高平均分为自豪。但美国研究生的招生则主要强调研究能力。尽管研究生入学要考GRE,但这只是参考标准之一。本科教授的推荐信、本科所在的学校教育质量和学生其他方面的素质占很大比重。这种招生制度看上去有很大的随意性和不公平性,但最重要的目的一方面是不想把学生都引导到对付考试而忽视创新方面去,另一方面是为了避免通过一次考试把优秀但可能偏科的研究和创新人才排除在外。美国每年还花大量的钱招收资助外国的优秀学生进入美国的研究生院,这是任何国家都无法与之相比的,而正是这种开放的有远见的政策,使得美国聚集了大批的科学研究人才。

美国的初等教育和中等教育经常受到外界批评,认为美国中小学生不如中国、日本和欧洲的学生水平高。从培养熟练工人的角度看,美国的中小学确实不如这些国家,但从另一方面看,即使是美国的中小学也比较重视科学和创新。美国的幼儿园和小学里都有实验室,从小就跟植物动物打交道,培养对科学的兴趣和知识。

美国教育制度对研究和创新的重视还表现在教授的聘用制度上。虽然美国有终身教授制度，但从助教授到终身教授一般都要6～7年的时间。只有经过考验的最优秀的学者才能留在学校，在哈佛、麻省理工大学等一流大学能最终获得终身教授的比例很低。这种制度迫使每个教授都不得不竭尽全力去从事研究和创新。

第二，美国的移民政策也反映了美国对科技的重视。美国允许亲属移民、投资移民，但还有一个重要政策是允许外国公民通过自己的知识与技术移民美国。这一类移民又分成两类：一类是一般技术移民，最低条件是大学本科毕业；另一类是特殊技术移民，美国对于这一类的移民是最优惠的，没有名额限制。因此，各国的优秀学生愿意到美国留学，除了美国的教育科研水平和大量的奖学金外，学成后可以继续留下来工作也是一个极其重要的因素。

美国的许多科技发明都是由外国移民创造的，包括爱因斯坦，而且这种开放的政策会吸引来自各种不同文化历史和教育背景的科学家，多元文化的相互冲撞与合作更能迸发出创新灵感。

第三，美国企业与政府对科研的重视。作为世界上最大的经济强国，美国用于研究开发(R&D)的经费不仅在数量上第一，在占GDP的比例上也是名列前茅的。用1997年前后的数字相比，日本占第一(2.92%，1996年)，美国第二(2.60%)；德国第三，(2.31%)。法国、英国、加拿大分别为2.23%、1.87%和1.60%。20世纪90年代以来，尤其是1997年以后，美国R&D费用占GDP的比重还在上升。1998年达到2.67%，1999年达到2.79%。

从资金的来源看，1999年R&D研究基金的68.5%(1 693亿美元)来自于企业界，26.7%(659亿美元)来自于联邦政府，其余分别来自于州和地方政府、各大学和学院及非营利机构。在20世纪70年代末以前，R&D的主要部分是由联邦政府支持的。80年代以后，企业界越来越意识到科研的重要性，大大增加了对R&D的投资，成为美国科研经费的主要来源。但是，在基础科学研究中，美国政府仍是主要支持者(52.3%)，其次是企业界(31.5%)、各高等院校(11.4%)和非营利机构(4.8%)。从资金用途看，R&D的大部分资金用于应用科技的开发，其中主要用于企业界的应用科研。1999年用于企业界内的应用科技开发的资金共有1 756.79亿美元，占总资金的71.1%和应用科研资金的85%。基础科学研究与开发的资金主要用于高等院校。1999年用于高等院校基础科研的资金为188亿美元，占全部基础科学研究基金的46.6%。高等院校总的科研经费为283亿美元，占全部科研开发基金的11.4%。

总之，美国之所以有充裕的科技资源，除了强大的经济实力以外，制度和政策也起了不可低估的作用。

(资料来源：海闻，等.国际贸易.上海：上海人民出版社，2003:205-207)

二、技术周期与比较优势的动态变化

产品生产技术发展的不同阶段造成对生产要素的不同需求。即使各国仍然拥有原来的生产资源的储备比例，其生产和出口该商品的比较优势也会由于产品生产要素密集性的变动而转移。

如图 5-3 所示，第一阶段，技术尚处于发明创新阶段，所需的主要资源是发达的科学知识和大量的研究经费，新产品实际上是一种科技知识密集型产品，而只有少数科学研究发达的国家才拥有这些资源，从而拥有新产品生产的比较优势。因此，新产品往往首先出现在少数发达工业国家。

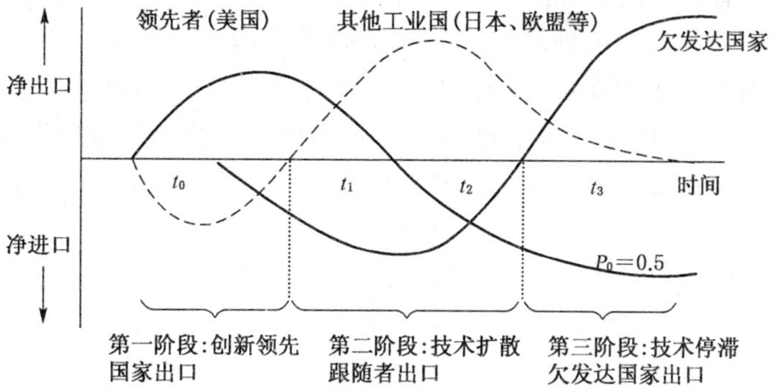

图 5-3 在一种新商品的产品周期中贸易平衡的演进方式

当第二阶段技术成熟以后，大量生产成为主要目标。这时所需资源是机器设备和先进的劳动技能。产品从知识密集型变成技能密集型或资本密集型。资本和熟练工人充裕的国家开始拥有该产品生产的比较优势，并逐渐取代发明国而成为主要生产和出口国。

到了第三阶段，一方面，产品的技术已完成了其生命周期，生产技术已经被设计到机器或生产装配线中，生产过程已经标准化，操作也变得简单了。另一方面，生产该产品的机器本身也成为标准化的产品而变得比较便宜。因此，到了这一阶段，技术和资本也逐渐失去了重要性，而劳动力成本则成为决定产品是否有比较优势的主要因素。此时，原来的发明国既丧失了技术上的比较优势，又缺乏生产要素配置上的比较优势，不得不开始进口，而发展中国家丰富的劳动力资源呈现出不可比拟的比较优势。

现代国际贸易理论是在传统贸易理论的基础上产生和发展的，新贸易理论的出现并不意味着它取代了传统的比较优势贸易理论。

两者的区别是：

首先，从解释对象上看，它们分别解释的是不同的贸易现象，前者主要解释发达国家之间的产业内贸易，而后者则着重解释发达国家与发展中国家之间的产业间贸易。

其次，从理论基础上看，前者以规模经济和不完全竞争为前提，建立在不完全竞争理论基础之上，而后者以规模报酬不变和完全竞争为前提，建立在完全竞争理论基础之上。

因此，两者不是替代关系，而是互补关系，它们共同丰富和发展了国际贸易理论体系。

第五节 国家竞争优势理论

美国哈佛大学商学院教授迈克尔·波特(Michael E. Porter, 1947—)于 20 世纪 80—90 年代先后出版了《竞争战略》(1980)、《竞争优势》(1985)、《国家竞争优势》(1990)三部著作，分别从微观、中观和宏观的角度论述了竞争力问题。在其代表作《国家竞争优势》

一书中,波特论述了一国如何确立和提高本国产业和产品的国家竞争优势,这就是国家竞争优势理论(The Competitive Advantage of Nations),又称"国家竞争优势钻石理论"或"钻石理论"。国家竞争优势理论既是基于国家的理论,也是基于公司的理论。国家竞争优势理论试图解释如何才能造就并保持可持续的相对优势。

波特认为,一国兴衰的根本在于能否在国际竞争中赢得优势,而取得国际竞争优势的关键在于国家是否有合适的创新机制和充分的创新能力。一国的贸易优势并不像传统的国际贸易理论宣称的那样简单地决定于一国的自然资源、劳动力、利率、汇率,而是在很大程度上决定于一国的产业创新和升级的能力。由于当代的国际竞争更多地依赖于知识的创造和吸收,竞争优势的形成和发展已经日益超出单个企业或行业的范围,成为一个经济体内部各种因素综合作用的结果,一国的价值观、文化、经济结构和历史都成为竞争优势产生的来源。

波特的国际竞争优势模型包括四种本国的决定因素和两种外部力量。四种本国的决定因素是指要素条件、国内需求条件、相关产业及支持产业、公司的战略结构与同业竞争。这四个关键因素之间的关系形状似钻石,如图 5-4 所示,因而该理论被称为"钻石理论"。两种外部力量是随机事件和政府力量。

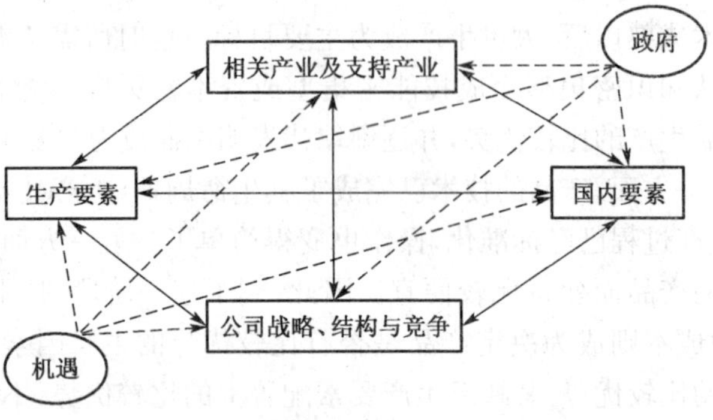

图 5-4 国家竞争优势的决定因素

一、生产要素条件

生产要素包括人力资源、自然资源、知识资源、资本资源及基础设施等,它们不仅包括数量,还包括要素质量,以及获得这些要素成本的高低。

根据产生机制和所起作用,生产要素又分为初级要素和高级要素两类。初级要素是指一个国家先天拥有的自然资源和地理位置等。高级要素则是指社会和个人通过投资和发展而创造的因素。初级生产要素条件对企业的竞争优势在很多行业具有决定性的影响,比如新加坡发展修船业成功,中东的石油、智利的铜矿等。由于世界贸易结构变化和运输条件的变化使基本要素重要性正在日渐下降。与初级要素重要性下降相伴而来的是相对稀缺的高级要素重要性的上升,高等要素是产品开发的关键,需要与企业的科研、设计、开发、调查、试制各部门紧密配合,一个国家若要取得竞争优势,高级要素远比初级要素重要。

利用初级要素和高级要素的区分,我们就可以解释为什么某些生产要素的缺乏往往能够促进，而不是限制企业竞争优势的发展。基本要素不足往往成为企业开发高等要素和特殊要素的动力。如以色列的农业发展、日本的汽车工业发展等。应该指出，由于初级要素的缺乏而导致企业开发更高层次的生产要素是有条件的，企业战略和相关产业起了很大的作用。只有在整个四要素大环境有利的情况下，某些基本要素的短缺才会成为企业开拓发展高等要素的动力。

二、国内市场需求

国内市场需求条件是特定产业是否具有国际竞争力的另一个重要影响因素。波特认为，国内需求对竞争优势的影响主要是通过三个方面进行的：(1)本国市场上有关产业的产品需求若大于海外市场，则拥有规模经济，有利于该国建立该产业的国际竞争优势。(2)若本国市场消费者需求层次高，则对相关产业取得国际竞争优势有利。因为老练、挑剔的消费者会对本国公司产生一种促进改进产品质量、性能和服务等方面的压力。(3)如果本国需求具有超前性，那么为它服务的本国厂商也就相应地走在了世界其他厂商的前面。

三、相关与支持产业

相关与支持产业即与企业有关联的产业和供应商的竞争力。一个企业的经营要通过合作、适时生产和信息交流与众多的相关企业和行业保持联系，并从中获得和保持竞争力，如果这种接触是各方的主观愿望，那么产生的交互作用就是成功的。一个国家要想获得持久的竞争优势，就必须在国内获得在国际上有竞争力的供应商和相关产业的支持。

任何产业要在国际市场领先，必须要求其供货商和其他相关产业也是世界第一流的，这也是为什么国家的优势产业往往表现为优势产业群。例如，意大利制鞋业相关产业在国际上也处于领先地位。美国计算机硬件的发展在很大程度上受益于美国微软等一大批世界领先的计算机软件公司；日本摄像机的发展离不开其先进的电子产业；美国飞机制造设备的发展与美国测试仪器的高度发达紧密相关。

四、公司战略、结构与竞争

它们是指一国国内支配公司创建、组织和管理的条件。各类公司作为国民经济的细胞，有其不同的规模、组织形式、产权结构、竞争目标、管理模式等特征，这些特征的形成和公司国际竞争力的提高在很大程度上取决于公司所面临的各种外部环境。公司要在竞争中赢得优势，必须根据内部条件和外部环境作出合适的选择。

此外，波特反对“国内竞争是一种浪费”的传统观念，认为国内竞争是推动国内企业努力提高竞争能力的动力，从长远看利大于弊。国内市场的竞争程度，对该国产业取得国际竞争优势有重大影响。国内市场的高度竞争会迫使公司改进技术和进行创新，从而有利于该国国际竞争优势地位的确立。

例如，在德国和日本企业中，有工程师背景的人在最高管理层占据重要支配地位，这些国家的企业注重加工制造和产品设计。在美国企业中，有财务管理背景的人在企业中的支配性质导致了相应的对短期财务回报最大化的过分强调和追求，造成美国企业在工程技术为基础的行业(如汽车工业)的竞争力相对丧失。

除上述四个因素外，一国的机遇和政府的作用，对形成该国的国际竞争地位也起辅助作用。机遇包括重要发明、技术突破、生产要素供求状况的重大变动(如石油危机)以及其他突发事件。政府因素是指政府通过政策调节来创造竞争优势。波特认为以上影响竞争的因素共同发生作用,促进或阻碍一个国家竞争优势的形成。

国家竞争优势是对比较优势理论的发展与超越,是对当代国际贸易现实的逼近。从静态的比较优势到以竞争、创新为基础的动态的竞争优势,可以说是国家竞争优势理论对传统理论的突破。

本章要点

1. 第二次世界大战以后,特别是 20 世纪 60 年代以来,国际贸易出现了许多新的倾向,主要表现在:同类产品之间的贸易量大大增加,发达的工业国家之间的贸易量大大增加,以及产业领先地位不断转移。这些现象用传统的赫克歇尔—俄林模型都无法解释。

2. 当代贸易理论用"规模经济"和"不完全竞争"来解释资源储备相似国家之间和同类工业产品之间的双向贸易。这种双向贸易的基础是由企业生产规模不同而产生的成本差异。

3. 产品生产技术的周期变化可以用来解释各国比较优势的变化。产品生产技术发展的不同阶段对生产要素的需求不同,生产该产品的比较优势会逐渐从技术发达国家转移到劳动力充裕的国家。

4. 贸易的基础也可以是需求的不同。对同一产品的不同需求会造成价格的差别从而产生贸易。林德从收入和需求的变化来解释发达国家之间工业制成品贸易的发展,他认为,需求是产生贸易的基础,需求结构越相似,两国间贸易量越大。人均收入水平是决定需求的重要因素,因此,经济发展水平越接近的国家,需求偏好就越相似,贸易的可能性就越大。

5. 波特认为,一国的竞争优势由要素条件、国内需求条件、相关产业及支持产业、公司的战略结构与同业竞争四个关键因素决定。这四个关键因素之间的关系形状似钻石,因而该理论被称为"钻石理论"。

复习思考题

一、名词解释

产业间贸易　产业内贸易　内部规模经济　外部规模经济　产品生命周期　重叠需求理论

二、单项选择题

1. 产业内贸易更容易发生于　（　　）

A. 富国与穷国之间　　B. 类似的高收入国家之间

C. 发展中国家之间　　D. 发达国家与发展中国家之间

2. 规模经济更容易发生于　（　　）

A. 小规模的纺织业　　B. 飞机制造业

C. 制鞋业　　D. 小企业

3. 不能解释产业内贸易现象的理论有 （　　）

A. 垄断竞争理论　　B. 规模经济理论

C. 要素禀赋理论　　D. 重叠需求理论

4. 根据产品生命周期模型可知 （　　）

A. 最初生产和出口一种新产品的国家将一直生产下去，直到该产品被市场淘汰

B. 最初进口到美国的产品一旦在美国建立市场，将在美国生产

C. 美国在生命周期较短的产品上具有比较优势

D. 一种最初在美国生产的产品一旦发展为成熟、标准化的产品，后期可能从发展中国家出口到美国

5. 按照产品周期理论 （　　）

A. 产品在初始期，通常需要投入高度熟练的劳动力

B. 当产品大量进入市场并被标准化以后，该产品就可以用非熟练劳动力生产了

C. 产品标准化以后，创新国通常转为该产品的净进口国

D. 以上都是

6. 林德需求重叠理论 （　　）

A. 有助于解释工业化国家和发展中国家之间的广泛贸易

B. 认为制成品最初在母国生产，然后出口到与本国人均 GNP 近似的国家

C. 有力地支持了比较优势的要素禀赋理论

D. 解释了国家完全专业化生产并且在国内不生产任何进口产品的原因

7. 根据产品生命周期理论，在新产品阶段属于 （　　）

A. 劳动密集产品　　B. 资本密集产品

C. 技术密集产品　　D. 资源密集产品

8. 下列例子中，界定贸易模式不是规模经济的是 （　　）

A. 瑞士是手表的主要出口国

B. 中国是电视机的主要出口国

C. 世界上半数的大型喷气式飞机在西雅图生产

D. 东南亚国家大量出口纺织品

9. 以下产品中，最容易经历一个产品生命周期的产品是 （　　）

A. 小麦　　B. 电视机　　C. 原油　　D. 矿产品

10. 技术创新国由净出口转变为净进口，是在产品的 （　　）

A. 导入期　　B. 成长期　　C. 成熟期　　D. 衰退期

11. 从需求角度解释国际贸易产生原因的理论是 （　　）

A. 产业内贸易说　　B. 技术差距说

C. 人力资本说　　D. 偏好相似说

12. 以下陈述最为正确的一项是 （　　）

A. 规模经济决定了各国的比较优势

B. 规模经济不能决定各国的比较优势，而是将现有的比较优势转变为低价格和产出与贸易的扩大

C. 外部经济可以比内部经济更好地解释比较优势，因为外部经济意味着其他竞争公司产出的扩大

D. 比较优势可以由内部经济得到最好的解释，因为后者导致了公司生产率的提高和成本的降低

13. 在垄断竞争的贸易模型中 （　　）

A. 如果两国拥有同样的总体资本——劳动比率，他们之间就不会发生贸易

B. 贸易导致了商品品种的增多和规模经济效应的扩大，进而可以带来收益

C. 从长期看，厂商可以获利

D. 要素禀赋并不能决定产业间贸易的发生

三、分析题

1. 给定某国某些行业的进出口数据如下，请计算该国各行业的行业内贸易指数 IIT。(单位：万美元)

	向其他国家的出口额	从其他国家的进口额
新鲜水果	65	54
玩具	56	680
微型面包车	700	200
电影电视	300	97
纺织品	400	400

2. 下述例子中，主要显示出的是外部规模经济还是内部规模经济？

(1) 云南省昆明市郊斗南镇的鲜花市场；

(2) 天津的美食街；

(3) 微软公司；

(4) 香港作为亚洲的金融中心；

(5) 美国的大型家庭农场。

3. 下述例子中，决定贸易模式的主要是比较优势还是规模经济？

(1) 加拿大是主要的新闻纸出口国；

(2) Intel 生产了世界上半数以上的 CPU；

(3) 美国和日本相互出口复印机；

(4) 中国是主要的电视机出口国；

(5) 东南亚国家大量出口运动服装和鞋。

4. 在完全竞争条件下，自由贸易一般为贸易双方国家带来净收益。当一种贸易商品由具有规模经济的垄断竞争企业生产并出口，是否仍然为贸易双方都带来净收益？请用图帮助分析。

5. 讨论以下问题：美国为什么在喷气式飞机制造方面还保留有比较优势，而在钢铁制造和汽车生产方面都正在失去比较优势？

6. 长虹集团是一个生产电视机的垄断竞争企业，电视机生产具有规模经济。如果长虹

能够成功地占领欧洲市场，向欧洲国家出售电视机，对长虹的短期利益是什么？长期呢？对本国电视机消费者是否有利？画图说明。

7. 美国某计算机公司设计出了一种新的产品，其功能比现有的产品稍有改进，但是外观做了很大的改动。其实际生产成本并不比现有的产品高，公司却决定将现有产品转移到新加坡和韩国等地生产，而在美国的工厂生产这种新的产品。用产品生命周期理论对公司的这一决定进行分析。

第三篇　国际贸易政策及措施

第六章　国际贸易政策

学习目的

- 了解对外贸易政策的目的。
- 掌握对外贸易政策的类型。
- 了解一国制定对外贸易政策的影响因素。
- 掌握自由贸易政策的发展。
- 掌握保护贸易政策的发展。

【引导案例】

【材料 1】 英国首先完成使用机器生产的"产业革命",成为世界的制造业第一大国、第一经济强国。到 1820 年,英国已经占世界工业总产量的一半,英国在完成了产业革命并成为世界第一经济大国之后才真正转向自由贸易政策。

【材料 2】 早在美国独立后不久的 1791 年,首任财长汉密尔顿在向国会提出的《关于制造业的报告》中就说明了保护制造业的必要性及措施。此后,美国逐步提高保护程度,作为主要保护手段的关税不断提高,美国的工业在高度保护的条件下迅速发展,在 20 世纪初就取代英国成为世界头号工业强国。

第一节　国际贸易政策概述

一、国际贸易政策的含义

国际贸易政策是指各国或地区之间进行商品和服务的交换时所采取的政策。从单个国家的角度出发,有关国际贸易的政策就是一国的对外贸易政策,因而关于国际贸易政策的分析就是对各国对外贸易政策的分析。

对外贸易政策是指一定时期内一个国家对进口贸易和出口贸易所实行的政策。

一般来说,对外贸易政策主要包括以下三个方面的内容:

(一) 对外贸易总政策

对外贸易总政策是各国从整个国民经济出发,根据本国国民经济的整体状况以及发展战略,结合本国在世界经济格局中所处的地位而制定的,所以对外贸易总政策通常会在一个较长的时期内加以贯彻。比如一个国家在总体上采取的是保护贸易政策还是相对开放的自由贸易政策。

对外贸易总政策是各国发展对外经济关系的基本政策,也是整个对外贸易政策的立足点。

(二)商品进出口政策

商品进出口政策是各国在对外贸易总政策的基础上,根据本国的经济结构和国内外市场供求状况而制定的。

一个国家的商品进出口政策通常与该国的产业发展政策有关。所以它的基本原则就是对不同的进出口商品实行不同的待遇。主要体现在关税税率、征税手续等方面的差异。比如对某类进口商品,有时会实行较高的税率水平或采用配额等措施来限制其进口,有时也会对其实行相对宽松的政策,允许较多的进口。

(三)国别贸易政策

国别贸易政策是各国根据对外贸易总政策,依据对外政治经济关系的需要而制定的对不同国家和地区采取不同的政策。

对不同的国家和地区规定差别关税税率水平和差别优惠待遇等是各国国别贸易政策的基本做法。

我国从2003年开始每年都公布《国别贸易投资环境报告》,报告中共涉及美国、欧盟、俄罗斯、日本、韩国、印度等贸易伙伴。分别介绍包括我国与有关贸易伙伴的双边贸易投资概况、有关贸易伙伴的贸易投资管理体制、有关贸易伙伴的贸易和投资壁垒情况等,同时对上年度的有关贸易伙伴在这些方面的变化及国家对这些问题的关注、为消除这些问题所做的努力等,为我国政府制定政策提供相应的依据。

当然,在现实的经济生活当中,上述三个方面是相互交织在一起的。比如商品的进出口政策总是离不开对外贸易总政策的指导;而对外贸易总政策又不仅仅是纯粹抽象的东西,需要通过具体的商品进出口政策来加以体现。

二、国际贸易政策的类型

从对外贸易的实践来看,对外贸易政策可分为以下两种基本形式:

(一)自由贸易政策

自由贸易政策是指国家取消对进出口贸易的限制和障碍,取消对本国商品和服务的进出口商提供各种特权和优待,力图使商品和服务能够自由地输出和输入,在世界市场上实行自由竞争与合作,从而使资源得到最合理配置。自由贸易政策实质上是“不干预政策”。

(二)保护贸易政策

保护贸易政策是指国家广泛采取各种措施(关税壁垒和非关税壁垒等)限制商品和服务的进口,以保护本国商品在本国市场上少受外国商品的竞争;与此同时,国家还对本国商品和服务的出口实行补贴和各种优待,以鼓励出口(如出口补贴、商品倾销等出口鼓励措施),保护贸易政策以增进本国本民族利益为目的,其实质是“奖出限入”。

针对以上这两种形式的国际贸易政策，需要指出的是：

(1) 一国实行自由贸易政策，并不意味着完全的自由。

西方发达国家在标榜自由贸易时，总是或明或暗、或多或少地对某些产业进行保护，自由贸易在某种程度上只是口号。一般来说，只有贸易双方都同意开放市场，自由贸易政策才会付诸实施。

(2) 一国实行保护贸易政策也并不意味着完全封闭、不与别国开展贸易，而是对某些商品的保护程度高一些，对某些商品的保护程度低一些，在保护国内生产者的同时维持同世界市场的某种联系。

除了以上两种基本形式外，还有如协调贸易政策、战略性贸易政策等，这些都是在基本形式的基础上演化而来的。

(三) 协调贸易政策

协调贸易政策是管理贸易理论下一定政策主张的体现。

我们知道，在对外贸易政策上，各国都实行不同程度的保护主义，极易导致各国间的贸易摩擦和报复，导致两败俱伤的结局，管理贸易理论就应运而生。

管理贸易理论主张一国政府应制定各种对外经济贸易法规和条例，加强对本国进出口贸易的管理。并且与贸易伙伴国签订贸易协定，约束其行为，缓和与贸易伙伴国之间的贸易摩擦。

在我们现实的国际经济、贸易当中，由于世界贸易组织成员方的相互约束力加强，各国在各种形式的贸易中既竞争又合作，地区经济集团与多边贸易体制相互融合，各国的国内政策和对外贸易政策正在向世界贸易组织的规则靠拢，国际协调在制定、实施国际贸易政策中的作用日趋重要。

(四) 战略性贸易政策

战略性贸易政策是战略贸易理论下一定政策主张的体现。战略贸易理论认为：现实的国际市场是不完全竞争市场，并不是传统国际贸易理论所假设的完全竞争市场。在一个不完全竞争的市场当中，企业的行为必然会对产业内的其他企业造成影响，从而影响各企业间利益的分配，那么，各企业在决定其行动方案时，都会将其他厂商的反应考虑在内，这种考虑了竞争对手的行动方案称为战略。战略贸易理论将博弈论和产业组织理论引入国际贸易理论研究。

我们知道，由于国际市场的不完全竞争性质和规模经济的存在，一国政府可以通过补贴或保护国内市场的手段，扶植本国战略性工业的成长，增强其在国际市场上的竞争力，以获取规模经济的收益，并夺取市场份额。

一个国家究竟实行哪种形式的对外贸易政策是由国内和国外多种因素决定的，如我们前面所提到的一国经济力量的强弱、经济发展战略及不同利益集团的斗争等。但从根本上说，对外贸易政策都是为了更好地实现和扩大本国的利益。

三、影响一国对外贸易政策选择的因素

一国实行自由贸易政策，并不意味着完全的自由；同样，实行保护贸易政策，也并不是完全闭关自守。二者的主要区别在于在贸易政策中是自由的成分更多还是保护的成分更

多。一个国家在一定时期内是采取自由贸易政策还是推行保护贸易政策，一般要取决于下列因素的综合作用：

（一）经济发展水平和产品竞争能力

一般来说，如果一个国家的经济发展水平较高，技术较为先进，资金较为充裕，产品竞争力较强，就会倾向于推行自由贸易政策，以期在国际市场的自由竞争中获得更大的经济利益。反之，如果一个国家的经济发展水平较低，资金和技术等生产要素处于劣势，其产品在国际市场上缺乏竞争能力，就会倾向于实行保护贸易政策，以避免在国际市场上遭受更大损失。

（二）经济结构与产业结构

在传统产业占主导地位，现代工业尚未得到成长的国家，为保护传统工业免遭国外同类行业先进力量的冲击，促进幼稚工业的发展，往往会推行保护贸易政策。相反，经济结构和产业结构已高度现代化的国家则一般通过推行自由贸易政策来获得更多的外部市场。

（三）经济发展战略

一般而论，采取外向型经济发展战略的国家，就会制定较开放和自由式的外贸政策，因为对外贸易对一个国家的经济发展越是重要，它就越会主张在世界范围内实行竞争和合作。相反，采取内向型经济发展战略的国家则对世界范围内的贸易竞争和合作缺乏紧迫感。不仅如此，为了保护本国产业的成长，它们还往往会采取较为强硬的保护贸易政策。

（四）国内经济状况

当一国国内经济发展滞缓，尤其出现经济萧条，进而失业增加、国际收支失衡、外贸逆差扩大、产品竞争力下降时，它就会倾向于阻碍和排挤外来商品的输入，实行贸易保护主义政策。反之，如果一国国内经济发展势头良好、兴旺繁荣、国际竞争力上升时，其对外贸易政策中的自由主义成分就会增加。

案例

大危机与贸易保护

1929 年 10 月 12 日，华尔街上的一条爆炸性新闻震撼了美国，震撼了欧洲，震撼了全世界。从华尔街股票暴跌开始，美国跌进了深渊，欧洲跌进了深渊，几乎全世界都跌进了灾难的深渊——这就是历史上最大的经济危机。

在经济危机的冲击下，西方国家之间的经济斗争、经济冲突空前加剧，展开了空前激烈的经济大战。救命稻草人人想抓，可是救命的稻草毕竟有限，抓不到就抢，于是你争我夺；你有你的“法宝”，我有我的“护身符”，各不相让，于是混战一团。

关税历来是西方国家保护本国市场、打击外来竞争对手的惯用手段，各国无不视之为护宝法衣。危机爆发前，随着各国工业、农业生产的恢复和发展，关税斗争已经相当激烈。在 1925—1929 年间，德国关税提高了 29%，法国提高了 38%，比利时提高了 50%。经济危机爆发后，关税战更是激化到了无以复加的程度。美国第一个投下新关税战的炸弹。1930年5月19日,美国国会通过了《霍利—斯穆特关税法》。根据这项法令,约有75种农产品和925种工业品提高了关税率,其中农产品关税的平均水平从20%提高到34%,全部关税的总平均水平从33%提高到40%,美国率先筑起了高关税的厚垒,其税率创历史最高纪录。美国的这一记"杀手锏"着实厉害,直杀得各国叫苦不迭。该法令对英国、法国、日本的丝、棉、毛织品,德国的化学制品,瑞士的钟表,比利时的水泥、玻璃,加拿大的木材等传统出口商品打击沉重。因此,美国的这一行动使得各国怨声载道,气恼不已,马上招致了33个国家的严重抗议,并有7个国家立即对美国采取了报复性的措施。加拿大决定大幅度提高对美国商品的征税率;法国对进口的美国小汽车增税60%;英国于1931年制定紧急关税法,对棉纱和棉织品征收50%的重税;1932年,德国推行新税法,对许多进口商品征收100%的重关税;日本和欧洲其他各国也纷纷效尤,高筑关税壁垒。于是乎,你一招,我一式,各不相让。关税大战愈演愈烈,直杀得难解难分。

(资料来源:谢建华,倪健中."狼来了"——中国闯关前前后后.北京:大众文艺出版社,1993:2-3)

(五)各种利益集团力量的对比

不同的贸易政策对本国不同的利益集团会产生不同的利益影响,如自由贸易政策有利于出口集团、进出口贸易商和消费者,但不利于进口竞争集团,因为在实行自由贸易政策的条件下,这个集团生产的商品面临着进口产品的有力竞争。因此,一般说来,那些同进口商品发生竞争关系的行业及其外围组织,是推行贸易保护主义的中坚力量,而以出口商品生产部门为中心的参与许多国际经济活动的各种经济力量,则是自由贸易的推崇者。这两股势力的力量对比,有时也会影响到政府的政策取向。

(六)政府领导人的经济理论与贸易思想

虽然各国对外贸易政策的制定与修改是由国家立法机构来进行的,但是政府机构尤其是政府领导人往往拥有某些特殊的合法权利,如美国国会通常授予美国总统在一定范围内制定某些对外贸易法令、进行对外贸易谈判、签订贸易协定、增减关税和确定进口商品数量限额等权力。因此,政府领导人的经济贸易思想也是影响一国贸易政策取向的重要因素之一。

(七)本国与他国的政治经济关系

一般情况下,一国往往对那些政治外交关系友好、经济上不对自身构成威胁的国家开放国内市场,扩大商品和技术的出口,而对那些政治上或经济上的敌对国家,则倾向于采取保护贸易政策。

总之,一个国家选择什么样的外贸政策,取决于本国的具体情况和国际环境。但需要指出的是,虽然各国采取的贸易政策措施大都是从本国的利益出发的,但在世界经济相互依存、相互联系日益加深的今天,如果每个国家都只从自己的利益出发来制定和实施贸易政策,那么国际贸易就会陷入到一个无序和混乱的状态。

我们知道,一项对他国绝对不利的贸易政策很难长期地起到对本国绝对有利的结果。

因为这个国家的外贸政策必然会遭到其贸易伙伴的报复。由此看来，一国外贸政策的制定固然是从本国和本民族的利益出发的，但也要考虑到他国的利益，这样才能使互利性的贸易得以长远发展。

实践也证明，各个国家制定外贸政策的天平总是倾向于本国利益。因此，要真正体现互惠互利，就必须有贸易政策的国际协调，以使贸易遵循某些共同的原则和规则。其实，世界贸易组织就是协调各国贸易政策的一项多边贸易协定。

第二节　自由贸易政策

自由贸易政策是自由放任经济政策的一个重要组成部分。国家取消对进出口贸易和服务贸易的限制和障碍，取消对本国进出口贸易和服务贸易的各种特权和优待，使商品自由进出口，服务贸易自由经营。也就是说，国家对贸易活动不加或少加干预，任凭商品、服务和有关要素在国内外市场公平、自由地竞争。

自由贸易政策为经济实力强大的国家所采用，为国内成长产业集团所推动，它们是主要受益者。对经济实力薄弱的国家及幼稚产业，却意味着市场被外国占领，它们是主要受害者。因而自由贸易被认为是“强者”的政策。

一、自由竞争时期的自由贸易

英国是最早实行自由贸易政策的国家，它最先完成产业革命，是19世纪最强大的工业国家，1850年其工业产量占世界总产量的30%。同时，英国又是最大的殖民帝国，版图占地球陆地面积的四分之一，殖民地面积超过本土的10倍。英国成为世界工厂，商品销向全世界，原料、食品购自全世界。这就决定英国必须冲破国内保护贸易的限制，积极推行自由贸易政策。

实行自由贸易政策的理论依据主要体现在以下5个方面：(1)自由贸易政策可以形成相互有利的国际分工，在自由贸易下，各国可以按照自然条件（亚当·斯密）、比较利益（大卫·李嘉图）和要素丰缺（俄林）的状况，专心生产其最有利或不利较小的产品，进行各国的专业化，这种国际分工可以带来多层利益。通过分工与专业化，增进各国各专业的特殊生产技能；使生产要素（土地、劳动与资本等）得到最优化的配置；可以节省社会劳动时间；促进发明和市场的发育，故各国参与分工范围越广，市场就越大，生产要素配置就越合理，获得的利益就越多。(2)扩大国民真实收入。自由贸易理论认为，在自由贸易环境下，每个国家都根据自己的条件发展最擅长的生产部门，劳动和资本就会得到合理的分配和运用。再通过贸易以较少的花费换回较多的东西，就能增加国民财富。(3)在自由贸易条件下，可进口廉价商品，减少国民消费开支。(4)自由贸易可阻止垄断，加强竞争，提高效率。(5)自由贸易有利于提高利润率，促进资本积累。李嘉图认为，随着社会的发展，工人的名义工资会不断上涨，从而引起利润率的降低，要避免这种情况，并维持资本积累和工业扩张的可能性，唯一的办法就是自由贸易。

自由贸易政策促进了英国及其他西欧国家经济和对外贸易发展，使英国经济跃居世界首位，自由贸易理论为自由贸易政策制造了舆论，成为自由贸易政策论证的有力武器。但同时自由贸易理论也存在一定的问题，如没有考虑到生产水平的差异对贸易利益分配的影响等。

二、二战后至70年代中期的贸易自由化

战后出现的贸易自由化倾向和资本主义自由竞争时期由英国等少数国家倡导的自由贸易不同。资本主义自由竞争时期的自由贸易反映了英国工业资产阶级资本自由扩张的利益与要求,代表了资本主义上升阶段工业资产阶级的利益和要求。而战后的贸易自由化倾向是在国家垄断资本主义日益加强的条件下发展起来的,它主要反映了垄断资本的利益,是世界经济和生产力发展的内在要求。它在一定程度上和保护贸易政策相结合,是一种有选择的贸易自由化。

战后贸易自由化的主要表现是:(1)建立了以自由贸易为目标的国际贸易机构。成立于战后初期的关税及贸易总协定,其目的即在于"大幅度削减关税和其他贸易障碍,取消国际贸易中的歧视待遇",以"扩大世界资源的充分利用以及发展商品的生产和交换"。1995年,世界贸易组织取代关贸总协定行使职能,从而在更为广泛的领域和更深的层次上推广自由贸易政策。(2)关税水平的大幅度下降。战后以来,经过关贸总协定主持的八轮多边贸易谈判,各国大幅度地削减了关税率和贸易限制。目前,发达国家的平均关税水平已从战后初期的40%左右下降到5%以下,发展中国家则从更高水平下降到13%左右。此外,发达国家还以普惠制、洛美协定等方式,向发展中国家提供单方面的贸易优惠。其中普惠制是广大发展中国家经过长期斗争,于1968年在联合国贸易与发展会议上通过的一项决议。在该决议中,发达国家承诺从发展中国家或地区输入商品,尤其是制成品和半制成品时给予普遍的、非歧视的和非互惠的优惠关税待遇。洛美协定则是欧洲经济共同体(现欧洲联盟)与非洲、加勒比及太平洋地区的发展中国家签订的有关协定。根据这些协定的规定,欧洲经济共同体对来自三个地区国家的全部工业品和大多数农产品给予关税进口的待遇。(3)非关税壁垒有所减少。战后初期,发达国家对许多商品进口实行严格的进口限额、进口许可证和外汇管理等措施,以保护国内经济。后来随着经济的恢复和发展,这些国家在不同程度上放宽了进口数量的限制。如到60年代初,参加关贸总协定的经济合作与发展组织成员国之间的进口数量的限制已取消了90%,欧洲经济共同体成员国之间则取消了工业品进口数量的限制。与此同时,西方发达国家还在不同程度上放宽或解除了外汇管制,恢复了货币自由兑换,实行了外汇自由化。

三、80年代中后期以来的管理贸易

管理贸易政策是20世纪80年代以来,在国际经济联系日益加强而新贸易保护主义重新抬头的双重背景下逐步形成的。在这种背景下,为了既保护本国市场,又不伤害国际贸易秩序,保证世界经济的正常发展,各国政府纷纷加强了对外贸易的管理和协调,从而逐步形成了管理贸易政策或者说协调贸易政策。管理贸易是介于自由贸易和保护贸易之间的一种对外贸易政策,属于有组织的自由贸易,是一种协调和管理兼顾的国际贸易体制,是各国对外贸易政策发展的方向。它是以协调国家经济利益为中心,以政府干预贸易环境为主导,以磋商谈判为轴心,对本国进出口贸易和全球贸易关系进行全面干预、协调和管理的一种贸易制度。

管理贸易出现于20世纪70年代,盛行于80年代后期,其产生与发展有着深刻的社会经济和政治背景:(1)新贸易保护主义的蔓延和扩张,产生了一系列负面连锁影响,一国如

果过多地采取贸易保护措施，反过来将会遭到其他国家或明或暗的报复，从而影响国际贸易的进一步发展，因此迫切要求各国政府和国际贸易组织参与贸易管理，并使外贸政策法律化。(2)随着世界经济和科技的发展，特别是跨国公司和经济一体化的发展，贸易保护主义形式发生了很多变化，原来的关贸总协定的许多条款已在越来越多的情况下失效；同时，科技的迅速发展引起世界性产业结构的调整，出现了服务业和知识产权等新领域的国际性管理与仲裁问题，使关贸总协定的“乌拉圭回合”谈判收效甚微。在此情况下，各国贸易政策的立足点也就从多边贸易体系转向了双边互惠和区域内多边协调的贸易关系，变自由贸易为“公平贸易”，以有效地保护自身的贸易与经济利益。(3)二次大战后尤其是冷战结束后，经济发展与竞争已取代军事抗衡而成为世界经济的主要矛盾，而在经济竞争中，国际贸易和投资又成为经济争夺和控制的主要领域，因此，各国不得不由政府出面，加强对贸易的干预和管理，以便在激烈的国际竞争中占据有利的地位。(4)随着世界环境保护意识的增强，在国际贸易中开始出现环保贸易，但一些国家往往以保护环境为名而行贸易保护之实，因此需要各国通过国际会议、经贸集团及国家间的双边经贸协定等共同努力，达到有序管理贸易的目的。

第三节　保护贸易政策

一、重商主义时期的保护贸易政策

（一）重商主义的出现

保护贸易政策始于15—16世纪重商主义时期，重商主义是16—17世纪资本主义生产方式准备时期欧洲各国普遍实行的保护贸易政策。当时正值“地理大发现”，商业规模空前扩大，货币需求急剧膨胀。同时，封建君王间战争不断，军事费用不断增加，货币需求因此进一步扩大。由于当时处于金属本位币的货币制度下，只有金银等贵金属是货币。政府无法像在纸币本位制下那样靠发行货币来满足扩张的货币需求。只有找到新的贵金属来源，才能填补这一货币缺口。重商主义将贸易盈余作为获取货币的重要途径之一。

（二）重商主义的基本思想

重商主义代表商业资本的利益，追求的目标是把金银财富集中在国内，实现资本积累。

重商主义认为：只有金、银才是唯一的财富，除了开采金矿、银矿以外，只有对外贸易才能增加一国所拥有的金、银量，因此，国家应当干预经济生活，大力发展出口贸易，限制外国商品的进口。

重商主义可分为早期的重商主义和后期的重商主义。早期重商主义注重货币差额，主张扩大出口、减少进口或根本不进口，因为出口可以增加货币收入，而进口必须支出货币。规定本国商人外出贸易必须保证有一部分金银或外国货币带回国内；外国商人来本国贸易必须把销售所得全部用于购买本国商品。禁止货币和贵金属出口，由国家垄断全部货币贸易。17世纪下半叶开始的后期重商主义注重贸易差额，从管制货币进出口转为管制商品进出口。主张通过奖励出口、限制进口、保证出超，以达到金银货币流入的目的。

重商主义者开历史先河地使用贸易政策工具——关税和补贴来干预和引导对外贸易，以实现贸易顺差的目标。重商主义推崇国家干预主义，主张一国的贸易政策要奖出限进，要促进“有利的”贸易而抵制“不利的”贸易。

案例

都铎王朝的重商主义及其影响

都铎王朝(1485—1603)历时118年，共经历了五代君主。虽然历时不长，但是都铎王朝处于英国从封建社会向资本主义社会转型这样一个关键时代，因而其实施的各项政策也极具时代特色，特别是它实行的重商主义政策，对英国社会的各个方面都产生了极大的影响。

重商主义政策振兴了英国的民族工业，为英国资本主义工业腾飞提供了前提条件。首先，都铎王朝扶植、鼓励发展呢绒制造业，以出口呢绒换取货币。其次，大力发展海外商业，鼓励发展造船业。

重商主义政策揭开了英国农业资本主义革命的序幕，推动了英国封建农奴制度的瓦解。如果说圈地运动是英国农业资本主义革命的序幕，那么揭开这一序幕的便是都铎王朝的重商主义政策。因为：(1)都铎王朝的重商主义政策是引发圈地运动的主要原动；(2)重商主义政策加速了寺院土地所有制的崩溃；(3)重商主义政策也瓦解了封建贵族的领地所有制，导致了土地所有权的再分配。

重商主义政策促使英国建立起外向型经济模式，推动英国经济走向世界。

（三）对重商主义的批评

首先，休谟利用其价格与货币流通机制最先对重商主义的贸易思想提出质疑。在休谟看来，一国不可能永远保持贸易盈余，价格与货币流通机制会自动实现贸易均衡。具体机理是，当一国实现了贸易盈余，那么该国的货币供给就会增加，这将导致物价的上升，从而削弱该国产品的国际竞争力，出口会减少，进口会增加，贸易盈余会因此而自动消失。

其次，亚当·斯密的绝对优势说肯定了贸易是双赢的经济行为，从而否定了重商主义对贸易是零和博弈的观点。

（四）重商主义的现实影响

尽管重商主义历史久远，并且有着其自身的缺陷，但它对现实仍有着不可小视的影响力，仍然可以恰当地解释现实中的某些经济现象。实践说明，各国普遍追求贸易盈余，只是出发点不同而已。比如，发展中国家普遍追求贸易盈余，一些是基于获得外汇，从而消除或缓解经济发展过程中的“双缺口”之一，即外汇缺口。而发达国家对贸易盈余的追求多是出于扩大就业、保证经济增长的需要。即便是世界上最大的贸易赤字国美国，从20世纪80年代中期以来也一直在努力减少其贸易逆差。

二、资本主义自由竞争时期的保护贸易

18—19世纪资本主义自由竞争时期美国、德国等后起的资本主义国家工业处于刚刚起

步的幼稚阶段，缺乏竞争力，没有力量与英国的工业品竞争，这些国家的政府代表工业资产阶级利益，为发展本国工业，实行保护贸易政策。保护的方法主要是建立严格的保护关税制度，通过高关税削弱外国商品的竞争能力；同时也采取一些鼓励出口的措施，提高国内商品的竞争力，以达到保护民族幼稚工业发展的目的。

这一时期最具代表性的是李斯特的保护幼稚工业理论。李斯特接受了汉密尔顿贸易保护的基本理论并加以系统发展，建立了以生产力理论为基础、以保护关税制度为核心的保护幼稚产业理论。

（一）幼稚产业保护理论的出现

对幼稚产业的保护一直是贸易保护最有力的论据，也被落后国家作为推动产业升级的重要手段。幼稚产业保护理论可以追溯到18世纪美国当时的财政部长亚历山大·汉密尔顿，他在1791年发表的《制造业的报告》中率先提出对幼稚产业加以保护的观点。这一思想后来得到弗里德里希·李斯特的发展。

幼稚产业保护理论是资本主义世界经济发展不均衡的产物。它于18世纪末和19世纪初出现在美国和德国。当时英国率先完成工业革命，而美国和德国刚刚开始工业革命。英国的产品物美价廉，非德、美产品可以竞争。随着《谷物法》的废除，英国主张采用自由贸易政策，并以自由贸易理论为依托，主张贸易自由化。如若让英国的产品自由进入美、德市场，那么美、德的经济必将受到巨大的冲击，其工业化就无法顺利实现。为避免这一冲击，美、德要对其相应产业加以保护，此时需要相应的理论来支撑其贸易保护行为。幼稚产业保护理论就是顺应这一背景而出现的。

（二）幼稚产业保护理论的主要思想

幼稚产业保护理论最先由汉密尔顿提出，后经李斯特发展和完善。李斯特对幼稚产业保护理论的阐述更系统、更深刻，因此，这里以他的思想为代表来介绍幼稚产业保护理论。该思想集中反映在李斯特1841年出版的《政治经济学的国民体系》一书中，核心思想如下：

1. 经济发展阶段论

李斯特将一国经济发展的历程分为五个阶段：原始未开化阶段、农牧阶段、农业阶段、农工业阶段、农工商业阶段。他认为，在不同的经济发展阶段应采用不同的贸易政策，自由贸易并不适用于每个经济发展阶段。在农工业阶段的国家应采用保护主义的贸易政策，原因是，此时本国工业虽有所发展，但发展程度低，国际竞争力差，不足以与来自处于农工商业阶段国家的产品竞争。如若采用自由贸易政策，不但享受不到贸易利益，更会令经济遭受巨大冲击。

2. 生产力论

不管是亚当·斯密的绝对优势说还是大卫·李嘉图的比较成本说，都显示了明显的贸易利益。对此，李斯特认为，自由贸易固然有益，但这样的贸易利益不足以作为贸易自由化的依据。原因是，自由贸易理论是基于静态分析方法和世界主义的立场之上，这与现实世界不符，这样的贸易利益应被视为静态的贸易利益。按照比较优势进行贸易，尽管在短期内落后国家能够获得一些贸易利益，但从长远来看，该国生产财富的能力却不能得到应有的发展。任何时候，各民族的利益都高于一切。当自由贸易损害到一国实际或潜在利益的时候，该国有权考虑自己的经济利益。在经济发展的过程中，比较优势是动态且可培养的。

落后的国家在面临发达国家强有力的竞争时，为了“促进生产力的成长”，有理由采取产业保护措施。针对当时的经济背景，李斯特指出，对于德、美这样的处于农工业阶段的国家如果与处于农工商业阶段的英国进行自由贸易，虽然表面上在短期内能够获得贸易利益，但在长期将损害其生产力，制约其创造财富的能力。一个国家要追求的是财富的生产力，而非仅仅是财富本身。“财富的生产力比之财富本身，不晓得要重要多少倍；它不但可以使已有和已经创造的财富获得保障，而且可以使已经消灭的财富获得补偿。”

3. 国家干预论

像重商主义一样，幼稚产业保护理论也强调国家在贸易保护中的重要作用。李斯特认为，政府不能作为“守夜人”，要做“植树人”，应制定积极的产业政策，利用关税等手段来保护国内市场。

4. 关税保护制度

李斯特认为，应采用关税制度来实现贸易保护主义。在该制度的设计上，应体现以下几点：

(1) 差别关税率

以对幼稚产业的保护为出发点，对不同的产业征收不同的关税。比如对与国内幼稚工业相竞争的进口产品征收高关税，同时以免税或低关税的方式来鼓励国内不能自行生产的机械设备的进口。

(2) 有选择性的保护

并非对所有工业都加以保护，保护是有条件的。只有那些经过保护可以成长起来的，能够获得国际竞争力的产业，才对其加以保护。对于那些通过保护也不能成长起来的产业则不予以保护。

(3) 适时调整

对幼稚产业的保护不是无休止的，而是有限期的，超过了规定的限期，该产业即便没有成长起来，也要解除对它的保护。需要注意的是，李斯特并不否认自由贸易政策的一般正确性。他认为，当一个国家解决了落后问题，即实现了工业化后，是可以选择自由贸易政策的。这是幼稚产业保护理论与重商主义以及后面提到的贸易乘数理论的一个不同之处。

(三) 幼稚产业的选择标准

将幼稚产业保护理论运用到现实中的关键是幼稚产业的确定问题。关于保护对象的选择，李斯特并未给出具体的标准，只是提出，受保护的应是国内幼稚但有发展前途的工业，受保护的对象在一段时间后能够成长起来。如何确定幼稚产业，这的确是个难题，如果选择不当，必然造成资源的浪费。有关幼稚产业的判定标准有很多，这里仅讨论有代表性的四个。

1. 穆勒标准：潜在竞争力标准

该标准认为通过政府保护，落后产业通过改进技术等措施，迅速形成国际竞争力，最终在自由贸易条件下取得独立自主的生存力和发展能力，这样的产业是幼稚产业。

2. 巴斯塔布尔标准：现值标准

该标准引进经济分析的现值概念，认为被保护的产业不仅要具有潜在的国际竞争力，并且它在未来所获利润的现值一定要大于保护它时所付出的社会成本。如果这个条件不被满足，就不能被列入幼稚产业。

3. 肯普标准：外部经济标准

该标准在包括前两个标准的同时，又提出外部经济的内容。肯普认为，前两种标准所界定的企业，即使没有政府的保护，企业利润最大化目标也会促使企业发展这些产业，因此政府不需要保护。只有具有外部规模经济的产业，比如产业的知识可以被其他企业模仿或无偿使用，这类企业政府应该扶植和保护。

4. 小岛清标准：总体经济发展标准

小岛清认为前面的判断标准都是根据个别企业或个别产业收益与成本的比较，这是不合理的。合理的做法是：应将要素禀赋比率和比较优势的动态变化作为幼稚产业的判断标准。只要有利于国民经济整体的发展，某些幼稚产业即使不符合前面的标准，也是值得保护的。符合什么样的标准才是有利于国民经济整体发展的幼稚产业呢？要求所保护的产业能够带来经济增长，即生产可能性曲线的扩张。

（四）对幼稚产业保护理论的评价

一方面，幼稚产业保护理论具有理论上的合理性。自由贸易的倡导者约翰·穆勒尚且将幼稚产业保护理论作为贸易保护“唯一成立的理由”。幼稚产业保护理论在现实中有着广泛的影响力，世界贸易组织也以该理论为依据，列有幼稚产业保护条款。该条款允许一国为了建立一个新工业或者为了保护刚刚建立不久、尚不具备竞争力的工业采取进口限制性措施，对于被确认的幼稚产业可以采取提高关税、实行进口许可证、征收临时进口附加税的方法加以保护。

另一方面，幼稚产业保护理论在实践中成效不大。这可能是由于无法准确界定幼稚产业所致。发展中国家都很注重对幼稚产业的保护，但多数都未达到预期效果，反而付出惨痛代价。例如我国保护了多个像汽车这样的产业，结果却使得国内企业安于现状，国产轿车的价格远远高于国际市场汽车价格。

自由竞争时期的保护贸易政策的主要特点表现为：(1)保护的阶段性。贸易保护是为达到国家最终发展目标而采取的过渡性措施，随着国内工业部门的建立和竞争能力的提高开始逐步降低某些商品进口关税，直至整体关税水平的降低。(2)保护的有选择性，即同一时期对不同工业部门采取不同程度的保护措施，区别对待。(3)保护贸易政策的执行与整个国民经济、工业发展目标相结合。(4)贸易保护的主要措施包括以高关税和禁止进口限制国内幼稚产业部门产品的进口等。

三、垄断时期的超保护贸易

进入资本主义垄断阶段后，各国为维护国内市场的垄断价格和争夺国际市场，纷纷实行更加严厉的保护贸易政策，除了使用高关税保护以外，还大量使用非关税的政治、经济保护手段。垄断以及不断爆发的经济危机使市场问题恶化，从而使保护贸易获得空前发展，出现了超保护贸易政策。与自由竞争时期的保护贸易政策相比，超保护贸易政策通过实行多种政策措施，更多地保护国内发达的或出现衰落的工业，目的是加强对国内外市场的垄断，并实现对国外市场进行进攻性扩张。

超保护贸易主义在第一次世界大战与第二次世界大战之间盛行。在这个阶段，资本主义经济具有以下特点:(1)垄断代替了自由竞争;(2)国际经济制度发生了巨大变化;(3)1929—1933年经济大危机。之后,各国相继放弃了自由贸易政策,改变为奉行保护政策,强化了国家政权对经济的干预作用。

专栏

凯恩斯是20世纪英国最著名的经济学家。他是凯恩斯主义的创始人,也是超保护贸易理论的代表人物。凯恩斯是颇具实干家才能的经济学家。他早年在皇家学院当过教员,任过财务主管。并任过英国内阁财政经济顾问委员会主席。1944年,他率领英国代表团参加了在美国布雷顿森林城召开的国际货币金融会议。凯恩斯著作甚丰,其中影响最大的著作是1936年出版的《就业、利息与货币通论》。在资本主义大危机以前凯恩斯是一个自由贸易论者,当时,他否认保护贸易政策会有利于国内的经济繁荣成就。20世纪30年代的大危机使资本主义国家陷入长期经济萧条中,市场问题非常突出,国外市场的争夺日益激烈。面对这一局面,资本主义国家对过去所实行的自由放任政策显得无能为力,正因为如此,资本主义国家开始运用政权力量直接干预对外经济活动,力求通过人为措施,扩大出口,限制进口,以缓和国内危机,保护其在国际市场上的竞争能力。同时,资产阶级也迫切需要某种理论为其政策措施提供理论依据。在这种情况下,凯恩斯改变了立场,开始批评自己以前的老师(马歇尔)所推行的自由放任学说,认为该理论缺乏充分的理论基础。

自1929年经济危机以后,失业问题日趋严重。面对严重的失业问题,凯恩斯感到自由贸易理论"充分就业"的前提已不存在,指导经济发展需要一种新的贸易对策。他认为古典学派的贸易理论在当时已经失去使用的价值,因为这种理论与社会现实已经严重不符。此外,他又对传统的国际贸易在分析中只用"国际收支自动调节说"来说明贸易顺、逆差的最终均衡过程持反对态度。他批评传统理论忽略在调节过程对一国国民收入和就业问题所带来的影响。在这种情况下,凯恩斯改变了立场,进而赞同超保护贸易政策,并积极为其提供理论依据。凯恩斯提出了"保护就业理论",该理论包括投资乘数原理和对外贸易乘数原理。

(一) 投资乘数原理

凯恩斯认为:投资的增加会引起国民收入的成倍增加,或者说投资的增加对国民收入的增加具有乘数效应。

如果用ΔI表示增加的投资,用ΔY表示由增加的投资所引起的国民收入的增加,则:

$$\Delta Y = K \times \Delta I\text{(其中 }K\text{ 即为乘数,并且 }K > 1\text{)}$$

按照凯恩斯的经济理论,投资的增加之所以会使国民收入成倍地增加,是因为新增加的投资会引起对生产资料的需求,从而引起从事生产资料生产的人们的收入同倍增加。人们将增加收入中的一部分用来消费,又会导致提供这些消费品的人们的收入增加,并且增加的收入中又会有一部分用于消费……如此下去,收入的增量就数倍于投资增量了。

现在假设每增加1单位的收入,人们就会增加C单位的消费,则收入增加的总和为:

$$\Delta Y = \Delta I \times (1 + C + C + C + C + C + \cdots)$$
$$= \Delta I \times [1/(1 - C)]$$
$$= \Delta I/(1 - C)$$
$$K = 1/(1 - C)$$

其中 C 即为宏观经济学中所讲的边际消费倾向，是一个介于 0 到 1 之间的数。

当 C 为 0.9 时，$K = 10$，即投资增加 1 亿美元，可使国民收入增加 10 亿美元。

当 C 为 0.5 时，$K = 2$，即投资增加 1 亿美元，可使国民收入增加 2 亿美元。

如果 C 为 0，表示人们将增加的收入全部储蓄起来，此时 $K = 1$，即国民收入与投资增加的数额一样多。

如果 C 为 1，表示人们将增加的收入全部用于消费，此时 K 为无穷大，也就是国民收入增加的倍数为无穷大。

由此可见，乘数的大小是由边际消费倾向决定的，两者是同方向变动的关系。

（二）对外贸易乘数原理

该理论认为：一国的出口和国内投资一样，对国民收入有倍增的作用；一国的进口与储蓄一样，对国民收入有倍减的作用。所以，只有对外贸易保持顺差，对外贸易才能增加该国的就业水平，提高该国的国民收入。这就是对外贸易乘数理论的含义。

如果用 ΔY 表示国民收入的增量，ΔI 表示投资的增量，ΔX 表示出口的增量，ΔM 表示进口的增量，C 表示边际消费倾向，则贸易顺差对国民收入的影响可表示为：

$$\Delta Y = [\Delta I + (\Delta X - \Delta M)] \times (1 + C + C + C + C + C + \cdots)$$
$$= [\Delta I + (\Delta X - \Delta M)] \times [1/(1 - C)]$$

其中 $1/(1 - C)$ 即为乘数 K，所以：

$$\Delta Y = [\Delta I + (\Delta X - \Delta M)] \times K$$

由以上分析可见，在投资增量 ΔI 和乘数 K 为一定的前提下，国民收入增量 ΔY 与贸易顺差额($\Delta X - \Delta M$)之间是正向变化关系。即顺差越大，对本国国民收入的增加作用越大，对失业和危机问题的解决作用也越大。

凯恩斯主义追求者由此大力鼓吹"奖出限入"的政策，并且为政府的超保护贸易政策提供理论依据。凯恩斯超保护贸易理论与传统的保护贸易理论是有区别的，其中最本质的区别是保护对象的不同。传统的保护贸易政策保护的对象是国内幼稚产业，而超保护贸易理论保护的则是高度发展的资本主义工业，保护其在国际竞争中的垄断地位，从而维护资产阶级利益。

（三）对凯恩斯超保护贸易理论的评价

凯恩斯的超保护贸易理论在客观上对发达资本主义国家的对外贸易和国际贸易的发展均起到了十分重要的促进作用。尤其是对外贸易乘数理论，在一定程度上反映了对外贸易与国民经济发展之间的内在规律性。凯恩斯超保护贸易理论具有两点明显的不足：首先，缺乏对时间因素的考虑。一次新投资所引起的连锁反应往往需要较长一段时间才能消失，到那时才能算出乘数的绝对值。而凯恩斯在运用乘数理论作短期均衡分析时，忽略了这个问题。其次，忽视了外贸溢漏问题。如新投资引起的收入增加，如用于购买进口货便不能产生连锁反应了。大量存货的存在也会影响新投资发生的连锁反应。

其他诸如国内市场扭曲和超保护贸易观点、改善贸易条件的观点、维持高工资水平的观点、公平贸易观点、改善贸易收支和国际收支观点等都为各国实行超保护贸易政策提供了理论依据。

四、70 年代中期后的新贸易保护主义

20 世纪 70 年代中期后以来，主要工业国家经济处于低速发展状态，失业率一直较高。整个工业发达国家国民生产总值的年平均增长率，1968—1977 年为 3.5%，而同时失业率则为 3.7%。一些主要工业发达国家的对外贸易发展不平衡，美国贸易逆差急剧上升，使美国成为新贸易保护主义的重要发源地。另外，由于国际货币关系存在较大不平衡，汇率的长期失调影响了国际贸易的正常发展，带来了巨大的贸易保护压力。高失业率，工会力量的强大，党派斗争和维护政府形象，也大大加强了贸易保护主义的压力。

随着世界经济相互依靠的加强，贸易政策的连锁反应也更敏感。美国采取了许多贸易保护措施，它反过来又遭到其他国家明的与暗的报复措施，使得新贸易保护主义蔓延和扩张。

专栏

70 年代后世界贸易保护主义的新发展

70 年代后，世界贸易保护主义出现许多新情况，和以前相比，具有一些新特点。“新的贸易保护主义”是在新的背景下发展起来的，我们把 70 年代后发展起来的贸易保护主义叫“新的贸易保护主义”，以区别以前的保护主义。新贸易保护主义发展起来有如下几个情况是值得注意的：战后 20 多年的“繁荣”积累起来的结构性危机。主要表现在某些主要资本主义国家的财政金融失衡、产业结构失调、国际收支不平衡等方面。以美国为例，由于宏观经济失调，造成严重的财政收支不平衡，财政赤字高达 2 000 亿美元，而且通货膨胀率、利率、美元汇率长期居高不下，造成严重的国际收支不平衡，贸易赤字日益扩大。而另外一些国家，如日本，又存在过量的贸易顺差，而且逐步增加。因此，贸易摩擦日趋严重，贸易保护主义不断加强。再如西欧，由于产业结构失衡，近 2 000 万人的结构性失业，严重威胁着西欧社会。因此，它们一方面进行结构调整，另一方面采取奖励出口、限制进口来保护西欧市场。可见新的贸易保护主义是和结构性危机联系在一起的，而且本身也带有结构性保护的意义，资本主义结构调整没有取得重大进展和实际效果之前，新贸易保护主义不会有明显的削弱……

（资料来源：王鼎咏. 70 年代后世界贸易保护主义的新发展. 世界经济，1986(12)）

新贸易保护主义以凯恩斯的经济理论为依据，以保护国内充分就业和国际收支平衡为中心形成一套理论。

（一）保护就业论

保护就业论即为保护国内的生产和就业。20 世纪 70 年代中期后以来，西方经济不景气导致失业率上升，一些发达资本主义国家的头面人物把原因归结为发展中国家对市场的瓜分，纷纷主张以限制进口的方法来保障本国工业的生产和就业。该理论成为 20 世纪 70 年代中期后以来贸易保护主义重新抬头的重要理论依据。

保护就业论建立在凯恩斯主义的经济学说上，凯恩斯的对外贸易乘数理论是保护就业论的基础。根据对外贸易乘数理论得出：增加出口、减少进口、增加有效需求能提高国民生产和就业水平。他们相信，通过限制进口、扩大出口的保护贸易政策，可以提高整个国家的就业水平。从理论上讲，保护就业论对增加就业有积极作用，但这一理论忽略了一个非常现实的问题，即怎样才能做到限制进口又不损害出口呢？

美国经济学家戴维在 1989 年给该国联邦委员会的报告中对美国贸易保护的结果作了分析。根据他的估计，美国对其纺织品、汽车、钢铁行业实行进口限额的结果并没有提高整个就业水平，对钢铁工业的保护则造成钢铁价格上涨、汽车生产成本上升、汽车工业的就业人数下降，由此带来的各种直接或间接的损失则更高。

（二）改善国际收支论

贸易入超在国际收支平衡表上反映为赤字，改善国际收支论的观点是为了国家的利益。改善国际收支论认为，实行贸易保护可以减少进口，增加一国的外汇储备。其理论基础可追溯到重商主义。将国际收支方面的理由作为贸易保护的依据，在发展中国家较为普遍。分析其原因，主要是发展中国家大多产品缺乏竞争力和资金贫乏。除此以外，在出口能力强的亚洲国家和地区中也普遍存在该思想，例如日本、中国台湾等，究其原因是与这些地区及其固有的文化风俗有一定联系的。

改善国际收支论通过贸易保护手段在一段时期内对改善一国贸易状况会带来益处，但由此而引来的贸易报复也是不可避免的。

（三）新贸易保护主义的主要特点

新贸易保护主义的主要特点是：(1)限制进口措施的重点从关税壁垒转向非关税壁垒。战后由于关税壁垒受到关贸总协定的制约，以提高关税水平来实现贸易保护已不现实，因此各国转而采用非关税壁垒措施来限制商品进口。各种非关税壁垒措施在 60 年代只有 800 多种，到 90 年代则已发展到上千种。在这个过程中，非关税措施的歧视性不断增强。发达国家往往根据与不同国家的政治经济关系，采取不同的非关税措施，甚至将非关税措施作为手段，对某些特定的国家进行“报复”，以达到某种政治经济目的。(2)对商品实施保护的范围从传统产品和农产品扩大到高级工业品和劳务部门。如受保护程度较深的产品不仅有纺织品、鞋、化工产品、钢铁、汽车、食品和家用电器等，而且还进一步发展到卫星、计算机、数控机床、民用飞机等新兴行业。另外，在服务贸易领域，很多国家也在签证申请、投资条例、收入汇回等方面作出了保护性限制措施。(3)奖出限入措施的重点从限制进口转向鼓励出口。战后，随着国际分工的加深和自由贸易的发展，西方各国对国外市场的依赖性日益增强，对国外市场的争夺也日趋激烈，这时如仍主要采取限制进口的措施往往会加剧与其他国家之间的贸易摩擦，甚至遭到国际社会的谴责和别国的报复。因此许多国家便把奖出限入的重点从限制进口转向了鼓励出口方面。如在经济上，实行出口补贴、出口信贷、商品倾销、外汇倾销、设立出口加工区等措施;在立法上,通过制定各种法规为扩大出口提供支持,以法律为武器强制外国开放市场;在组织上,各国纷纷建立商业情报网络,设立有权威的综合协调机构,为扩大商品出口服务;在精神上,则通过设立各种奖项,加大对有关先进企业和个人的宣传力度,来调动企业及个人的出口创造积极性。(4)从国家贸易壁垒转向区域性贸易壁垒。世界经济区域集团化是战后世界经济的一个重要发展趋势,目前世界范围内的多数国家都已不同程度地加入了某个或某几个区域经济一体化组织。建立在此基础上的贸易集团具有排他性,即在对内加强贸易自由化的同时,又联合起来一致对外,排挤和打击集团以外的竞争者。在这种情况下,区域性的贸易壁垒正在逐渐取代国家性的贸易壁垒,在新贸易保护主义的潮流中发挥着越来越大的作用。

第四节　战略贸易政策

20 世纪 70 年代以后,发达国家的经济增长速度放慢,为改善其经济发展的现状,一些西方经济学家在规模经济和不完全竞争的基础上提出了一种新的战略性贸易理论,引起了理论界和发达国家政府的高度重视。

一、战略性贸易理论的含义

所谓战略性贸易理论,是指在不完全竞争和规模经济条件下,一国政府运用政策干预手段,把国外垄断企业的一部分垄断利润转移给本国企业或消费者的贸易政策理论。通常情况下,政府可以利用关税、配额等进口保护政策和生产补贴、出口补贴或研究开发补贴等鼓励出口政策,扶持本国战略性工业的成长,增强其在国际市场上的竞争能力,从而谋取额外收益,并借机掠夺他人市场份额和工业利润。之所以称之为"战略性",是因为这种政策能够改变国内外垄断企业之间的竞争关系,使本国垄断企业在国际市场的竞争中处于优势地位,并为国内经济获得利益。

二、战略性贸易政策分析

战略性贸易理论的创始者是加拿大英属哥伦比亚大学的教授布朗德和斯潘塞。他们认为,传统的自由贸易理论是建立在规模收益不变和完全竞争的理想假设上的,但现实生活中,不完全竞争和规模经济是普遍存在的现象。在这种情况下,市场本身的运行处于一种"次优"状态,这种状态不能保证潜在的收益一定能够实现,适当的政府干预则有可能改进市场运行的结果。

这里一个重要条件就是规模经济。由于规模经济存在于相当的产业中,政府可以运用贸易政策对这些产业进行扶植,扩大本国企业的生产规模,使本国企业在国际贸易中处于优势地位。

(一)利用关税转移外国企业的垄断利润

在国际市场上,工业制成品是不完全竞争的,产品的差异性使各国厂商都可能在某些产品上具有一定的垄断力量,并利用这种力量将产品价格定在高于其边际成本的水平上,以获取超额利润。在国际贸易中,这种利润是由进口国的消费者支付的。在这种情况下,进口国政府可以通过征收关税的办法，将外国厂商从本国消费者身上赚取的超额利润转移到国内。

（二）通过补贴获得市场份额

在寡头垄断的市场上，由于存在很强的规模收益递增现象，市场份额对各国厂商变得更为重要。这时，市场竞争便成了少数几家企业之间的博弈，谁能占领市场，谁就能获得超额利润。在这场博弈中，政府可以通过提供补贴等手段，影响本国厂商及其外国竞争对手的决策行为，帮助本国厂商在国际竞争中获胜。

现在用一个假想的例子来分析政府的战略性贸易政策对寡头垄断的影响。

假定在飞机制造业中有两家厂商，美国波音公司和欧洲空中客车公司，两公司都打算生产一种新型客机，但由于该行业规模经济巨大，在作为一个整体的国际市场上只能容纳一个获利的进入者。如果两个厂商都进入，他们都会遭受 5 万美元的损失，而不管哪一个厂商，如果设法让自己在该行业中立足，就能获得 100 万美元的利润，如图 6-1 所示。

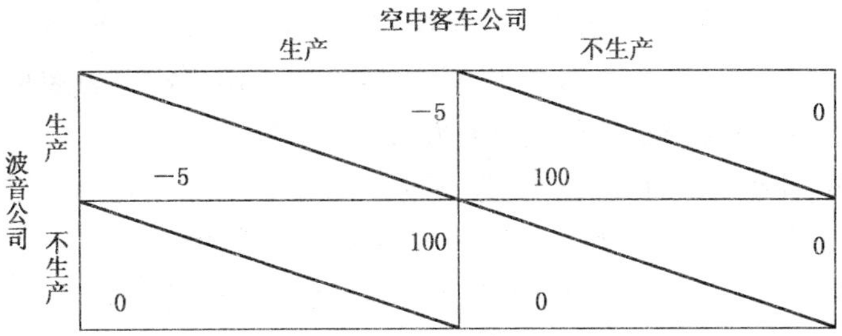

图 6-1　没有补贴的损益图(单位：万美元)

在没有战略性贸易政策时，波音公司和空中客车公司都有两种选择：生产或不生产。假设波音公司由于历史原因抢先占领了这个市场，则波音公司获取 100 万美元的利润，空中客车公司不生产。如果空中客车公司硬要挤进这个市场，则两者都亏损 5 万美元，所以空中客车公司不会进入竞争。

在实行战略性贸易政策时，波音公司和空中客车公司只有一种选择：空中客车公司生产而波音公司不生产。假设欧洲政府采取战略性贸易政策，补贴空中客车公司 25 万美元进行生产，则以上损益将发生根本性变化。如果两公司都生产，空中客车获得的政府补贴减去亏损后仍有 20 万美元的利润；如果只有空中客车公司生产，其总利润将达到 125 万美元，而波音公司没有补贴，其损益状况未发生变化，如图 6-2 所示。

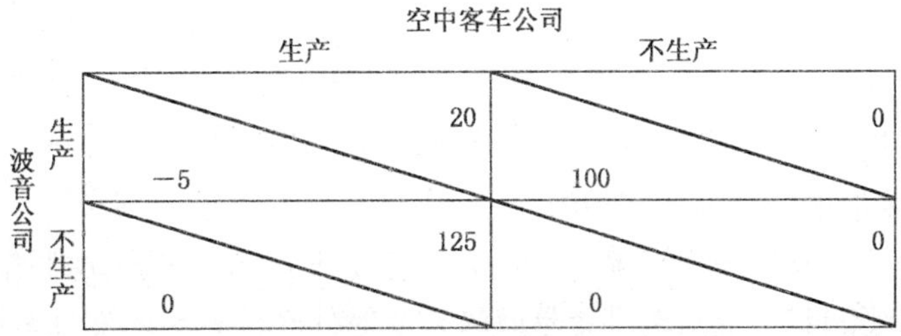

图 6-2　欧洲政府给予空中客车公司补贴时的损益图(单位：万美元)

在这种情况下，不管波音公司是否生产，空中客车公司只要生产就有利润。因此，对空中客车公司来说，不生产的选择已被排除了。而波音公司则处在一种两难的境地：如果生产，将亏损5万美元；如果不生产，则市场将完全被空中客车公司夺走，所以波音公司只能退出竞争。这样，空中客车公司就能独占整个市场，获得125万美元的利润。欧洲政府用25万美元的补贴，就从国际竞争中获得了100万美元的利润。

由这个例子可以看出，从理论上讲，在不完全竞争的市场结构中，战略性贸易理论可以改进市场运行的效果，帮助本国企业在国际竞争中取得战略性优势，增进整个国家的经济福利。

（三）对战略性贸易理论的简评

战略性贸易理论是新贸易理论的一部分，其积极的方面有：(1)它是以20世纪80年代发展起来的不完全竞争和规模经济理论为基础的，是国际贸易新理论在贸易论领域的反映和体现。(2)它是从现实经济生活中普遍存在的不完全竞争的市场状况中提炼出来的，试图设计出适宜于产业内贸易的干预政策，以改善扭曲的竞争环境，使市场运作处于次优境地，因而具有一定的积极意义。(3)该理论广泛借鉴和运用了产业组织理论与博弈论的分析方法和研究成果，是国际贸易理论在研究方法上的突破。

其不完善甚至消极的方面有：(1)它未就政府的贸易干预和补贴给出任何通用的解决方法。彼德·林德特指出："寡头垄断理论在这方面没有提供什么答案，因为它提供的答案太多了，等于没说。经济学家们已经发现了一个可能结果无限之多的菜单，他们的政策建议是由看来同样不现实的技术假设的种种变化而触发的。"保罗·克鲁格曼也说："试图获得超额垄断利润的政策很难制定。因为适合的政策取决于不完全竞争的过程，既然对这一过程并不很清楚，也就很难判定何种设想为最合理。"(2)该理论的实现依赖于一系列严格、苛刻的限制条件。除了要求产业必须具备不完全竞争和规模经济这两个必要条件外，还要求政府必须有齐全准确的信息，对战略性贸易理论带来的预期收益心中有数；接受补贴的企业必须给予恰当的配合；产品市场需求旺盛，目标市场不会诱使新厂商加入，以保证企业的规模经济效益不断提高；其他国家不会采取针锋相对的报复措施等。一旦这些条件得不到满足，战略性贸易理论就难以取得理想的效果。(3)该理论背弃传统的自由贸易，采取进攻性的保护措施，劫掠他人的市场份额和经济利益，容易成为贸易保护主义者加以曲解和滥用的借口，恶化全球贸易环境。因此，许多经济学家都指出，必须正确把握战略性贸易理论，不可片面夸大或曲解其功效。

本章要点

1. 贸易政策是指一个经济体的政府为实现其促进或限制对外贸易目标、对贸易进行宏观调控和管理而采取的一系列政策措施。

2. 贸易政策是一国经济政策体系中的重要组成部分，贸易政策的制定、选择和运用可能服从于一定的政策目标，通过对外贸易政策来使对外经济贸易的发展与国内经济发展互相促进，是政府制定宏观经济政策时必须考虑的一项重要任务。

3. 各国为使本国获得尽可能多的经济利益，且付出较小的代价，政府或多或少地都要干预对外贸易，实施保护本国贸易政策。在经济全球化的时代，国际贸易关系中的合作与冲突更是经常集中地表现为贸易政策的选择与实施方面的共识或分歧。

复习思考题

一、名词解释

对外贸易政策　自由贸易政策　保护贸易政策　幼稚产业保护　超保护贸易政策　管理贸易政策　战略性贸易政策

二、单项选择题

1. 对外贸易政策内容构成不包括（　　）
   A. 对外贸易总政策　B. 进出口商品政策
   C. 国别对外贸易政策　D. 自由贸易政策
2. 保护贸易政策的基本特征是（　　）
   A. 保护农业　B. 保护金银　C. 奖出限入　D. 鼓励出口
3. 最早推行自由贸易政策的国家是（　　）
   A. 美国　B. 法国　C. 英国　D. 德国
4. 历史上执行过最接近于完全自由贸易政策的国家是（　　）
   A. 美国　B. 法国　C. 英国　D. 德国
5. 二战后，世界各国在关贸总协定和世界贸易组织推动下所采取的降低关税、减少非关税壁垒的政策被称为（　　）
   A. 自由贸易政策　B. 区域经济一体化政策
   C. 贸易自由化政策　D. 中性贸易政策
6. 幼稚产业保护理论提出保护幼稚产业的措施是（　　）
   A. 关税　B. 配额　C. 进口许可证　D. 产品技术标准
7. 超保护贸易政策的主要保护对象是（　　）
   A. 重化工业　B. 幼稚工业　C. 成长工业　D. 成熟工业
8. 超保护贸易政策的提出者和支持者主张将贸易政策作为一种________的手段。（　　）
   A. 促进经济高速增长　B. 保护国内幼稚工业
   C. 实现贸易平衡　D. 缓解经济危机和增加就业
9. 从20世纪50年代到70年代初，发达资本主义国家的对外贸易政策中出现了（　　）
   A. 新贸易保护主义　B. 保护贸易政策
   C. 贸易自由化　D. 管理贸易政策
10. 20世纪70年代中期以后，在世界贸易自由化的同时，出现了新贸易保护主义，在此基础上，形成了（　　）
    A. 保护贸易政策　B. 自由贸易政策

C. 协调管理贸易　　　　D. 超贸易保护

11. 以下不属于各国制定对外贸易政策的目的的一项是　（　）

A. 保护本国市场　　　　B. 分散风险

C. 扩大本国产品的出口市场　　　　D. 积累资本或资金

三、简答题

1. 影响一国制定对外贸易政策的主要因素有哪些?
2. 超保护贸易政策与一般的保护贸易政策有何不同?
3. 试述新贸易保护主义的特点及其对国际贸易的影响。
4. 如何正确认识和评价战略性贸易政策?
5. 二战后至 70 年代中期贸易自由化的主要特点有哪些?

第七章 国际贸易政策措施

学习目的

- 掌握关税的概念、种类、作用及征收方法。
- 了解海关税则的主要种类。
- 掌握非关税壁垒的主要种类。
- 掌握鼓励出口措施的主要种类。

【引导案例】

【材料 1】 中国复合木地板被"双反"

美国国际贸易委员会 2011 年 11 月 9 日作出肯定性终裁，认定中国输美复合木地板存在倾销和补贴行为，对美国相关产业造成实质性损害。根据此前美国商务部的终裁，美将对上述产品征收最高达 58.84%的反倾销关税和最高达 26.73%的反补贴关税。

美国国际贸易委员会提供的数据显示，2010 年美国从中国进口的复合木地板价值达 3.1 亿美元，占美国消费量的 40.8%。美国经济复苏进程依然较为缓慢，导致国内贸易保护主义抬头。中国商务部多次表示，希望美国政府恪守反对贸易保护主义承诺，共同维护自由、开放、公正的国际贸易环境，以更加理性的方法妥善处理贸易摩擦。

【材料 2】 印度拟对中国生产的电力设备开征关税

从商务部相关网站获悉，印度近日拟对中国生产的电力设备开征关税，以扭转对华贸易逆差。商务部网站援引外媒报道称，印度公共企业和重工业部长普拉富尔·帕特尔拟于 2011 年 11 月 3 日召开会议，讨论并推进国内有关征收进口电力设备关税的提议。印度一位匿名的高级政府官员表示："长期以来，由于中国的廉价电力设备进入市场，国内企业抱怨竞争力下降。如果能给中国电力设备强加关税以及消费税，那么这类设备的实际税率将达 17%～18%。"目前，中国已是印度最大的贸易伙伴，电力设备等机械工业产品是中国对印度出口的主要产品，印度对华电力设备的此项计划，源于其试图振兴国内制造及限制中国产品出口的策略。

第一节 关 税

关税是国家管理对外贸易的传统手段。早期，各国主要视其为政府财政收入的重要来源，随着保护贸易政策的不断出现，各国越来越多地将其作为限制进口的重要工具。当前，在关贸总协定和世界贸易组织的约束下，虽然关税作为限制进口手段的作用已大大下降，但它仍是各国管理对外贸易、调整国家间经贸关系的重要手段之一。

一、关税的含义

关税是一国海关对通过本国关境的进出口商品向进出口商课征的一种税收。进口货物的收货人、出口货物的发货人是关税的纳税义务人。关税的征收对象包括应税货物和应税物品两类,征税对象和进出口方向不同,其适用的税率也不同。关税是世界各国普遍征收的一个税种。早在欧洲古希腊和雅典时代关税就已经出现,我国在西周时开始设立"关卡",对来自其他属地的产品征收内地关税。但统一国境关税是在第一次产业革命后,封建社会开始解体,资本主义生产方式建立以后产生的。这种关税制度一直延续至今。

关税作为国家税收的一种,一方面具有和其他税赋相同的特点,即强制性、无偿性和固定性等;另一方面,关税又有其自身的特点。第一,关税是以进出境货物和物品为征收对象;第二,关税具有涉外性,是国家对外贸易政策的重要手段;第三,关税的征收范围是以关境为界,海关是关税征收的管理机关。海关是设立在关境上的对进出口金银、行李、邮件和运输工具等进行监督管理、征收关税、查禁走私、临时保管通关货物和编制进出口统计等的政府职能部门。海关执行其职能的领域叫关境。一般情况下,关境和国境是一致的,但也有不一致的情况,如有些国家在国境内没有自由贸易区、出口加工区或保税仓库,此时,关境小于国境;另一种情况是几个国家结成关税同盟,成员国内部取消关税,而对外实行统一的关税,这些成员国的关境就大于国境。

二、关税的作用

征收关税的作用主要有两个方面:(1)征收关税可以增加本国财政收入,这种作用称关税的财政作用,以此为目的征收的关税为财政关税。财政关税在资本主义发展初期发挥着重要的作用。因为当时社会经济不够发达,税源较少,财政关税就成为国家增加财政收入的一个重要组成部分。随着社会经济的不断发展,其他税源增加,财政关税的意义已不重要,关税收入在财政收入中的比重相对下降。特别是第二次世界大战后,经过关贸总协定的八次谈判,世界范围内关税水平大幅下降,关税的财政作用也在逐渐减弱。然而,关税的财政作用在发达国家和发展中国家的表现是不一样的。目前,发达国家的关税仅为其财政收入的 2%~3%,而发展中国家关税收入一般约占其财政收入的 13.2%,我国约为 7%。财政关税的征收对象一般是针对国内有大量消费,进口数量大的商品,而且税率要适中,如果税率过高,会阻碍进口,达不到增加财政收入的目的。随着全球贸易自由化进程的不断加快,关税被认为是贸易自由化的障碍,因此,其财政作用必然呈下降的趋势。(2)对关税的保护作用。即各国广泛利用高关税限制外国商品进口,保护国内生产和国内市场。保护关税的税率越高,保护作用越强,这是因为进口关税率提高可以提高进口商品的成本,从而削弱其竞争力,使其进口数量减少,以达到保护国内工农业生产的目的。保护关税的另一个目的是可以通过调整关税税率的高低来控制进出口商品的数量,以此调节国内的价格,保证国内市场供求平衡。例如,资本主义生产方式建立初期,德国等资本主义国家为了保护本国的幼稚工业,就是采用保护关税作为保护的手段。到了帝国主义时期,帝国主义的垄断资本为了垄断国内市场,通过征收超保护关税,对高度发展的垄断工业或处于衰退的工业部门也进行保护。第二次世界大战后,关贸总协定的成立,推动了贸易的自由化,经过关贸总协定的八次谈判,成员国关税水平大幅下降。例如,发达国家进口工业品的平均关税已由二战时的40%下降到约3.7%,发展中国家进口工业品的平均关税也下降到11%。关税税率的大幅下降,使进口关税的保护作用大大减弱。但是,这并不代表保护关税已不存在,各个国家仍然在某些商品领域维持较高的进口关税,有时还使用惩罚关税、报复关税和附加关税等手段保护国内某些产业。

另外,关税还具有涉外性,即一国对外经济关系和外交关系。国别贸易政策可以通过关税税率的高低反映出来。各国可以利用关税税率的高低和不同的减免手段来对待来自不同国家的商品,以此开展其对外经贸关系,通过提供优惠政策改善国际关系,利用提高关税限制某些国家商品的进口甚至实施报复等。因此,关税与一国的对外关系有着密切的联系。

总之,关税的基本属性决定了关税的重要作用。虽然在不同国家的不同时期,关税的作用并不完全一致,但它的基本作用都是国家主权的体现,是为了维护国家主权,促进国家经济的发展,实现国民财富的增加。

三、关税的主要种类

关税的种类有很多,比较常用的有以下几种:

(一)正常关税

正常关税由进口税、出口税和过境税构成,是海关对日常进出口货物开征的最基本的税种。

1. 进口税

进口税是进口国家的海关在外国商品输入时,对进口商所征收的关税。它可在外国货物直接进入关境时征收,或者当外国货物由自由港、自由贸易区或海关保税仓库等提出运往进口国的国内市场销售,在办理海关手续时征收。在国际贸易中,通常所说的关税壁垒就是指进口关税。因此,进口关税一直被各国公认为是一种重要的经济保护手段。各国制定进口税税率要考虑多方面的因素。从有效保护和经济发展出发,应对不同商品制定不同的税率。一般来说,进口税税率随着进口商品加工程度的提高而提高,即工业制成品税率最高,半制成品次之,原料等初级产品税率最低甚至免税,这称为关税升级。进口国同样对不同商品实行差别税率,对于国内紧缺而又急需的生活必需品和机器设备予以低关税或免税,而对国内能大量生产的商品或奢侈品则征收高关税。另外,由于各国政治经济关系的需要,会对来自不同国家的同一种商品实行不同的税率。由于各国征收进口税的目的不同,其所起的作用也不同,因此,有着各种类型或名目的进口税。

一般进口税率可分为普通税率和优惠税率两类,其中优惠税率包括最惠国税率、特惠税率和普惠制税率三种。

(1) 普通税率

如果进口国未与该进口商品的来源国签订任何关税互惠贸易条约,则对该进口商品按普通税率征税。普通税率是一国税率中的最高税率。一般比优惠税率高1~5倍,少数商品甚至高达10倍、20倍,目前,仅有个别国家对极少数(一般是未建交)国家的出口商品实行这种税率,大多数只是将其作为优惠税率减税的基础。因此,普通税率并不是普遍实施的税率。

(2) 优惠税率

① 最惠国税率

最惠国税率是一种优惠税率,往往和双边或多边最惠国待遇相关。所谓最惠国待遇,是指缔约国各方实行互惠,凡缔约国一方现在和将来给予任何第三方的一切特权、优惠和豁免,也同样给予对方。最惠国待遇的内容很广,但主要是关税待遇。最惠国税率是互惠的,且比普通税率低,有时甚至差别很大。例如,美国对进口玩具征税的普通税率为70%,而最惠国税率仅为6.8%。由于世界上大多数国家都加入了签订有多边最惠国待遇条约的关贸总协定(现由世界贸易组织继承其协定),或者通过个别谈判签订了双边最惠国待遇条约,因而这种关税税率实际上已成为正常的关税税率。

最惠国税率并非是最低税率。在最惠国待遇中往往规定有例外条款,如在缔结关税同盟、自由贸易区或有特殊关系的国家之间规定更优惠的关税待遇时,最惠国待遇并不适用。

② 特惠税率

特惠税率又称优惠税,是对来自特定国家或地区的进口商品给予特别优惠的低关税或免税待遇。使用特惠税的目的是为了增进与受惠国之间的友好贸易往来。特惠税有的是互惠的,有的是非互惠的,税率一般低于最惠国税率和协定税率。

特惠税最早开始于宗主国与其殖民地及附属国之间的贸易。最有影响的是2000年6月23日欧盟15国与非洲、加勒比海及太平洋地区77国(简称非加太集团)签订的《科托努协定》(前身为《洛美协定》)的特惠税,它是欧共体向参加协定的非洲、加勒比海和太平洋地区的发展中国家单方面提供的特惠关税。根据协定,在协定的8年过渡期中,非加太国家96%的农产品和全部工业产品可免税进入欧盟市场,而不要求受惠国给予反向优惠。

③ 普惠制税率

普惠制是普遍优惠制的简称,是发达国家根据1968年联合国贸易与发展会议通过的建立普惠制决议,对自发展中国家或地区输入的商品,特别是制成品和半制成品给予的"普遍的"、"非歧视的"、"非互惠的"的优惠关税待遇。

普惠制作为一种优惠性关税,是在最惠国税基础上实行的关税的再减让。其优惠程度取决于减税幅度,即最惠国税率和普惠制税率之间的差额。减税幅度越大,普惠税的优惠程度就越高。中国从20世纪70年代开始,就享受发达国家给受惠国提供的普惠税待遇。美国是迄今为止唯一未向中国提供普惠制待遇的发达国家。

发达国家在普惠制的实施过程中,从20世纪80年代开始引入"毕业条款"。即当一些受惠国或地区的某项产品或其经济发展到较高的程度,使它在世界市场上显出较强的竞争力时,则取消该项产品或该受惠国家或地区全部产品享受关税优惠待遇的资格,称之为"毕业"。

普惠制实施以来,确实对发展中国家的出口起了一定的积极作用。但由于各给惠国在提供关税优惠的同时,又制定了种种繁琐的规定和严厉的限制措施,使得建立普惠制的预期目标还没有真正达到,广大发展中国家尚需为此继续斗争。

2. 出口税

出口税是出口国家的海关在本国产品输往国外时,对出口商所征收的关税。目前大多数国家对绝大部分出口商品都不征收出口税。因为征收出口税会抬高出口商品的成本和国外售价,削弱其在国外市场的竞争力,不利于扩大出口。但目前世界上仍有少数国家(特别是经济落后的发展中国家)征收出口税。

征收出口税的目的主要有:(1)对本国资源丰富、出口量大的商品征收出口税,以增加财政收入。(2)为了保证本国的生产,对出口的原料征税,以保障国内生产的需要和增加国外商品的生产成本,从而加强本国产品的竞争能力。例如,瑞典、挪威对于木材出口征税,以保护其纸浆及造纸工业。(3)为保障本国市场的供应,除了对某些出口原料征税外,还对某些本国生产不足而又需求较大的生活必需品征税,以抑制价格上涨。(4)控制和调节某些商品的出口流量,防止盲目出口,以保持在国外市场上的有利价格。(5)为了防止跨国公司利用"转移定价"逃避或减少在所在国的纳税,向跨国公司出口产品征收高额出口税,维护本国的经济利益。

我国历来采用鼓励出口的政策,但为了控制一些商品的出口流量,采用了对极少数商品征收出口税的办法。被征收出口税的商品主要有生丝、有色金属、铁合金和绸缎等。

3. 过境税

过境税又称通过税或转口税,是一国海关对通过其关境再转运至第三国的外国货物所征收的关税,其目的主要是增加国家财政收入。过境税在重商主义时期盛行于欧洲各国。随着资本主义的发展,交通运输事业的发达,各国在货运方面的竞争日趋激烈,同时,过境货物对本国生产和市场没有影响,于是,到 19 世纪后半期,各国相继废除了过境税。二战后,关贸总协定规定了"自由过境"的原则。目前,大多数国家对过境货物只征收少量的签证费、印花费、登记费和统计费等。

(二) 进口附加税

进口附加税又称特别关税,是指进口国政府对进口商品除征收正常关税外额外加征的关税。进口附加税通常是一种特定的临时性措施。一国对进口商品征收进口附加税的目的主要有:(1)应付国际收支危机,维持进出口平衡;(2)防止外国商品低价倾销;(3)对国外某个国家实行歧视或报复等。

进口附加税可对来自所有国家的所有进口商品征收,也可只对来自某个国家的某种商品征收。例如,1971 年 8 月 15 日,美国为了应付国际收支危机,实行"新经济政策",宣布对所有外国进口商品征收 10%的进口附加税。又如,2002 年 3 月 5 日,美国以欧盟、巴西、日本、韩国、俄罗斯、中国等国家对国内钢铁工业执行了不当补贴为由,宣布从 2002 年 3 月 20 日开始对来自上述国家的 12 种钢铁产品加征 8%～30%的特别关税。

进口附加税也是限制商品进口的重要手段,在特定时期有较大的作用。一般来说,对所有进口商品征收进口附加税的情况较少,大多数情况是针对个别国家和个别商品征收进口附加税。这类进口附加税主要有反补贴税、反倾销税、紧急关税、惩罚关税和报复关税五种。

1. 反补贴税

反补贴税又称反津贴税、抵消税或补偿税,是指进口国为了抵消某种进口商品在生产、制造、加工、买卖、输出过程中所接受的直接或间接的任何奖金或补贴而征收的一种进口附加税。征收反补贴税的目的在于增加进口商品的价格,抵消其所享受的补贴金额,削弱其竞争能力,使其不能在进口国的国内市场上进行低价竞争或倾销。

2. 反倾销税

反倾销税是对于实行商品倾销的进口商品所征收的一种进口附加税。倾销指进口商品以低于正常价格甚至成本价格在进口国市场上销售的行为。由于商品价格低于正常价格,从而对进口国的同类产品造成重大损害,出于保护本国工业和市场需要,须对倾销商品征收反倾销税,抵制不正当的销售行为。

反倾销税的税额一般以倾销差额征收,其目的在于抵制商品倾销,保护本国的市场与工业。同时为防止进口国滥用反倾销进行不正当竞争,《关税与贸易总协定》第6条对倾销与反倾销规定:不得因抵消倾销或出口补贴,而同时对它既征收反倾销税又征收反补贴税。为了稳定初级产品价格而建立的制度,即使它有时会使出口商品的售价低于相同产品在国内市场销售的可比价格,也不应认为造成了重大损害。

反倾销税征收的关键是"正常价格"的确定。"正常价格"是指相同产品在出口国用于国内消费时在正常情况下的可比价格。如果没有这种国内价格,则是相同产品在正常贸易下向第三国出口的最高可比价格;或产品在原产国的生产成本加合理的推销费用和利润。

案例

欧盟对中国鞋征收反倾销税

2006年3月,我国出口的皮鞋在欧洲遭遇反倾销,在西班牙和罗马等地还被烧毁,这带给我们一些深思。

北京时间2006年3月23日晚,欧盟委员会批准对中国和越南产皮鞋加征进口关税,欧盟认定两国的皮鞋以不合法的低价在欧盟市场销售。

根据这一决定,在从4月7日起的6个月时间内,欧盟对中国产皮鞋征收的反倾销税将逐步提高,最终将从目前的4.8%过渡到19.4%;对越南产皮鞋的反倾销税将从4.2%过渡到16.8%。不过,皮革儿童鞋和高科技运动鞋不在此列。

欧盟贸易委员曼德尔森随后发表声明称:欧盟并没有将矛头指向中国和越南先天具备的竞争优势,针对的只是不公平的贸易扭曲行为。

此前的3月16日,欧盟反倾销委员会针对欧盟贸易专员曼德尔森对中国鞋类制品征收反倾销税的建议进行了秘密投票。在欧盟25个成员国中,3个国家投票赞成对原产于中国的廉价皮鞋实施制裁;9个国家投了反对票;11个国家宣布弃权;2个国家没有投票。但是根据反对者不超过半数就算通过的规则,分析人士当时预测欧盟委员会的投票将会正式通过对中国鞋征收反倾销税的建议。

英国的零售商认为,此举意味着商店里出售的每双鞋子增加5英镑(1英镑当时约合人民币13.54元)的成本。他们和进口商、批发商和消费者一道对欧盟委员会即将采取的行动进行反击。他们的理由是,政府在努力保护那些不能独立生存的产业,却把高昂的成本转嫁到消费者头上。

3. 紧急关税

紧急关税是为消除外国商品在短期内大量进口,对国内同类产品生产造成重大损害或产生重大威胁而征收的一种进口附加税。当短期内,外国商品大量涌入时,一般正常关税已难以起到有效保护作用,因此需借助税率较高的特别关税来限制进口,保护国内生产。

例如，1972 年 5 月，澳大利亚受到外国涤纶和棉纶进口的冲击，为保护国内生产，澳大利亚决定征收紧急关税，在每磅 20 澳分的正税外另加征每磅 48 澳分的进口附加税。由于紧急关税是在紧急情况下征收的，是一种临时性关税，因此，当紧急情况缓解后，紧急关税必须撤除，否则会受到别国的关税报复。

4. 惩罚关税

惩罚关税是指出口国某商品违反了与进口国之间的协议，或者未按进口国海关规定办理进口手续时，由进口国海关向该进口商品征收的一种临时性的进口附加税。这种特别关税具有惩罚或罚款性质。例如，1988 年日本半导体元件出口商因违反了与美国达成的自动出口限制协定，被美国征收了 100%的惩罚关税。又如，若某进口商虚报成交价格，以低价假报进口手续，一经发现，进口国海关将对该进口商征收特别关税作为罚款。

另外，惩罚关税有时还被用作贸易谈判的手段。例如，美国在与别国进行贸易谈判时，就经常扬言若谈判破裂就要向对方课征高额惩罚关税，以此逼迫对方让步。这一手段在美国经济政治实力鼎盛时期是非常有效的，然而，随着世界经济多极化、国际化等趋势的加强，这一手段日渐乏力，且越来越容易招致别国的报复。

5. 报复关税

报复关税是指一国为报复他国对本国商品、船舶、企业、投资或知识产权等方面的不公正待遇，对从该国进口的商品所课征的进口附加税。通常在对方取消不公正待遇时，报复关税也会相应取消。然而，报复关税也像惩罚关税一样易引起他国的反报复，最终导致关税战。例如，乌拉圭回合谈判期间，美国和欧洲联盟就农产品补贴问题发生了激烈的争执，美国提出一个“零点方案”，要求欧盟 10 年内将补贴降为零，否则除了向美国农产品增加补贴外，还要对欧盟进口商品增收 200%的报复关税。欧盟也不甘示弱，扬言反报复。双方剑拔弩张，若非最后相互妥协，就差点葬送了这一轮谈判的成果。

征收进口附加税主要是为弥补正税的财政收入作用和保护作用的不足。由于进口附加税比正税所受国际社会约束要少，使用灵活，因而常常会被用作限制进口与贸易斗争的武器。过去，我国在合理地、适当地应用进口附加税的手段方面显得非常不足。比如，因长期没有自己的反倾销、反补贴法规，不能利用反倾销税和反补贴税来抵制外国商品的不公平竞争，以保护我国同类产品的生产和市场。直到 1997 年 3 月 25 日，我国颁布了《中华人民共和国反倾销和反补贴条例》，才使我国的反倾销、反补贴制度法制化、规范化。

为应对他国对我国出口产品实施的歧视性关税或待遇，我国还相应地对其产品征收特别关税作为临时保障措施。特别关税是为抵制外国对本国出口产品的歧视而对原产于该国的进口货物特别征收的一种加重关税。

（三）差价税

差价税又称差额税，是当本国生产的某种产品的国内价格高于同类进口商品的价格时，为削弱进口商品的竞争力，保护本国生产和国内市场，按国内价格与进口价格之间的差额征收的关税。征收差价税的目的是使该种进口商品的税后价格保持在一个预定的价格标准上，以稳定进口国内该种商品的市场价格。

对于征收差价税的商品，有的规定按价格差额征收，有的规定在征收一般关税以外另行征收，这种差价税实际上属于进口附加税。差价税没有固定的税率和税额，而是随着国内外价格差额的变动而变动，因此是一种滑动关税。

四、关税的征收方法

海关计征关税的方法主要有从量税和从价税两种。在两者的基础上，又衍生出混合税和选择税。

（一）从量税

从量税是指以商品的重量、数量、容量、长度和面积等计量单位为标准计征的关税。从量税额的计算公式为：

从量税额＝商品数量×单位商品从量税额

以重量为单位征收从量税必须注意，在实际应用中各国计算重量的标准各不相同，一般采用毛重、净重和净净重。毛重指商品本身的重量加内外包装材料在内的总重量。净重指商品总重量扣除外包装后的重量，包括部分内包装材料的重量。净净重则指商品本身的重量，不包括内外包装材料的重量。采用从量税计征关税有以下特点：(1)手续简便。不需审定货物的规格、品质和价格，便于计算，可以节省大量征收费用。(2)税负并不合理。同一税目的货物，不管质量好坏、价格高低，均按同一税率征税，税负相同。因而对质劣价廉进口物品的抑制作用比较大，不利于低档商品的进口，对防止外国商品低价倾销或低报进口价格有积极作用；对于质优价高的商品，税负相对减轻，关税的保护与财政收入作用相对减弱。(3)不能随价格变动作出调整。当国内物价上涨时，税额不能随之变动，使税收相对减少，保护作用削弱；物价回落时，税负又相对增高，不仅影响财政收入，而且影响关税的调控作用。(4)难以普遍采用。征收对象一般是谷物、棉花等大宗产品和标准产品，对某些商品如艺术品及贵重物品(古玩、字画、雕刻和宝石等)不便使用。

第二次世界大战以前，发达国家普遍采用从量税的方法计征关税。战后由于商品种类、规格日益繁杂和通货膨胀等原因，多数发达国家转而采用从价税的方法计征关税。

（二）从价税

从价税是以商品的价格为标准计征的关税，其税率表现为货物价格的百分率。从价税额的计算公式为：

从价税额＝商品总值×从价税率

从价税是以进口货物完税价格作为计税依据而征收的。从价税的税率表现为货物价格的百分值。例如，美国规定对羽毛制品的进口，普通税率为60%，最惠国税率为4.7%。计算公式：进口关税税额＝进口商品总额×从价税率。例如，到2006年，中国的汽车关税率为25%，如果进口一辆价值2万美元的汽车，关税税额为5 000美元。

征收从价税的一个重要问题是确定进口商品的完税价格。所谓完税价格，是指经海关审定的作为计征关税依据的货物价格，货物按此价格照章完税。长期以来，世界各国往往采用不同的估价方法来确定完税价格，目前大致有以下三种：出口国离岸价格(FOB)、进口国到岸价格(CIF)和进口国的官方价格。如美国、加拿大等国采用离岸价格来估价，而西欧等国采用到岸价格作为完税价格。

征收从价税有以下特点：(1)税负合理。同类商品质高价高，税额也高；质次价低，税额也低。加工程度高的商品和奢侈品价高，税额较高，相应的保护作用较大。(2)物价上涨时，税款相应增加，财政收入和保护作用均不受影响。但在商品价格下跌或者别国蓄意对进口国进行低价倾销时，财政收入就会减少，保护作用也会明显减弱。(3)各种商品均可适用。(4)从价税税率按百分数表示，便于与别国进行比较。(5)完税价格不易掌握，征税手续复杂，大大增加了海关的工作负荷。

由于从量税和从价税都存在一定的缺点，因此关税的征收方法在采用从量税或从价税的基础上又产生了混合税和选择税，以弥补从量税、从价税的不足。

(三) 混合税

混合税又称复合税，是对某种进口商品，同时采用从量税和从价税的征税方法征收的关税。例如中国对每台完税价格高于 2 000 美元的放像机征收混合税，最惠国税为每台从量税 5 480 元，加上 3%的从价税；普通税为每台从量税 20 600 元，加上 6%的从价税。混合税额的计算公式为：

$$混合税额=从量税额+从价税额$$

(四) 选择税

选择税是对于一种进口商品同时订有从价税和从量税两种税率，征税时选择其税额较高的一种征税。例如，日本对坯布的进口征收协定税率 7.5%或每平方米 2.6 日元，征收其最高者。但有时为了鼓励某种商品进口，也有选择其中税额低者征收。选择税可以根据经济形势的变化及政府的特定需要进行选择，灵活性较强。但由于征税标准经常变动，会使外国厂商无所适从，容易引起贸易纠纷。

五、海关税则

海关税则，又称关税税则，是一国对进出口商品计征关税的规章和对进出口的应税与免税商品加以系统分类的一览表。

海关税则一般包括两个部分：一部分是海关课征关税的规章条例及说明；另一部分是关税税率表。关税税率表主要包括三个部分：税则号码，简称税号；货物分类目录；税率，是关税政策的具体体现。

(一) 海关税则的货物分类方法

海关税则将所有进出口货物进行了系统的分类，以便对不同货物规定不同的关税税率和便于对进出口货物进行统计，但各国海关税则的分类方法不尽相同，目前多数国家使用的是由海关合作理事会通过的，并于 1988 年 1 月 1 日起正式生效的《商品名称及编码协调制度》。该制度的商品分类方法和编码制度基本上以商品的自然属性为主，结合加工程度进行编排。它把全部商品共分为 21 类、97 章(其中第 77 章是空章)共 5 109 项商品组。税号采用 6 位数，前两位数表示章，中间两位数表示该章的项目号，后两位数是商品编号。例如，8703 是 10 座以下载人机动车辆，表示该项目在第 87 章第三位。8703.22 代表排气量在 1～1.5 升的 10 座以下载人机动车辆。从 1992 年起，我国的海关税则也根据该制度编制。

(二) 海关税则的主要种类

1. 各国税则按税率的种类可分为单式税则和复式税则

(1) 单式税则

单式税则又称一栏税则。这种税则,一个税目只有一个税率,适用于来自任何国家的商品,没有差别待遇。在资本主义垄断时期前,各国都实行单式税则。到垄断资本主义时期,发达资本主义国家为了在关税上搞差别与歧视待遇,或争取关税上的互惠,都放弃单式税则改行复式税则。现在只有少数国家如委内瑞拉、巴拿马、冈比亚等仍实行单式税则。

(2) 复式税则

复式税则又称多栏税则,是指一个税目有两个或两个以上的税率,对不同国家的产品采用不同的税率。目前,世界上绝大多数国家采用这种税则。如美国订有优惠税率、特惠税率和普通税率,普通税率比优惠税率高一倍到十几倍。我国目前采用二栏税则。

2. 各国税则依据制定税则的权限,可分为自主税则和协定税则

(1) 自主税则

自主税则又称国定税则,是指一国的立法机构根据关税自主原则单独制定而不受对外签订的贸易条约或协定约束的一种税率。自主税则又可分为自主单式税则和自主复式税则两种。

(2) 协定税则

协定税则是指一国与其他国家或地区通过贸易与关税谈判,以贸易条约或协定的方式确定的关税税率。

第二节　非关税限制进口措施

非关税壁垒是指除关税以外一切限制进口的措施。非关税壁垒可分为直接和间接的两大类。前者是由进口国直接对进口商品的数量和金额加以限制或迫使出口国“自动”限制商品出口,如进口配额制、进口许可证制和自动出口配额制等。后者是对进口商品制定严格的条例,间接地限制商品进口,如汇率低估、外汇管制、国家垄断、歧视性政府采购政策、进口押金制、专断的海关估价、最低限价、技术性贸易壁垒等。

一、非关税壁垒的特点

非关税壁垒在当代国际贸易中已逐渐取代关税成为限制进口的主要手段,这在发达国家的进口贸易中表现得尤为明显。非关税壁垒虽然与关税壁垒一样可以限制外国商品进口,却有其自身显著的特点。

(一) 隐蔽性

一般来说,关税税率制定后,各国政府须通过法律的形式对外公布,并严格执行。出口商通常通过查阅进口国海关税则,即可获得关税税率的相关信息,透明度高。非关税壁垒则完全不同,其措施往往不公开,或者规定极为繁琐复杂的标准和手续,使出口商难以对付和适应。它既能以正常的海关检验要求的名义出现,也可借用进口国的有关行政规定和法令条例，使之巧妙地隐藏在具体执行过程中无需作公开的规定。

（二）灵活性和针对性

关税税率制定必须通过立法程序，并要求一定的延续性和稳定性。如遇税率调整或更改，需经过较为繁琐的法律程序和手续。同时，关税税率的调整直接受到GATT(WTO)的约束，各国海关不能随意提高关税以应付紧急限制进口的需要，因此关税壁垒的灵活性很差。但在制定和实施非关税壁垒措施上，通常采用行政程序，制定手续简单，其指定的程序也较迅速、简便，伸缩性大，能随时针对某种进口商品采取或更换相应的限制措施，表现出更大的灵活性和时效性。

（三）差别性和歧视性

一国在实施非关税壁垒时，往往针对某个国家采取相应的限制性的非关税措施，其结果大大增强了非关税壁垒的差别性、歧视性。

（四）有效性

关税壁垒的实施旨在通过征收高额关税提高进口商品的成本，它对商品进口的限制是相对的。而有些非关税壁垒对进口的限制是绝对的，例如用进口配额等预先规定进口的数量和金额，超过限额就禁止进口。这种办法在限制进口方面更直接、更严厉，因而也更有效。

二、传统的非关税壁垒措施

非关税壁垒措施名目繁多，层出不穷，下面主要介绍几种传统的非关税壁垒措施。

（一）进口配额制

进口配额又称进口限额，是一国政府在一定时期内对某种商品的进口数量或金额加以直接地限制。在规定的期限内，限额以内的商品可以进口，超过限额就不准进口，或征收较高的关税或罚款。

进口配额主要有两种：绝对配额和关税配额。

1. 绝对配额

绝对配额是指在一定的时期内，对某种商品的进口数量或金额规定一个最高额，达到这个数额后不准进口。在实施中又分为两种：全球配额和国别配额。

(1) 全球配额

这是属于全球范围内的绝对配额，即对于来自任何国家和地区的商品一律适用。进口国主管当局通常按进口商申请先后或过去某一时期的实际进口额批给一定的额度，直至总配额使用完为止，超过总配额就不准进口。

(2) 国别配额

国别配额是在总配额内按国别或地区分配给固定的配额，超过给各国或地区规定的配额便不准进口。实行国别配额可以使进口国根据它与有关国家或地区的政治经济关系分配给不同的额度。进口商必须提交原产地证书以区分来自不同的国家或地区的商品。

国别配额又可以分为自主配额和协议配额。自主配额又称单方面配额，是由进口国完全自主地、单方面强制规定一定时期内从某个国家或地区进口某种商品的配额。协议配额又称双边配额，是由进口国家或出口国家政府或民间团体之间协商确定的配额。

2. 关税配额

关税配额即对进口商品的绝对数量和金额不加限制，在规定的时期内，对关税配额以内的进口商品给予低税或减免税待遇，超过配额的进口商品则征收较高的关税、附加税或罚款。例如，澳大利亚从1979年起对来自中国的呢绒实施关税配额，年度配额是全毛精纺200万平方米，混纺呢绒150万平方米，超过上述配额就要征收高关税。韩国对大米、玉米等67种(2001年减至60种)农产品实行关税配额管理，对其中的部分产品征收很高的配额外关税，其税率一般在200%以上。另外，韩国的配额管理还缺乏足够的透明度，影响了中国相关产品的对韩出口。日本关税配额的分配采取“事前分配方式”。日本关税配额管理程序复杂，例如，日方以经验不足为由拖延公布配额分配结果，影响了贸易的正常开展，而且日方仅公布获得配额的企业名单，并不标明各企业获得的配额数量，配额申请人无法通过横向比较评估分配结果的公正性，配额外税率也设置过高。

为了加强绝对进口配额的作用，一些国家往往对配额商品订得很细，比如按不同的商品规格、价格水平、原料来源和进口商等规定不同的配额。

1995年WTO成立以后，进口配额的使用受到诸多多边协议的规范。各国进口配额的发放也必须贯彻公开、透明和非歧视的原则。

(二)“自愿”出口配额制

“自愿”出口配额制是出口国在进口国的要求或压力下，“自愿”规定在某一时期内某种商品对该国的出口配额，在限定的配额内自行控制出口，超过配额即禁止出口。“自愿”出口限制往往是出口国在面临进口国采取报复性贸易措施的威胁时被迫作出的一种选择。它是在20世纪60年代出现的一种非关税壁垒措施，实际上是进口配额制的变种。所不同的是，出口配额是由出口国控制的，出口商可以利用出口配额提高出口价格，使由于配额产生的租金流入出口商手中。

“自限协定”的条款和内容主要包括：(1)规定在协定有效期内第一年度的出口额和其他各年度的增长率，即配额水平。(2)“自动”限制出口的商品分类。(3)协调各种“自限”商品限额相互融通使用的权限。(4)保护条款，即进口国有权通过一定程序，限制或停止某种造成“市场混乱”的商品进口。

“自愿”出口配额制一般有两种形式：

1. 非协定的“自愿”出口配额

即不受国际协定的约束，而是出口国迫于进口国的压力，单方面规定出口配额，限制商品出口。这种配额有的是由政府有关机构规定配额，出口商必须向有关机构申请配额，领取出口授权书或出口许可证才能出口。有的是由本国大的出口厂商或协会“自愿”控制出口，以控制恶性竞争。

2. 协定的“自愿”出口配额

即双方通过谈判签订“自限协定”或有秩序的销售安排。在协定中规定有效期内的某些商品的出口配额，出口国应根据此配额实行出口许可证或出口配额签证制，自行限制这些商品的出口。进口国则根据海关统计进行检查，“自愿”出口配额大多数属于这一种。《纺织品服装协定》就是发达国家为阻止来自发展中国家日益增长的纺织品进口而采取的一种有秩序销售安排，它到2005年就全面中止了，从而实现纺织品贸易的自由化。

出口国企业可以通过转移生产国别来回避“自愿”出口配额。例如，在美国要求日本对汽车实行“自愿”出口限额后，日本大量的汽车制造公司到美国本十设厂生产，使“自愿”出口限额失效。20世纪60年代中期，美国迫使中国香港实行纺织品“自愿”出口限额，因为当时新加坡向美国出口纺织品还不受配额限制，造成中国香港纺织品企业纷纷去新加坡投资设厂，后来新加坡也被迫规定出口限额时，这些公司又转移到不受配额限制的泰国和马来西亚投资设立子公司，继续向美国出口。

（三）进口许可证制

进口许可证制度是一国规定某些商品的进口必须申领许可证，没有许可证海关不予进口的制度，是国际贸易中一项应用较为广泛的非关税措施。

从进口许可证与进口配额的关系上看，进口许可证可以分为两种：一种是有定额的进口许可证，进口国管理机构预先规定一定的配额，然后根据进口商的申请发放。另一种是无定额的进口许可证，即进口许可证的发放不与配额结合，进口国在个别考虑的基础上，决定对某种商品的进口发给许可证。由于这种个别考虑没有公开的标准，所以能起到更大的限制进口的作用。

从进口商品的许可程度上看，进口许可证一般可分为一般许可证和特种许可证两种。前者又称公开一般许可证，凡是列明属于公开一般许可证的商品，进口商只要填写了许可证，有关当局应立即批准和发给进口许可证，不包括对进口的任何限制，而只是一种申报程序。各国政府通过一般许可证管理，可以不用很多人力财力就能得到进口统计数字和其他必要的信息。后者又称为特种进口许可证，由政府有关机构对进口商品进行严格的监督和控制，只对允许进口的商品数量发给许可证。在GATT乌拉圭回合谈判中，以上两种许可证又被称为自动许可证和非自动许可证。

进口许可证制是与WTO的基本原则相违背的，如果这种做法运用不当，不仅会妨碍贸易的公平竞争，还容易导致对出口国实行歧视性待遇。而且特种许可证的发放如果没有法律保障，就很容易成为进口国有关机构腐败的温床。所以WTO要求，如果有关成员国因特殊情况要采用进口许可证制，也要使用公开一般许可证，并且发放程序要透明。

（四）外汇管制

外汇管制是一国政府通过法令对外汇的收支、结算、买卖和使用所采取的限制措施。其目的是控制外汇的使用，限制外汇资本流动，稳定货币汇率，改善或平衡国际收支。

在外汇管制下，进口商必须向外汇管制机构（比如我国的外汇管理局）指定的银行购买外汇；本国货币出入国境的携带也受到严格的限制等。政府通过控制外汇的供应数量来掌握进口商品的种类、数量和来源国别，从而起到限制进口的作用。

外汇管制一般可分为以下三种：

1. 数量性外汇管制

指国家外汇管理机构对外汇买卖的数量直接进行限制和分配。一些国家实行数量性外汇管制时，往往与进口许可证相结合。

2. 成本性外汇管制

是指国家外汇管理机构对外汇买卖实行复汇率制，利用外汇买卖成本的差异，间接影响不同商品的出口。实行外汇管制的国家对于国内需要而又供应不足或不生产的重要原料、机器设备和生活必需品，用较为优惠的汇率；对于国内可大量供应以及非重要的原料和机器设备用一般的汇率；对于奢侈品和非必需品使用最不利的汇率。

3. 混合性外汇管制

是指同时使用数量性和成本性的外汇管制，对外汇实行更为严格的控制，以控制商品的进出口。

第二次世界大战后，由于外汇储备短缺，国际收支长期失衡，许多国家实行外汇管制政策。20 世纪 50 年代以后，许多国家的国际收支逐渐改善，于是逐步放宽了外汇管制，最后实现了货币的自由兑换。一般来说，现在实行外汇管制的国家，要么本国金融体系还不健全，不能马上实现货币自由兑换，例如 20 世纪 90 年代后期的中国；要么频繁经历金融危机，国际收支长期失衡，不得已而实行进口外汇管制，例如一些拉美国家。

（五）最低进口限价制

最低进口限价制即指一国政府规定某种进口商品的最低价格，若进口商品低于最低价则禁止进口或征收进口附加税。例如，1985 年智利对绸坯布进口规定每公斤的最低限价为 52 美元，低于此限价，将征收进口附加税。20 世纪 70 年代，美国曾实行所谓的"启动价格制"来限制欧洲国家和日本的低价钢材和钢制品的进口，启动价格是以当时世界上效率最高的钢材生产者的生产成本为基础计算出来的最低限价，当进口价格低于这一限价时便自动引发对该商品征收进口附加税或罚金。

（六）国内税

国内税是指在一国境内，对生产、销售、使用或消费的商品所应支付的捐税，一些国家往往采用国内税制度直接或间接地限制某些商品的进口。对进口产品征收高于国内产品的税费，则构成对进口产品的不公平限制，与 WTO 的国民待遇相违背。但是由于国内税的制定和执行通常不受贸易条约和多边协定的限制，而且有些国家地方政府亦有设税的权限，所以更能起到限制进口的目的。例如，美国和日本进口酒精饮料的消费税都高于本国同类产品。

（七）进口押金制

进口押金制又称进口存款制。进口商若要进口商品，要预先按照进口金额的一定比率，在规定时间内到指定银行无息存入一笔现金，以增加进口商的资金负担，达到限制进口的目的。例如，第二次世界大战后，意大利政府曾规定某些商品不管从任何国家进口，必须先向中央银行交纳相当于进口值半数的现款押金，并无息冻结 6 个月。据估计，这项措施相当于征收 5%以上的进口附加税。芬兰、新西兰和巴西等国也实行这种措施。

（八）专断的海关估价

海关估价是指海关按照规定对申报进口的商品价格进行审核，以确定或估计其完税价格。专断的海关估价措施是指有些国家根据国内某些特殊规定，违背《海关估价协议》，提高某些进口货物的海关估价，增加进口货物的关税负担，来阻碍商品的进口。

（九）通关环节壁垒

通关环节壁垒是指进口国有关当局在进口商办理通关手续时，要求提供非常复杂或难以获得的资料，甚至商业秘密资料，从而增加进口产品的成本，影响其顺利进入进口国市场；或者通关程序耗时冗长，使得应季的进口产品(如应季服装、农产品等)失去贸易机会；或者对进口产品征收不合理的海关税费等。

案例

法国实施的通关环节壁垒

1982年10月，法国政府宣布，凡录像机进口都必须经过一个叫普瓦蒂埃的口岸。普瓦蒂埃是一个名不见经传的内地小镇，离最近的港口有数百英里。该镇的海关人员很少，大批录像机被海关人员搬出箱子，查看使用说明书是否为法文，结果极大地延迟了过关的时间。加上要求在该口岸过关的消息是在一个不为人注意的小报上公布的，许多日本出口商根本不知道这条消息，还是把货物运到了原来的口岸，然后不得不再转运到普瓦蒂埃，损失无法计量。这样就达到了限制进口日本录像机的目的。

(十) 进口禁令

进口禁令是指超出WTO规则相关例外条款(如GATT第20条规定的一般例外、第21条规定的安全例外等)规定而实施的限制或禁止进口的措施。例如，某国贸易法规定，该国产业可申请以安全为由对来自别国的进口产品实施限制，该保护措施可以无限期使用。这一规定为该国国内制造商提供了一个以国家安全为由寻求保护的机会，但实践中极易产生抑制外国产品竞争的效果。又如，某国以另一国的捕虾拖网渔船没有安装海龟逃生装置为由，禁止进口来自该国的虾类产品。

(十一) 进出口国家垄断

进出口国家垄断是指为推行非关税壁垒，对某些商品的进出口实行国家垄断经营。其经营形式包括国家直接经营和把商品的进出口权正式委托给某个垄断组织经营，是国家资本在对外贸易方面的一种表现。具体做法是：由国营贸易公司或专设机构在国外购买某些产品，然后低价出售给本国垄断组织；在国内向垄断组织高价收购某些产品，然后以低价在国外市场倾销。

(十二) 歧视性政府采购政策

歧视性政府采购政策是指WTO成员国政府在采购公共物品时违反最惠国待遇，对不同国家的产品采取差别待遇，从而构成对特定国家产品的歧视。

鉴于上述情况，WTO通过谈判，制定了《政府采购协议》。这是一个诸边协议，只有签署了该协议的成员方受协议规则的约束。协议规定，协议的签署方必须保持政府采购的透明度，并给其他成员在参与政府采购方面同等的待遇。但在实践中，一些WTO成员往往以不太透明的采购程序阻碍外国产品公平地参与采购。

(十三) 直接生产补贴

直接生产补贴是政府对进口竞争部门给以补贴，使之能与同类进口产品的相同价格在国内市场销售，以达到排挤或减少此类产品进口的目的。WTO的《补贴与反补贴措施协议》对成员国使用补贴确立了比较严格的标准，将补贴分为禁止的补贴、可申诉的补贴和不可申诉的补贴。其中禁止的补贴包括进口替代补贴。

三、非关税壁垒的新发展

乌拉圭回合谈判的结果是关税壁垒进一步削弱，传统的非关税壁垒也受到众多诸边协议的约束。各国在保护环境、维持生物多样性和本国人民生命安全的名义下，实施或加强了一系列新的非关税壁垒措施，这里主要介绍技术性贸易壁垒、绿色壁垒、反倾销措施壁垒。

（一）技术性贸易壁垒

1. 技术性贸易壁垒的含义及类别

技术性贸易壁垒是指进口国对外国进口商品，制定强制性和非强制性的苛刻繁琐的技术法规、标准以及检验商品的合格评定程序，从而提高产品进口的要求，增加进口难度，最终达到限制进口的目的。这类壁垒以技术面目出现，属于人为的、技巧性的，而不是实质上的、自然科学意义上的技术。

世界贸易组织1994年《技术性贸易壁垒协议》（WTO/TBT协议）承认了技术性贸易措施存在的合理性和必要性，允许各国可以基于维护国家安全、人类安全与健康、动植物安全与健康、环境保护和防止欺诈行为等正当理由而采取技术性贸易措施。

根据《TBT协议》，技术性贸易措施可分为三类，即技术法规、标准和合格评定程序，并把符合《TBT协议》原则的技术法规、标准和合格评定程序视为合理的、允许的，不构成贸易壁垒，而把不符合《TBT协议》原则的技术法规、标准作为贸易壁垒，要求消除。

2. 技术性贸易壁垒的主要措施

各国技术性贸易壁垒主要有以下几种：

（1）严格、繁杂的技术法规和技术标准

技术法规所包含的内容主要涉及劳动安全、环境保护、卫生与健康和节约能源与材料等。目前，工业发达国家颁布的技术法规种类繁多。尤其是近几十年来，随着贸易战的加剧，许多工业发达国家打着保护本国消费者安全和健康、保护劳工的合法权益的旗号，制定了许多有关安全卫生方面的法律来限制商品进口。

随着竞争的加剧，工业发达国家对于许多产品规定了极为严格的技术标准，有意识地利用标准作为竞争的手段，把标准中的技术差异作为贸易保护主义的措施。有些标准的规定甚至是经过精心策划的，专门用以针对某个国家的出口产品。技术标准不仅在条文上可以对外国产品规定许多限制，而且在标准的实施上也可以设置重重障碍，以限制进口和销售。具体体现在以下四个方面：

① 充分利用各国技术标准、法规的差异性设置障碍。日本的法规和标准中只有极少数是与国际标准一致的，当外国产品进入日本市场时，不仅要符合国际标准，还要与日本的标准相吻合。如化妆品，要与日本的化妆品成分标准(JSCL)、添加剂标准(JSFA)和药理标准(JP)的要求一致。只要有其中一项指标不合格，日方就可以以质量不达标为由拒之门外。

② 技术标准要求严格，让发展中国家很难达到。发达国家凭借其经济、技术优势，制定出非常严格苛刻的标准，有的标准甚至让发展中国家望尘莫及。欧盟各国由于普遍经济、技术实力较高，因而各国的技术标准水平较高，法规较严，尤其是对产品的环境标准要求，让一般发展中国家的产品望尘莫及。以欧盟进口的肉类食品为例，不但要求检验农药的残

留量，还要求检验出口国生产厂家的卫生条件；此外，欧盟理事会 92－5EEC 指令还对工作间温度、肉制品配方及容器、包装等作出了严格的规定。

③ 有些标准经过精心设计和研究，是专门针对进口国家或商品而制定的，可以专门用来对某些国家的产品形成技术壁垒。美国为了阻止墨西哥的土豆输入，对土豆的标准规定有成熟性、个头大小等指标，这就给墨西哥种植的土豆销往美国造成了困难，因为要销往美国的土豆不能太熟就得收获，否则易烂，这样又难以符合成熟性的要求。

④ 社会道德责任标准越来越受到发达国家的重视。社会道德责任标准（简称 SA8000）1997 年由设在伦敦和纽约的英美非政府组织——经济优先领域理事会（CEP）制定，随后 CEP 设立了标准和认可咨询委员会（CEPAA），任务是跟踪、监督和审查新标准制定的进展情况。CEPAA 是 SA8000 认证组织的认可机构，也是社会责任标准的版权所有者。随着对 SA8000 的不断修订和完善，该标准最终将会发展成为一个覆盖道德、社会和环境等范围很广的标准。目前 SA8000 只涉及与人身权益以及与健康、安全和机会平等等核心要素有关的初始审核。SA8000 的主要内容包括童工、强迫性劳工、健康与安全、组织工会的自由与集体谈判的权利和歧视等。

近年来欧美越来越重视社会道德责任标准的实施，由于发展中国家和发达国家在社会发展上的巨大差异，广大发展中国家认为发达国家强制推行社会道德责任标准的主要目的，不在于真正关心发展中国家的劳工待遇，而在于通过实施 SA8000 提高进口产品成本，进而达到限制对劳动力密集型产品的进口。

（2）复杂的合格评定程序

许多国家规定对影响人身安全和健康的产品实行强制性认证。这些产品未经政府授权的机构进行认证，未佩戴特定的认证标志，不准在市场上销售。

（3）商品标签的规定

标签是商品上必要的文字、图形和符号。许多国家为了保护消费者的利益，要求尽量向消费者提供产品质量和使用方法的信息，因而对进口商品，特别是对消费品标签作了严格的规定。

许多国家对商品包装和标签规定了苛刻的要求和繁琐的内容，使出口商增加商品成本，削弱了商品的竞争能力。加拿大规定进口食品和食用的消费品必须以法文和英文标用品名，并在商品的明显地方标明商品的重量、名称和出口国生产者或加拿大进口商的名称和地址。法国一家公司生产的童装出口奥地利，因未注明洗涤标志，到奥地利国境时被海关卡住，不但商品进不了奥地利，还要支付海关的存货费用。

案例

中国彩电出口受阻

作为最早进入国际市场的产业之一，彩电一直是中国企业的骄傲，然而这个一度辉煌的产业也迎来了自己的危机。海关总署新近公布的统计数据显示：2007 年中国彩电出口比去年大幅度下降了 44.6%。是什么导致中国彩电出口大幅下滑？这一信号又告诉人们什么？

根据海关总署的统计数据，2007 年中国共出口彩电 4 788 万台，比去年同期下降了 44.6%，出口额为 90.08 亿美元，比去年同期略升 2.3%。与此同时，黄埔海关统计数据显示，作为彩电主要出口基地的广东省，2007 年出口彩电 2 312 万台，价值 28.4 亿美元，与 2006 年相比分别下降 31%和 6.2%。

美国联邦通信委员会规定，自 2007 年 3 月起，出口到美国市场的电视机必须是数字电视机，同时 13 英寸以上的电视机必须符合先进制式委员会（ATSC）标准的技术规范，而要达到 ATSC 标准的相关技术规范，将不得不用到 ATSC 会员企业的相关专利。ATSC 标准涉及多项专利。目前，已经有汤姆逊、索尼、飞利浦、日立等多家专利权人向中国彩电企业提出专利主张，要求对每台数字电视征收 30～50 美元不等的专利费，显然，这对于利润率非常低的中国彩电行业来说是不可承受之重。

（二）绿色壁垒

绿色壁垒是指以保护环境、保护生态平衡和节约能源等为由的限制或阻碍国际贸易的措施。

绿色壁垒所涉及的内容非常广泛，从对环境产生影响的角度出发，其内容可以从商品的生产、加工方法、包装材料、销售方式、消费方式甚至商品废弃后的处理方式等诸多方面加以限制。总体来讲，绿色壁垒可分为下述几大类：

1. 苛刻的绿色标准

发达国家在保护环境的名义下，通过立法手段，制定严格的强制性技术标准，限制国外商品进口。这些标准都是根据发达国家生产和技术水平制定的，发展中国家是很难达到的。这种貌似公正，实则不平等的环保技术标准，势必导致发展中国家产品被排斥在发达国家市场之外。

2. 复杂苛刻的动植物卫生检疫措施

根据 WTO《实施卫生与植物卫生措施协议》（以下简称《SPS 协议》）的有关规定，WTO 成员制定和实施 SPS 措施必须遵循科学性原则、等效性原则、与国际标准协调一致原则、透明度原则、SPS 措施的一致性原则、对贸易影响最小原则和动植物疫情区域化原则等。缺乏科学依据，不符合上述原则的 SPS 措施均构成贸易壁垒。例如，某国仅以从来自某另一国的个别批次中检测出不符合《SPS 协议》的污染物为由，全面禁止从该国进口，违反了《SPS 协议》关于 SPS 措施要基于必要且对贸易影响最小的原则，构成了贸易壁垒。又如，某国以某另一国的个别农场或地区发生动植物疫情为由，全面禁止从该国进口所有的动植物及其产品，违反了《SPS 协议》的区域化原则，构成了贸易的变相限制。

3. 绿色包装要求

绿色包装制度要求节约资源，减少废弃物，用后易于回收再用或者再生，易于自然分解。这些“绿色包装”规定，虽然有利于环境保护，但却为发达国家制造“绿色壁垒”提供了可能，由此引起的贸易摩擦不断。例如美国的环保法规中规定，对一些天然材料生产的包装物，要进行卫生和动植物检疫，以防止动植物病虫害的进入，而我国的出口产品包装往往不注重这方面的要求，加之包装材料较差，部分出口的包装中还在大量使用木材、稻草等材料，不仅外观粗陋，而且常常因为其中含有病虫害而一再受到美国的责难和限制，甚至经常因为通不过动植物检疫而影响有关产品的出口。

4. 绿色环境标志

绿色环境标志是一种在产品或其包装上的图形，表明该产品不但质量符合标准，而且在生产、使用、消费和处理过程中符合环保要求，对生态环境和人类健康均无损害。发展中国家要进入发达国家市场，必须取得这种“绿色通行证”，但是其中花费的时间和费用使许多中小型企业望而却步。

（三）反倾销措施壁垒

1995年7月1日生效的世界贸易组织《反倾销协议》，是反倾销的主要行为准则，也是各成员国制定或修改国内反倾销法律的依据。《反倾销协议》规定，欲实施反倾销措施的成员方须遵守三个条件：一是确定倾销事实的存在；二是确定对其国内产业造成了实质损害或实质损害的威胁，或对建立国内相关产业造成了实质阻碍；三是确定倾销和损害之间事实上存在因果关系。界定倾销的要素在于外国商品价格与正常价格之间差距的大小。按照世界贸易组织规定，倾销幅度不超过出口价格的2%或者倾销产品进口量占同类产品进口的比例不超过3%，都是可以忽略不计的。反倾销措施壁垒是指滥用WTO所允许的合理的反倾销手段，以达到限制外国产品进口的目的。

反倾销措施的下述特点使其成为除技术贸易壁垒、绿色壁垒以外限制进口的另一有效手段：

(1) 反倾销是得到WTO协议认可的。WTO《多边货物贸易协定》中的《反倾销措施协议》使反倾销制度在WTO框架下取得了合法地位，相应地，维护公平竞争就成为实行贸易保护的一个有力的借口。

(2) 实施反倾销行动所要求的利益损害（指倾销行为对进口国国内产业造成的损害或损害威胁）认定，要比采取保障措施所要求的利益损害（指进口激增对进口国国内产业造成的损害或损害威胁）认定更为简单。采取保障措施的前提是认定进口对国内产业造成严重损害，而对反倾销措施来说，损害认定标准较低，有造成实际损害的举证就足够了。

(3) 反倾销可以针对个别国家。WTO并不要求反倾销行动必须对所有出口国同时进行。

(4) 反倾销和自动出口限制具有互补效应。反倾销的威胁会使出口国更容易接受自愿出口限制。

(5) 反倾销限制进口的效果显著且迅速。无论案件结果如何，单是反倾销调查本身就具有限制进口的作用。出口商将承受应诉和管理成本，同时还面临不确定性的风险。

案例

南美贸易壁垒趋严　出口鞋企亟须关注

自2012年6月，国务院总理温家宝在访问阿根廷期间与巴西、阿根廷、巴拉圭和乌拉圭等国家签署了《中国—南共市联合声明》后，中国与南共市成员国之间市场前景喜人。

但值得警惕的是，在迎来发展机遇的同时，以上述四国为代表的南美国家的各类贸易壁垒近年来也不断趋严，潜在的贸易风险不断增大，出口企业亟须关注。

——技术性贸易壁垒措施出台密集。2011年以来，巴西、阿根廷等国密集出台了一系列技术性贸易壁垒，频次明显增加，其中仅巴西针对空调、冰箱等电器产品发布的TBT通报就达30起。从涉及的产品来看，儿童玩具、家用电器以及婴儿用品等日用消费品已成为南美国家的主要关注品种，而此类产品正是我国的主要出口商品。同时，进口认证和许可等措施也成为南美国家的重要技术贸易壁垒手段。

——质量要求看齐欧美发达国家。从技术壁垒的具体内容来看，近年来巴西等国出台的有关玩具中的增塑剂限量、家用电器的能效要求以及食品包装的安全卫生等质量要求都与欧美等发达国家的要求呈现出明显的跟踪性。如欧盟禁用双酚A奶瓶后，巴西、巴拉圭也相继出台了双酚A奶瓶禁令。针对欧美电器能效指令不断出台，阿根廷、巴西也相继发布通报，提高了对空调、冰箱等电器的能效指标要求。

——反倾销性质的进口限制措施增多。除了技术性措施以外，2011年以来，南共市成员国还实施了一系列反倾销性质的进口限制措施，出口的鞋类、纺织品以及塑料制品等日用消费品受到较大冲击。如阿根廷先后三次发布决议，为婴儿车及塑料餐厨具等产品设立新的价值标准。若产品进口申报价格低于标准，必须支付关税差价保证金。巴西自2010年对中国鞋类征收反倾销税2年以来，再次收紧限制，决定对来自中国的鞋类半成品及配件征收182%的附加税。由于进口量巨大且价格低廉，不少"中国制造"商品已成为巴西等国的首要限制目标。

第三节　鼓励出口和出口管制措施

世界各国除了对进口商品实行各种限制措施外，对扩大本国商品出口大都采取种种鼓励的措施。同时，也对某些商品，特别是战略物资和先进技术的出口，实行管制措施，限制或禁止它们的出口。

一、鼓励出口措施

鼓励出口的政策一般也被视作保护贸易政策的一种表现，也是干预主义的一种，只是在干预形式上与进口限制有所不同，隐蔽性较强。在当今国际贸易中，各国鼓励出口的做法很多，涉及经济、政治、法律等许多方面。运用财政、金融、汇率等经济手段和政策工具较为普遍。

(一) 出口补贴

1. 出口补贴的定义

出口补贴又称出口津贴，是指政府在商品出口时给予出口厂商的现金补贴或财政上的优惠，目的在于降低出口商品的价格，加强其在国外市场上的竞争力。

2. 出口补贴的分类

(1) 直接补贴

即出口某种商品时，直接付给出口商的现金补贴。直接补贴的办法包括价格补贴和收入补贴。如韩国在 20 世纪 60 年代初就制定过非常具体的补贴标准，出口补贴共分四等，特等 25 韩元/美元，一等 20 韩元/美元，二等 15 韩元/美元，三等 10 韩元/美元。另外，政府设立保证价格，保证支付出口产品国际市场和国内市场的差价也是一种价格补贴。美国和欧盟的农产品出口补贴就是例子之一。

收入补贴则包括对企业的出口亏损进行补偿等。例如，中国的外贸企业在改革之前都是国营的，出口的亏损由政府承担。

(2) 间接补贴

即政府对某些商品的出口给予财政上的照顾。如给予某些商品的出口商减免出口税和国内损失税的优待；对加工出口商品而进口的原料、半成品实行暂时免税或退税；对于出口商品减低运费等。这些方法都是为了减少出口成本，扩大销路。

出口补贴的具体形式很多，有的很明显，容易招致报复；有的则较为隐蔽，不易察觉。根据 WTO 相关规定，把出口补贴视作“不公平竞争”，它允许进口国在本国同类产业遭到受补贴产品的进口冲击、造成重大损失时，征收反补贴税。

（二）生产补贴

一国为增强本国产品在国际市场的竞争力，扩大出口，除可采用出口补贴的方法外，还可直接进行生产补贴。生产补贴与出口补贴最大的区别在于：政府提供出口补贴时，只对生产企业用于出口部分的产品给予补贴，而企业内销部分的产品是不能享受补贴的；但生产补贴则是政府给整个生产企业以补贴，其产品无论是用于外销还是内销，均可享受政府所提供的补贴。

（三）出口信贷

出口信贷是出口国为了鼓励商品出口，加强本国商品在国际市场上的竞争能力，通过银行对本国出口厂商或外国进口厂商提供的贷款。出口信贷的利息率一般低于相同条件资金贷放的市场利率，其中的利差由国家补贴，并与国家信贷担保相结合。出口信贷是在 WTO 框架下合理使用的一种鼓励出口的手段，因而为各国普遍采用。

按借贷关系，出口信贷可以分为卖方信贷和买方信贷。

1. 卖方信贷

所谓卖方信贷，是指出口方银行向出口厂商（即卖方）提供的贷款，其贷款合同由出口商与银行之间签订。卖方信贷通常用于那些金额大、期限长的项目。因为这类商品的购进需要很多资金，进口商一般要求延期付款，而出口商为了加速资金周转，往往需要取得银行的贷款。卖方信贷正是银行直接资助出口商向外国进口商提供延期付款，以促进商品出口的一种方式。但由于卖方信贷风险较大，手续也较繁琐，因此较少使用。

2. 买方信贷

所谓买方信贷，是指出口方银行直接向进口厂商（即买方）或进口方银行提供的贷款，其附加条件就是贷款必须用于购买债权国的商品，这就是所谓约束性贷款。买方信贷由于具有较强的约束性，可以较好地起到扩大出口的作用。

（四）出口信贷保险

出口信贷保险是指私人保险公司对本国出口厂商或银行向外国进口厂商或银行提供的出口信贷进行保险，在出口厂商或银行不能如期收回货款时补偿他们的损失。

出口信贷保险业务是随着出口信贷业务的发展而出现的。在出口信贷业务中，无论是卖方信贷还是买方信贷，都存在着不能如期收回货款的风险。这就为私人保险公司提供了一个极大商机，出口信贷保险业务应运而生。

但是，由于世界各国经济运行中的固有矛盾，企业的倒闭破产，或企业间的相互并购情况越来越普遍。同时，由于主要贸易大国争夺市场的竞争越来越尖锐，它们纷纷推行进口限额和外汇管制等管制措施，使进口商或银行常常可以根据国家限制进口或外汇管制的政策条文来拒绝偿还贷款。这样，国际贸易中提供出口信贷的风险就变得越来越突显。当这种风险普遍存在且演变成为一种经常性经济现象后，因风险而招致的损失可能超过私人保险公司能够承受的限度，遂迫使私人保险公司退出市场。为鼓励出口厂商或银行继续提供出口信贷以增加促进本国的出口贸易，政府开始大规模介入出口信贷保险业务，于是便产生了出口信贷国家担保制。

（五）出口信贷国家担保制

如前所述，出口信贷国家担保制是出口国政府为了扩大出口，对于本国出口厂商或银行向国外进口厂商或银行提供的信贷，由国家设立的专门机构出面担保。当外国债务人由于政治或经济原因拒绝付款时，国家担保机构即按照承保的数额给予补偿。这是出口国政府为鼓励出口而较为常用的一种手段。

出口信贷国家担保制的内容主要包括对担保对象、担保项目与金额及担保的期限与费用等作出的相应规定。

其中，担保对象包括对出口厂商的担保和对银行的担保两个方面，担保的项目包括政治风险和经济风险两大类。政治风险的承保金额一般为合同金额的85%～95%，经济风险的承保金额一般为合同金额的70%～80%。担保的期限一般与贷款的期限一致。

（六）商品倾销

商品倾销是指以远低于国际市场价格、国内批发价格，甚至低于生产成本的价格，向国外抛售商品，从而打击竞争者，占领市场的一种手段。从表面上看，低于成本销售会使出口厂商蒙受经济损失。但是，实际上，倾销的这种损失不仅可以通过各种途径得到补偿，甚至可以获得更高的利润。例如：以国内垄断高价补偿国外低价销售损失的“空间倾销”；通过倾销击败竞争者、占领市场后，以垄断高价补偿倾销时期的损失的“时间倾销”；接收国家组织的出口补贴来补偿倾销亏损。倾销必须以高筑关税为前提，否则难以获得国内垄断高价的超额利润。

按照倾销的具体目的和时间的不同，商品倾销可以分为以下三种：

1. 偶然性倾销

此种倾销通常是因为销售旺季已过，或因公司改营其他业务，在国内市场上不能售出剩余货物，而以倾销方式在国外市场抛售。由于这种倾销时间较短，对进口国的同类生产带来的不利影响有限，故较少遭到进口国的反倾销措施。

2. 间歇性或掠夺性倾销

这种倾销的方法，是以低于国内价格甚至低于成本的价格，在某一国外市场上倾销商品，在挤垮或摧毁了所有或大部分竞争对手，垄断了该市场之后，再提高价格，以获取高额利润。这种倾销行为严重地损害了进口国家的利益，因而常常遭到这些国家反倾销税等措施的抵制。

3. 长期性倾销

这种倾销是长期以低于国内的价格,在国外市场出售商品。为弥补长期性低价格倾销可能带来的亏损,倾销者往往采用规模经济,扩大生产以降低成本。

(七) 外汇倾销

外汇倾销是指政府利用本国货币对外贬值的机会争夺国外市场的一种手段。由于货币贬值后,出口商品以外国货币表示的价格降低,从而提高了竞争能力,达到扩大出口的目的。实施货币贬值以扩大出口并不是任何时候都是奏效的,一方面,由于货币贬值会引发国内通货膨胀,如货币贬值幅度被国内通货膨胀赶上,因此,外汇倾销的目的可能只是在一段时间内达到,甚至不能起作用;另一方面,外汇倾销对实行同样幅度货币贬值的贸易伙伴也是无效的。另外,外汇倾销也是以贸易伙伴不实施报复为条件的。

二、出口管制

在国际贸易中,各国政府在鼓励出口的同时,往往还出于一些政治目的、经济利益的考虑,以及为履行贸易协定中应尽的义务,对一些商品实行出口管制,即限制或禁止有关商品的出口或限制、禁止某类商品对某些国家的出口,由此而形成了出口管制制度。

(一) 出口管制的原因

通常,各国尤其是西方发达国家实行出口管制的主要原因和目的在于:

1. 政治原因

政治原因往往是实行出口管制的主要原因,也是各国实行国别政策的重要手段之一。一些西方发达国家经常对与自己"敌对"或"不友好"的国家实行出口管制,特别是武器、军事设备、高技术和重要战略物资的出口受到了严格的限制。如美国将阿富汗、叙利亚、伊朗、黎巴嫩等列入恐怖主义国家而实行禁运。

2. 军事原因

为了保证世界的和平与安全,国际社会通过了"核不扩散条约",各国都有义务对可能用于核武器制造的技术与装置、原料的出口实行出口管制。同样,国际社会也禁止生化武器的研究与使用,有关化学武器及原材料的出口也应受到限制。另外,西方国家为了在军事上领先社会主义国家,对武器及相关技术设备和战略物资向这些国家的输出也予以控制。

3. 经济原因

许多国家为了避免本国相对稀缺的商品过量流失而造成不利的影响,常常会对该类商品实行出口管制,以保证国内需要。此外,当一国的某些商品在国际贸易总额中占有很大比重时,为了控制、稳定国际市场价格,改善贸易条件,政府也将对此类商品实行出口管制。

4. 其他原因

如为了人权目的,禁止劳改产品的出口;为了保护地球生态环境和濒危动植物,对一些物资进行全球性的贸易禁运;为了保护历史文物,对一些特殊商品的出口实行管制。

专栏

封锁和禁运

封锁是经济封锁的简称，指一国或数国为达到一定的政治、经济、军事目的对另一国或数国断绝贸易金融关系，冻结资金、财产等的行为。禁运是经济封锁的组成部分，指一国或数国断绝与其他国家的商品、劳务关系以及一切运输工具相互往来关系的行为。为达到封锁与禁运的目的，通常采用的措施有：(1)中断与被封锁或被禁运国家之间的一切商品、劳务交换关系；(2)禁止向被封锁或被禁运国家出口技术和技术诀窍(KNOW-HOW)；(3)停止向被封锁或被禁运一方提供一切军事、经济以至人道援助；(4)禁止向被封锁或被禁运一方进行任何投资，断绝彼此之间的货币金融关系；(5)冻结被封锁或被禁运一方政府机构和私人在本国的一切资金和财产；(6)禁止本国的车辆、船只、飞机及其运输工具装载货物前往被封锁或被禁运国家或地区；(7)制止双方之间的人员交流，等等。

俄国十月革命胜利之后，为了扼杀年轻的苏维埃政权，几乎所有帝国主义国家都参加了对苏维埃俄国的全面封锁与禁运。第二次世界大战爆发后，法西斯德国使用了一切经济、军事手段，对英国实行了经济封锁与禁运，造成了英国在第二次世界大战中各种物资极度匮乏的状况。第二次世界大战结束至今，世界上发生过多次的封锁与禁运：1949 年 11 月，为适应“冷战”的需要，美国在北大西洋公约组织第一次理事会上，操纵成立了未经签约的非正式经济封锁组织——巴黎统筹委员会，专门从事对苏联和东欧人民民主国家实行经济封锁与禁运。1950 年，美帝国主义发动侵朝战争，中、朝人民为了保家卫国，并肩与美帝国主义及其仆从军队进行了战斗，为此，1951 年美国操纵联合国大会通过了对中国、朝鲜实行封锁与禁运的决议，并于 1952 年 9 月在巴黎统筹委员会中增设“中国委员会”，加强对中国实行全面的封锁与禁运。该委员会通过的对中国的禁运货单项目达 500 余项，占当时参加国际贸易商品数目近一半左右。经过中国人民的长期斗争以及世界局势的逐渐缓和，60 年代以来，该委员会逐渐放宽了对我国的贸易限制。在 1973 年 10 月爆发的阿以中东战争中，阿拉伯石油生产输出国家与其他主持正义的国家联合起来，对那些支持以色列发动侵略战争的发达资本主义国家实行了石油禁运。这是发展中国家对发达资本主义国家主动实行的禁运。这次以石油为武器的禁运斗争取得了巨大的胜利。1979 年，联合国安理会通过了对南非种族主义政权实行武器禁运的决议。1986 年，由于南非种族主义者对内实行残酷的种族歧视政策，对外进行侵略扩张，引起了全世界各国人民和主持正义国家的极大愤怒，非洲前线国家绝大多数宣布对南非实行全面封锁或禁运。一些发达资本主义国家和国家集团如美国、欧洲经济共同体等也宣布了对南非种族主义政权实行经济制裁和部分禁运。这些封锁禁运和制裁对南非黑人反对白人种族主义者的斗争给予了有力的支持。

必须指出，与战后初期相比，在国际经济关系中，封锁与禁运正逐渐趋于减少，这是由于在经济生活国际化极大发展的当前条件下，实行封锁与禁运会破坏正常的经济往来，使封锁禁运国与被封锁禁运国都会遭到不同程度的经济损失。因此，各国在决定采取对一国或数国实行封锁或禁运时是十分审慎的。

（二）出口管制的对象

实行出口管制的商品通常主要有下列几类：

1. 战略物资及其有关的尖端技术和先进技术资料

如武器、军用飞机、先进的电子计算机及有关技术资料等。多数国家对这类商品与相关技术资料实行严格控制，只有领取出口许可证后才能被允许出口。

2. 国内的紧缺物资

即国内生产所紧迫需要的原材料和半制成品，以及国内供应明显不足的商品。这些物品若自由输往国外，势必加剧国内的供给不足和市场失衡，影响经济的正常发展，因此其出口常受到限制。

3. 需要“自动”限制出口的商品

迫于对方国家或某一集团的强大压力，某些国家不得不对某些具有很强国际竞争力的商品实行出口管制。如根据纺织品“自限协定”，出口国必须自行管理本国的纺织品出口。

4. 本国在国际市场上占主导地位的重要商品和出口额大的商品

这点对发展中国家来说尤为重要，因为发展中国家大多出口商品较为单一，出口市场也较集中，当国际市场价格下跌时，应尽量控制该商品的过多出口，以免加剧国际市场供大于求的不利形势，给本国经济带来更大的经济损失。石油输出国组织对成员国的石油产量和出口量进行控制，以稳定石油价格，保护国家利益，就是一个明显的例子。

5. 为保持生态平衡而得到保护的某些动植物

如象牙、犀牛角、虎骨等珍稀动物药材、珍稀动物本身及其制品，均在禁止出口商品的范围之列。

6. 历史文物和艺术珍品

如出口文物、艺术品、黄金、白银等特殊商品，国家一般都予以严格控制和管理，以保护本国艺术遗产，弘扬民族文化及精神。

（三）出口管制的形式

出口管制的形式主要有单方面出口管制和多边出口管制两种。

所谓单方面出口管制，是指一个国家根据本国的出口管制法案，设立专门的执行机构，对本国某些商品的出口实行管制。

所谓多边出口管制，即指一些国家为协调彼此的出口管制政策和措施，通过达成共同管制出口的协议，建立国际性的多边出口管制机构，共同制定多边出口管制的具体措施，以期达到共同的政治和经济目的。

专栏

国际多边出口管制机构——巴黎统筹委员会

巴黎统筹委员会本名为输出管制统筹委员会，正式成立于1950年1月，其总部设在巴黎，故而得名巴黎统筹委员会，简称“巴统”。由美国、英国、法国、意大利、加拿大、比利时、卢森堡、荷兰、丹麦、葡萄牙、挪威、德国、日本、希腊、土耳其、西班牙和澳大利亚17个国家组成。该组织的主要任务是:制定禁止、控制向社会主义国家出口的战略物资、高技术及其产品的标准和详细的禁运清单;审议可免除禁运面向社会主义国家出口的具体申请项目;协调和监督其禁运政策的执行和实施。1950年初,这个小组下设调查小组,主管对前苏联、东欧等国家的"禁运"。1952年又增设了所谓"中国委员会",以加强对中国的"经济封锁"和"禁运"。

在整个冷战时期,巴黎统筹委员会对封锁和禁止高技术及战略性物资向社会主义的输出发挥了重要的作用。例如,1987年,日本东芝机械公司向前苏联出口了属于巴统管制货单中的特殊专用精密机床,使前苏联潜艇的制造技术有了很大改进,对美国和西方国家造成了威胁,美国国会便通过决议对日本东芝公司予以制裁,5年内(后改为3年)禁止东芝公司对美国的出口,从而给东芝公司造成了巨大的经济损失。

随着冷战时代的结束,巴黎统筹委员会已于1994年宣告解散。虽然这种多边出口管制的组织机构已不复存在,但是其后续影响却仍是不可低估的。

(资料来源:海闻,P. 林海特,王新奎. 国际贸易. 上海:上海人民出版社,2003:320)

第四节　其他国际贸易政策措施

一、经济特区

(一)经济特区的含义及其发展

所谓经济特区,指的是一个国家或地区在其关境以外划出一定的区域,在这个区域内实行各种特殊的优惠政策,发展出口加工贸易、转口贸易,推动该地区和邻近地区经济贸易的发展。建立经济特区作为促进贸易发展的政策措施由来已久,在当代国际贸易中占有相当重要的地位。

20世纪40年代,特别是二次大战以后,自由港或自由贸易区在世界范围内获得了较大的发展,在国际贸易中担当起越来越重要的角色。50年代末60年代初,出现了新型的自由贸易区——出口加工区。爱尔兰于1959年在香农国际机场兴建的自由贸易区,是世界上第一个出口加工区。经济特区向多行业、多功能综合型发展,是20世纪80年代以来经济特区发展的主要特点。

(二)经济特区的种类

世界经济特区一般有自由港和自由贸易区、出口加工区、综合型经济特区与科技型经济特区、保税区、自由边境区与过境区几种类型。

1. 自由港和自由贸易区

传统的自由港和自由贸易区基本上是一种商业型或贸易型的经济特区,是经济特区最常见的形式。

自由港又称自由口岸,一般设置在港口城市或地区,例如,香港就是典型的自由港。它的特征是：(1)对商品的输出入不征关税或仅对少数商品(如烟、酒等)征税，不必办理海关手续；(2)一般准予在港内自由进行改装、加工、装卸、整理、买卖、展览、销毁和长期储存等。自由港的设立主要是为了发展过境贸易，吸引外国船只或货物过境，从中获取运费、堆栈费、加工费等收入。

自由贸易区，又称免税贸易区和自由区，也有的称为对外贸易区等。是在关境以外，准许外国商品自由免税进出的地区。自由贸易区一般依靠河、山等天然屏障或藩篱等其他障碍把它与其他受海关管辖的部分隔离开来，规定允许在区内经营活动的种类，如贸易、工业及劳务等。

自由贸易区一般有以下几个特点：(1)关税减免。除少数特殊商品外，一般都允许商品自由进出，不必办理海关手续且免征关税。(2)活动自由。进入自由贸易区的商品，一般允许在区内自由地拆散、分类、改装、储存、展览、重新包装、重整贴标签、清洗、整理、加工、制造、销毁以及与外国或国内的原料混合再出口，海关不予监督或控制。(3)特殊商品受限制。各国一般都禁止武器、弹药、毒品等进入自由贸易区，国家专卖的烟草、酒等特殊商品进入则规定必须凭特种进口许可证。

自由港与自由贸易区对出口贸易提供的优惠和便利主要是：(1)关税优惠和免除海关手续，也不受配额限制和外汇管制，免除大多数统计申报。(2)节省费用。自由贸易区一般都设在近海港的城市区，为外商提供接近最终市场的商品储存和加工地。(3)商品展销的窗口。便于外商以自由贸易区作为展示市场，以便进一步进入当地市场。(4)允许从事加工装配，既可省去捐税，又能降低成本、运费、厂房租金、工资及保险费等。

2. 出口加工区

出口加工区源于自由贸易区，是专门为加工、制造和装配出口产品而开辟的特定区域，是自由贸易区转口贸易功能弱化、出口加工功能强化的产物。

出口加工区一般设置在港口或邻近港口、国际机场的地方，提供基础设施以及免税等优惠待遇，主要的目的是引进国外资金、技术和经营管理方法，利用本国的劳动力资源与国际市场，发展出口加工工业，以扩大设区国的出口贸易，增加劳动就业和外汇收入，取得工业方面的收益，促进本国经济的发展。

出口加工区有两种类型：(1)综合性出口加工区，即在区内可以经营各种产品的出口加工。(2)专业性出口加工区，即区内只能经营某种特定产品的加工。

出口加工区的优惠政策措施主要包括两方面：(1)提供工业化所必需的一般先决条件，如提供训练有素、工资水平与生产效率和技术熟练程度相适应的劳动力；提供良好的环境，如码头、水电供给、交通设施、国际机场及通讯等基础设施；精简高效的行政机构和规章制度；政策的稳定和对外投资的法律保护。(2)提供财政上的优惠和补贴，鼓励出口加工业务发展及吸引外国投资，包括区内加工出口所需的各种进口设备、原材料一律免征进口税；加工产品出口一律免征出口税；区内外商投资企业可以减免部分国内税；按补贴性的收费率提供公用事业和基础设施服务以及工厂用地等；外商企业经营所得的各种收入不受外汇管制的限制等。

出口加工区与自由港、自由贸易区的重要区别：(1)其功能主要是开发外向型的加工或精加工的业务，发展具有国际竞争能力的工业；(2)其政策优惠主要是对经过加工后增值并最终产品是销往国外的厂商给予减免优惠。

3. 综合型经济特区与科技型经济特区

综合型和科技型经济特区是在出口加工区基础上形成和发展起来的，是世界经济特区发展的新阶段和新趋势。它们除了具有一般出口加工区和自由贸易区的特点外，还有各自的特点。

综合型经济特区的特点是：规模大，经营范围广，是一种多行业、多功能的特殊经济区域。它比小型的出口加工区具有更大的优势，经济效益显著。除了出口加工业和进出口贸易外，还经营农牧种植业、旅游业、金融服务业、交通电讯以及其他行业。例如巴西的马瑙斯自由贸易区。

科技型经济特区则一般以大学和科研机构为依托，以科学研究为先导，拥有较雄厚的技术力量，能够创立技术密集与知识密集型的新兴产业，发展高精尖产品，具有较强的国际竞争力。这种类型的经济特区，对于东道国的科技进步和工业化起到巨大的促进作用。

专栏

欢迎你到硅谷来

你如果开着汽车做一次穿越硅谷的旅行，当然应当以斯坦福大学为起点，该校的校园包括了斯坦福研究区，那里是休利特—帕卡德公司以及硅谷地区另外几十家更早成立的公司的所在地。硅谷综合体从斯坦福大学开始（有人称该校是硅谷最成功的"公司"），往南直达圣何塞。人们在这一路上走过的，实际上就是硅谷年复一年的发展历史。在帕洛阿尔托，人们看到几座高高耸立的办公大楼，这是一些风险资本公司的所在地，它们向创业家——工程师们提供资金，使他们得以开创几百个从原来公司分离出来的公司，这些公司是在另外一些公司技术创新的基础上建立起来的。

往南走，我们来到了瞭望山，费尔柴尔德半导体公司就设在这里，硅谷的许多公司是从它分离出来的。再往南几英里，就是设在森尼维尔、柯帕蒂诺和圣克拉拉的众多半导体公司的主要聚集地区。这是当今硅谷的心脏地带。英特尔公司的大本营在圣克拉拉，旁边就是高级微型仪表公司和四轮马车酒吧——在硅谷发展的初期，这是半导体工程师们常去的地方。右侧方是低矮的洛斯阿尔托斯山脉，那是新百万富翁们理想的居住地方。邻近的柯帕蒂诺是阿普尔公司以及其他新秀的所在地。

在硅谷地势较低的南端，那就是圣何塞了，这是个发展迅速而又杂乱无章的城市，是一些少数民族居民的聚集地。他们有墨西哥人、菲律宾人、越南人等，这些人构成了在硅谷干体力活的熟练工人的大多数。他们主要住在"南县"，因为"北县"房租昂贵，是大多数工程师和经理人员的安乐窝。人们越过市界，从圣克拉拉、森尼维尔和柯帕蒂诺进入了圣何塞，就会发现社会经济状况明显下降。交通拥挤，汽车排出的废气污染严重，犯罪率增加。即使在天堂里，也还是有种种社会问题。

虽然圣何塞主要是硅谷的一个居住区，近来，在这里以及毗邻的一些郊区城镇如米尔皮塔斯和阿尔维索等地，也建立了一些微电子公司。与北面几英里以外的硅谷心脏地带那些厂家相比，这些工厂一般都是建立的时间较短，而且规模较小。这些新工厂之所以设在这片高技术综合体的南部边缘，是因为硅谷的土地已经不够用了。许多最新的制造厂甚至不是设在加利福尼亚，而是设在得克萨斯州、科罗拉多州、俄勒冈州，甚至设在了马来西亚、菲律宾或墨西哥，因为那里劳动力便宜，住房费用也较低。但即使一些新的生产设施建在别的地方，这些公司的研究与发展部门还是放在硅谷。

几乎整个硅谷都位于圣克拉拉县的境内，1950 年的时候，该县的杏李生产在美国是首屈一指的。当时这个县只有 800 名制造业职工，其中有半数是在罐头和食品加工厂干活。如今，这些果树都已不复存在了。

硅谷是袖珍计算器、影像游艺机、家用计算机、无线电话、激光技术、微处理机和数字显示手表的诞生地。近年来在电子方面的几乎每一样新产品，都是从硅谷出来的。在美国电子协会的会员中，有 1 111 家公司（占会员公司总数的 62%）是加利福尼亚州的，马萨诸塞州拥有的会员公司数居全国第二，但只有 112 家会员公司。美国电子协会的总部设在帕洛阿尔托，那里再适当不过了。

硅谷代表了奥林匹克式的资本主义。下述事实表明了它的经济成就：它已经发展成为美国第 9 位最大的制造业中心，其年销售总额达 400 亿美元。硅谷每年大约新增 4 万个就业机会，其中大部分在不同程度上与信息技术有关。硅谷几乎可以算是个“信息社会”的典型例子，这里的劳动大军大多数从事于收集、加工和分配信息，或从事于制造信息技术设备。硅谷地区的经济在美国是发展得最快而且最健康的，圣克拉拉县的中等家庭收入每年在 3 万美元以上。从 1970 年到 1980 年，圣何塞市从美国第 29 位大城市跃升到第 18 位，使它成了这期间美国发展最快的一个城市。像硅谷这样一个高技术综合体，还是个知识分子荟萃的中心。在这个小小的区域内，集中了 6 000 多名博士，占加利福尼亚州拥有的博士学位人才的六分之一。大家知道，加利福尼亚又是美国拥有博士学位人才最多的州。

（资料来源：埃弗雷特·M. 罗杰斯，朱迪思·K. 拉森. 硅谷热. 北京：经济科学出版社，1985：39-42）

4. 保税区

保税区也称保税仓库，它是由国家海关所设置的或经海关批准设置的特定地区或仓库，它的功能基本类似于自由贸易区。进入保税区的外国商品可以暂不缴纳进口税，如再出口也不必缴纳出口税。进入区内的商品也可以进行储存、改装、分类、混合、展览、加工与制造等。保税区（仓库）的设立，有利于货主选择有利的时机交易，有利于贸易业务的顺利开展和促进转口贸易。各个国家保税区的具体规定各有不同，做法上也有差异。日本则根据职能的不同将保税区分为：（1）指定保税区与保税棚，是为方便报关的短期储存场所；（2）保税仓库，储存期较长，便于贸易业务特别是转口贸易的发展；（3）保税工厂，在海关监管下进行加工、制造、分类等保税业务的专门工厂；（4）保税陈列场，便于展览和广告宣传的场所，促进交易的开展。

5. 自由边境区与过境区

自由边境区设置主要是少数美洲国家（如墨西哥）的鼓励措施，一般设在本国的一省或几个省的边境地区，其特征与自由贸易区基本一致，目的是利用外资开发边境区的经济。它与出口加工区相比，其进口商品在加工后只有少数用于再出口。

过境区则是沿海国家为了便利近邻国家的贸易进出口，在某些海港、河港或国境城市所开辟的特殊区域，对过境的货物简化海关手续，免征关税或只征小额的过境费用。过境货物可以在过境区作短期储存、重新包装，但不得加工。

二、设立专门的官方促进出口组织和机构

政府设立为出口提供公共服务的机构，辅助本国企业走向国际市场，成为当今各国鼓励出口的重要手段。美国早在1960年成立了扩大出口全国委员会，1979年美国又成立总统贸易委员会和贸易政策委员会，定期讨论和制定对各国的贸易政策。有的国家则成立半官方的机构或政府支持的民间机构，为企业出口提供多项服务。

建立商业情报网，加强国外市场情报服务工作。许多国家都设立官方的商业情报机构，并在海外建立商业情报网，负责向出口厂商提供所需的情报。

建立贸易中心，组织贸易博览会。贸易中心是永久性的设施，可举办贸易展览会、进行咨询服务等。贸易博览会是流动性的展出，这些工作可使外国进口商更好地了解本国商品，从而起到促销的作用。

三、外汇留成和进出口挂钩的制度

在实行外汇管制的国家，政府为了鼓励扩大出口的积极性，允许出口厂商从其出口所得的外汇收入中提取一定比例的外汇用于进口。有的国家采取出口凭证制，即对本国出口厂商出口某种商品后发给一种奖励证书，持有该证书可以进口一定数量的外国商品，或将该证书在市场上转让出售从中获利。较为普遍的是将进口许可证的分配与出口联系起来，用进口配额的额外收入促进出口业的发展。有的国家将进口原材料或设备的许可证与出口产品的价值联系起来。有的则根据出口实绩，对保护贸易政策进行调整，实行隐含的交叉补助。

四、吸引外资流入

吸引外资流入，尤其是提供各种优惠，鼓励集资金、技术和管理技能于一体的国外的直接投资，是许多发展中国家建立发展出口制造业较快的途径之一。免税期是一种主要的吸引方式，一些国家则设立专门的经济特区，为外商投资企业提供多方面的优惠。

本章要点

1. 国际贸易政策是伴随国际贸易的产生、扩大过程而出现并不断发展的，本章就关税、非关税壁垒等问题进行分析和讨论。

2. 在国际贸易中，关税是各国普遍采用的主要贸易政策措施。关税的种类繁多，常见的关税是进口税。进口税根据其征税方法的不同可分为从量税、从价税、复合税和选择税等。非关税壁垒有不同于关税的特点，如具有更大的灵活性和针对性，更能达到限制进口的目的等。非关税壁垒的形式多种多样，如进口配额与许可证制度、海关估价、外汇管制、技术壁垒、环境壁垒等。

3. 二战后，各国采取了一些促进商品出口的鼓励措施，使贸易政策的重心从消极防御转向积极拓展。与此同时，出于某些政治目的和经济利益的考虑，以及为履行贸易协定中

应尽的义务，有些国家对一些商品实行出口管制，由此而形成了出口管制制度。

复习思考题

一、名词解释

关税　绝对配额　关税配额　技术贸易壁垒　倾销　出口补贴　出口信贷　自由港　保税区

二、单项选择题

1. 关税的税收主体是（　）
   A. 进出口货物　B. 当地海关　C. 实际消费者　D. 本国进出口商
2. 在同一国家，对同一商品而言，________税率最高。
   A. 最惠国税　B. 普惠税　C. 特惠税　D. 普通税
3. 进口差价税的征收方法是（　）
   A. 按商品的国内价格与进口价格之间的差额向本国进口商征收
   B. 按商品的出口价格与进口价格之间的差额向本国进口商征收
   C. 按从价税额与从量税额之间的差额向外国出口商征收
   D. 按商品的国内价格与进口价格之间的差额向外国出口商征收
4. 通常所说的关税壁垒是指（　）
   A. 高额进口税　B. 过境税　C. 高额出口税　D. 高额进口附加税
5. 进口国在总配额内按照国别和地区分配一定的配额，超过配额便不准进口，它是指（　）
   A. 国别配额　B. 全球配额　C. 关税配额　D. 协议配额
6. 下列非关税壁垒能直接起到限制进口作用的是（　）
   A. 进口押金制　B. 进口许可证制
   C. 进口最低限价制　D. 苛刻的技术标准
7. 因为销售旺季已过，或因公司改营其他业务，在国内市场上不能售出“剩余货物”，而向国外市场倾销，称之为（　）
   A. 偶然性倾销　B. 间歇性倾销　C. 掠夺性倾销　D. 长期性倾销
8. 歧视性政府采购是指政府（　）
   A. 优先购买发达国家产品　B. 优先购买国外优质产品
   C. 优先购买本国产品　D. 优先采购名牌产品
9. 进口许可证就其职能而言（　）
   A. 它只能限制进口商品的数量
   B. 它只能限制进口商品的质量
   C. 它只能限制进口商品的数量与质量
   D. 它只能限制进口商品的数量和金额

10. 进口附加税不包括 （ ）

A. 反补贴税 B. 反倾销税 C. 差价税 D. 复合税

三、简答题

1. 海关征收关税的目的是什么？关税的征收有几种方法？
2. 关税可以分为哪些种类？
3. 什么是技术性非关税壁垒？具体表现在哪些方面？
4. 非关税壁垒和关税壁垒相比有何特点？
5. 鼓励出口措施有哪些？
6. 自由贸易区与出口加工区有何异同？

第八章 贸易政策的经济效应分析

学习目的

- 了解反映一国贸易开放程度的衡量指标。
- 掌握名义保护率与有效保护率的含义及计算。
- 掌握关税的经济效应分析。
- 理解进口配额及出口补贴的经济效应。

【引导案例】

美国的养羊生产商长期依靠政府。半个多世纪以来，他们一直接受羊毛补贴，直到1995年国会颁布农场政策改革，补贴才被取消。由于失去了援助，成本高昂，效率低下，又面对鸡肉、牛肉和猪肉的竞争，羊肉生产商提出了减少进口避免国外竞争者的请求。

在美国，几乎所有的羊肉进口都来自于澳大利亚和新西兰，这两个国家在农业上拥有绝对优势。美国羊肉产业联盟非但不采取措施与这些国家竞争，反而在1974年的贸易法案中写入了一条“逃离条款”，为受到进口冲击的产业提供暂时的喘息空间。

美国国际贸易委员会(ITC)确定进口是否给国内产业造成严重损害，如果是这样，可以提请救援措施，该措施的采纳、修改或者否定由总统全权负责。1999年2月，ITC并没有发觉国内产业受到严重损害，但却接受了处于劣势的国内生产者提出的进口是损害根源的说法。ITC没有取消进口计划，只是建议对超出上年的进口征收20%(在4年内逐步递减)的关税。然而政府实施的贸易限制措施比ITC的建议更加严格。在现有关税基础上，第一年对所有的进口都征收9%的关税(2～3年降至6%，然后到3%)，超过去年的进口征收40%的关税(2～3年降至32%和24%)。

美国羊肉产业联盟主席高兴地宣布，这一变化会给市场带来稳定。征收羊肉进口关税的决定虽然在国内没有引起多少注意，但却被其他国家纷纷效仿。这一决定拆穿了美国政府对自由贸易的花言巧语，使其在让其他国家开放市场上所做的努力前功尽弃。减少进口的预期目的达到了，但保护羊肉产业的目的却并没有最终实现。在美国贸易限制措施的迫使下，澳大利亚和新西兰的农民及官员把美国告上了世界贸易组织(WTO)贸易争端解决委员会。

关税对福利的影响包括收入效应、再分配效应、保护效应和消费效应。其中，收入效应代表政府获得的关税收入；再分配效应是消费者剩余向国内进口竞争产品的生产商转移的部分，是收入由消费者向生产者的转移；保护效应说明了资源浪费给国内经济造成的损失；消费效应则是由于产品价格人为地提高而导致的消费量下降。保护效应和消费效应共同构成了关税造成的无谓损失。

本案例中，美国养羊生产商强烈地呼吁政府取消羊肉进口来保障自身利益，虽然政府并未采取取消进口计划，但是政府实施的对进口羊肉征收关税的贸易限制措施中，其仍获得了收益；而消费者则必须为羊肉价格的上涨而多支付或减少消费，其利益受到损害。正如美国羊肉产业联盟主席所宣称：这一变化会给市场带来稳定。无论什么时候，只要生产者一说稳定，消费者就要遭受宰割。

第一节　衡量贸易政策效应的主要指标

一、贸易开放程度的衡量指标

任何贸易政策均是对完全和充分自由贸易状态的一种扭曲，因此贸易政策力度也就是贸易政策对自由贸易的扭曲程度。贸易政策扭曲程度的相反概念是贸易开放程度。

反映一国贸易政策开放程度的指标有很多，主要有贸易开放度、进口渗透率、出口率。

1. 贸易开放度

贸易开放度是衡量一国某年进出口贸易金额在该国当年 GDP 总额中占多大比重的概念，其表达公式是：

$$\text{贸易开放度} = (M_i + X_i)/\text{GDP}_i$$

公式中，M_i、X_i、GDP_i依次为i国某年的进口总值、出口总值、国内生产总值。过高的贸易开放度说明一国对外国市场的依赖程度高，过低则相反。

2. 进口渗透率

进口渗透率是一个衡量一国某年j产业（或者j产品）国内消费数量中进口所占比重的概念，其表达公式是：

$$\text{进口渗透率} = M_j/Q_j^c$$

公式中，M_j、Q_j^c分别为该国某年j产业（或者j产品）的进口数量、国内消费数量。

3. 出口率

出口率是一个衡量一国某年j产业（或者j产品）的出口在当年产量中占了多大比重的指标，该指标的公式是：

$$\text{出口率} = X_j/Q_j^f$$

公式中，X_j/Q_j^f分别为该国某年j产业（或者j产品）的出口数量、当年产量。

二、关税的保护程度及考核的指标体系

关税的保护程度是指关税在保护本国生产和市场中所起作用的大小。

关税作为各个国家实施保护贸易政策的措施之一，由于各国进出口商品结构不同，保护的重点不同，导致即使同样的关税水平对不同国家国内生产和市场的保护作用也不一样。因此，需要有一套综合考核关税保护程度的指标体系。通常用关税水平名义保护率、有效保护率和关税结构等指标来综合衡量一国关税保护程度的大小。

(一) 关税水平

关税水平是指一个国家的平均进口税率。用关税水平可以大体衡量或比较一个国家进口税的保护程度,它也是一国参加贸易协定进行关税谈判时必须解决的问题。例如,在关贸总协定关税减让谈判中,就经常将关税水平作为比较各国关税高低及削减关税的指标。关税水平的计算,可以通过两种计算方法获得:简单平均法和加权平均法。

简单平均法是根据一国税则中的税率(法定税率)来计算的,即不管每个税目实际的进口数量,只按税则中的税目数求其税率的算术平均值。由于税则中很多高税率的税目是禁止性关税,有关商品很少或根本没有进口,而有些大量进口的商品是零税或免税的。因此,这种计算方法将贸易中的重要税目和次要税目均以同样的分量计算,显然是不合理的。因为简单平均法不能如实反映一国关税水平,所以很少被使用。

加权平均法是用进口商品的数量或价格作为权数进行平均。按照统计口径或比较范围的不同,又可分为全额加权平均法和取样加权平均法两种。

(1) 全额加权平均法,即按一个时期内所征收的进口关税总金额占所有进口商品价值总额的百分比计算。计算公式为:

$$关税水平=\frac{进口税款总额}{进口总值}\times 100\%$$

在这种计算方法中,如果一国税则中免税的项目较多,计算出来的数值就偏低,不易看出有税商品税率的高低。因此,另一种方法是按进口税额占有税商品进口总值的百分比计算,这种方法计算出的数值比上述方法高一些。计算公式为:

$$关税水平=\frac{进口税款总额}{有税商品进口总值}\times 100\%$$

这种方法避免了由于把免税项目计算在内导致的百分比较低,从而掩盖了有税商品实际水平的缺陷。但由于各国的税则并不相同,税则下的商品数目众多,也不尽相同,因而这种方法使各国关税水平的可比性相对减少。

(2) 取样加权平均法,即选取若干种有代表性的商品,按一定时期内这些商品的进口税总额占这些代表性商品进口总额的百分比计算。计算公式为:

$$关税水平=\frac{若干种有代表性商品进口税款总额}{若干种有代表性商品进口总值}\times 100\%$$

现举例说明:假定选取 A、B、C 三种代表性商品计算关税水平。

	A	B	C
进口值(万元)	100	40	60
税率(%)	10	20	30

则

$$关税水平=\frac{100\times 10\%+40\times 20\%+60\times 30\%}{100+40+60}\times 100\%=18\%$$

如果采用这种方法是为了根据不同商品类别进行更具体的比较。通常,各国选取同样的代表性商品进行加权平均,这样对各国的关税水平比较则成为可能。而且选用的商品品种越多,精确性越高。因此,这种方法比全额加权平均法更为简单和实用。在关贸总协定肯尼迪回合的关税减让谈判时,各国就使用联合国贸易与发展会议选取的504种有代表性的商品来计算和比较各国的关税水平。关税水平的数字虽能比较各国关税的高低,但还不能完全表示保护的程度。

(二)名义保护率

根据世界银行的定义,对某一商品的名义保护率(Nominal Rate of Protection, NRP)是指由于实行保护而引起的国内市场价格超过国际市场价格的部分占国际市场价格的百分比。用公式表示为:

$$名义保护率=\frac{进口货物国内市价-自国外进口价}{自国外进口价}\times100\%$$

或 $$名义保护率=\frac{进口货物国内市场价格-国际市场价格}{国际市场价格}\times100\%$$

与关税水平衡量一国关税保护程度不同,名义保护率只是一国关税保护的名义水平,衡量的是一国对某一类商品的保护程度。名义保护率的高低不能反映出关税对一国生产和市场的实际保护程度。由于在理论上,国内外差价与国外价格之比等于关税税率,因而在不考虑汇率的情况下,名义保护率在数值上和关税税率相同。名义保护率的计算一般是把国内外价格都折成本国货币价格进行比较,因此受外汇兑换率的影响较大。

(三)有效保护率

有效保护率(Effective Rate of Protection, ERP)又称实际保护率,是指各种保护措施对某类产品在生产过程中的净增值所产生的影响。它是征收关税所引起的一种产品国内加工增加值同国外加工增加值的差额占国外加工增加值的百分比。用公式表示为:

$$有效保护率=\frac{国内加工增值-国外加工增值}{国外加工增值}\times100\%$$

或 $$\mathrm{ERP}=\frac{V'-V}{V}\times100\%$$

式中,ERP为有效保护率;V'为保护贸易条件下被保护产品生产过程的增值;V为自由贸易条件下该生产过程的增值。

因此,有效保护主要是反映关税制度对加工工业产品的保护程度。有效保护率计算的是某项加工工业中受全部关税制度影响而产生的增值比。其中,"国内加工增值"为"成品国内市场价格-投入品费用";"国内加工增值"为"自由贸易条件下的国外成品价格-投入品费用";"成品国内市场价格"为"成品的到岸价格+成品的进口关税";"投入品费用"为"投入品的到岸价格+投入品的进口关税"。经过推导,有效保护率也可用下列公式计算:

$$\mathrm{ERP}=\frac{t-a_it_i}{1-a_i}$$

式中,t为进口最终产品的名义保护率;a_i为进口投入系数,即进口投入物在最终产品中所占的比重;t_i为进口投入物的名义保护率。

上式表明,在加工行业,有效保护率为产品的名义保护率对国内单位产品"增值"部分的有效关税保护度。由上式可以看出，在投入品费用占成品费用的比例一定时，只有保证产品的有效保护率大于该产品的名义保护率，才能出现产品的名义保护率较低，但其实际保护能力却较高的状况，这是现在各国追求的一个关税“效率”目标。

名义保护与有效保护的区别在于：名义保护只考虑关税对某种成品的国内市场价格的影响；有效保护则着眼于生产过程的增值，考察整个关税制度对被保护商品在生产过程中的增加值所产生的影响，它不但注意了关税对某种成品的价格影响，也注意了投入品（原材料或中间产品）由于征收关税而增加的价格。有效保护理论认为，对生产被保护产品所消耗的投入品课征关税，会提高产出品的成本，减少产出品生产过程的增值，从而降低对产出品的保护。因此，一个与进口商品相竞争的行业中的企业，不仅要受到对进口商品征收关税的影响，而且要受到对所使用的原材料和中间产品征税的影响。

例如，在自由贸易条件下，1 千克棉纱的到岸价格折成人民币为 20 元，其投入原棉价格为 15 元，占其成品（棉纱）价格的 75%，余下的 5 元是国外加工增值额，即 $V=5$ 元。如果我国进口原棉在国内加工棉纱，原料投入系数同样是 75%时，依据对原棉和棉纱征收关税而引起的有效保护率如下：

（1）设对棉纱进口征税 10%，原棉进口免税，则国内棉纱市价应为 $20\times110\%=22$ 元。其中原棉费用仍为 15 元，则国内加工增值额为 $V'=22-15=7$ 元。按上式计算，棉纱的有效保护率为：

$$\mathrm{ERP}=\frac{V'-V}{V}\times100\%=\frac{7-5}{5}\times100\%=\frac{2}{5}=40\%$$

即当最终产品的名义保护率大于原材料的名义保护率时，最终产品的有效保护率大于对其征收的名义保护率。

（2）对棉纱进口征税 10%，原材料原棉进口也征税 10%，那么，国内棉纱市价仍为 22 元，而其原料成本因原棉征税 10%而增加为 16.5 元，国内加工增值额为 $V'=22-16.5=5.5$ 元，则其有效保护率为：

$$\mathrm{ERP}=\frac{V'-V}{V}\times100\%=\frac{5.5-5}{5}\times100\%=\frac{0.5}{5}=10\%$$

即当最终产品的名义保护率与原材料的名义保护率相同时，最终产品的有效保护率等于对其征收的名义保护率。

（3）对棉纱进口征收 8%的关税，而对原棉进口征税 10%，则 $V'=20\times108\%-15\times110\%=5.1$ 元，有效保护率为：

$$\mathrm{ERP}=\frac{V'-V}{V}\times100\%=\frac{5.1-5}{5}\times100\%=\frac{0.1}{5}=2\%$$

若对棉纱免税，而对原棉进口征税 10%，则 $V'=20-15\times110\%=3.5$ 元，有效保护率为：

$$\mathrm{ERP}=\frac{V'-V}{V}\times100\%=\frac{3.5-5}{5}\times100\%=-30\%$$

即当最终产品的名义保护率小于原材料的名义保护率时，最终产品的有效保护率小于对其征收的名义保护率，甚至会出现负保护。负保护的意义是指由于关税制度的作用，对原料征收的名义保护率过高,使原料价格上涨的幅度超过最终产品征税后附加价值增加的部分,从而使国内加工增值低于国外加工增值。这意味着生产者虽然创造了价值,但由于不加区别地对进口成品和原材料征收关税,使这种价值降低,生产者无利可图,而鼓励了成品的进口。

(四) 关税结构

关税结构又称为关税税率结构,是指一国关税税则中各类商品关税税率之间高低的相互关系。世界各国因其国内经济和进出口商品的差异,关税结构也各不相同。尽管世界各国的关税结构不同,但普遍存在关税升级的现象。一般都表现为:资本品税率较低,消费品税率较高;生活必需品税率较低,奢侈品税率较高;本国不能生产的商品税率较低,本国能够生产的商品税率较高。其中一个突出的特征是关税税率随产品加工程度的逐渐深化而不断提高。制成品的关税税率高于中间产品的关税税率,中间产品的关税税率高于初级产品的关税税率。这种关税结构现象称为升级或阶梯关税结构。

用有效保护理论可以很好地解释关税结构中的关税升级现象。有效保护理论说明,原料和中间产品的进口税率与其制成品的进口税率相比越低,对有关的加工制造业最终产品的有效保护率则越高。关税升级,使得一国可对制成品征收比其所用的中间投入品更高的关税,这样,对该制成品的关税有效保护率将大于该国税则中所列该制成品的名义保护率。以发达国家为例,在20世纪60年代,发达国家平均名义保护率在第一加工阶段为4.5%,在第二加工阶段为7.9%,在第三加工阶段为16.2%,在第四加工阶段为22.2%,而有效保护率分别为4.6%、22.2%、28.7%和38.4%。由此可见,尽管发达国家的平均关税水平较低,但是,由于关税呈升级趋势,关税的有效保护程度一般都大于名义保护程度,且对制成品的实际保护最强。在关税减让谈判中,发达国家对发展中国家初级产品提供的优惠远大于对制成品提供的优惠,缘由即出于此。这一分析告诉我们,在考察保护程度时,要把着眼点放在产品生产过程的增值和分析关税对产品增值部分的影响上。投入品(原料、半制成品)的关税税率越低,关税对产出品的有效保护水平越高,反之则越低,甚至形成关税的负保护。关税应从原料、半制成品和制成品逐步由低到高,形成阶梯结构,并利用阶梯结构向不同行业和不同层次的产品提供不同的有效保护。

第二节 关税的经济效应分析

征收关税会引起进口商品的国际价格和国内价格的变动,从而影响到出口国和进口国在生产、贸易和消费等方面的调整,引起收入的再分配。关税对进出口国经济的多方面影响称为关税的经济效应。

历史上对进口商品所征收的关税,不管是从量关税还是从价关税,都曾经是政府收入的重要来源。但是在当代,关税的主要功能已不再是增加政府的税收,而是去阻挡来自国外商品的进入,保护国内市场和国内相关的产业。当然,国家有大有小,同样幅度的进口关税,对小国和大国可以产生不同的经济效应。我们这里讨论的小国或大国,不是取决于国土面积、人口甚至国内生产总值的大小,而是取决于是世界价格的接受者还是决定者。如果是价格接受者,就是小国,它不能改变国际市场价格,反之就是贸易大国。

均衡分为局部均衡与一般均衡。局部均衡分析是假定在其他条件不变的情况下来分析某一时间、某一市场的某种商品(或生产要素)供给与需求达到均衡时的价格决定。一般均衡分析在分析某种商品的价格决定时,在各种商品和生产要素的供给、需求、价格相互影响的条件下来分析所有商品和生产要素的供给和需求同时达到均衡时所有商品的价格如何被决定。本节应用局部均衡分析研究法来对关税的经济效应展开细致分析。

一、小国模型

通过征收进口关税限制进口,保护本国市场和产业,是一国实行保护贸易政策时常用的手法。一国对进口商品征收关税,必然会增加进口商品的成本,引起进口商品的国内市场价格或国际市场价格发生变动,从而影响到出口国和进口国在生产、贸易和消费等方面的调整,导致收入的再分配。

假定进口国是一贸易小国,该国某种商品的进口量占世界市场的份额很小,因此,该国进口量的变动不能影响世界市场价格,如同完全竞争的企业,只是价格的接受者。这样,该国征收关税后,进口商品国内市场价格上涨的幅度等于关税税率,关税全部由进口国消费者负担。贸易小国征收关税的经济效应见图 8-1。

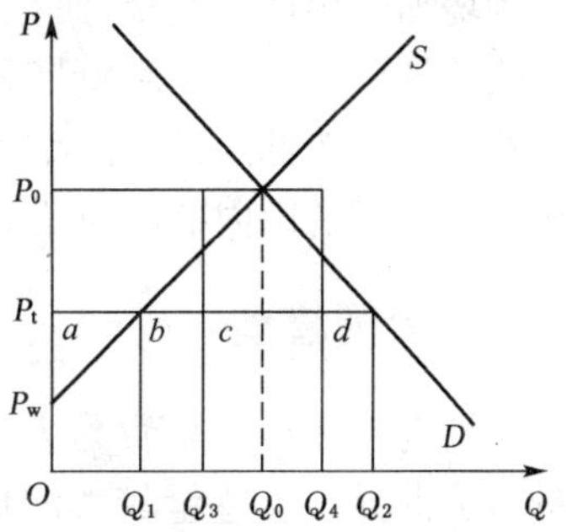

图 8-1　进口关税的效应(小国模型)

图 8-1 中,D 为国内需求曲线,S 为国内供给曲线;P_0为没有国际贸易情况下国内的均衡价格,Q_0为没有国际贸易情况下的国内均衡产量和消费量;P_w为自由贸易条件下的国际市场价格(也是国内市场价格),Q_1Q_2为自由贸易条件下的进口量;P_t为征收关税后的国内市场价格(等于国际市场价格加关税额),Q_3Q_4为征收关税后的进口量。

征收关税后,进口国国内市场价格上升,对进口国国内经济造成以下影响:

(一) 消费效应

征收关税降低了该商品的国内消费量。征收关税前,国内需求量为 OQ_2,征收关税后引起价格上涨,需求量减少到 OQ_4。由于征收关税,引起国内消费量的减少,就是关税的消费效应。关税给消费者带来损失,其损失为$(a+b+c+d)$的面积。由于征收关税,国内消费者减少消费,从而降低了福利水平。

(二) 生产效应

征收关税增加了该商品的国内产量。征收关税前,国内供给量为 OQ_1,征收关税后引起价格上涨,供给量增加到 OQ_3。由于征收关税,刺激国内供给量的增加,就是关税的生产效应。关税给生产者带来利益,其利益为 a 的面积。由于征收关税,一些国内资源从生产更有效率的可出口商品转移到生产比较缺乏效益的可进口商品,由此造成了该国资源配置效率下降。

(三) 贸易效应

征收关税减少了该商品进口量。征收关税前,该国进口量为 Q_1Q_2,征收关税后,进口量减少到 Q_3Q_4。由于征收关税,导致进口量的减少,就是关税的贸易效应。

（四）财政收入效应

征收关税给国家带来了财政收入。只要关税不提高到禁止性关税的水平，它会给进口国带来关税收入，这项收入等于单位商品课税额乘以进口商品数量，其数额为 c 的面积。应该看到，关税收入的一部分要用来支付征收关税这一行为的费用，如海关官员的报酬等，因此，关税收入只有一部分成为财政收入。

（五）收入再分配效应

征收关税使消费者的收入再分配。征收关税后，生产者增加了面积为 a 的利益，这是由消费者转移给生产者的；国家财政增加了面积为 c 的收入，这也是由消费者转移给政府的，该收入的最后如何分配视政府如何使用而定。

总体来说，征收关税后，消费者损失了面积为 $(a+b+c+d)$ 的消费者剩余，其中面积 a 转移为增加的生产者剩余；面积 c 转移为增加的国家财政收入；面积 $(b+d)$ 称为保护成本，是征收关税而损失的国际贸易和生产专业化利益。面积 b 表明征收关税后进口国消费者减少消费比现价较低的进口商品所蒙受的损失；面积 d 表明征收关税后进口国消费者增加消费比原价较高的国内商品而蒙受的损失。

二、大国模型

如果进口国是一个贸易大国，即该国某种商品的进口量占了世界进口总量较大的比重，该国进口量的变动就会影响到世界市场价格。因此，大国征收关税虽然也有小国模型中的种种经济效应，但由于大国能影响世界价格，因此从局部均衡分析所得的征收关税的代价和利益对比的净效果，同小国模型相比就具备了不同的特征。贸易大国征收关税的经济效应见图 8-2。

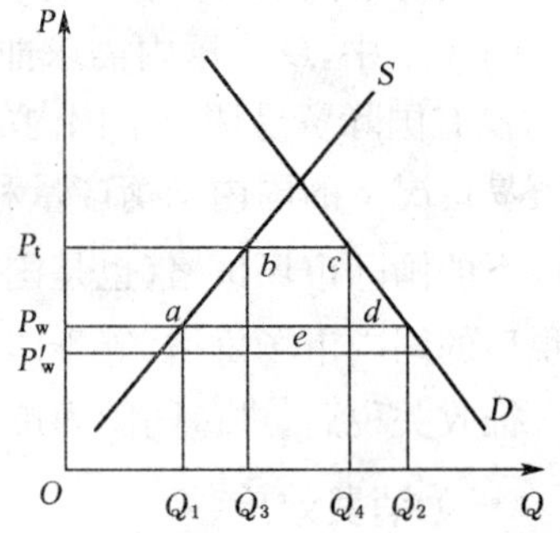

图 8-2 进口关税的效应（大国模型）

图 8-2 中的 D 为国内需求曲线，S 为国内供给曲线；P_w 为自由贸易条件下的国际市场价格（也是国内市场价格），Q_1Q_2 为自由贸易下的进口量；P'_w 为征收关税后的国际市场价格，P_t 为征收关税后的国内市场价格（等于国际价格加关税额），Q_3Q_4 为进口量。

征收关税后，对进口国国内经济造成以下影响：

（一）价格效应

进口大国征收关税而引起国内价格上涨必然导致进口量缩减，就可能压低该商品的国际市场价格。这就是说，大国进口商品价格上涨的幅度不会等于关税税率，而是低于关税税率。大国征收关税，进口商品国内价格从 P_w 上涨到 P_t；同时国际市场价格从 P_w 下跌到 P'_w，价格上涨部分和下跌部分加在一起才等于进口关税税额。大国进口商在进口商品时支付的进口关税，不是全部由进口国的消费者负担的，而是由进口国消费者和出口国的生产者（通过出口商）共同负担。大国向出口国转嫁了部分关税。

（二）贸易条件效应

由于征收关税，大国进口商品的国际市场价格下降，如果同时期进口国出口价格不变，则该国的贸易条件得到了改善，其利益为面积 e。但与小国模型相比，在其他条件不变的前提下，大国征收关税对本国生产者的保护作用相对较小。这是由于大国关税引起的价格上涨，部分的被出口国的价格下降所抵消，因此进口的数量下降不像小国模型时那么多。由此也可以看出，与小国模型相比，贸易大国征收关税能获得较多的收入，其中一部分收入源于对出口国的"剥夺"。

一般来说，小国从征收关税中遭受的净损失，永远等于面积为$(b+d)$的保护成本，因为外国出口价格或世界价格不受其影响。而大国征收关税对该国净福利的影响，则需要对关税的保护成本$(b+d)$与贸易条件改善而获得的利益 e 进行相互比较：如果 e 大于$(b+d)$，则意味着该国从征收关税中获得了净利益；如果 e 等于$(b+d)$，则该国从关税中既未获得收益，也未遭受损失；如果 e 小于$(b+d)$，则该国仍会从征收关税中遭受净损失。

以上只是考察了关税的局部均衡效应，其分析带有短期静态的特征。事实上，关税还会带来种种动态影响。如关税对幼稚产业的保护，可以带来国内产业发展的长期利益。对某些停滞产业的保护，能够维持国内的就业水平，保证国内经济的稳定增长等。关税对国内经济也会产生消极影响，如过度保护使国内企业不思进取、技术进步缓慢、劳动生产率低下等。因此，必须结合长期经济发展动态地考察关税的经济效应和关税对本国净福利的影响。

三、最优关税

对大国关税效应的分析表明，大国征收关税能影响国际市场价格，从而使出口国承担部分关税成本，并改善进口国的贸易条件。这意味着，一国有可能通过征收关税增加本国的福利水平，这就是最优关税。最优关税的经济效应见图 8-3。

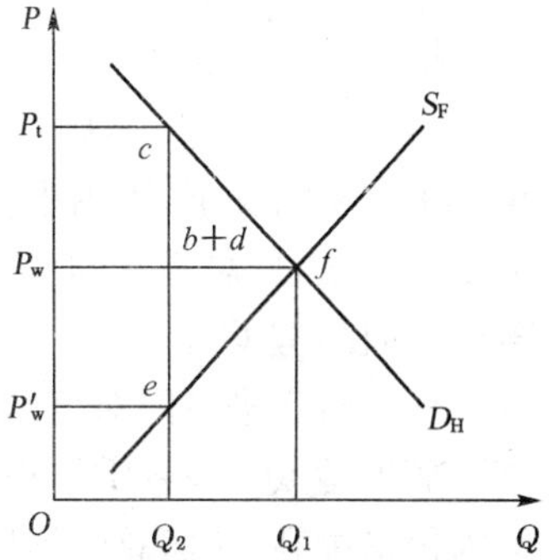

图 8-3　最优关税的经济效应

图 8-3 中 S_F 为外国的出口供给曲线，D_H 为本国的进口需求曲线，大国对进口商品征收关税后，该商品的国内市场价格由 P_w 上涨到 P_t，进口量由 Q_1 下降到 Q_2，国际市场价格由 P_w 下跌到 P'_w。消费者减少进口商品的消费损失为面积$(c+b+d)$，其中面积 c 转移为国家财政收入，面积$(b+d)$为该国的净损失。但该国以损害外国供应商的利益为代价，从继续进口 Q_2 中获益，所获利益为 e。由于 e 大于$(b+d)$，因此征税的国民利益超过了国民损失。

从图 8-3 可以看到，进口国获得最大利益的最佳关税必定处于无关税和禁止性关税之间的某一点上。最佳关税率等于外国向进口国供应商品的供给弹性的倒数。其含义是：外国的供给对价格的变动越是没有反应，进口国就越能从"剥削"外国而获利。相反，如外国的供给弹性无限大，使进口国面临一种固定的国际市场价格，进口国的关税就只会使本国受损，最佳关税为零。

征收最佳关税尽管可以使一国从中获得某种利益，然而对整个世界来说却是有害的。因为进口国征收关税获得的利益 e 低于外国受到的损失$(e+f)$。与自由贸易相比，征收关税使整个世界共损失了$(b+d+f)$。因此关税对一国也许是最佳的，但对世界来说，仍然意味着净损失。

第三节 非关税壁垒的经济效应分析

非关税措施种类繁多,无法对其效应逐一进行具体分析。这里仅对进口配额制这一比较典型的非关税措施形式进行效应分析,并将其与关税的效应作一比较。本节将应用局部均衡分析研究法来对进口配额制的经济效应展开细致分析。

一、价格效应和贸易条件效应

进口配额具有与关税相似的价格效应和贸易条件效应。

若进口国为大国,实行配额制后,进口减少,从而使国际市场价格下跌。实行配额后的国内市场价格虽然上涨,但上涨幅度小于国际市场价格下跌的幅度。此外,大国本身的出口商品价格不变而该进口商品国际市场价格下跌,一定量的出口商品能换回更多的该商品,这意味着实行配额制后,大国的贸易条件得到了改善。

小国的情况完全不同,由于小国需求量的增减不能引起国际市场价格的变化,因此配额的负担完全由国内消费者承担,而贸易条件却没有变化。

二、国内效应

假设进口国为小国,其需求变化对国际市场价格不产生影响,如图 8-4 所示。

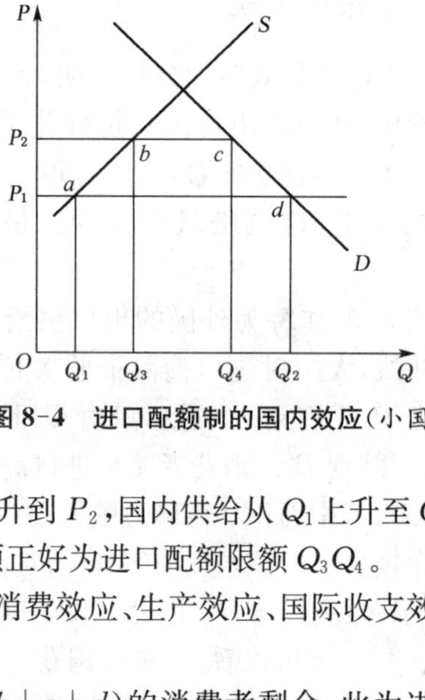

图 8-4 进口配额制的国内效应(小国模型)

横轴 OQ 表示某商品数量,纵轴 OP 表示其价格,S、D 分别为进口国国内供给曲线和需求曲线。在自由贸易情况下,国内市场价格等同于国际市场价格 P_1,此时,总需求量为 Q_2,国内供应量为 Q_1,需进口商品 Q_1Q_2。

现在假定进口国对该商品实行进口配额制,最高限额为 Q_3Q_4,则总供给小于总需求。其结果是,国内价格提高,从而总供给增加,总需求减少,直至供需重新达到均衡。在新的均衡下,国内价格从 P_1 上升到 P_2,国内供给从 Q_1 上升至 Q_3,总需求量从 Q_2 减少至 Q_4,总需求量与国内供给量的差额正好为进口配额限额 Q_3Q_4。

从图 8-4 可以看出,进口配额具有与关税相似的消费效应、生产效应、国际收支效应和再分配效应。

进口国消费者由于价格上涨,损失了面积为$(a+b+c+d)$的消费者剩余,此为进口配额的消费效应。本国生产者的供给量从配额前的 Q_1 上升到 Q_3,产生了相应的生产效应,即进口替代效应的保护效应。进口价格不变而进口数量受限,外汇支出减少,此即为配额的国际收支效应。其中面积 a 为进口国生产者因生产扩大而获得的生产者剩余,面积 b 为国内生产者低效率地扩大生产而带来的国民损失,面积 d 为价格提高导致消费量减少带来的国民损失,而面积 c 为配额收益,即价格上涨后得到的收益(其大小为价格 P_1P_2 乘以数量 Q_3Q_4)。可见,进口配额制增加了生产者剩余 a 和配额收益 c,却使消费者损失了$(a+b+c+d)$的经济福利,实现了收入的再分配,也同时使国民经济福利遭受了净损失,数量为$(b+d)$。

与关税的经济效应相比较，进口配额制与关税的唯一不同之处是面积 c 这部分收益的归属。在征收关税的情况下，面积 c 所代表的收益归政府所得，产生财政收入效应。在实施进口配额制的情况下，面积 c 的归属取决于进口国分配配额的方式及国际市场上该商品的出口状况。

进口国分配进口配额的方式一般有三种：公开拍卖、按固定参数分配和按一定程序申请配额。各种分配方式的效果各不相同。

(1) 进口国公开拍卖配额，则配额的价格将在竞价中上升到 P_1P_2。其结果是，数量为 Q_3Q_4 的配额以 P_1P_2 价卖出，面积 c 作为进口国公开拍卖配额的收入归政府所有。这时配额和关税的效果完全相同。

(2) 进口国按固定参数分配配额。即进口国参照进口商一年或几年前的实际进口额，按照一个固定的比例分配配额额度。由于进口商免费得到配额，而拥有配额就意味着以国际市场价格进口后可以加价销售，获取配额收益，所以这种配额分配方法实际上是把面积 c 所代表的收益转移给各个进口商，而政府并未增加任何收入。另外，对进口商而言，收益的大小不需要靠实力竞争，而只需看政府分配配额的多少。

(3) 进口国要求进口商按一定的程序申请配额，由政府审批来发放配额。由于申请的审批权完全掌握在部分政府官员手中，因此审批的透明度差。为了得到配额，国内进口商把大量的时间和精力花费在繁杂的手续和长时间的等待上。另一种得到配额的方法就是用送礼的办法贿赂分配配额的官员。因此，这实际上就是政府官员拍卖配额。只是这种拍卖与公开拍卖不同，拍卖收入不是归政府而是归政府官员个人所有。在这种情况下，进口商与政府官员共同瓜分配额收益 c，且官员受贿越多，他在面积 c 中所占的比例就越多。假如官员不受贿，完全按正常手续审批配额，则配额收益 c 完全归申请到配额的进口商所有。但进口商为此花费大量手续上的成本和精力，却没有创造出任何社会效益，因而造成了浪费。

上述三种配额分配方式中，第一种公开拍卖配额方式最公正，效果也与关税完全相同。而第三种方式会产生收受贿赂问题，引起政府官员腐化，从而产生社会问题。然而这种方式却是在采用进口配额制的国家中常见的配额方式。

应该看到，上述结论的条件为该商品国际市场是完全竞争的市场，存在无数个出口商。如果该商品的国际市场是垄断市场，即进口商除了从垄断出口商处进口外不能从其他来源进口，则出口商便可凭借其垄断地位抬高出口价格，从而分享到部分配额利益。若出口商能把出口价格提高至 P_2 时，则配额利益 c 全部归出口商所有。

案例

进口配额——寻租腐败典型案例

2004 年 9 月，原河北省对外经济贸易和经济合作厅副厅长李友灿因收受巨额贿赂，经河北省衡水市中级人民法院公开审理，被依法判处死刑，剥夺政治权利终身，追缴全部非法所得，并处没收全部财产。

法院经审理查明，52 岁的李友灿，在 2001 年 8 月至 2003 年 4 月任河北省对外经济贸易和经济合作厅副厅长兼省机电办主任期间，利用其掌握河北省汽车进口配额审批分配的职权，通过河北省汽车集团有限责任公司、唐山冀东机电设备公司，先后5次将1 249个进口汽车配额提供给北京森华创业汽车贸易有限公司总经理丁宁，5次共接受丁宁贿赂4 723万元，仅2003年4月一次就向丁宁提供490个汽车配额，从中受贿1 640万元人民币。李还向唐山冀东机电设备公司索要价值21万元的高尔夫轿车1辆。

2002年4月，李友灿利用职务之便，向唐山冀东物贸有限责任公司所属企业唐山冀东机电设备公司，以"经常去北京，带司机不方便"为名，索要了一辆银灰色大众高尔夫轿车，价值21万元。其实，李友灿索要这辆车的一个重要用途，就是为了运送钞票方便。李友灿酷爱现金，每次丁宁向他行贿，都是使用巨额现款。因此，李友灿这辆"运钞车"便有了用场。

2002年4月一个星期五的下午，丁宁接到李友灿的电话，让他准备1 018万元现金。由于是周末，丁宁只准备了852万元，分别装到8个旅行包中。约4点多钟，李友灿驾着高尔夫"运钞车"来到他公司的楼下，将6个旅行包放到了后备车厢，另2个旅行包放到了驾驶室后排座位上。第二天下午，李友灿又开着这辆"运钞车"将剩余的现金运走。

2003年4月，丁宁一次送给李友灿现金1 640万元。据了解，北京森华创业汽车贸易有限公司有许多专门装巨款的旅行包，旅行包长约60厘米，高约20厘米，宽约20厘米。每个旅行包可装面值100元的人民币约110万～120万元。丁宁这次付给李友灿1 640万元，就意味着要装约16个旅行包。丁宁说，李友灿开着那辆银灰色高尔夫"运钞车"，分3次才将这笔现金提走。担心长途运输现金不安全，李友灿还特意花50多万元在北京某花园小区购买了一套不太显眼的房子，主要就是为了放钱用。

三、非关税措施与关税措施的比较

综上所述，和关税相比，进口限额一类的关税措施有许多明显的缺点：(1)进口配额等作为一种纯粹行政干预手段，同市场价格机制更加相背离，从而容易导致经济效益的损失。(2)其分配机制易于在政府官员中滋长腐败习气，并助长进出口商中间的垄断倾向。(3)在通货膨胀时期，它会对通货膨胀起推波助澜的作用。(4)在需求上升的情况下，进口限额等比起进口关税来，尽管可以更多地保护本国的进口替代工业，但总消费量却在减少，它可能比进口关税给消费者带来更大的利益损失。因此，就增进效率和福利而言，进口限额一类的非关税措施是一种劣于关税的贸易保护措施。

但另一方面也要看到，进口限额等也有其优点。作为一种行政干预手段，它可以明确无误地将进口量确定在限额所规定的水平上，即使面对一些进口商品在任何正常关税水平上都会充分进口的局面，也能发挥十分有效的限制作用。同时，在经济衰退时期，进口限额一类手段还是防止外国利用扩大出口，转嫁经济危机的有力武器。此外，限额措施的制定不需像关税一样要经过立法程序，而是由行政当局及时作出，因而可以有力地对付国际经济活动中的突发事件，并且成为比关税更有力的贸易谈判工具和进行报复的武器。况且，限额不需像关税一样承担着给不同国家同等待遇的义务，而可以实行贸易歧视政策，向各国提供不同的贸易待遇。最后，限额旨在消除竞争，完全容不得一点贸易自由的成分，不像关税那样多少还允许某些竞争的存在。因此，限额一类措施比关税更具歧视性，打击进口的力度也更强。总之，它能比关税起到更强烈、更有效的限制作用。

从实际情况看，发达国家仅仅在农产品等少数国际贸易活动中还使用进口限额类措施，在大多数制成品贸易中已放弃了使用这一对增进效率和福利不利的贸易措施。相反，广大发展中国家出于种种具体情况，还不得不把进口限额一类手段作为实现其贸易政策的重要手段。但必须认识到，随着世界贸易活动的不断深化和广大发展中国家经济发展水平的日益提高，国际规范对此的要求将逐渐严格，何况这一做法对本国经济的负面影响甚多。

第四节 鼓励出口措施的经济效应分析

本节主要应用局部均衡分析研究法对出口补贴、生产者补贴以及对进口替代产业的生产补贴的经济效应进行分析。

一、出口补贴的经济效应

虽然出口补贴在世界贸易组织框架下已禁止使用，但长期以来世界各国都将其作为鼓励商品出口、增强产品在国际市场上竞争力的重要手段。

（一）小国模型下的出口补贴效应

小国模型下出口补贴的经济效应见图 8-5 所示。

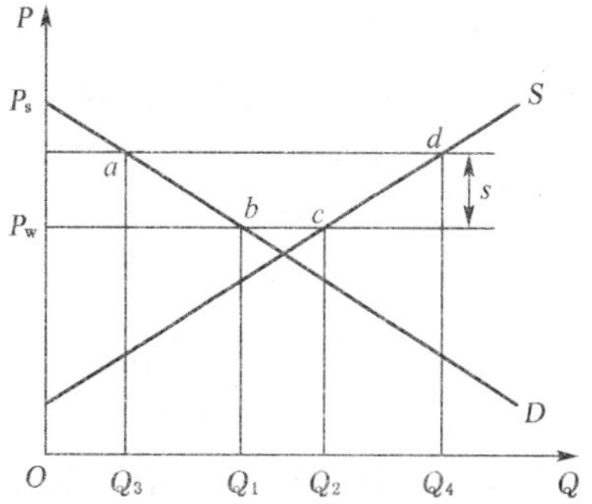

图 8-5 小国模型下出口补贴的经济效应

图中 S 为国内供给曲线，D 为国内需求曲线，P_w是在开放市场并实行自由贸易的情况下的国际市场价格，同时也是出口国的国内市场价格。在此价格水平下，出口国的国内需求量为 OQ_1，出口量为 Q_1Q_2。出口国政府为扩大出口，对出口企业每出口一单位商品提供相当于 s 的出口补贴。这样，出口企业的出口总收入便增加至 $P_s(P_w+s)$。由于出口收入增加，出口商不再愿意以 P_w的价格在国内市场上销售商品，直至国内市场价格上升到与其出口收入相一致的 P_s。因此，政府提供出口补贴的最终结果，必然迫使出口国的国内市场价格也上升到 P_s。这样，由于国内市场价格上升，国内需求由原来的 OQ_1下降到补贴以后的 OQ_3，国内供给则由补贴前的 OQ_2增加到 OQ_4。其中，OQ_3用于满足国内需求，Q_3Q_4用于出口。从而使国内的生产、消费和政府收支出现如下变化：

(1) 生产者收入增加，表现为生产者剩余增加了$(a+b+c)$。

(2) 消费者收益减少，表现为消费者剩余比补贴前减少了$(a+b)$。

(3) 政府用于支付出口补贴的支出增加了$(b+c+d)$。

因政府提供补贴而导致出口国社会福利水平的变化为：

$$(a+b+c)-(a+b)-(b+c+d)=-(b+d)$$

其中，b 是消费扭曲，即由原来国内消费者的消费转移到国外的消费者消费的部分；d

为生产者剩余，即由效率低的出口国的生产代替了效率高的国外产品生产而造成的效率的损失。由此可见，小国模型下，出口补贴的实施会导致出口国整体社会福利水平下降。

（二）大国模型下的出口补贴效应

大国模型与小国模型的差别在于大国实行出口补贴将导致出口供给增加，国际市场价格下降，因此会减少出口商的收益，弱化政府出口补贴的作用。

大国模型下，出口补贴对出口国带来的经济效应影响见图 8-6。

图 8-6 中 S 为国内供给曲线，D 为国内需求曲线，P_w是在开放市场并实行自由贸易的情况下的国际市场价格，同时也是出口国的国内市场价格。在此价格水平下，出口国的国内需求量为 OQ_1，出口量为 Q_1Q_2。出口国政府为扩大出口，对出口企业每出口一单位商品提供相当于 s 的出口补贴。

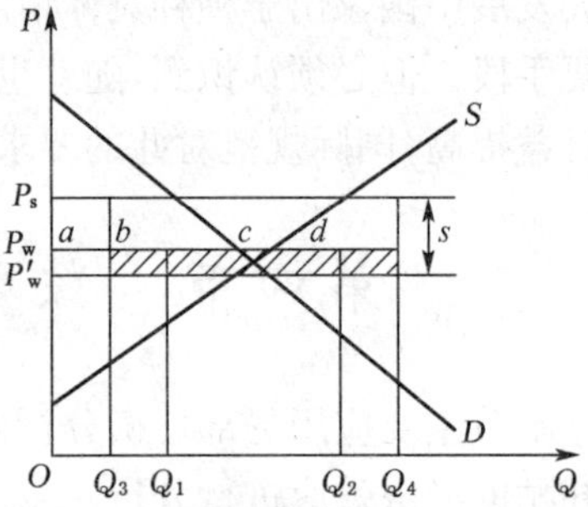

图 8-6　大国模型下出口补贴的经济效应

这样，出口企业的出口总收入便增加至 (P_w+s)。随着出口收入的提高，出口企业会不断增加出口的供给同时减少其在国内市场的销售。但由于出口国是一贸易大国，其出口量占国际市场供给的比重相当大，因此，随着该国在国际市场上供给的不断增加，会引起国际市场的供过于求，从而导致国际市场价格由 P_w下降至 P'_w，即在国际市场价格下降以后，出口企业的实际总收益只有 (P'_w+s)，所以，实行出口补贴后出口国的市场价格最终会上升至 $P_s(P'_w+s)$。这一价格上升的幅度低于小国模型时出口国国内价格的上升幅度，原因是由于政府补贴导致出口供给增加，世界市场价格下降。因此出口国政府所提供的补贴，有一部分成为进口国消费者的福利。

大国模型下，出口补贴对出口国的生产、消费及政府支出的影响如下：

生产者收入增加，表现为生产者剩余增加了 $(a+b+c)$；

消费者收益减少，表现为消费者剩余比补贴前减少了 $(a+b)$；

政府支出增加，表现为政府必须向出口企业提供 $(b+c+d+$阴影部分$)$ 的出口补贴。

这样，大国模型下因政府补贴而导致出口国社会福利水平的变化为：

$$(a+b+c)-(a+b)-(b+c+d+\text{阴影部分})=-(b+d+\text{阴影部分})$$

由此可见，在大国模型下，出口国政府向出口企业提供出口补贴所造成的损失大于小国模型下的损失。

二、生产补贴的经济效应

一国为增强本国产品在国际市场的竞争力、扩大出口，除可采用出口补贴的方法外，还可直接进行生产补贴。生产补贴与出口补贴最大的区别在于：政府提供出口补贴时，只对生产企业用于出口部分的产品给予补贴，而企业内销部分的产品是不能享受补贴的；但生产补贴，则是政府对整个生产企业给予补贴，其产品无论是用于外销还是内销，均可享受政府所提供的补贴。

小国模型下生产补贴对出口国的影响见图 8-7。

图中 S 为国内供给曲线，D 为国内需求曲线，P_w是在开放市场并实行自由贸易的情况下的国际市场价格，同时也是出口国的国内市场价格。在此价格水平下，出口国的国内需求量为 OQ_1，出口量为 Q_1Q_2。政府为鼓励该产业的发展，每生产一单位产品，政府就给予 s 的生产补贴。这样，该产业的生产者每生产一单位商品便可从政府手中得到 s 的补贴。这对生产企业来说相当于每生产一单位商品的生产成本降低了，供给曲线向右平移至 S'，原供给曲线 S 到 S' 的垂直距离为 s。该出口商品的产量由 OQ_2 增加到 OQ_3。

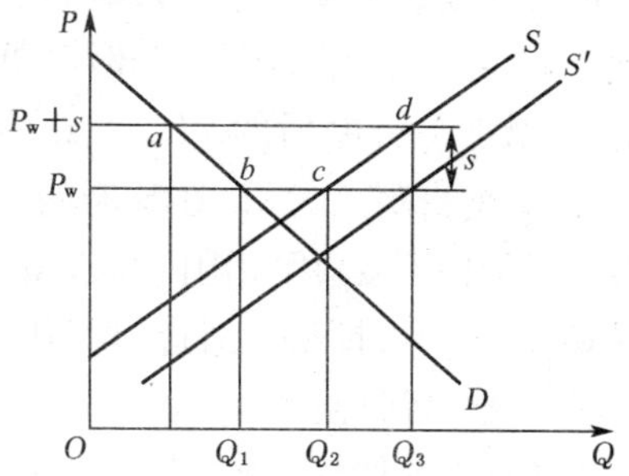

图 8-7 小国模型下生产补贴的经济效应

由于政府提供的是生产补贴，所以哪怕是国内销售的部分，也会得到来自政府的补贴。这样，在生产补贴下国内市场价格因无上升的压力而维持在原有的 P_w 的价格水平上，国内的需求因此不会发生变化；另一方面，生产企业在政府补贴刺激下生产规模扩大了，在国内需求没有增加的情况下，企业把所有增加的产量全部用于出口，这样该国的出口便由补贴前的 Q_1Q_2 增加至补贴后的 Q_1Q_3。因政府提供生产补贴而对该国经济产生的影响如下：

（1）生产者收入增加。具体来说，因政府提供生产补贴，使生产者剩余增加了 $(a+b+c)$。

（2）消费者收益不变。因为政府的生产补贴并没有刺激国内市场价格的上升，因此消费者剩余既没有增加，也没有减少。

（3）政府支出增加了。因为在生产补贴下，政府不但要补贴出口产品的生产，还要补贴国内销售产品的生产，因此而使政府增加了相当于 $(a+b+c+d)$ 的总支出。

总体社会福利水平的影响为：$(a+b+c)-(a+b+c+d)=-d$

由此可见，生产补贴的结果同样使社会整体福利水平下降。所不同的是生产补贴下的这种福利损失要小于出口补贴时的福利损失。因此从理论上讲，一般认为生产补贴要相对优于出口补贴。但问题是生产补贴下政府的支出要大于出口补贴时的政府支出。在多数国家普遍面临财政赤字困扰的形势下，无疑更加重了政府的财政压力。另一方面对于大部分经济发展程度较低的低收入发展中国家的政府而言，即便促进出口贸易的确需要对国内的出口产业的生产提供相应的补贴，但也必然感到心有余而力不足。

三、对进口替代产业的生产补贴

作为一项贸易政策，补贴不仅可以用于鼓励出口，实际上，世界各国也通常通过给予生产补贴的方法对国内的进口替代产业加以保护。小国模型下进口国通过生产补贴保护本国进口替代产业的经济效应见图 8-8。

图 8-8 中 S 为国内供给曲线，D 为国内需求曲线，P_w 是在开放市场并实行自由贸易情况下的国际市场价格，同时也是进口国的国内市场价格。在此价格水平下，进口国的国内供给量为 OQ_1，国内需求量为 OQ_2，进口量为 Q_1Q_2。

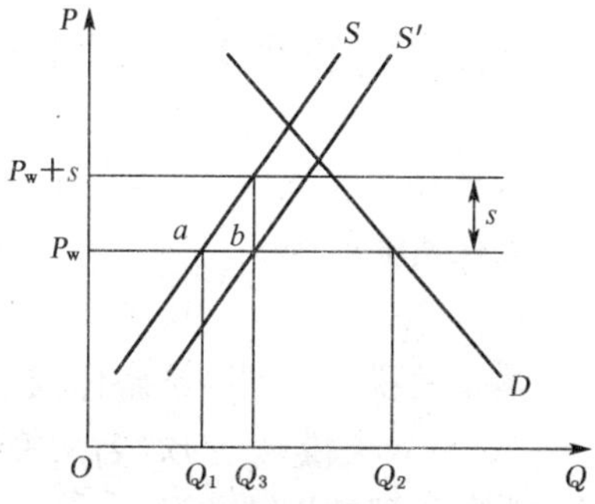

图 8-8 小国模型下对进口替代产业提供生产补贴的经济效应

进口国政府为发展本国产业，减少进口量，给本国产业予 s 的生产补贴。这样，国内生产者以 P_w 的价格销售产品，同时每单位产品还可从政府手中取得 s 的补贴，使其单位总收入由 P_w 增加至补贴后的 (P_w+s)。相当于使其生产成本降低了，供给曲线 S 向右平移至 S'，二者的垂直距离为 s。在政府的生产补贴政策下，该国的国内产量由 OQ_1 增加至 OQ_3，国内市场价格不变，因而国内需求量不变，从而使该国的进口量由补贴前的 Q_1Q_2 降至补贴后的 Q_3Q_2。小国模型下对进口替代产业提供生产补贴对进口国国内的福利影响为：

(1) 生产者收益增加 a。

(2) 消费者收益不变。因政府提供生产补贴并无刺激国内市场价格上升或下降，因此消费者的消费支出也并无增减。

(3) 政府支出增加 $(a+b)$。

社会总福利影响为：$a-(a+b)=-b$。此种贸易政策同样导致了社会福利的净损失。但相对于使用关税或配额的方式，社会福利损失已经降低了。这一方法的主要缺陷同样是增加政府财政负担，并且对于广大发展中国家的政府而言，这种负担是它们无法承受的。

本章要点

1. 贸易政策是对自由的和完全竞争的贸易状态的一种扭曲，故贸易政策的力度可以由贸易政策的扭曲程度来衡量。衡量关税保护力度的指标是有效关税保护率。

2. 关税措施会造成总体福利的损失和福利的再分配，也会影响到进出口双方的贸易条件。

3. 其他的各种非关税壁垒措施，比如自动出口限制等也会导致经济效应不同程度地扭曲。此外，出口国实施的出口促进措施，如出口补贴、倾销等，也会对出口国国内不同部门的经济利益带来变化。

复习思考题

一、名词解释

名义保护率　有效保护率　最优关税　关税结构

二、单项选择题

1. 任何贸易政策均是对完全和充分自由贸易状态的一种　(　　)

   A. 扭曲　B. 补充　C. 修正　D. 管理

2. 贸易开放度是一个衡量一国某年进出口贸易金额在该国当年________总额中占多大比重的概念。　(　　)

   A. GNP　B. GDP　C. 消费　D. 生产

3. 衡量关税对一国经济整体或某一经济部门的保护程度的指标是　(　　)

   A. 有效关税　B. 名义关税　C. 关税水平　D. 保护率

4. 大国设置的进口关税　(　　)

   A. 会增加国家的福利　B. 会减少国家的福利

   C. 会使国家福利保持不变　D. 上述三者都是可能的

5. 征收进口关税对生产者来说 （　　）

A. 有利于与进口相竞争的生产者　B. 不利于与进口相竞争的生产者

C. 生产者和消费者的福利水平不变　D. 生产者的产品价格将下降

6. 关税给国内企业带来的利润增加额属于 （　　）

A. 再分配效应　B. 保护效应

C. 收入效应　D. 消费效应，或消费者无谓损失

7. 与关税相比，对与进口品相竞争的生产者给予补贴 （　　）

A. 与外国出口者无关

B. 会导致更多的净福利损失。因为消费者必须为其进行支付，而且补贴不能像关税那样带来收益

C. 可避免消费者剩余损失

D. 当实施补贴国拥有一些垄断力量时，这种补贴要优于关税

8. 若一大国对进口征收关税，可能导致贸易条件的________和贸易量的________。 （　　）

A. 不变；不变　B. 改善；不变　C. 恶化；增加　D. 改善；减少

9. 如果小国征收关税（小国模式），则 （　　）

A. 价格上涨幅度小于关税额度

B. 国内消费者损失大于国内生产商与政府收益之和

C. 国外消费者没有缴纳关税，而是停止向该国出口

D. 不存在收入效应

10. 进口配额会造成在使用关税作为进口壁垒时，本可以由政府获得的关税收入 （　　）

A. 变成配额获得者的租金收入了　B. 变成外国出口商的超额利润了

C. 变成本国进口商的超额利润了　D. 被放弃了

三、计算题

国际市场上汽车售价每辆 10 000 美元，整套散件每套售价 8 000 美元。在忽略进口运输、保险等有关费用的情况下，请计算：

(1) 若某一国对进口汽车征收 20%的进口关税，对散件进口每套征收 500 美元的进口关税，则该政策对国内汽车产业的有效保护率是多少？

(2) 若该国对汽车进口仍然征收 20%的进口关税，对散件进口实行自由贸易，则该政策对国内汽车产业的有效保护率是多少？

(3) 通过以上计算，可以推出关税有效保护有哪些政策意义？

四、简答题

1. 简述大国和小国征收进口关税时不同的贸易条件效应。
2. 分析征收进口关税对进口国生产者和消费者不同的利益影响。
3. 大国征收关税的国内经济效应有哪些？
4. 简述小国征收关税对其社会福利的影响。
5. 为什么说出口补贴对出口国来说是一种沉重的财政负担？

第九章 发达国家与发展中国家的贸易政策

学习目的

- 了解发达国家的贸易政策演变。
- 了解发展中国家的贸易政策演变。
- 了解中国的对外贸易政策演变。

【引导案例】

商务部副部长易小准称，中国目前已成为全球贸易保护主义的主要对象国，一些国家还采用了所谓"碳关税"，打着应对气候变化的旗号搞贸易保护。

根据易小准公布的一组数据：2009 年，中国的出口占全球的 9.6%，但是遭受的反倾销案例占到全球的 40%，反补贴案例占全球的 75%，遭遇的贸易调查数约占同期全球案件总数的 43%，中国已经成为贸易保护主义的主要对象国。

易小准在重庆召开的"2010 年世界出口发展论坛"的开幕式上发表了上述观点。

"当前世界上的贸易保护主义有所抬头。2009 年，世界贸易组织各个成员通报的非关税措施，从 2008 年的 1 272 项上升到了 1 489 项，增加了 17%。"易小准在该论坛上表示。

9 月 10 日，联合国贸易和发展会议秘书长素帕猜·巴尼巴滴(Supachai Panitchpakdi)博士在发布《2010 年贸易和发展报告》时说："的确，中国成为这种贸易保护主义的目标，不仅仅是中国，一些新兴经济体也开始采取了一些措施，以各种各样不同的方式来解决这个问题。"

不过，素帕猜认为"并不需要太过关注"，"在经济衰退的过程中，一些国家采取了刺激经济的做法。很多的企业由此得到了补贴和帮助。但这并不是贸易保护，而是挽救经济的政策。"

第一节 发达国家贸易政策

一、自由贸易政策的历史演变

与保护贸易政策的实践相比，自由贸易政策的推行历史要短得多。在资本主义生产方式处于准备阶段的大部分时间里，贸易保护主义的思潮始终占据着主导地位。直到 19 世纪 20 年代，最先完成产业革命的英国才开始转向自由贸易政策。当时，英国完成了一场手工业向机器大工业的过渡，工业生产迅猛发展，成为世界的工业制造中心和商品贸易中心，在这种情况下，原来实行的保护贸易政策越来越难以适应经济和贸易发展的需要，为此，英国新兴的资产阶级强烈要求废除重商主义时期的保护贸易措施，推行自由竞争和自由贸易的政策。

英国推行自由贸易政策的重要措施有：①取消外贸经营特权。1831 年和 1834 年，英国先后废止了东印度公司对印度和中国贸易的垄断权，将贸易经营权范围扩大到一般涉外公司。②降低关税税率，缩减纳税商品项目。在重商主义时期，英国有关关税的法令多达千件以上。为此，政府从 1825 年开始简化税法，实行新的税率制度。与此相应，关税税率大大降低，进口纳税的商品项目也大大减少，从 1841 年的 1 163 种减少到 1882 年的 20 种。③废除航海法和谷物法。航海法是英国为限制外国航运业竞争和垄断殖民地航运事业而制定的政策，从 1824 年逐步废除，至 1854 年，英国的沿海贸易和殖民地全部向其他国家开放。谷物法则是英国政府于 1815 年颁布的旨在限制或禁止谷物进口的法律。从 1838 年开始，英国国内掀起了声势浩大的反谷物法运动。1846 年，议会通过了废除谷物法的议案，并于 1849 年生效，从而取得了 19 世纪自由贸易进程中最伟大的胜利。④改变对殖民地的贸易政策。在 18 世纪，英国对殖民地的航运享有特权，殖民地的货物输入英国则享受特惠关税待遇。在大机器工业建成后，英国对殖民地逐步采取了自由放任的态度，它们不仅可以对任何国家输出或输入商品，而且可以与外国签订贸易协定，建立直接的贸易关系。⑤与外国签订体现自由贸易精神的贸易条约。比如 1860 年，英国与法国签订了“科伯登”条约。根据条约规定，英国对法国葡萄酒和烧酒的进口予以减税待遇，并承诺不禁止煤炭的出口，法国则保证对从英国进口的一些制成品征收不超过商品价格 30%的关税。

专栏

英国的谷物法及其废除

英国的谷物法是在谷物（主要包括小麦、大麦、黑麦和燕麦）充足和低价时期，为了生产者的利益，而企图控制谷物贸易的议会法规。禁止或不鼓励进口的法规可以追溯到 15 世纪，但是，只是在 1663 年的一个法令中它才生效。然而，出口补贴开始于 14 世纪，并且依照 1689 年制定的一个法令而变得更有系统了。然而，在 1750 年以前，似乎还没有经济学论文或小册子专门对这个课题进行研究，只是在 19 世纪，这样的法规才引起人们的争论，这主要是因为人口的增长，特别是城市的发展，以及由于 1795 年的短缺和马尔萨斯（Malthus）1798 年的文章，引起了人们对食品供应的关心，特别是 1815 年的谷物法，其目的在于通过禁止进口，直到国内价格达到一定水平（对小麦来说，达到每夸脱 80 先令）的方法，来鼓励国内生产，但该谷物法却成为代表消费者利益的激进分子和中产阶级制造商以及出口商的猛烈攻击的目标。实际上，没有人对 1815 年的谷物法满意。在某一个特殊的价格水平上，进口从全面禁止到全面开放的突然转变是不稳定的，而且没有保证供应，因为当上述价格达到了指定的水平时（通常是 10 月或 11 月），发出短缺信号，但波罗的海航路可能已经冰封了，使得在这个季节的其余时间无法得到便宜的外国进口谷物。为了对付这些问题，在 1828 年，采用了一种可调节的税率，在 1842 年降低了税率，并在 7 年后最终放弃了这种关税。在这期间的 1846 年发生的一场重要的政治危机，使罗伯特·皮尔（Robert Peel）爵士的第二届政府垮台，且基本上分裂了保守党。虽然随着欧洲小麦供应的枯竭，从 19 世纪 30 年代中期开始，谷物法已经停止对谷物贸易制造很大的实际困难，但谷物法的废除被认为是标志着自由贸易理论在英国的最终胜利，并且迅速获得象征性的价值。谷物法的废除没有（像大家希望的那样）导致小麦价格的下跌，可是这样做减少了每年进口量的波动。

（资料来源：新帕尔格雷夫经济学大辞典（第一卷）．北京：经济科学出版社，1996：725）

在英国的推动下，各国纷纷降低关税，荷兰、比利时开始执行自由贸易政策，美国、德国等国家虽然没有推行自由贸易政策，但也不同程度地降低了保护关税，从而使自由贸易政策成为 19 世纪中后期占主导地位的政策倾向。

随着西方国家由自由竞争向垄断阶段的转变以及危机和战争的频繁爆发，各国的政策倾向又滑向了贸易保护主义。直到第二次世界大战结束以后，自由贸易政策才被再度提倡，从而出现了一股新的贸易自由化浪潮。

专栏

贸易自由化及其影响

贸易自由化作为美国的既定政策，在冷战时期主要服务于两大战略目标：一是促进美国与西欧、日本形成支配世界经济的紧密战略经济同盟；二是藉贸易上的自由化确保美国的经济优势地位。

在五六十年代推动贸易自由化的过程中，削减关税壁垒成为美国计划中的首要重点。利用"关贸总协定"提供的机制，美国先后发起了六轮削减关税的谈判，即 1947 年的日内瓦回合、1949 年的安尼回合、1951 年的托基回合、1956 年的日内瓦回合、1960—1961 年的狄龙回合、1964—1967 年的肯尼迪回合。在所有这些回合的谈判中，前五轮基本是按逐项讨论的原则进行，主要供应商之间先达成关税削减协议，然后再通过"关贸总协定"的无歧视原则使之多边化。到第六轮谈判时，为了加快关税削减的步伐，则采取了一次性全面关税削减方式，除农产品贸易之外，非农产品的关税平均约削减了 1/3，达到了发达国家贸易合作的顶峰。这样，经过六轮的艰苦谈判，工业发达国家的平均关税从 40 年代的约 40%减少到了 10%左右。具体到各国的情况是：美国 9.9%，欧洲经济共同体六国 8.6%，英国 10.8%，日本 10.7%。

关税大幅度削减，对于主要关税削减国贸易的推动作用是显而易见的。从 1960 年到 1969 年，世界贸易总额扩大一倍以上，而发达国家之间的贸易额在 1963 年到 1973 年的十年间几乎翻了两番多，所占世界贸易总量的比重更由 64%增加到了 68%。

（资料来源：张敏谦．美国对外经济战略．北京：世界知识出版社，2001：124-125）

战后贸易自由化主要是由西方发达国家带头推行的，因此它表现出了一系列有利于西方国家的特点。首先，发达国家之间的贸易自由化程度超过了它们对发展中国家和社会主义国家的贸易自由化，发达国家根据关贸总协定等国际多边协议的规定，较大幅度地降低彼此之间的关税水平和放宽相互之间的数量限制，但对于发展中国家的一些商品，特别是劳动密集型产品却征收较高的关税，并实行其他的进口限制措施。而它们对社会主义国家的商品进口，所采用的关税壁垒和非关税壁垒，则要高于对发展中国家的关税壁垒和非关税壁垒。不仅如此，发达国家还常常对社会主义国家实行出口管制。其次，区域性经济集团内部的贸易自由化程度超过了集团对外的贸易自由化程度。比如，在一般的自由贸易区组织中，内部对大多数商品取消关税和进口限制，实现商品的自由流通。而在关税同盟、共同市场以及经济联盟等较高层次的区域性经济集团中，则不仅在成员内部完全取消关税，实行商品、资本等生产要素的自由流动，而且还要建立统一的关税率，抵制集团外国家商品的输入。最后，不同商品的贸易自由化程度也有所不同。从战后实践来看，工业制成品的贸易自由化程度要高于农产品中的贸易自由化。战后，随着西方国家经济的发展，其工业制成品的生产对国外市场的依赖性日益增长。为了促进相互之间在工业制成品和半制成品方面的贸易，它们在工业领域广泛地推行贸易自由化。而在农产品方面，为了保护本国农产品的生产和农场主利益，西方发达国家则多采用严格的贸易保护措施。此外，西方国家在机器设备上的贸易自由化程度则超过了工业消费等方面的贸易自由化。一些工业消费品特别是所谓"敏感性"劳动密集型产品，如纺织品、鞋、罐头食品、皮革制品等，因与发达国家的同类行业产生竞争，因此常常受到发达国家的进口限制，从而延缓了贸易自由化的发展。

20 世纪 70 年代以来，由于西方国家普遍出现了经济"滞胀"的局面，因此贸易保护主义有所抬头，战后的贸易自由化进程受到一定的抑制。但是总的来看，随着世界贸易组织职能的日趋完善和作用的不断发挥，以及世界经济区域集团化趋势的日益加强，自由贸易政策将成为越来越多国家的贸易政策取向。

二、保护贸易政策的历史演变

保护贸易政策的推行历史要比自由贸易政策更为久远。16 世纪至 18 世纪中期，是资本主义生产方式的形成时期。这段时期在重商主义贸易思想的影响下，西方各国普遍实行的是保护贸易政策，以追求金银财富的国内集中，实现资本的大量积累。保护贸易政策推动了资本的原始积累，加速了资本主义生产方式的最终形成。

专栏

1700 年的法英贸易盈亏

我们停下看一看法英贸易盈亏的典型事例。关于 17 世纪的最后 25 年和 18 世纪初期的贸易，人们断定天平十之八九侧向法国一边。法国从其对英贸易往来中平均每年约得利润 150 万英镑。

这正是 1675 年 10 月在下议院宣布的数字，暂住伦敦的热那亚商人卡洛·奥托于 1676 年 9 月和 1678 年 1 月写给朋友的信中也这么说。他甚至指出，这些数字是他从联合省大使谈话中得来的，而大使对法国人并无好感，法国贸易出现顺差的理由之一是其制成品"在岛上的售价比在当地制造更便宜，因为法国工匠以薄利为满足"。事情实在奇怪，这些法国产品其实被英国政府禁止，靠走私才偷运进来。这位热那亚商人接着又用一句名言来解释,英国人更加希望"贸易收支相抵",他们于是强制法国人广泛使用英国的呢绒。在此情况下,一旦战事发生,便可趁机制止法国商业的可恶入侵。驻伦敦特任大使德·塔拉尔于1699年3月18日给蓬夏特朗写信说:"英国人战前(指1689—1697年的奥格斯堡同盟战争)从法国购买的东西,据他们的看法,其数额比我们向英国的订货高得多。他们充满这种偏见,坚信我们的财富来自英国,因而战争一开始,便首先阻止法国葡萄酒和其他商品直接或间接地进入他们的国家。"为了明白该信的含义,必须提醒,在过去,交战双方并不断绝一切商业联系。因此绝对禁止法国商品入境在某种程度上是违背国际惯例的。

时间一年又一年地过去。为着西班牙查理二世的王位继承问题,再次发生战争(1701年)。

后来,随着敌对行动的结束,必须重建商业关系,因为两国贸易往来在这次战争中受到严重破坏。于是,1713年夏,商事院派遣里昂代表阿尼松和巴黎代表费内隆以专家身份前往伦敦。由于讨论很不顺利,旷日持久,阿尼松有闲暇查阅下议院的辩论记录和英国海关的报表。他发现,有关两国贸易盈亏问题所说的一切却是错误百出,不由大吃一惊!比如说:"五十多年以来,英国贸易额比法国高几百万。"这里显然是说几百万图尔里佛。事情实在太突然,太出人意料。能够相信这是事实吗?难道应该相信,官方出于虚伪,竟处心积虑地掩盖明白记录岛国贸易顺差的有关数字?为此,似乎有必要在伦敦和在巴黎的档案中进行仔细的调查。但即使进行调查,也没有把握能把问题弄个水落石出。解释官方数字难免包含一些错误。商人和下级执行人员都竭力欺骗政府,政府则自欺欺人,我完全懂得,1713年的真理到了1786年就未必是真理,反之亦然。但在艾登协定签订后不久(法英两国于1786年订立),一封从伦敦发出的俄国信件(1787年4月10日)根据一般消息指出,数字"只能不完全地反映法英之间贸易的性质和规模,据了解,两国间的合法贸易至多占整个贸易的三分之一,其他三分之二都以走私形式进行,这个贸易协定正是为着两国政府的利益去解决走私问题"。既然如此,为什么去讨论官方数字?我们还必须额外了解有关走私贸易的盈亏。

1713年,英法两国的商业谈判一波三折,旷日持久,问题始终没有得到澄清,英国舆论界议论纷纷,充分暴露了隐藏在重商主义背后的民族主义狂热。1713年6月18日,当协定草案以194票对185票在下议院被否决时,平民中爆发的欢乐比庆祝和平更加热烈。伦敦燃放焰火,张灯结彩,举办种种庆祝活动。考文垂的织工列队游行,一根长杆上高挑绵羊的毛皮,另一长杆上悬挂小半瓶酒和说明文字:"不要用英国羊毛换法国葡萄酒!"所有这些举动生动地反映了民族狂热,却并不符合经济理性,因为只有互相开门才是两国的利益所在。四十年过后,大卫·休谟用讥讽的口吻指出,"多数英国人认为,如果法国葡萄酒大量运到英国,国家将会破产……于是我们去西班牙和葡萄牙寻找比法国向我们提供的更加昂贵却质地不佳的葡萄酒。"

(资料来源:布罗代尔.15至18世纪的物质文明、经济和资本主义(第2卷).上海:生活·读书·新知三联书店,1993:208-211)

18世纪中期到19世纪后期,是资本主义的自由竞争阶段。这个阶段在英国的推动下,自由贸易政策基本处于主导地位。但是这一时期的美国和德国实行的基本上仍是保护贸易政策。由于这两个国家的国内工业发展还处于起步阶段，无法与英国、法国等国的工业产品相竞争，因此不得不实行保护贸易政策，扶持本国幼稚工业的发展。

19 世纪末至第二次世界大战，是资本主义由自由竞争向垄断过渡的时期。在这个时期，各资本主义国家包括那些起步较晚的后进国家都先后完成了工业革命，科学技术的发展普遍提高了各国的工业生产能力和经济发展水平，国际市场竞争也随之愈加激烈。而 1929—1933 年发生的空前世界性经济危机则使国际市场的供求矛盾更趋白热化。在这样的历史条件下，原来实行自由贸易政策的国家纷纷改弦易辙，推行贸易保护主义。就连英国也未能例外，它于 1932 年宣布彻底放弃自由贸易政策，转而全面实行保护贸易政策。

第二次世界大战结束至 70 年代初，在第三次科技革命及国家垄断资本主义等多种因素的推动下，西方国家的经济很快得到了恢复，并进入了高速发展的时期。与此相应，贸易自由化思潮复兴，贸易保护主义则得到一定程度的抑制。但进入 70 年代以后，西方国家普遍出现了较为严重的经济"滞胀"局面，即经济增长缓慢，通货膨胀率和失业率则居高不下。在此情形下，为了增加国内需求，刺激经济增长，西方各国又普遍推行了保护贸易的政策。由于战后的贸易保护主义出现了一系列新的特点，故被称为"新贸易保护主义"。

专栏

经济"滞胀"

到 20 世纪 70 年代初为止，经济学家们普遍认为失业率与通货膨胀率呈反向关系。失业率愈高、生产能力过剩越大，工资率和价格膨胀率就越低。由于低水平的经济活动在导致生产能力过剩的同时也降低了利润率，因此，较低的投资率和较低的生产率增长率就同较低的通货膨胀率相联系。向下倾斜的菲利普斯(Phillips)曲线意在把握这个问题。

20 世纪 70 年代初遍及资本主义世界的事件动摇了失业率和生产率增长率与膨胀率之间存在反向关系的信念。差不多是从 1974 年开始，与日益上升的失业率相伴随的，即使不是加速的也是较高的通货膨胀率，而生产率的增长却急剧地下降了。

从 1963—1973 年和 1974—1979 年两个时期 7 个最大的经济合作与发展组织国家(OECD)的生产率增长率和通货膨胀率，以及这两个时期内的平均失业率，可以看出，在每个国家都存在着上升的失业率和通货膨胀率，以及从世界范围的衰退来临前 10 年到第二次石油冲击前 5 年这段时间下降的生产率增长率。日益加速的通货膨胀率与上升的失业率和下降的生产率增长率即停滞同时出现，导致经济学流行一个新的术语，即"滞胀"。

(资料来源：新帕尔格雷夫经济学大辞典(第 4 卷). 北京：经济科学出版社，1996:507)

新贸易保护主义的兴起和推行，虽然在缓和西方国家的国内经济危机、减少财政赤字、平衡国际收支及抑制通货膨胀等方面起到了一定的作用，但是却给广大消费者和其他国家及至整个世界经济造成了严重的负面影响。这主要表现在：

(1) 提高了贸易保护程度,延缓了贸易自由化进程。在新贸易保护主义政策的影响下,政府对外贸活动的干预协调,双边和区域多边贸易体制的运行,都带有明显的歧视性和排他性,使以关贸总协定——世界贸易组织为核心的自由开放的国际多边贸易体制受到冲击和削弱。

(2) 扭曲了贸易流向,妨碍了世界资源的合理配置。非关税措施的广泛使用,影响了商品贸易的性质,改变了商品贸易的地理方向,从而人为地阻止了低成本高质量产品的进入,保护了国内较落后的生产者,造成了世界资源的浪费。

(3) 增加了价格上涨的压力,损害了消费者的利益。据关贸总协定秘书处 1993 年8 月报告中的分析,日本由于拒绝开放大米市场,结果使日本的米价比美国高出 4～5 倍;由于对主要来自发展中国家的纺织品和服装实行贸易保护主义,美国的四口之家每年要为此多花费 200～400 美元;而由于对日本汽车进口实行自动限制,使日本车价在法国提高了 33%,西欧消费者仅此一项每年就要多承付 70 亿美元的代价。

(4) 加剧发展中国家贸易条件的恶化。在新贸易保护主义盛行的情况下,发展中国家的出口商品受到的非关税措施限制程度普遍要高于发达市场经济国家的商品出口受限程度。不仅如此,发达国家还凭借其经济优势和现存的国际经济旧秩序规则,压低初级产品价格,提高制成品价格,使发展中国家的贸易条件趋于恶化,从而延缓了其工业化进程,进一步拉大了南北之间的差距。

(5) 导致贸易摩擦增多,影响世界经济全球化的发展。20 世纪 70 年代以来,由于各国保护贸易政策的加强,引起发达国家之间、发达国家与发展中国家之间的贸易摩擦日渐增多。例如,日美之间的贸易摩擦所涉及的对象商品已由低级加工产品向高附加值产品发展,同时,由单项商品和政策制度的摩擦扩展和延伸到全面摩擦。这种局面在一定程度上影响了世界经济全球化的正常发展。

三、协调管理贸易政策的产生与发展

20 世纪 70 年代以来,在新贸易保护主义的基础上,产生了协调管理贸易,即“有组织的自由贸易”。它是以协调为中心,以政府干预为主导,以磋商谈判为轴心,对本国进出口贸易和全球贸易关系进行干预、协调和管理的一种国际贸易体制。因此,管理贸易既有别于纯粹的自由贸易政策,同时也不同于完全的贸易保护主义。其主要目的在于既争取本国对外贸易的有效发展,又在一定程度上兼顾他国利益,达成双方或多方均能接受的贸易折中方案,以限制贸易战及其破坏程度,共同担负起维护国际经贸关系的相对稳定和发展的责任。

管理贸易政策的主要表现是:

(一) 各发达国家加强了贸易立法,使贸易保护主义向合法化和制度化发展

在这个过程中,一些发达国家管理对外贸易的法律已由过去单行的法律,发展成为以外贸法为中心,与其他方面国内法相配套的法律体系。这在美国表现得最为明显。1974 年美国国会通过的《贸易改革法》,是一部自由贸易条款与限制性条款相混合的立法,它首次确定了各种关税壁垒如例外条款、反倾销、反补贴条款等在法律上的地位,并在“301 条款”中授权美国总统给对美国出口施予不公平待遇的国家进行报复。1979 年通过的《贸易协

定》则增加了反倾销、反补贴专章，并将与多边贸易谈判有关的政府采购协定付诸实施，还规定了司法审查及其程序。1984 年通过的《贸易与关税法》重点修改了 1974 年《贸易改革法》中的某些条款，如普惠制的延长与取消，降低劳务贸易、高技术产品和直接投资壁垒的国际协定等。而 1988 年通过的《综合贸易法》作为美国新贸易保护主义形成的法律标志，除了保留上述贸易立法中有关非关税限制条款外，还从多方面强化了保护主义措施，如制定了有名的“超级 301 条款”和“特别 301 条款”。其中前者要求政府对公平贸易做得不好的国家进行谈判或报复，后者则要求政府对保护美国知识产权做得不够好的国家进行谈判或报复。应该提到的是，这些贸易立法还强化了贸易保护机构，如进一步扩大美国国际贸易委员会的权限并加强美国贸易代表授权，完善贸易保护程序，使贸易立法的贯彻有了组织上和程序上的保证。

（二）双边、区域多边贸易协调日益加强，并与国际多边贸易协调体制相交织

由于关贸总协定——世界贸易组织所构建的国际多边贸易协调体制的影响力已受到一定削弱，各国更多地借助双边贸易谈判，实行“公平贸易”政策。所谓“公平贸易”，就是要求公平、互惠与机会均等。如美国总统克林顿上台执政后，就曾明确指出，美国要实行真正的公平贸易，就应坚持三项原则：① 在欢迎范围广泛的产品和贸易伙伴进入美国市场的同时，也应该让美国商品全面进入外国市场；② 在欢迎外国在美国企业中进行投资的同时，也应该让美国商品全面进入外国市场；③ 在欢迎外国公司在美国设公司的同时，也应要求它们交纳与美国公司相同的所得税。在双边贸易协调日益加强的同时，区域集团内部的多边协调管理也随着贸易区域集团化的发展而得到了进一步强化。

（三）跨国公司逐渐成为管理贸易的主体

作为适应国际贸易新发展的管理贸易，其内容非常丰富，它融政治与经济于一体，运用贸易、金融方面的技术，综合开展各种有形和无形的国际贸易，以获取最大的和长远的经济效益，而最能适应这种管理贸易的是在世界经济中占据主导地位的跨国公司。目前，全球许多高科技、高层次、大规模的贸易与投资活动都是以跨国公司为主体进行的，它们垄断了全球货物贸易额的 90%左右。因此，各国都通过跨国公司的跨国经营活动，来贯彻其对外投资贸易的战略和政策，跨国公司已成为各国争夺国际市场和获取管理贸易利益的主要力量。

管理贸易政策广泛应用于国际贸易领域，比如：在联合国贸易与发展会议安排下，通过商品综合方案和各种长、短期合同所进行的贸易；在国际组织协调下，通过国际商品协定、国际纺织品协定及多种纤维协定所进行的贸易；石油输出国组织通过产量限制与价格协议所进行的石油出口贸易；各种双边贸易与对等贸易；各种自愿出口限制安排下的贸易；各种有秩序销售安排下的贸易；西方发达国家进出口管制下的贸易等。

管理贸易政策产生于 70 年代以来新贸易保护主义日益严重的背景之中，适应了发达国家既要遵循自由贸易原则，又要实行一定的贸易保护的现实需要，因此在一定程度上避免了极端形式的贸易冲突，减缓了各国之间的贸易摩擦。我们从过去 20 多年间的美日半导体协定、汽车及汽车零部件协定、移动电话协定和日欧汽车协定，1992 年的美欧农贸协定，1995 年的日本向美国开放汽车市场协定，以及 1996 年中国向美国出口蜂蜜的自动限额协定等事例中，不难看到管理贸易政策所起到的这种作用。但是在另一方面也应该看到，管

理贸易体制毕竟包含了保护贸易的诸多措施和因素,尤其是它使贸易保护主义制度化和法律化,同时国际多边贸易关系也在向双边和区域内多边协调关系方向发展,这就为西方发达国家加大贸易保护力度提供了更大的可能性和合法性。从这个意义上来说,管理贸易政策又是进一步引发新的贸易争端的重要制度因素。

案例

中国光伏:欧盟反倾销未定　德企"再补一枪"

中国光伏企业仍在为欧盟反倾销调查苦恼之际,德国光伏企业 Solar World 迫不及待地希望对中国企业再补一枪。

欧洲当地时间 9 月 25 日,Solar World 牵头的名为 EU ProSun 的团体向欧洲监管部门提起申诉,指控中国光伏公司获得非法补贴,要求欧盟对产自中国的光伏产品征收惩罚性进口关税。

此前的 7 月 24 日,向欧盟提起对中国光伏企业反倾销调查申诉的,同样是 Solar World。9 月 6 日,欧盟刚刚宣布就反倾销申诉立案调查。

欧盟目前是中国光伏企业最主要的出口市场,出货量占到中国光伏企业的 70%左右。此次中欧贸易摩擦是全球金额最大的光伏行业调查,涉及欧盟从中国进口的价值 210 亿欧元的商品。

今年 3 月,美国商务部对中国光伏企业的"双反"(反倾销、反补贴)初裁结果是:决定对中国太阳能电池组件征收 2.9%到 4.73%的初步反补贴税。在此基础之上,5 月,美国商务部又决定加征至少 31%的初步反倾销关税。

来自德国的世界可再生能源理事会主席、前欧盟执委会官员沃尔夫冈・帕尔兹(Wolfgang Palz)此前接受采访时称,公允地来说,"中国企业下大力气提高生产效率和管理水平,使光伏组件成本和价格在有限的时间内大幅降低,目前已达到每瓦 5 元人民币的水平,从而大大提高了光伏发电与常规电源的竞争力。没有中国企业,就没有世界光伏产业的今天,也就没有 80 万个就业岗位……""这不是中国企业一家的错。德国、美国以及中国企业,都是产能过剩的始作俑者,也是其受害者。"帕尔兹说,"出了问题,大家都习惯找个替罪羊,找个自身以外可以指责的对象,这种逻辑是荒谬的。中国企业的生产线主要产自于德国,大家的设备是一样的,技术是相当的,只是中国的企业效率更高,成本效益控制得更好,指责中国是不公平的。"

(资料来源:http://solar.ofweek.com/(OFweek 太阳能光伏网))

第二节　发展中国家贸易战略与政策

发展中国家的贸易政策虽然有多种多样,但是就其实质来说,主要可以划分为两大类型,即进口替代发展战略和出口导向发展战略,二者具有相继性、替代性和互补性的内在联系。

一、进口替代发展战略与保护政策

进口替代发展战略，有时也称内向型的经济发展战略，是指通过建立和发展本国的制造业，实现对进口制成品的替代，以达到加快工业化进程和减少对国外经济依附的目的。从历史上看，这种做法最早出现在第一次世界大战开始时拉丁美洲的巴西、阿根廷等几个国家，作为资本主义发达国家的德国也曾一度加以推崇。第二次世界大战后，获得政治独立的发展中国家面临着摆脱外国资本控制、以经济上的独立确保政治上独立的紧迫任务，因而大都把经济多元化和快速增长作为经济发展的重要战略目标。把工业化作为发展的战略重点和实现战略目标的主要途径，故此，许多国家都树立起明确的工业化目标，采取了进口替代的经济发展战略。

从各个地区的情况来看，拉丁美洲国家实行此种战略的时间较长，从20世纪50年代初期起，进口替代工业化战略即在拉美国家普遍推行，此后一直延续到70年代中期，有的国家直到80年代继续推行。东亚国家和地区在50年代初至60年代初、东南亚国家在50年代中期至70年代初曾主要实施过这种战略。非洲国家独立后，在实施初级产品出口战略的同时，也推行了进口替代的发展战略，但主要是发展以本国原料为主的加工工业和日用品生产。

进口替代通常可以分为两个阶段：第一个阶段是以建立和发展一般消费品工业为主，这些消费品主要有收音机、自行车、纺织品、一般家用电器和食品加工等。在这一阶段，由于国内已经存在有效需求和销售市场，所需资金较少并且不太需要特别的专门技术和人才，因此往往容易实施，也容易获得成功。第二阶段是以建立和发展炼钢轧钢、石油提炼、机械设备制造等工业，由于这一阶段需要较多的资金、专门技术和人才，加上此类产品的生产要求较大的经济规模，因此实施起来难度较大，不太容易获得成功。目前仍有相当一部分发展中国家尚未完成这个阶段。

关于实施进口替代发展战略的经济措施，各国和各地区在具体做法上虽不尽相同，但其内容却是基本相似的。这些措施归纳起来主要有：

(一) 加强进口限制，提高进口关税

普遍做法是运用贸易壁垒、进口许可证、进口数量限制和信用证押金制度等手段，对国内重点扶持和发展的产品的进口课以高额关税，并在数量上予以严格限制，即使是准许进口类似的物品，各国和各地区也有权指定外汇来源、采购地区、货物等级和价格以及进口商等事项；对进口替代工业所需的生产资料尤其是原料和机器设备等则课以较低关税，在数量上也尽可能放宽。据统计，在实施进口替代战略时期，台湾被列为管制的进口商品约占总进口商品的40%，最高年份(1956年)达到46%。哥伦比亚在1950年进行关税改革，提高了对日用消费品、耐用消费品和某些中间产品的进口关税，1959年再次颁布法令，实行进口检查和价格监督，并再次提高关税率。70年代初，作为拉美地区最早实行进口替代发展战略国家之一的智利，平均关税率为94%，最高关税率竟达500%，此外，还规定近3 000种商品的进口预存款率为10 000%，以及其他许多限制进口的行政措施。

(二) 对替代产业实行减免的税收政策

比如新加坡，为了使私人企业积累资本，发展生产，先后颁布了《新兴工业(豁免所得

税)法》和《工业扩展法》,规定按照企业对工业生产追加资本的数量多寡,豁免 2～5 年的 40%的公司所得税,而且投入生产的资本越多,享受豁免所得税待遇的期限也就越长;企业的出口产品达到规定的销售量时,其所得税可由原来的 40%减至 4%,此外,它们还被准许实行加速折旧。这些措施刺激了私营企业的生产积极性,加速了进口替代产业部门的资本积累。

(三) 高估本国货币对外国货币的汇率

如台湾地区,1949 年 6 月 15 日开始发行流通新台币,其基准汇率为 1 美元＝5 台元,到 1953 年时升为 1 美元＝15.90 台元,至于为数十余种的复式汇率,最低为 1 美元＝10.25 台元,最高则达 1 美元＝40.05 台元。汇率的高估,有力地抑制了外国商品的进入。

进口替代经济发展战略的实施,取得了较大的成功和效果。1953—1962 年间,台湾国民生产总值年均实际增长率为 7.2%,1962 年人均国民生产总值达到 300 多美元,工业消费品供应幅度增加,自给水平迅速提高,如棉纺织品、自行车、面粉、合成纱等的进口率几近为零。不仅如此,一些消费有余的产品(其中主要是纺织品)还开始向外销售。在出口额中所占比重达到了 47.2%。韩国 1955—1961 年的国民生产总值年平均增长率也达到了 3.9%,其中制造业增长 9.2%,并建立了一批面粉、制糖、纺织、水泥、玻璃和纸张等小型工业企业。新加坡在实施进口替代发展战略期间,国内生产总值年均增长 7.3%,长期以来占统治地位的单一转口贸易经济逐步向多元化经济发展,转口贸易在外贸总额中所占的比重由 1960 年的 90%下降到 1965 年的 58.7%,制成品生产和出口则相应上升,在 60 年代上半期,新加坡的制造企业由 548 家发展到 1 000 多家,工人由 27 416 人增加到 47 334 人,其中电子、冶金等新兴工业企业由 7 家发展到 95 家,雇工由 211 人增加到 10 495 人。总之,进口替代发展战略的制订和实施,不仅使战后初期困扰东亚国家和地区经济发展的高通货膨胀率和失业率等日趋得到缓和和抑制,而且增强了各国或地区的经济实力,为以后的经济起飞创造了坚实的物质基础。

进口替代发展战略,也有力地促进了拉丁美洲国家商品经济的发展。随着进口替代工业化的扩展,到 20 世纪 50 年代中期,拉美全地区的制造业产值开始超过农业;到 60 年代,拉美国家的生产能力已基本达到了满足本地居民消费需求的水平;到 70 年代中期,一般的生产资料也自给有余,巴西、墨西哥、阿根廷等国开始向世界其他地区出口电动机械、交通运输工具、电气器材及电子通讯设备等重要的制造业产品。1975 年,在发展中国家制造业总产值中拉丁美洲超过了一半,约占 56%,处于领先地位。由于工业的发展,拉美地区的经济在 80 年代以前得到了迅速增长,1950—1980 年的 30 年间,拉美地区国内生产总值年均增长率达到了 5.6%,这一数值不仅高于发展中国家的平均数,而且高于发达国家的平均增长率。

但是,进口替代经济发展战略也有自身的局限性,这主要表现在:

首先,如前所述,进口替代是一种内向型的经济战略,它主要依靠内需来带动经济的发展。而经过一段时期的经济恢复和发展之后,发展中国家的国内市场特别是轻工业品的消费基本都已接近饱和状态,经济要想获得更进一步的发展已经相当困难。不仅如此,经济增长速度已呈现下降的趋势。如台湾,以 1971 年价格计算的国民生产总值增长率,1952—1955 年为 8%,1955—1960 年则下降为 5.8%。1980—1989 年,整个拉美地区的国内生产总值年均增长率仅有 1.1%，成为“失去的 10 年”。

其次，进口替代发展战略着眼于当前需要的日用消费品的生产，生产和出口的产品大多是附加值较低的农产品、水产品和矿产品等初级产品，这些产品对自然条件敏感性大，生产和出口增长率一般都较低，换汇能力也很有限，加上需要进口大量的原材料和机器设备，因此极易导致国际收支的严重失衡。如，韩国 1962 年出口仅 5 500 万美元，进口却达到了 3.89 亿美元，出现了 3.34 亿美元的巨额贸易赤字。墨西哥 1960 年的外贸逆差为 4.47 亿美元，1970 年增加到 10 亿多美元，1976 年达到 30 亿美元。此外，进口替代的本意之一是节省外汇，但实际上却大大增加了国内资源的机会成本，如在阿根廷生产拖拉机可以节约外汇，但每节约 1 美元却要以价值 7 美元的国内资源为代价。

最后，进口替代发展战略要求采取高度的保护贸易政策，在短期内，这些措施有利于国内相关部门免遭外来商品的冲击，得到正常的发展，但是从长期和根本上来说，却削弱了这些企业的国际竞争能力，妨碍了它们改进生产技术、提高经营水平、增强自身适应能力的步伐，从而使事关企业生存的关键因素——劳动生产率无法得到大幅度的提高和根本性的改观。据对台湾 1959 年的工业调查表明，很多生产简单制成品的工厂，生产能力的利用系数很低，远远没有达到比较理想的状态，其中橡胶、帆布鞋类厂家的利用系数为 23.3%，电扇类厂家为 38.1%，肥皂类厂家为 39.2%，绝缘电线类厂家为 40%，胶合板类厂家为 46.9%，合成纤维类厂家为 49.7%，粗纺毛纱类厂家为 52.6%，缝纫机类厂家为 64.3%，铁条和铁棒类厂家为 65.4%，造纸业厂家利用率最高，但也只有 67.4%。

可见，到 20 世纪六七十年代，对许多发展中国家或地区来说，进口替代经济发展战略已经基本完成了它的历史使命。如何及时调整经济发展战略，积极参与国际经济活动，利用外部条件来推动经济发展，就成了这些国家或地区的一个重大课题。

二、出口导向发展战略与扶持政策

出口导向发展战略，有时也称外向型的经济发展战略，其主要特点是以大量的商品出口为导向，把经济活动的重心从以本国或本地区市场为主转向以国际市场为主，进而推动整个国民经济或地区经济的发展。第二次世界大战后初期的丹麦、挪威，20 世纪 50 年代中期的日本，曾实行过这种战略。20 世纪七八十年代后，部分拉丁美洲和非洲国家也从进口替代战略转向了出口导向的发展战略，但是在推动出口导向战略方面最有成效的当数亚洲新兴工业化国家和地区了。

1959—1964 年期间，亚洲新兴工业化国家和地区先后从进口替代的经济发展战略转向出口导向的经济发展战略，这既有必要性，同时也具备了可能性和现实性。从国(地区)内方面来说，时间不等的进口替代战略为它们的战略转换创造了良好条件，如工业基础较好以及丰富而廉价的劳动力资源等。从国际方面来说，当时出现了极其有利的国际经济环境，科技革命的发生、资本主义技术工业产品生产的周期规律、国际贸易的扩大、能源及原材料的廉价供应等，都为出口导向经济发展战略的实施提供了千载难逢的好时机。正是在这种内外相叠的双重有利条件下，亚洲新兴工业化国家和地区因势利导，及时地进行了经济发展战略的相互转换，使各自的经济得到了起飞，整个国家或地区的社会经济生活也随之跃上了一个新的台阶。

对外贸易是亚洲新兴工业化国家和地区经济发展的“生命线”。因此，在转向出口为导向的经济发展战略以后，各国或地区所采取的经济政策和措施基本上都是围绕这个中心来制订并加以实施的。其中最为重要的相应政策和措施有下面几种：

（1）政府对商品出口事业高度重视。为了更好地扩大商品出口，建立以出口贸易经济为中心的国民经济体系，各国或地区都成立了相关的专门负责机构，以加强对出口商品的规划、督促和引导工作。如韩国负责管理外贸工作的政府机关是“经济企划院”和“商工部”，前者负责编审外贸计划，后者则直接管理工业生产和内外贸易，下设主管政策的“商业贸易局”和主管配额的“商业振兴局”；新加坡专事贸易事业的专门政府机构是“贸易发展局”；香港也成立了“贸易发展局”，并且附设有“贸易署”，用于加强本地产品的出口工作。此外，这些国家或地区还采取了一些带有精神鼓励性质的举措来促进本国或本地区的商品出口。比如韩国在 1964 年 11 月 30 日时出口达到了 1 亿美元，当局即把这一天定为“出口节”，此后每年都要举行庆祝活动，并且表彰奖励在商品出口方面作出优秀成绩的企业和人员；1974 年，政府又规定，对一年内出口额达到 1 亿美元的企业颁发“1 亿美元塔”奖章；1977 年 12 月 22 日出口额突破 100 亿美元大关，韩国又大奖了一批有功单位和个人，并由总统亲自授予奖章和奖状。不仅如此，据说总统每月都要亲自召开出口月会，审查出口事宜，督促企业完成出口任务。这种由总统亲自主持贸易振兴会的做法，在其他国家是没有先例的。中国台湾对出口企业和厂商也给予了鼓励和奖励，每年都要选出出口成绩突出的企业和企业家，授予“总统奖”和“经济部长奖”，并登报表扬。通过这些措施和办法，使亚洲新兴工业化国家或地区普遍形成了全民重出口和出口光荣的浓重社会风气。

（2）放宽进口限制，降低保护关税。如中国台湾，先后取消了诸如外汇分配比率、进口限额、进口申请保证金存款等旨在限制进口的各项规定，并对大量的非耐用消费品降低了保护限额，平均关税率也由 1955 年的 47%降至 1965 年的 35.4%。1969 年，全部工业的加权平均实际保护率只有 4%～5%，用国际标准衡量，这些数字是相当低的。韩国原有的严格的进口限制也明显地趋于缓和。进口关税也有较大幅度的降低，非耐用消费品的进口关税 1966 年为 74.2%，1967 年则下降为 43.2%，几乎减少了一半。新加坡则规定，凡是生产出口产品所需要的原材料和机械设备，一律免税进口。进口限制的放松和进口税率的降低，有利于亚洲新兴工业化国家或地区提高国内产品的生产效率和国际竞争能力，推动商品出口的发展。

（3）对出口企业实行税收减免甚至退还政策。据统计，中国台湾生产出口工业产品的出口原料税豁免额 1958 年为 0.39 亿元新台币，1964 年则增至 14.96 亿元新台币，7 年间增加了 37 倍多。其他税收项目如所得税、印花税、财政性关税、商品税的总退款数量占其税款的比重，1958 年为 5.1%，1960 年为 11.5%，1972 年时升到 52.4%。新加坡规定，年出口额不少于 10 万新元并且出口额占公司总销售额 20%以上的企业可申请成为“出口企业”，成为出口企业后可享受减税待遇，减税期最长可达 15 年，即在此期间，出口盈利纳税 4%，而公司其他盈利仍然照常纳税 40%；任何贸易公司如每年出口新加坡制成品或土产品的金额超过 1 000 万新元，或转口非传统产品的金额超过 2 000 万新元，即可向财政部长申请批准成为“国际贸易公司”。国际贸易公司享有 5 年的减税待遇，即在这 5 年之内，出口盈利纳税 20%，而公司一般盈利纳税仍为 40%。此外，为储存和批发出口货物而建造或改进货仓设备，所耗费用在 200 万新元以上的公司，也可申请成为“货仓公司”，并享有与国际贸易公司同等的待遇。这些措施一方面促进了出口，另一方面也增强了企业自身的资本积累能力。

(4) 在金融政策上给予特殊待遇。韩国在1964年以前,对出口产业曾给予若干直接补贴,此后则开始将直接出口补贴改为出口信贷,其种类很多,其中主要有支援出口信贷、支援大型工业品出口信贷、支持非信用证方式出口信贷、卖方信贷、创汇用原材料及设备进口信贷、外汇支付担保制(这实际上也是一种间接的外币贷款)、中长期出口工业设备贷款、扶植中小企业出口信贷和使用国产原材料信贷9种。这些贷款的利率一般都要低于国内的正常贷款利息率。如果加上其他一些补助和优惠待遇,韩国每1美元出口货物得到的金融扶植额,1962年为1.13美元,1965年增加到3.97美元,1967年为7.08美元,1969年为11.81美元,1971年则达到了最高水平,为15.34美元,比1962年增加了14倍。台湾银行自1957年7月起开始办理出口低利信贷。1962年3月以后,为了进一步刺激出口,放款利率骤降1/3以上,从11.88%降至7.5%,大大低于当时的一般银行贷款利率(12%～19%)。此外,在资金融通方面还规定:出口中长期贷款利率减半;外销贴现,外销产品装船前即可凭契约或信用证申请贷款,装船后凭承兑单据融资等。新加坡政府也向出口部门和制造部门扩大设备投资发放低息贷款,官民合营的新加坡出口信用保险公司对出口企业还提供政治及商业上的保险,打消和减轻了企业对扩大商品出口所冒风险的顾虑。

(5) 促使货币进一步贬值。为了降低生产成本,增强企业的国际竞争能力,中国台湾和韩国都实行了货币贬值和汇率上调的政策。其中台湾于1958年4月将多重汇率制改为双重汇率,一是适用于主要出口产品和基本进口产品的官方汇率(买价1美元=24.58元台币,卖价为1美元—24.78元台币);二是面向其他所有进出口产品及无形贸易的民间汇率(买价为1美元=36.08元台币,卖价为1美元=36.38元台币)。1958年11月又改双重汇率为单一汇率制,新汇率定为1美元=40元台币。与此同时,台湾当局还最终废止了各类进口的外汇数量限额。1961年2月,韩国为了振兴经济、扩大出口,也一举把1美元兑65韩元的汇率贬低到1美元兑127.5韩元,并实行统一的单一汇率;1964年5月,汇率再次上调到1美元兑换257韩元;1965年底官价汇率为1美元=265.4韩元,与当时1美元=272韩元的市场汇率已相差无几。此后,又对韩元进行了几次贬值,汇率也随之不断升高。

出口导向经济发展战略的推行与实施,对亚洲新兴工业化国家和地区的经济发展产生了极其重要的有利影响:

(1) 它为亚洲新兴工业化国家和地区的经济起飞创造了条件,并加速了这一重要经济发展阶段的进程。按照美国经济学家罗斯托的观点,发展中国家要实现经济起飞至少必须具备这样三个条件:提高生产性投资率,建立经济发展的主导部门,政治、社会经济制度方面的保证。20世纪60年代亚洲"四小龙"通过实施出口导向的经济发展战略,创造了这些基本条件,并于60和70年代实现了经济的起飞。

(2) 通过出口导向战略的实施,亚洲新兴工业化国家或地区的经济运行被纳入到整个世界经济的循环体系之中,从而大大提高了它们的国际经济地位和国际竞争能力。

(3) 产业结构得到明显改善。通过实施出口导向的经济发展战略,中国台湾和韩国由以农业为主的传统经济结构完全转变为以工业为主的现代经济结构,中国香港和新加坡则由以转口贸易为主的传统自由港经济结构转变为以金融、工业和贸易相结合的现代自由港经济结构,而且亚洲"四小龙"在工业结构中都表现出了外向化和高级化的趋势。

(4) 扩大了贸易尤其是出口贸易的规模。1965年新兴工业化国家或地区的出口额占世界出口总额的比重仅有1.6%,1980年达到6.5%,20年间增加了3倍,而同期日本只增加了1倍，美国下降了30%。从国(地区)别来看，1960年，中国台湾外贸总额为4.16亿美元，韩国更少，只有4.09亿美元。此后，随着出口导向经济发展战略的全面推行，对外贸易进入了快速发展时期。台湾方面的进出口贸易1965年增为10亿美元，1974年突破100亿美元大关，1980年达到395.4亿美元，1990年增加到1 219.3亿美元，30年间增长293倍。韩国1975年贸易额突破100亿美元大关，1990年达到了1 348.6亿美元，30年间增长330倍。其中出口贸易增长速度更快，1960—1980年，台湾出口贸易从1.64亿美元猛增到198.1亿美元，增长约120倍。同期韩国出口贸易额也由0.33亿美元增至175.05亿美元，年均增长率为30%(不过应该说明的是，与台湾不同，韩国长期以来一直存在贸易逆差)。作为原来贸易基础就好的新加坡和中国香港，经过实施出口导向的经济发展战略以后，其贸易状况则有了更大的发展。1966—1980年期间，新加坡外贸出口额年平均增长率达20%以上，由33.7亿新元猛增到414.5亿新元，同期转口贸易的比重由74.5%下降到37.7%，本国产品出口的比重则由25.5%上升到62.3%。香港1960—1970年的外贸出口额年平均增长15.1%，1970—1980年年均增长率更达20.7%，其中本港产品出口在总出口额中所占比重1970年高达81%(为123.47亿港元)，此后虽有所下降，但仍居于较高水平，如1980年为69.4%(为681.71亿美元)。

关于出口增长与经济增长之间的关系问题，尽管人们在出口对于经济增长的作用方式和影响程度等问题上的看法尚未达成一致，但是都从统计分析的角度对二者之间具有明显的正相关关系这一主张给予了充分的肯定。比如美国经济学家巴拉萨(Balassa)经过周密的研究和计算后认为，无论是就总产出来看，还是仅以制造业为例，在出口导向战略实施时期，韩国的出口扩张对经济增长所起的作用都大大超过了进口替代对经济增长所起的作用。

但是在另一方面，以出口为导向的经济发展战略也使亚洲新兴工业化国家和地区的经济运行对世界经济，尤其是对美国和日本等少数发达资本主义国家的经济产生了严重的依赖性。因为出口加工型战略的最大特点就是把发展经济所需要的资金、技术、原料、机器设备以及销售市场，都与整个世界经济的运行密切地结合起来。对于亚洲新兴工业化国家和地区来说，这些生产要素的输出与输入都严重地依赖于西方发达国家及其跨国公司。在战后的经济发展过程中，美国作为头号资本主义经济大国，吸纳了亚洲新兴工业化国家和地区输出的大量商品。1965—1982年，韩国、台湾和香港对美国市场的占有率由13.1%上升到49.6%，其中电气和机械类产品的市场占有率由5.9%上升到8.6%。与此同时，日本则是亚洲新兴工业化国家和地区所需生产及资本密集型中间材料的最大供给者。在经济发展之初，亚洲"四小龙"工业基础薄弱，工业生产所需要的大量资本货物和中间产品都要依赖进口，而此时日本已建立起雄厚的重化工业基础，正需要寻找国外市场，加之与亚洲新兴工业化国家或地区是近水楼台，因此在它对四国或地区的商品出口中，机械设备占了很大比重。1976—1981年间，机械设备在日本对四国或地区出口中所占比重由37.3%提高到45.6%。

对美国存在的巨额贸易顺差和对日本存在的巨额贸易逆差，虽然表现形式相反，但是它们却共同地反映了亚洲新兴工业化国家或地区对世界经济特别是对美国和日本的严重依赖的性质和程度。由于这种特点的存在，外部环境的变化对亚洲"四小龙"发展外向型经济产生了相当大的影响。当发达国家经济景气，需求旺盛，推动出口增加时，四国或地区的经济便随之跃升；而一旦发达国家经济陷入萧条困境，需求锐减，使出口萎缩，四国或地区的经济则会随之走向衰落。

为此，从20世纪80年代中期起，亚洲新兴工业化国家和地区便开始了一轮新的经济调整，普遍在贸易、投资、科技发展等方面采取了一些应对策略，以求减少对西方发达国家经济的依赖性，在已经变化了的国际经济环境中谋取到新的发展。这些应对措施主要有：

（1）进一步分散出口市场，开展全方位经济交流。比如，大力开辟欧洲市场，努力拓展日本市场，积极发展同前苏联和东欧国家的贸易关系，迅速推进与中国内地的贸易关系等。

（2）推行经济发展自由化和国际化政策。即一方面尊重市场价格机制，减少国家行政干预，另一方面则进一步扩大经济活动空间，放宽进口限制，开放内部市场，促进内外经济、科技与文化的交流。

（3）加速进行工业升级和产业结构的调整，大量引进国外先进技术及加强自身的科技开发能力，同时积极发展跨国公司，以对外投资形式占领国际市场。但是这些努力遇到了一些困难，作为亚洲新兴工业化国家的韩国由于大量引进短期外国资本，同时出现严重的政府失灵现象，结果被深深地卷入了1997年的东南亚金融危机之中。

应该指出的是，亚洲新兴工业化国家或地区在特定时期推行出口导向战略获得成功是有重要先决条件的。20世纪50年代中期，西方发达资本主义国家在结束了经济恢复与初步发展时期之后，转而进入了快速增长的“黄金时代”；战后科技革命的纵深发展，进一步推动了国际分工的发展，使国际贸易环境和速度都有较大的改观；在西方跨国公司的操纵下，世界原材料及能源价格大幅度下跌，长期保持在一个很低的水平上。正是在这些有利的国际经济环境下，亚洲新兴工业化国家或地区及时地调整了经济发展战略，从进口替代战略转向以出口为导向的发展战略，使其外向型经济获得了长足发展，进而有力地带动了整个国民经济的增长。但是自70年代中期以后，发达国家普遍进入了经济低速增长的时期，它们对世界出口产品的吸纳能力大大降低。不仅如此，为了保护本国民族工业和国内市场，西方国家还实行了新贸易保护主义的政策。与此同时，不少发展中国家在进口替代战略受到阻碍之后也把重点目标转向了以出口为导向的经济发展战略。在这种外受国际贸易保护主义的制约，内有发展中国家的激烈竞争的情况下，一个国家或地区再要完全实施出口导向的发展战略已非易事。因此，对于亚洲新兴工业化国家或地区的成功经验，别的国家不宜简单地予以模仿，要根据本国的具体情况和变化的国际经济环境，审时度势，制定合适的经济发展战略，使本国经济得到持续稳定地发展。

专栏

亚洲“四小龙”与出口导向战略

众所周知，亚洲“四小龙”主要是通过推行以出口为导向的经济发展战略来实现对外开放的。可以说，没有出口导向的经济发展战略，也就没有亚洲“四小龙”的今天。但是，对于众多的发展中国家来说，出口导向并非必定是唯一的战略选择。因为，第一，从理论上来说，出口导向的经济发展战略与另一种相对应的发展战略即进口替代战略之间并无实质上的对立,而是具有一定的内在联系。通过出口产业的增长来带动相关产业以及整个国民经济的增长,可以同时伴随着对国内市场进行一定程度上的保护和进口替代产业的成长。同样,进口替代也并不必然地排斥出口导向,因为出口的增长可以增加收入和提高购买力,从而有助于扩大国内市场规模,促进新的产品市场的出现,降低劳动成本,使得本国产品同进口产品相比具有较强的竞争力。因此,出口导向和进口替代两种战略之间实际上是一种相继性、替代性和互补性的关系,二者的同时并存是完全可能的。第二,从亚洲“四小龙”的实践来看,虽然各个时期选择的战略侧重点有所不同,但是出口导向战略与进口替代战略之间并不是泾渭分明,而是互相交叉在一起的。比如在50年代实施进口替代时期,“四小龙”(其中主要是韩国、台湾和新加坡)仍采取了一定措施来刺激部分产品的出口;进入60年代转而实施出口导向发展战略之后,一方面促使劳动密集型工业面向出口,另一方面则对资本密集型工业实行部分的进口替代;70年代在加速劳动密集型产品和资本密集型产品出口的同时,又对资本和技术密集型产业采取了进口替代的保护性措施。因此,进口替代和出口导向两种战略都对亚洲“四小龙”的经济增长作出了贡献,只是不同时期两者的贡献程度各不相同而已。第三,从世界范围内的经济实践来看,根据一些西方学者的实证研究和比较分析,在不同国家出口导向和进口替代对于经济增长的影响表现出了一种不甚明确和确定的关系。比如1950年至1973年期间,在日本、韩国、中国台湾、以色列、挪威和南斯拉夫等国家或地区,出口导向对于经济增长的贡献要大于进口替代的贡献。相反,在另外一些国家如哥伦比亚、土耳其和墨西哥等,则是进口替代的贡献超过了出口导向的贡献。退一步说,即使出口导向是一国经济发展的最佳战略选择,那么这也是需要有一定外在条件的。

美国学者克莱因曾做过一项研究,他认为,在出口导向发展战略的历史上,亚洲“四小龙”是一个极个别的特例,因为它们在1976年时的实际出口水平是它们在正常情况下所应具有的出口水平(即通过横向比较得出的理论值)的4.4倍,而其他发展中国家的出口水平则比理论值低一半以上。这就是说,其他发展中国家若要赶上亚洲“四小龙”的出口水平的话,则要使自己的出口水平增加10倍左右,而这将使发展中国家向7个主要发达国家出口的制成品增加到80年代末90年代初的7.5倍,使它们在7个主要发达国家制成品进口中的份额从16.7%上升到60%左右,其中仅在美国的份额就要从27%上升到75%左右的水平上。这显然会遭到发达国家的强烈反对和限制,因而是不现实的。正是在这种意义上,世界银行在一份研究东南亚各国“经济奇迹”的报告中写道:“促进出口政策……不仅是他们干预政策中最成功的选择,也是其他发展中国家最可采用的。但这一战略不得不适应今天的时代。发展中国家再也不奢望,在保护他们的幼稚工业不受进口商品破坏的同时,又能为出口提供补贴而又不会招致工业国家的报复。这意味着他们将不得不另寻他路来刺激出口。”

最后应该提到的一点是,如果发展中国家过分追求出口,使得出口产品的供给迅速增加,在某些情况下可能产生相反的结果,即这种出口增长不仅会严重恶化其贸易条件,甚至会导致该国国民福利水平的绝对下降,这就是印度经济学家巴格瓦蒂提出的“贫困化增长”

理论。咖啡生产和出口大国巴西的例子很清楚地说明了这个问题。

如图 9-1 所示,增长前,巴西生产可能性曲线为 AB,TT 为国际价格线,表示制成品和咖啡的交换比例。该国在 b 点生产,出口 gb 数量的咖啡,进口 cg 数量的制成品,在 c 点消费。现在假定该国的生产要素量增加,特别是生产咖啡的生产要素大量增加,使得该国生产咖啡的能力迅速提高,生产可能性曲线 AB 向外扩张成 $A'B'$,新的生产可能性曲线表明该国生产咖啡的能力增强了。这种情况促使它大量增加咖啡的出口,导致咖啡的国际价格大幅度下降。以 $T'T'$ 表示咖啡相对价格的降低。假设巴西在 b' 进行生产,该点表明,咖啡和制成品的产量都增加了,但咖啡增长更快。咖啡的大量增产导致出口增加,但由于咖啡相对价格的下降,换回的制成品的数量反而比增长前少。如图 9-1 所示,增长后巴西出口 $g'b'$ 数量的咖啡,进口 $c'g'$ 数量的制成品,在 c' 点消费,消费水平反而低于增长前的 c 点,从而出现了贫困化增长的现象。

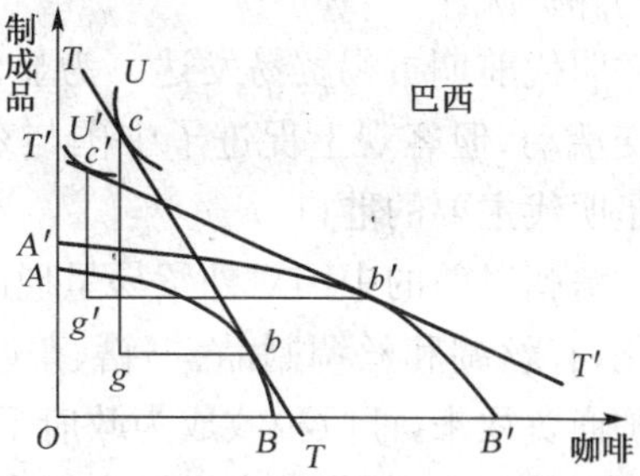

图 9-1 巴西咖啡出口贫困化增长图

当然,贫困化增长的发生是有前提条件的:①出口国为单一经济结构;②出口产品为初级产品或劳动密集型产品,并且出口在世界市场中占有相当份额,该国的任何出口增长都将导致该产品国际价格的波动;③国民经济的发展高度依赖这种商品的出口,以致国际价格的下降需要靠更大的出口量去弥补损失。由此可见,出口的贫困化增长只是发展中国家经济发展过程中可能出现的一种情况,而非经济发展的必然结果。

第三节 中国的对外贸易政策

一、中国古代的对外贸易

(一) 清朝以前的中国对外贸易

清朝以前,中国各代政府积极鼓励对外贸易,官方、民间贸易往来频繁。

汉代的“丝绸之路”和“水上丝绸之路”。西汉张骞通西域后,西汉与西域、西亚的通商关系发展起来。中国的丝和丝织品,从长安出发,经河西走廊、今新疆境内,转运到安息,再经安息转运至西亚和欧洲的大秦,此乃“丝绸之路”,它成为中国与西亚、中亚、南亚和欧洲经济文化交流的纽带。前 60 年设立、后东汉恢复的西域都护,有效地保护了东西商旅往来。与此同时,西汉从广东沿海港口出发,向西沿海岸线、印支半岛南下,绕过今马来半岛,出马六甲海峡,到孟加拉湾沿岸诸国,最远抵达印度半岛南端。它加强了中国通往东南亚和南亚的联系,此乃“水上丝绸之路”,从水路沟通了东西外交圈之间的联系。

唐代对外贸易发达。唐代封建经济繁荣,交通发达,从陆路、水路都可东达朝鲜和日本,往西经“丝绸之路”可达今天的印度、伊朗、阿拉伯以至欧洲许多国家;经“水上丝绸之路”可达波斯湾。唐政府鼓励外贸,广州和长安分别为唐朝南北国际大都会,在广州,唐政府设立市舶司,管理外商外贸往来。

宋、元政府鼓励对外贸易以增加财政收入。宋、元对外贸易频繁,设立市舶司,管理对外贸易，征收商税。广州、泉州、明州是当时的重要港口，朝鲜、日本、越南、阿拉伯等是其重要的外贸伙伴。

明代前期贡赐贸易发达。为显示国威，明成祖命郑和出使西洋，它是不计经济效益的外交活动，但客观上促进了中国与东南亚各国的民间经济文化交流。广州、泉州、宁波、福州是明代主要的港口。

清朝以前的中国对外贸易呈现出官方外贸与民间外贸共同发展的特点；商品品种的多样化，有丝绸和丝绸制品、书籍、茶叶、中药材等；中国处于主导、出超地位，政府积极鼓励、保护商贸往来，征收税收成为政府重要的收入来源；但中国官方贸易不以赢利为目的，以购取奢侈品为主，更与外交活动交织在一起。

中国封建经济发达，国力强盛，是当时世界最发达的封建国家；封建政府实行开明、开放的对外政策；中国与近邻和世界各国关系友好，相互往来频繁；封建政府重农抑商的传统观念和政策，决定了中国政府开展的外贸活动依附于外交活动，不能适应资本主义萌芽发展的需要。

（二）清朝前期闭关自守政策之下的洋行贸易，买办经济产生

清朝前期，欧洲早期资本主义发展，对外侵略扩张；中国封建制度衰落，阻碍资本主义萌芽的发展。而当时的中国，没有正确应对强弱差距，发展社会经济，而是害怕西方先进的思想技术的传入，消极地抵御外国的侵略，在广州设立十三洋行（又称十三行，是清朝在广州设立的专门从事对外贸易的特区，后来成为外贸商行的通称），通过买办与西方国家进行有限的商贸往来，阻碍了中西经济文化的交流，造成了中国的落后。

专栏

“十三行”垄断清朝外贸85年

广州市荔湾区档案馆2002年1月6日首次对外公布了他们近期从中国历史档案馆获得的1 000余件清宫“十三行”历史资料。从这些资料可以看出，这个半官半商的专营对外贸易的“十三行”垄断了清朝对外贸易85年，有“天子南库”之称。

“十三行”年缴税银逾百万两

据介绍，清乾隆年间到鸦片战争（1757—1842），清政府实行“一口通商”，仅留下广州港，全国的对外贸易都汇集于广州，广州又集中在“十三行”。“十三行”是专营对外贸易的“半官半商”的机构，所有的对外贸易都由当时的行商代理。当时的清政府还是“天朝帝国”的心态，不直接与洋人交涉，各项事宜都通过行商来进行。“17世纪后期至19世纪前期，‘十三行’举世闻名。现在的西方国家基本上与‘十三行’都有联系。”研究了“十三行”历史20余年的中山大学历史系教授章文钦说，现在很多老外到广州，都到“十三行”寻根，因为他们的祖辈是从“十三行”开始了解中国的。

荔湾区档案馆昨日向记者展示了一份乾隆年间“十三行”贸易征收税钞清单，上面显示“十三行”一年上缴给清政府的海关正税超过百万两白银，如乾隆五十六年为1 127 562两，嘉庆十年为1 641 971两。可见，当时“十三行”的贸易税收已是一个不小数目。

行商伍浩官号称天下首富

而有的行商也的确富甲一方。《亚洲华尔街日报》去年评选了一千年来全球最富有的50人，其中中国有6人上榜，而“十三行”的行商伍浩官就赫然在列。据“十三行”研究专家、广州名城研究会副秘书长刘亦文介绍，行商伍浩官的住宅在珠江南岸的溪峡街，是一处大型的园林建筑，可与《红楼梦》中的大观园媲美，中央的大厅可摆筵席数十桌，能容纳上千个和尚诵经礼佛，其后花园还有水路直通珠江。有数据说，他的田产、房产、店铺、银号与他运往英美的货物等，到1834年，约有2 600万两白银，被西方人称为“天下第一富翁”。像伍浩官这样的大行商还有潘氏家族、卢氏家族、叶氏家族等，因此“十三行”当时被称为“天子南库”，行商的总体资财仅次于当时的江淮盐商。

“正税并非广州官吏收入的大头，更大的收益都进入了各地方官吏的口袋。”荔湾区档案馆专门研究这批档案的钟紫云告诉记者，即使“十三行”的行商每年要向清政府上缴数百万两白银的税，可地方官吏向行商收取的各色“规礼”其实还超过税收。真正养富地方官的是“规礼”。钟紫云向记者展示了一份乾隆二十四年粤海关征收洋船进出口各项“规礼”的清单。记者看到，其中的“规礼”包括丈量、通事、管事、库房、稿房等，名目繁多。又如乾隆元年海关正税是4万多两白银，而当年各项“规礼”就达十多万两，远远超过正税的数额。

记者在荔湾区档案馆看到《英吉利国公班奏呈粤海关索“规礼”陋规》奏折，它记载的是乾隆二十一年英国商人洪任辉向朝廷投诉粤海关勒索“规礼”一案，清政府受理了投诉，查处粤海关贪污案，此案在乾隆二十四年审理结束，这是清朝历史上赫赫有名的“乾隆朝外洋通商案”。

这个案件不仅将当时的粤海关监督李永标革职，英国商人洪任辉也以违反大清通商律例罪名，被清政府在澳门圈禁3年后驱逐回国。此案更大的影响是在乾隆二十二年，乾隆借此案关闭了原本开设的闽、浙、江三海关，从此，清朝仅剩广州“一口通商”，延续对外贸易。

记者还看到多份奏折。其中一份奏折提到英国等国希望再开江浙等地海关通商，但江浙是清朝皇帝心中的华夏文明礼教之乡，物产丰富，如果外国势力渗入，“于海疆重地，风民土俗均有关系”，坚决不开。另一份是乾隆二十三年闽浙总督上报给乾隆的奏折，奏折写道：“现今并务红毛英吉利国商船驾收浙省”，乾隆在奏折上朱批“甚好，知道了”。从此，“一口通商”延续了85年，直到鸦片战争后，《南京条约》迫使清政府实行“五口通商”，“十三行”制度也随之土崩瓦解。

（资料来源：南方都市报，2002年1月7日版）

二、中国近代的外贸活动

随着中国市场不断开放，近代外贸活动不断发展。1840年鸦片战争，中国被迫卷入资本主义世界市场体系。列强通过一次次侵略战争的发动、一个个不平等条约的签订及通商口岸、租界、租借地、势力范围的划定，中国市场不断向列强开放，外国商品和资本如潮水般涌入中国，中国自然经济不断解体。

西方列强通过不平等条约，在中国“协商关税”，控制了我国关税权；取得片面最惠国待遇，破坏了我国贸易主权；攫取中国海关总税务司，控制我国海关大权。中国国门形同虚设。列强凭借取得的特权，在自由资本主义时代，加紧输出商品，抢夺我国廉价的原料和原料产地、廉价劳动力；进入帝国主义阶段后，更以资本输出为主要经济侵略形式。列强的经济侵略，严重损害了中国的民族经济利益，造成中国民族经济畸形发展，但客观上又为我国近代经济的产生与发展创造了条件，洋务运动的开展，民族资本主义的产生和发展，它们在经济市场上与西方资本主义经济进行了艰难的竞争，客观上抵御了外国经济的扩张，但由于先天的不足，中国在竞争中总是处于劣势。

1927 年大革命失败后，封建官僚买办资本，即官僚资本产生，它以四大家族为代表，是代表大地主大资产阶级利益的国民政府赖以存在的物质基础。它控制工商业，独占金融，操纵中外贸易，在国民党统治的 22 年里不断膨胀，成为二战后美国侵华的工具，1949 年被人民政府没收为国有经济。

三、新中国的对外贸易

（一）改革开放前，新中国冲破帝国主义封锁，发展对外经济

为了冲破帝国主义的包围封锁，新中国在外交上“一边倒”，在经济上，积极发展与苏联、东欧社会主义国家的贸易往来，以恢复发展国民经济，这也给当时中国的外贸体制打下了深深的计划经济体制的烙印。

为活跃国民经济，引进中国必需的生产生活资料，新中国充分利用香港这个国际自由港，既大力发展与香港的经贸往来，同时以香港为中转站，发展与资本主义国家的外贸活动，这对当时中国弥补经济的不足、争取更多的外汇发挥了重要作用。

新中国为打破帝国主义的孤立，发展国际反帝统一战线，尽己所能，大力援助亚非拉第三世界国家，发展相互间的经济文化交流，加深了中国与各国人民的友谊，这对中国冲破重重阻碍、重返联合国、跻身世界政治大舞台发挥了积极作用。到 1965 年，中国已与世界上 100 多个国家和地区建立了贸易关系。

“无产阶级文化大革命”初期，中国的对外贸易再次陷入停滞状态。1969 年，对外贸易总额只有 40.29 亿美元，比 1966 年下降 12.7%。1970 年以后，随着局势的逐渐稳定，国民经济有所恢复，加上当时比较有利的国际形势（我国在联合国恢复合法席位，中美上海公报签订，中日邦交正常化），对外贸易也有所回升，1973 年对外贸易额达 109.7 亿美元，比 1970 年增长 1.4 倍。1975 年进出口总额达 147.5 亿美元。但是，由于 1976 年政局的反复动荡及严重的自然灾害，对外贸易又开始回落。1976 年中国的进出口总额为 134.33 亿美元，比 1975 年下降了 8.9%。

从新中国成立以后到 1978 年间，根据当时的国内外条件，中国执行的是国家管制的封闭型的保护贸易政策。在外贸经营体制上高度集中，以行政管理为主；在调节进出口贸易上主要靠计划、数量限制的直接干预，关税不起主要作用；人民币汇率一直高估；不参与世界性的经济贸易组织及搞双边贸易等。这种贸易政策一直延续到 1978 年。这种贸易政策在特定的历史条件下有利于使中国国际收支避免出现逆差，有利于将中国国内市场与国际市场中的任何不确定因素隔离开来，有利于控制中国进出口水平和构成，达到保护民

族幼稚工业，实现进口替代战略的目的。同时，这种封闭型的保护贸易政策对于粉碎“禁运”、“封锁”，顶住外国的经济压力起过积极作用。统计资料表明，中国的外贸总额从1950年的11.3亿美元增加到1978年的206.3亿美元，年均增长率为11%。其中，出口额从5.5亿美元增加到97.4亿美元，年均增长率为10.9%；进口额从5.8亿美元增加到108.9亿美元，年均增长率为11.1%。而且，出口商品结构也不断优化。制成品出口比重从1950年的20%左右上升到46.5%。但是这种封闭型的保护贸易政策同时也带来了许多副作用，即对国内企业保护过度造成企业效率不高，国际竞争能力低下；不能积极参与国际分工；外贸事业发展缓慢。这种制约对外贸易健康发展的政策必须得到改革。

（二）改革开放以来的中国对外贸易发展

随着国内外形势的变化，尤其是党的十一届三中全会作出对内搞活、对外开放的决策以后，原来内向型的保护政策不能适应已经变化的新情况。在这一背景下，中国调整了外贸政策，由国家统制下的内向型保护贸易政策逐步转变为国家统制下的开放型适度保护贸易政策。

国家统制下的开放型适度保护贸易政策，就是对外贸易活动由国家统一领导、控制和调节，积极参与国际分工和国际交换，使对外贸易高速发展。这一政策的目标是在建立一个既同中国社会主义市场经济运行机制相适应，又符合国际贸易规范的对外贸易运行机制，在对外开放的基础上，建立主要利用关税措施、例外条款和保障条款等来管理和调节进口，利用产业政策引导进口的保护机制，保护国内产业、维持国内就业和保持国际收支的相对平衡。

从1978年至今，中国的对外贸易政策经历了如下几个调整、改革和创新阶段。1979—1987年是外贸政策的放权过渡时期；1988—1990年是外贸政策实行承包经营责任制时期；1991—1993年是外贸企业经营机制转变时期；1994—2001年是外贸政策的进一步改革阶段；2002年至今是外贸政策的新一轮调整、改革的阶段。

这三十余年来中国实行的开放型的适度保护贸易的政策主要内容有：

(1) 实行有条件的、动态的贸易保护手段，适度保护国内主导和支柱产业。对生产技术条件不同的工业部门，在不同的时期内，采取不同程度的保护措施。对国内有发展潜力的产业和产品，面向国内市场；对国外有发展潜力的产业和产品，面向国际市场进行竞争，实行奖励出口的措施。比如，对幼稚工业轿车产业实施保护贸易政策，同时，积极鼓励有竞争力的家电行业实施“走出去”战略，积极参与国际竞争。

(2) 出口不仅仅为获取进口所需要的外汇，还研究通过出口促进国民经济的技术改造和产品的结构调整，积极参与国际分工，带动国民经济良性循环和发展。

(3) 进口不仅是为了满足国内市场的生产和需要，同时也积极为发展出口服务，为建立和发展面向出口产业引进技术和设备，进口原材料，很好地促进了中国出口商品生产的发展和出口商品结构的调整。

(4) 较好地协调了对外贸易中的国别(地区)关系。这三十多年随着改革开放的不断深入和扩大，中国与更多的国家和地区有了贸易上的往来。因而，相互间为了自身的利益常常发生贸易纠纷。为了更好地实现互利；中国采取了积极灵活的对外贸易政策。

四、中国对外贸易政策的现状和发展趋势

从总体上看，它是从中国整个国民经济发展的实际，根据我国的市场经济定位和加入世界贸易组织的承诺，同时，结合我国在整个世界经济格局中所处的地位而制定的。它的制定和实施对国内的改革以及对外的开放起到了积极的推动作用，对国内的经济以及国外的经济平衡起到了积极的协调作用，使中国在更大、更宽、更高的平台上参与国际分工与合作，使中国整体的国民经济实力和对外开放水平有了新的提高和发展。

根据入世的承诺和中国仍旧是发展中国家的实际，我国制定了相应的进出口商品政策。对不同的进出口商品实行不同的待遇。主要体现在关税的税率、计税价格和课税手续等方面的差异。例如，依世贸组织相关协议规定，中国关税逐步降低到发展中国家水平，到2011年，中国关税总水平已从2000年的15.6%逐步降到9.8%左右；逐步开放服务贸易，有步骤地允许外商进入中国电信、银行、保险、证券及分销等服务领域。

加入世贸组织后，我国的对外开放迎来了新的发展机遇，国际市场空间扩大，对外贸易也获得快速增长。由于加入WTO，中国可以在更宽领域、更高层次上与不同的国家和地区发生贸易往来。一国的贸易政策不仅仅是其经济利益的体现，同时也夹杂着政治以及其他利益，因而，贸易争端和纠纷常常不断。中国可以利用WTO多边争端解决机制，获得稳定、透明、可预见的多边贸易机制的保障，公平、客观、合理地处理和解决与世界贸易组织成员在贸易与投资方面的纠纷，减少贸易摩擦，营造良好的经贸合作环境，扩大中国处理对外经贸关系的回旋余地。

因而，中国对外贸易的总政策、进出口商品政策以及国别政策上都体现出有管理的、可调节的自由贸易政策。

综合来说，中国对外贸易政策的趋向应该是依据WTO的基本原则以及例外条款，以国内经济发展要求为基础，在兼顾区域经济发展的利益上进行完善，倾向于采取开放型的公平与保护并存的贸易政策。

案例

中国为东盟各国累计减免关税约500亿元

2012年9月21日，第九届中国—东盟博览会在南宁开幕。当天下午举行的中国—东盟自由贸易区论坛上，中国商务部部长助理仇鸿表示，截至今年8月，中国已累计为东盟各国产品减免关税约500亿元人民币。

今年是中国与东盟签署全面经济合作框架协议十周年，也是中国—东盟自贸区建设十周年。十年来，中国与东盟稳步推进自贸区建设进程，相继签署了货物贸易、服务贸易、投资等协议和有关的议定书，并实施全面降税，在贸易、投资、次区域合作等领域成绩瞩目。

据了解，十年来，中国与东盟双边贸易蓬勃发展，从2002年的548亿美元增长到2011年的3 629亿美元，年均增长20%。中国已连续3年成为东盟的第一大贸易伙伴，东盟也已成为中国第三大贸易伙伴。

截至 2012 年 8 月，中方累计签发中国—东盟自贸区优惠原产地证书 238 万份，总金额 878 亿美元，接受东盟国家证书 92 万份，受惠货值 917 亿美元，为东盟各国产品减免关税约 500 亿元人民币。

同时，中国与东盟的相互投资规模不断扩大，东盟对中国的投资从 2002 年的 32.6 亿美元增长到 2011 年的 70 亿美元，年均增长 10%。中国对东盟的投资从 2002 年的 0.8 亿美元增长到 2011 年的 29.1 亿美元，年均增长 57%。

仇鸿认为，截至今年 7 月，双方累计相互投资已经接近 1 000 亿美元，互为重要的贸易投资伙伴。实践证明，中国—东盟自由贸易区有力地推动了双方贸易和投资自由化的进程，拓展了经贸合作的广度和深度，实现了互惠互利，完全符合双方的共同利益。

（资料来源：中国青年报，2012 年 9 月 23 日 02 版）

本章要点

1. 无论是发达国家还是发展中国家，一国倾向于选择哪种类型的外贸政策，将主要取决于本国的具体情况和当时所处的国际环境。既要积极参与国际贸易分工，又要使在这个过程中获取的贸易分工利益最大化。或者说，把获取贸易分工利益的代价降低到最低限度，是各国制定对外贸易政策的基本出发点。

2. 发达国家在 20 世纪 50 年代至 70 年代初主要推行贸易自由化政策，20 世纪 70 年代初以后贸易保护主义思潮回升。贸易自由化的主要表现是关税水平大幅度下降；非关税壁垒有所减少。新贸易保护主义的主要特点是限制进口措施的重点从关税壁垒转向非关税壁垒；对商品实施保护的范围从传统产品和农产品扩大到高级工业品和劳务部门；奖出限入措施的重点从限制进口转向鼓励出口；从国家贸易壁垒转向区域性贸易壁垒。在新贸易保护主义的基础上，产生了协商管理的贸易政策。它以协调为中心，以政府干预为主导，以磋商谈判为轴心，因而既有别于纯粹的自由贸易政策，同时也不同于完全的贸易保护主义。

3. 发展中国家的贸易战略，就其实质来说，主要有进口替代发展战略和出口导向发展战略两大类型。两种战略特点不同，各有利弊，二者之间并非完全对立。推行出口导向战略，通过出口产业的增长来带动相关产业以及整个国民经济的增长，可以伴随着对国内市场进行一定程度上的保护和进口替代产业的成长。同样，进口替代也并不必然地排斥出口导向，因为出口的增长有利于增加收入和提高购买力，从而有助于扩大国内市场规模，促进新的产品市场的出现，降低劳动成本，使得本国产品同进口产品相比具有较强的竞争力。因此，出口导向与进口替代两种战略在具有相继性和替代性特征的同时，也表现为一种互补性的关系。

4. 清朝以前，中国各代政府积极鼓励对外贸易。清朝前期，欧洲早期资本主义发展，对外侵略扩张；中国封建制度衰落，阻碍资本主义萌芽的发展，造成了中国的落后。随着中国市场不断开放，近代外贸活动不断发展。1840 年鸦片战争，中国被迫卷入资本主义世界市场体系，但由于先天的不足，中国在竞争中总是处于劣势。新中国成立后，冲破帝国主义封锁，发展对外经济。从新中国成立以后到 1978 年间，根据当时的国内外条件，中国执行的是国家管制的封闭型的保护贸易政策。随着国内外形势的变化，尤其是党的十一届三中全会作出对内搞活、对外开放的决策以后，原来内向型的保护政策不能适应已经变化的新情况。在这一背景下，中国调整了外贸政策，由国家统制下的内向型保护贸易政策逐步转变为国家统制下的开放型适度保护贸易政策。

复习思考题

一、名词解释

滞胀　进口替代发展战略　出口导向发展战略

二、单项选择题

1. 欧洲资本原始积累时期采用的贸易政策是　（　）
   A. 重商主义　B. 自由贸易政策　C. 贸易自由化　D. 超保护主义政策
2. 在资本主义垄断时期的前后，出现了　（　）
   A. 保护贸易政策　B. 超保护贸易政策
   C. 自由贸易政策　D. 管理贸易政策
3. 战后贸易自由化的积极推行者是　（　）
   A. 法国　B. 德国　C. 美国　D. 英国
4. 20 世纪 70 年代中期以后，国际贸易中出现了　（　）
   A. 新贸易保护主义　B. 保护贸易政策
   C. 自由贸易政策　D. 贸易自由化
5. 20 世纪 70 年代以来，西方国家在贸易自由化和新贸易保护主义的双重压力下，普遍实行了　（　）
   A. 自由贸易政策　B. 管理贸易政策　C. 保护贸易政策　D. 超保护贸易政策
6. 出口导向战略措施不包括　（　）
   A. 本币高估　B. 出口退税　C. 降低关税　D. 支援出口信贷
7. 资源条件较好的发展中大国，对外贸易的政策应选择　（　）
   A. 进口替代型组合　B. 出口导向型组合
   C. 自由贸易型组合　D. 混合型组合
8. 发展中国家采用均衡汇率并配上极低的进口关税，对进口的调解效应是中性的，这样的对外贸易政策属于　（　）
   A. 进口替代型　B. 出口导向型　C. 自由贸易型　D. 混合型
9. 发展中国家采取种种措施限制外国工业品的进口，而以国内生产的产品来取代原先的进口产品，从而促进本国民族工业发展的经济发展战略为　（　）
   A. 初级产品出口　B. 进口替代　C. 出口导向　D. 出口替代
10. 美国汽车产业在 20 世纪 80 年代以来受到了来自日本、德国等国同类产业的极大挑战，产量下降，工人失业增加。美国采取了一系列的保护汽车产业的进口限制措施，主要是出于________方面的考虑。　（　）

A. 改善贸易条件　　　　　　B. 扶植幼稚产业
C. 扩大国内有效需求　　　　D. 国内利益集团对于贸易政策的影响

三、简答题

1. 在自由竞争时期,英国推行自由贸易政策的措施主要有哪些?

2. 简述 20 世纪 70 年代后新贸易保护主义的特点和起因。

3. 实践中,战略性贸易政策在发达国家取得了哪些成功? 这种政策对发展中国家是否适用? 为什么?

4. 如何正确认识和评价发展中国家实行的进口替代战略?

5. 简述新中国成立以来中国对外贸易政策的发展。

第四篇 国际贸易运行规则与热点问题

第十章 区域经济一体化

学习目的

- 熟悉区域经济一体化的概念和形式。
- 掌握关税同盟静态效应和动态效应。
- 掌握大市场理论、工业偏好理论和协议性国际分工理论。
- 了解世界主要一体化组织的发展。

【引导案例】

中国与新西兰签署自由贸易协定

2007 年 4 月 7 日，在温家宝总理和新西兰总理海伦·克拉克见证下，商务部部长陈德铭与新西兰贸易部长菲尔·戈夫代表各自政府在北京人民大会堂签署了《中华人民共和国政府和新西兰政府自由贸易协定》。《自由贸易协定》涵盖了货物贸易、服务贸易、投资等诸多领域，是我国与其他国家签署的第一个全面的自由贸易协定，也是我国与发达国家达成的第一个自由贸易协定。

新西兰创下四个“第一”

中国—新西兰自由贸易区谈判是 2004 年 11 月胡锦涛主席与新西兰克拉克总理共同宣布启动的。历经 15 轮磋商，最终在今年完成。截至目前，新西兰在经贸方面创下四个“中国第一”：第一个完成中国入世双边谈判的国家，第一个承认中国完全市场经济地位的国家，第一个与中国展开自贸谈判的发达国家，第一个与中国建立自贸区的发达国家。

《自由贸易协定》将于 2008 年 10 月 1 日起生效。根据《自由贸易协定》，在货物贸易方面，新西兰承诺将在 2016 年 1 月 1 日前取消全部自华进口产品关税，其中 63.6%的产品从《自由贸易协定》生效时起即实现零关税；中方承诺将在 2019 年 1 月 1 日前取消 97.2%自新西兰进口产品关税，其中 24.3%的产品从《自由贸易协定》生效时起即实现零关税。

减少贸易壁垒

克拉克在声明中表示，自贸协定减少了新西兰与中国的贸易壁垒，以两国目前的贸易量计算，取消新西兰对华关税将每年节省 1.155 亿纽元，预计新西兰对华出口将每年提高 2.25 亿～2.35 亿纽元。

对中国企业来说，实行中新自贸协定后，对新西兰出口产品或者到新西兰投资，都将逐步享受更为优惠的关税或国民待遇，从而降低出口成本。

2007 年，中国和新西兰货物双边贸易额约为 37 亿美元，同比增长 26%。中国是新西兰第三大贸易伙伴国，是新西兰第四大出口市场和第二大进口来源地。中国出口新西兰的主要产品包括电子机器和设备、机械设备、服装、家具、玩具、钢铁产品等。新西兰出口中国的主要产品则包括乳制品、木材、纸浆及其他纸制品和羊毛等。

（资料来源：经济参考报，2008 年 04 月 08 日）

【思考】

1. 什么是自由贸易协定？中新之间的《自由贸易协定》有哪些具体安排？
2. 中新《自由贸易协定》对双方经贸往来有什么好处？

第一节　区域经济一体化概述

区域经济一体化已成为当今国际经济关系中最引人注目的趋势之一，但国内外对经济一体化尚无统一定义。“经济一体化”这个词语的使用是近年出现的。据专家考证，在 1942 年以前一次也没有被使用过。到 1950 年，经济学家开始将其定义为单独的经济整合为较大的经济的一种状态或过程。也有人将一体化描述为一种多国经济区域的形成，在这个多国经济区域内，贸易壁垒被削弱或消除，生产要素趋于自由流动。所谓“区域”是指一个能够进行多边经济合作的地理范围，这一范围往往大于一个主权国家的地理范围。根据经济地理的观点，世界可以分为许多地带，并由各个具有不同经济特色的地区组成。但这些经济地区同国家地区并非总是同一区域。为了调和两种地区之间的关系，主张同一地区中其他地区具有不同的特殊条件，消除国境造成的经济交往中的障碍，就出现了区域经济一体化的设想。从 20 世纪 90 年代至今，区域经济一体化组织如雨后春笋般在全球涌现，形成了一股强劲的新浪潮。这股新浪潮推进之迅速，合作之深入，内容之广泛，机制之灵活，形式之多样，都是前所未有的。此轮区域经济一体化浪潮不仅反映了经济全球化深入发展的新特点，而且反映了世界多极化曲折发展的新趋势。

一、区域经济一体化的形式

（一）按照贸易壁垒强弱的程度划分

1. 特惠贸易协定(Preferential Trade Arrangements)

它是指在实行特惠贸易安排的成员国之间，通过协定或其他形式，对全部或部分商品规定特别的关税优惠。这是经济一体化最松散和较低级的一种形式。

2. 自由贸易区(Free Trade Area)

它是指由签订有自由贸易协定的两个或两个以上的国家或地区组成的贸易区域，自由贸易区内逐渐减免甚至取消关税与进口数量限制，同时，保留成员国各自原有独立的对区外国家的关税结构和其他贸易保护措施。

3. 关税同盟(Customs Union)

它是指两个或两个以上的国家通过签订条约或协定取消区域内关税或其他进口限制，并对非同盟国家实行统一的关税率而缔结的同盟。这在一体化程度上比自由贸易区更进了一步。它除了包括自由贸易区的基本内容外，成员国对同盟外的国家建立了共同的、统一的关税税率，结盟的目的在于使参加国的商品在统一关镜以内的市场上处于有利地位，排除非成员国商品的竞争，它开始带有超国家的性质。

4. 共同市场(Common Market)

它是指除了在成员国内完全废除关税与数量限制并建立对非成员国的共同关税外，还取消了生产要素流动的各自限制，允许劳动、资本等在成员国之间自由流动。在商品自由流动方面，建立了对外的统一关税，有协调间接税制度、产品标准化制度；在资本的自由流动方面，有协调筹资制度；在劳动的自由流动方面，有学历和技术等级的相互承认制度等。共同市场下经济调节的超国家性质比关税同盟更进一步。

5. 经济同盟(Economic Union)

它是共同市场和经济共同体向超国家一体化的宏观协调机制发展的具体步骤，是一种较高层次的区域经济一体化组织形式。其特点是在实行关税、贸易和市场一体化的基础上进一步协调成员国之间的经济政策和社会政策，包括货币、财政、经济发展和社会福利政策，以及有关贸易和生产要素的流动政策，并拥有一个制定这些政策的超国家的共同机构。

6. 完全的经济一体化(Complete Economic Integration)

这是经济一体化的最高级形式。完全经济一体化不仅包括经济同盟的全部特点，而且各成员国还统一所有的重大经济政策，如财政政策、货币政策以及有关贸易和生产要素流动的政策。在这个一体化组织内各成员国的税率特别是增值税率和特别消费税率基本协调一致；它建立统一的中央银行，使用统一的货币；取消外汇管制，实行同样的汇率管理；逐步废除跨国界的金融管制，允许相互购买和发行各种有价证券；实行价格的统一管理等。完全经济一体化组织一般有共同的组织管理机构，这种机构的权力以成员国的部分经济决策与管理权限的让渡为基础。目前，区域性经济合作的主要类型见表10-1。

表10-1 区域性经济合作的主要类型

	成员国之间的自由贸易	共同对外关税	生产要素的自由流动	各种经济政策（财政、货币等）的协调
自由贸易区	√			
关税同盟	√	√		
共同市场	√	√	√	
经济同盟	√	√	√	√

注：如果不仅是由各自政府使这些政策协调一致，而且是由对所有成员国有约束力的统一的组织实际决定这些政策，则该集团相当于具备了完全的经济国家地位。有些作者称其为“完全的经济一体化”。

（二）按区域经济一体化的范围划分

1. 部门经济一体化(Sectoral Economic Integration)

部门经济一体化是指区域内各成员国的一个或几个部门（或商品，或产业），达成共同的经济联合协定而产生的区域经济一体化组织。

2. 全盘经济一体化(Overall Economic Integration)

全盘经济一体化是指区域内各成员国的所有经济部门加以一体化的形态。

（三）按参加国的经济发展水平划分

1. 水平经济一体化(Horizontal Economic Integration)

水平经济一体化，又称横向经济一体化。它是指由经济发展水平大致相同或相近的国家所组成的经济一体化组织。

2. 垂直经济一体化(Vertical Economic Integration)

垂直经济一体化，又称纵向经济一体化。它是指由经济发展水平不同的国家所组成的区域经济一体化组织。

二、区域经济一体化形成与发展的原因

（一）区域经济一体化的发展进程

区域经济一体化的雏形可以追溯到1921年，当时的比利时与卢森堡结成经济同盟，后来荷兰加入，组成比荷卢经济同盟。1932年，英国与英联邦成员国组成英帝国特惠区，成员国彼此之间相互减让关税，但对非英联邦成员的国家仍维持着原来较高的关税，形成了一种特惠关税区。

经济一体化的迅速发展，始于第二次世界大战之后，并形成三次较大的发展高潮。第一次发生在20世纪五六十年代，当时许多国家吸取战前贸易壁垒导致世界经济大危机的教训，纷纷建立区域性贸易集团，以实现区域内的贸易自由化；第二次发生在20世纪70年代至80年代初期，两次石油危机之后，世界各国贸易保护主义抬头，以GATT维系的多边贸易体制运作效力下降，世界各国把贸易自由的希望再度寄托在区域性经济集团身上，于是掀起了第二次高潮；第三次发生在20世纪80年代至WTO建立之初，GATT乌拉圭回合谈判迟迟达不成协议，世界各国普遍感到失望，更加重视区域性的贸易自由化。乌拉圭回合谈判结束之后，由于谈判结果的实施仍然要假以时日，加之协议规则存在的缺陷，使得许多国家仍然对多边贸易体制缺乏信心，区域经济一体化的势头依旧强劲。

（二）区域经济一体化发展的主要原因

(1) 联合一致抗衡外部强大势力，是区域经济一体化的直接动因。

(2) 二战后，科学技术和社会生产力的高速发展，是区域经济一体化的客观基础。

(3) 维护民族经济利益与发展及其政治利益是地区经济一体化形成与发展的内在动因。无论是发达国家的经济一体化，还是发展中国家的经济一体化，其根本原因都在于维护自身的经济、贸易利益，为本国经济的发展和综合国力的提高创造更加良好的外部环境。

(4) 贸易与投资自由化是区域经济一体化产生并持续发展的经济源泉。

(5) 贸易创造等各种积极的经济效应，是区域经济一体化产生并持续发展的重要原因。

第二节　区域经济一体化理论

一、关税同盟理论

对关税同盟理论研究最有影响的是美国经济学家范纳(Jacok Viner)和李普西(K. G. Lipsey)。按照范纳的关税同盟理论，完全形态的关税同盟应具备以下三个特征：

(1) 完全取消各成员国间的关税。

(2) 对来自成员国以外的国家和地区的进口设置统一的关税。

(3) 通过协商方式在成员国之间分配关税收入,这种自由贸易和保护贸易相结合的结构,使得关税同盟对整个世界经济福利的影响呈现双重性,即贸易创造和贸易转移并存。

(一) 关税同盟的静态效应

所谓关税同盟的静态效应,是指假定在经济资源总量不变、技术条件没有改进的情况下,关税同盟对集团内外国家、经济发展以及物质福利的影响。关税同盟的静态效应主要是指贸易创造效应和贸易转移效应。

1. 贸易创造效应(Trade Creating Effect)

贸易创造效应是指由于关税同盟内实行自由贸易后,产品从成本较高的国内生产转往成本较低的成员国生产,从成员国的进口量增加,新的贸易得以"创造"。此外,一国由原先从同盟外国家的高价购买转而从结盟成员国的低价购买也属于贸易创造。

2. 贸易转移效应(Trade Diversion Effect)

假定缔结关税同盟前关税同盟国不生产某种商品而采取自由贸易的立场,无税(或关税很低)地从世界上生产效率最高、成本最低的国家进口产品;关税同盟建立后,同盟成员国的产品转由同盟内生产效率最高的国家进口。如果同盟内生产效率最高的国家不是世界上生产效率最高的国家,则进口成本较同盟成立前增加,消费开支扩大,使同盟国的社会福利水平下降,这就是贸易转移效应。

3. 关税同盟的其他静态福利效应

(1) 关税同盟使得各成员国的海关人员、边境巡逻人员等减少而引起的行政费用的减少。

(2) 贸易转移型关税同盟通过减少对同盟成员国之外的世界上其他国家的进口需求和出口供给,有可能使同盟成员国共同的贸易条件得到改善。

(3) 任何一个关税同盟,在国际贸易投票中以一个整体来行动,较之任何一个独立行动的国家来说,可能具有更强大的讨价还价的能力。

(4) 关税同盟建立后,可减少走私。由于关税同盟的建立,商品可在同盟成员国之间自由移动,在同盟内消除了走私产生的根源,这样,不仅可以减少查禁走私的费用支出,还有助于提高全社会的道德水平。

(二) 关税同盟产生的动态效应

所谓关税同盟的动态效应,是指关税同盟对成员国贸易以及经济增长的推动作用。关税同盟的动态效应表现在以下几个方面:

(1) 关税同盟的建立使成员国间的市场竞争加剧,专业化分工向广度和深度拓展,使生产要素和资源配置更加优化。

(2) 关税同盟建立后,成员国国内市场向统一的大市场转换,自由市场扩大,从而使成员国获取转移与规模经济效益。

(3) 关税同盟的建立、市场的扩大、投资环境的大大改善,会吸引成员国厂商扩大投资,也能吸引非成员国的资本向同盟成员国转移。

(4) 关税同盟建立以后,由于生产要素可在成员国间自由移动,市场趋于统一并且竞争加剧，投资规模扩大，促进了研究与开发的扩大，技术进步提高，加速了各成员国经济的发展。

下面我们通过一个具体的事例来了解一下什么是贸易创造和贸易转移，因为区域性自由贸易区的建立往往会伴随着贸易创造和贸易转移两个结果。

案例分析

在图 10-1 中，我们假设有三个国家——美国、墨西哥和中国，其中美国是运动鞋的纯进口国，中国及墨西哥都生产并出口运动鞋。中国运动鞋的出口价格假设为 10 美元，墨西哥的价格为 11 美元。假设美国对运动鞋都课征 2 美元的进口税，中国运动鞋在美国市场价格为 12 美元，墨西哥运动鞋则卖 13 美元。在美国与墨西哥签订自由贸易协定以前，美国当然从中国进口，进口量为 M_c，在国内市场售价 12 美元，政府关税收入为 \$12 $\times M_c$，即 $a+c$ 部分。

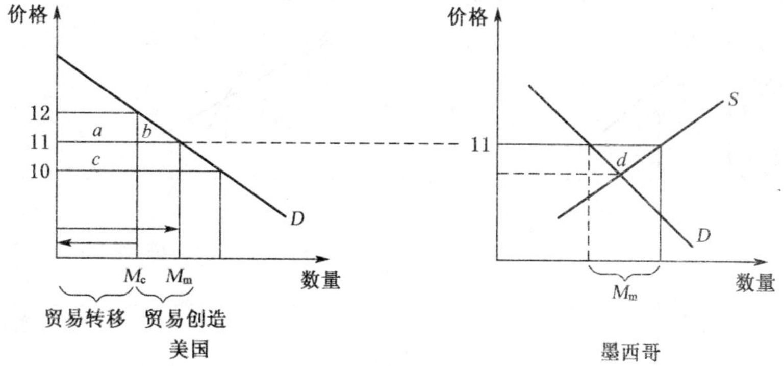

图 10-1 贸易创造和贸易转移

美国和墨西哥之间实行自由贸易之后，取消了所有从墨西哥进口商品的关税，但仍保持着对其他国家的贸易壁垒。在不需缴纳关税的情况下，从墨西哥进口运动鞋售价只有 11 美元，而中国运动鞋仍要支付关税，其市场售价仍要 12 美元。在这种情况下，人们当然购买墨西哥鞋而不买中国鞋。其结果，美国不再从中国而转从墨西哥进口运动鞋。由于墨西哥鞋便宜（只有 11 美元），增加了美国消费者对运动鞋的需求量，进口量也就从 M_c 增加到 M_m。

可见，建立自由贸易集团之后，美国的进口有两个方面的变化：一是改变了进口来源，从原来的中国变成了墨西哥，即从非贸易集团成员国转向了成员国，这一变化称为“贸易转移”（Trade Diversion）。第二个变化是增加了总进口量。由于不加关税的墨西哥运动鞋比加关税后的中国运动鞋便宜，美国从墨西哥的总进口量要比原来从中国进口的多，这种由于取消对成员国关税而增加的进口量称为“贸易创造”（Trade Creation）。任何区域性或集团性的自由贸易都只是在有限范围内降低贸易壁垒，因此，都具有“贸易创造”和“贸易转移”的双重结果。

区域内自由贸易所产生的利益变动

美国和墨西哥进行自由贸易后，受益的首先是墨西哥，即贸易集团中的出口成员国。由于免除关税，成员国比非成员国具有更强的竞争力，从而增加出口获利，净收益部分由面积 d 表示。

作为进口成员国的美国，其利益变动由两方面组成：一部分是因为商品价格降低，进口增加，消费者剩余的增加；另一部分变动是取消了对成员国的关税而使政府失去了关税收入。消费者的所得利益用变动的消费者剩余部分来表示，即面积 $a+b$，政府关税收入减少部分用 $a+c$ 表示，社会福利究竟是增加还是减少则由 b 和 c 的大小决定：如果 $b>c$，美国有净收益；如果 $b<c$，则有净损失。

一般情况下：①如果墨西哥与中国在自由贸易下的出口价格越接近(即 c 的高度越低)，或与加税后中国运动鞋价格差距越大(即 b 的高度越高)，"贸易转移"的损失越小，c 部分就相对小和 b 部分会相对大，美国净收益的可能性比较大(见图 10-2(a))。②如果美国对运动鞋需求的价格弹性越高，由于价格下降而产生的"贸易创造"越多，b 的面积也越大(见图 10-2(b))，美国也就越有可能获得净收益。

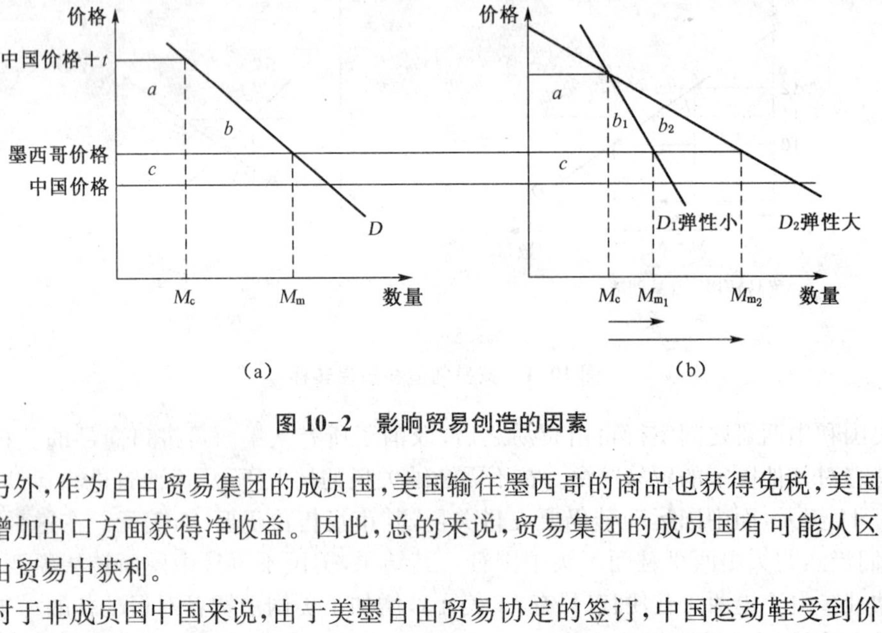

图 10-2　影响贸易创造的因素

另外，作为自由贸易集团的成员国，美国输往墨西哥的商品也获得免税，美国还可以从增加出口方面获得净收益。因此，总的来说，贸易集团的成员国有可能从区域性的自由贸易中获利。

对于非成员国中国来说，由于美墨自由贸易协定的签订，中国运动鞋受到价格歧视，被墨西哥鞋挤出美国市场，其结果当然是净利益损失。对整个世界来说，有比较优势的中国不得不减少运动鞋的生产和出口，本来没有比较优势的墨西哥则开始生产和出口更多的运动鞋。这从全球资源利用的角度看，不能不说是一种效益的降低。

(资料来源：海闻，P. 林德特，王新奎. 国际贸易. 上海：上海人民出版社，2003：405-407)

二、大市场理论

大市场理论的提出者认为：以前各国之间推行狭隘的只顾本国利益的保护贸易政策，把市场分割得狭小而又缺乏适度的弹性，这样只能为本国生产厂商提供狭窄的市场，无法实现规模经济和大批量生产的利益。大市场理论的核心是：①通过国内市场向统一的大市场延伸，扩大市场范围获取规模经济利益，从而实现技术利益；②通过市场的扩大，创造激烈的竞争环境，进而达到实现规模经济和技术利益的目的。

当经济一体化演进到共同市场之后，区内不仅实现了贸易自由化，其要素可以在区内自由流动，从而形成一种超越国界的大市场。一方面使生产在共同市场的范围内沿着生产可能线重新组合，从而提高了资源的配置效应；另一方面，区内生产量和贸易量的扩大使生产可能线向外扩张，促进了区内生产的增长和发展。对共同市场的理论分析发展出了大市场理论，有代表性的说法(丁伯根)是"消除障碍最合理运营的各种人为障碍，通过有意识地引入各种有利于调整、统一的最理想因素，创造出最理想的国际经济结构"。大市场理论是从动态角度来分析区域经济一体化所取得的经济效应，是针对共同市场提出的，其代表人物为西托夫斯基(T. Scitovsky)和德纽(J. F. Deniau)。共同市场在一体化程度上比关税同盟又进了一步，它将那些被保护主义分割的小市场统一起来，结成大市场，然后通过大市场内激烈竞争，实现大批生产带来的大规模经济等方面的利益。德纽对大市场带来的规模化生产进行了描述，最终得出结论："这样一来，经济就会开始其滚雪球式的扩张。消费的扩大引起投资的增加，增加的投资又导致价格下降，工资提高，购买力的提高……只有市场规模迅速扩大，才能促进和刺激经济扩张。"西托夫斯基则从西欧的现状入手，提出西欧陷入了高利润率、低资本周转率、高价格的矛盾，存在着"小市场与保守的企业家态度的恶性循环"。因而，只有通过共同市场或贸易自由化条件下的激烈竞争，才能迫使企业家停止过去那种旧式的小规模生产而转向大规模生产，最终出现一种积极扩张的良性循环。

三、协议性国际分工原理

协议性国际分工原理是由日本著名教授小岛清提出的。他认为：经济一体化组织内部如果仅仅依靠比较优势原理进行分工，不可能完全获得规模经济的好处，反而可能会导致各国企业的集中和垄断，影响经济一体化组织内部分工的发展和贸易的稳定。因此，必须实行协议性国际分工，使竞争性贸易的不稳定性尽可能保持稳定，并促进这种稳定。

所谓协议性国际分工，是指一国放弃某种商品的生产并把国内市场提供给另一国，而另一国则放弃另外一种商品的生产并把国内市场提供给对方，即两国达成相互提供市场的协议，实行协议性国际分工。协议性分工不能指望通过价格机制自动地实现，而必须通过当事国的某种协议来加以实现，也就是通过经济一体化的制度把协议性分工组织化。如拉美中部共同市场统一产业政策，由国家间的计划决定的分工，就是典型的协议性国际分工。

实行协议性分工的条件是：

(1) 必须是两个(或多数)国家的资本、劳动禀赋比率没有多大差别，工业化水平和经济发展阶段大致相等，协议性分工的对象商品在哪个国家都能进行生产。在这种状态之下，在互相竞争的各国之间扩大分工和贸易，既是关税同盟理论所说的贸易创造效果的目标，也是协议性国际分工理论目标。而在要素禀赋比率和发展阶段差距较大的国家之间，由于某个国家只能陷入单方面的完全专业化或比较成本差距很大，所以还是听任价格竞争原理(比较优势原理)为宜，并不需要建立协议性的国际分工。

(2) 作为协议分工对象的商品，必须是能够获得规模经济的商品。因此产生出如下的差别，即规模经济的获得，在重工业中最大，在轻工业中较小，而在第一产业几乎难以得利。

(3) 不论对哪个国家，生产协议性分工的商品的利益都应该没有很大差别。也就是说，自己实行专业化的产业和让给对方的产业之间没有优劣之分，否则就不容易达成协议。这种利益或产业优劣主要决定于规模扩大后的成本降低率，随着分工而增加的需求量及其增长率。

从第三个条件(没有优劣之分的产业容易达成协议)可以得出：协议性分工是同一范畴商品内更细的分工。

四、综合发展战略理论

对发展中国家经济一体化现象作阐述的是较有影响的“综合发展战略理论”。它是由鲍里斯·塞泽尔基在《南南合作的挑战》一书中系统地提出来的。

综合发展战略理论认为，经济一体化是发展中国家的一种发展战略，要求有强有力的共同机构和政治意志来保护较不发达国家的优势。所以，有效的政府干预对于经济一体化是很重要的，发展中国家的经济一体化是变革世界经济格局、建立国际经济新秩序的要素。

(一) 综合发展战略理论的原则

(1) 经济一体化是发展中国家的一种发展战略，它不限于市场的统一，也不必在一切情况下都寻求尽可能高的其他一体化形式。

(2) 两极分化是伴随一体化出现的一种特征，只能通过强有力的共同机构和政治意志制定系统的政策来避免它。

(3) 鉴于私营部门在发展中国家一体化进程中是导致其失败的重要原因之一，故有效的政府干预对于经济一体化的成功至关重要。

(4) 发展中国家的经济一体化是集体自力更生的手段和按新秩序逐渐改变世界经济的要素。

(二) 发展中国家地区经济一体化的主要因素

1. 经济因素

(1) 区域内经济发展水平及各国间的差异。

(2) 各国间经济的相互依赖程度。

(3) 新建经济区的最优利用情况，特别是资源与生产要素的互补性及其整体发展潜力。

(4) 与第三国经济关系的性质，外国经济实体(如跨国公司)在特定经济集团中的地位。

(5) 特定集团中的一定条件——选择的一体化政策模式和类型的适用性。

2. 政治和机构因素

(1) 各国间社会政治制度的差异。

(2) 各国间有利于实现一体化的“政治意志”状况及稳定性。

(3) 该集团对外政治关系模式。

(4) 共同机构的效率及其有利于集团共同利益的创造性活动的可能性。

(三) 综合发展战略理论的特点

(1) 突破了以往经济一体化理论的研究方法，抛弃了用自由贸易和保护贸易理论来研究发展中国家的经济一体化进程，主张用与发展理论紧密相连的跨学科的研究方法，把一体化作为发展中国家的发展战略，不限于市场的统一。

(2) 充分考虑了发展中国家经济一体化过程中国内外的制约因素，把一体化当作发展中国家集体自力更生的手段和按新秩序变革世界经济的要素。

(3) 在制定经济一体化政策时，主张综合考虑政治、经济因素，强调经济一体化的基础是生产及基础设施领域，必须有有效的政府干预。

第三节 区域经济一体化的发展

一、区域经济一体化兴起的动因

新一轮区域经济一体化浪潮波澜壮阔，有其深刻的政治原因和经济原因。其经济原因主要有：

（一）当前全球范围内日益加深的市场化趋向改革，为区域经济一体化的发展奠定了体制基础

在战后新技术条件下，各国各地区之间的分工与依赖日益加深，生产社会化、国际化程度不断提高，使各国的生产和流通及其经济活动进一步越出国界。这就必然要求消除阻碍经济国际化发展的市场和体制障碍。当今世界，越来越多的国家通过实践认识到，只有选择市场经济体制，才能加快本国经济发展的速度，提高经济的运转效率和国际竞争力。通过改革，各国消除了商品、生产要素、资本以及技术在国家之间进行流动的经济体制上的障碍，促成了区域经济一体化的发展。

（二）世贸组织多边贸易体制本身的局限性以及近年来多边贸易谈判所遭遇的挫折和困难，刺激了区域经济一体化的发展

虽然世贸组织是推动贸易自由化和经济全球化的主要力量，但由于自身庞大，运作程序复杂，根据世贸组织"一揽子接受"方式，其成员对各项议题的谈判只有在一致同意的基础上才能进行，从而注定了短时间内所有成员达成共识和消除矛盾并非易事。比如，2001年11月在多哈发起的首轮多边回合谈判一直举步维艰。多边贸易谈判前景的不可预测性，为双边和区域性贸易协议提供了发展空间与机遇，也为参与全球竞争多了一种选择。而且区域经济一体化组织因其成员常常是地理位置相邻、社会政治制度相似、生产力发展水平相近、有类似的文化历史背景，因而具有开展经济合作的诸多优势。

（三）服务于本地区的和平、发展与稳定，是区域经济一体化的政治原因

主要包括：

1. 谋求政治修好，缓解矛盾冲突，稳定地区局势

世界银行研究表明：区域贸易协议除了促进贸易流动，也对消除政治冲突起着显著的作用。欧洲合作的初始动机和最终目标就是政治。经过两次世界大战的磨难，欧洲人意识到不能再发生战争，必须通过合作、一体化与联合，才能实现欧洲的长久稳定、安全和发展。时至今日，欧洲各国终于通过经济合作，为实现地区的和平与发展、实现大欧洲联合的梦想奠定了坚实的基础。

2. 推动国内的体制改革

一些发展中国家和转轨国家把区域贸易协议作为锁定贸易自由化或国内体制改革进程的机制，即通过外部的条约责任和有形具体的承诺来促进国内的体制改革。20世纪90

年代，东欧转型国家与欧盟签署区域贸易协议的目的之一，就在于以此推动向市场经济的转化过程。

3. 寻求区域层面的政治保护以抗衡其他区域集团

这是世界大国加紧组织和巩固区域经济集团的一个重要动因。美国参与跨地区的亚太经合组织，意在抗衡不断扩大的欧盟。而欧盟希望作为一个更强大的整体，用一个强音在国际上更有力地与美、日等经济大国抗争，不仅在自家门口加紧对外经济扩展，在拉美和亚洲等地积极开展经济合作，而且致力于"大欧洲自由贸易区"的构想。日本极力在亚太地区推行"雁阵模式"，巩固和扩大"大东亚经济圈"，同时采取各种措施打入欧美腹地，并期望借此获取安理会常任理事国地位。俄罗斯以独联体为依托，已经建立或正在构建一些区域经济集团，如独联体国家经济联盟、欧亚经济共同体等，以巩固和加强俄的大国地位。东盟通过加强内部协调与合作，在世贸组织、联合国贸发会议等多边经济组织中用一个声音说话，来维护日益增强的自身利益。

4. 传播主体政治价值理念

"9·11"之后，美国把反恐作为其国际战略的一项核心内容。2003 年 5 月伊拉克战争结束后，美国主动提出与中东地区国家在 2013 年之前建立自由贸易区的倡议。舆论普遍认为，美国此举的真正目的是要通过自由贸易区方式在该地区推行美国式民主制度。

二、当前区域经济合作发展的主要特点

全球范围内区域经济一体化迅速发展主要依靠三条途径：一是不断深化、升级现有形式；二是扩展现有集团成员；三是缔结新的区域贸易协议或重新启动沉寂多年的区域经济合作谈判。

(一) 区域经济合作近年呈加速发展趋势

2010 年 1 月 1 日，中国—东盟自由贸易区全面建成和正式启动。这是世界上人口最多的自由贸易区，是全球第三大自由贸易区，也是由发展中国家组成的最大的自由贸易区，由中国和东盟 10 国共同组成，拥有 19 亿消费者、近 6 万亿美元国内生产总值和 4.5 万亿美元贸易总额。

(二) 跨区域合作成为区域经济合作新的热点

区域经济合作开始主要发生于有地缘优势的相邻国家和地区之间。如北美自由贸易区(NAFTA)、欧盟(EU)、东盟(ASEAN)等。随着区域经济合作的发展，周边可用的资源逐渐较少，再加上信息通信技术的发展，跨洲的经济交流趋于便利。

(三) 双边经济合作成为热点，但多边的区域经济合作影响力越来越大

据 WTO 统计，2003 年，正在运行的双边区域经济合作占全部的 80%，正在谈判的 90%均在双边之间进行。多个国家和地区参加的区域经济合作组织虽数量不多，但影响力越来越大，而且出现不断扩张的趋势。2004 年 5 月，欧盟迎来第 5 次扩张，见表 10-2，爱沙尼亚等 10 国正式加入欧盟，EU 从 15 个成员国增加到 25 个，拥有 4.5 亿人，比美国大了一倍，对外贸易额占世界贸易额的 20%，GDP 占世界的 1/4。NAFTA 的影响力也越来越大，在美国的推动下，34 个美洲国家计划 2005 年 1 月 1 日成立美洲自由贸易区。东盟从最初的 5 国扩大到 10 国，而且扩大后的东盟集体或单个成员还在与日本、中国、韩国、美国、澳大

利亚等国家进行谈判。除两个或几个国家间建立区域经济合作组织以外，区域经济合作也呈现出越来越复杂的组织形式。

表 10-2 历次欧盟成员国扩张一览表

过 程	成员国
欧洲共同体成立：1957.6	法国、德国、意大利、荷兰、比利时、卢森堡
第一次扩张：1972/1973	英国、丹麦、爱尔兰
第二次扩张：1979/1981	希腊
第三次扩张：1985/1986	西班牙、葡萄牙
第四次扩张：1994/1995	奥地利、瑞典、芬兰
第五次扩张：2004 年 5 月 1 日	波兰、匈牙利、斯洛伐克、拉脱维亚、立陶宛、爱沙尼亚、塞浦路斯、捷克、斯洛伐尼亚、马耳他
第六次扩张：2007 年 1 月 1 日	保加利亚、罗马尼亚

（四）亚洲成为区域经济合作新的热点

区域经济合作的发展受经济发展程度、开放程度和文化认同等多方面因素的影响，因而在各个大洲之间、各个经济区域之间的发展很不均衡。如西欧、北美起步较早，发展较快，而亚洲则起步较晚，亚洲最大的 3 个经济体——日、中、韩自 2000 年才开始启动这项工作，因而区域内优惠贸易的比重在各大洲之间最小。

（五）区域经济合作促使区内贸易和投资出现“内敛”的趋势

由于区域经济一体化的安排，区域性集团内部贸易投资便利化程度优于区域外，导致区域内出现产业结构的优化重组，促成了相对封闭的区域性国际市场的出现。加之贸易、投资创造和转移效应，使得区域内的贸易和资本流动迅速增长，并超过区域间的贸易和资本流动而呈现一种排他性的“内敛”趋势。如欧盟对外投资的 1/3 是在成员国之间进行的；就北美而言，美国和加拿大都互为最大的投资对象国和产业转移国，据统计，美国对外投资的 1/5 集中于加拿大，加拿大对外投资的 1/3 则集中于美国，未加入区域经济合作组织的国家和地区在国际贸易和国际直接投资的竞争中有可能陷入被边缘化的危险。

三、主要区域经济一体化组织简介

目前，世界经济中已有数十个各种类型的区域经济一体化组织，不仅发达国家无一例外地卷入了组建区域经济一体化的新浪潮，而且广大的发展中国家出于发展本国或本地区经济和共同对付发达国家经济剥削的需要，也纷纷组建、巩固和发展自身的区域经济合作组织。

（一）欧洲联盟

欧盟是迄今为止一体化进程最快、范围最广、层次最高、成就最大的组织。其前身欧共体是最早的一体化组织。

1. 欧洲经济共同体的建立

第二次世界大战后，为了促进西欧各国经济上的联合，防止德国军国主义的复活，遏制苏联的扩张，实现欧洲的持久和平与稳定，法国外长罗伯特·舒曼于1950年提出了将法国、德国等西欧国家的煤炭和钢铁生产置于一个超国家的机构控制之下的“舒曼计划”。“舒曼计划”得到西欧各国政治家和有识之士的广泛赞成。

1951年4月18日，法国、联邦德国、意大利、荷兰、比利时和卢森堡在巴黎签订了建立欧洲煤钢共同体条约，1952年7月25日生效。1957年3月25日，6国又在罗马签订了建立欧洲经济共同体条约和欧洲原子能共同体条约，统称《罗马条约》。1958年1月1日条约生效，上述两个共同体正式成立。1965年4月8日，6国签订《布鲁塞尔条约》，决定将三个共同体的机构合并，统称欧洲共同体，但三个组织仍各自存在，具有独立法人资格。《布鲁塞尔条约》于1967年7月1日生效。

1968年，欧共体6国基本上实现了关税同盟的目标。各成员国间工业品关税降至零，取消了相互的贸易配额限制等非关税壁垒，并对成员国以外的国家实行统一的关税税率。1969年，欧共体6国首脑在海牙举行会议，正式决定把建立欧洲经济与货币联盟作为欧共体的重要目标。

1973年，英国、丹麦和爱尔兰正式加入欧共体。欧共体由6个成员国扩大到9个成员国。1981年，希腊正式加入欧共体，欧共体成员国增加到10个。1986年1月1日，西班牙、葡萄牙正式加入欧洲共同体，欧共体的成员国增加到12个。

1991年12月，欧共体12国首脑在荷兰的马斯特里赫特举行会议，就《欧洲经济与货币联盟条约》和《欧洲政治联盟条约》达成协议。这两个条约统称为《欧洲联盟条约》(简称为《马约》)。《马约》在1992年12月签署通过，自1993年11日正式生效。《马约》提出了三个要实现的目标：一是1999年建成欧洲货币联盟，发行单一货币，建立欧洲中央银行；二是实施共同的外交和安全政策；三是实行司法内政合作，建立统一的警察力量。

《马约》规定的欧洲政治联盟目标是提高经济与社会凝聚力，促进和平衡持久的经济与社会进步；通过实施共同的外交和安全政策，最终制定共同防务政策，在国际舞台上用一个声音说话；通过联盟公民身份的实施，加强对联盟成员国国民权利的保护；发展在国内事务和司法领域的密切合作关系；保持和发展欧共体已取得的成果等。

1993年9月，欧洲联盟(Europe Union，简称EU)条约正式生效。“欧洲共同体”改为“欧盟”。

1993年11月1日，《马约》正式生效，欧盟正式诞生。

1999年1月1日，欧元正式诞生，奥地利、比利时、芬兰、法国、德国、爱尔兰、意大利、卢森堡、挪威、葡萄牙、西班牙将欧元作为他们的官方货币。2001年希腊加入欧元区。

2002年1月1日，欧元正式流通。至此，除英国等三国外，欧洲实现了货币统一。

(二)北美自由贸易区

1. 北美自由贸易区的建立

北美自由贸易区由美国、加拿大和墨西哥三国组成，是在原美国、加拿大自由贸易区基础上的扩大和延伸，美、加、墨三国于1992年8月12日宣布成立一个横跨北美洲的自由贸易区，就《北美自由贸易协定》(North American Free Trade Agreement，简称NAFTA)达成一致意见，并于同年12月17日由三国领导人分别在各自国家正式签署，以此法律生效。1994年1月1日，协定正式生效，北美自由贸易区宣布成立。

该协定的宗旨是：取消贸易壁垒；创造公平的条件，增加投资机会；保护知识产权；建立执行协定和解决贸易争端的有效机制，促进三边和多边合作。

促使北美自由贸易区成立的原因，一是迫于不断扩大和深化的欧洲经济一体化的压力；二是发展成员国内部经济和贸易的需要（美国和加拿大互为对方的第一贸易大国，美国是墨西哥的第一贸易大国，墨西哥是美国的第三贸易大国；加拿大外来投资的70%和墨西哥外来投资的63%均来自美国）。北美自由贸易区拥有3.6亿人口，国民生产总值达6.45万亿美元，年贸易总额1.37亿美元，其经济实力和市场规模都超过欧洲联盟，成为当时世界上最大的区域经济一体化组织。

2. 北美自由贸易协定的主要内容

北美自由贸易协定的主要内容是贸易壁垒的降低和消除。根据协定，三国将在10年至15年的时间内逐步取消进口关税和其他非关税壁垒，在其内部实现服务、资本和人员自由流动。各国承诺对所有服务行业实施国民待遇和最惠国待遇原则，除非在协定的国别附件中被明确列入例外或具体例外。国内措施的法规的统一协调。协定针对补贴、反倾销法和竞争政策以及采购与环保措施等方面作了较原则的规定。

根据北美自由贸易协定，三国间建立的是自由贸易区。但除关税内容外，协定还包括了投资、金融、服务等广泛的内容，有一些共同市场的因素，因此北美自由贸易区不是严格意义上的自由贸易区。

《北美自由贸易协定》规定的总目标是经过15年的努力，到2008年在成员国间取消各种关税和非关税壁垒，实行零关税，实现商品和生产要素的完全自由流动。又具体规定了在成员国间逐步消除关税和投资限制等的步骤和时间表。

（三）亚太经济合作组织

1. 亚太经济合作组织的建立

亚太经济合作组织（Asia-Pacific Economic Cooperation，简称APEC）是亚太地区的一个主要经济合作组织。1989年1月，澳大利亚总理霍克访问韩国时建议召开部长级会议，讨论加强亚太经济合作问题。经与有关国家磋商，1989年11月5日至7日，澳大利亚、美国、加拿大、日本、韩国、新西兰和东盟6国在澳大利亚首都堪培拉举行亚太经济合作会议首届部长级会议，这标志着亚太经济合作会议的成立。1991年11月，中国同中国台北和中国香港一起正式加入亚太经合组织。1993年6月改名为亚太经济合作组织，简称亚太经合组织或APEC。

2. 亚太经济合作组织的宗旨

1991年11月，在韩国汉城（现更名为首尔）举行的亚太经济合作组织第三届部长级会议通过了《汉城宣言》，正式确定亚太经济合作组织的宗旨和目标是：相互依存，共同受益，坚持开放性多边贸易体制和减少区域内贸易壁垒。1993年，亚太经合组织在西雅图领导人非正式会议宣言中提出了APEC大家庭精神，开放、渐进、自愿、协商、发展、互利与共同利益，被称为反映APEC精神的7个关键词。

第四节 中国与区域经济一体化

20世纪90年代以来，经济全球化成为世界经济发展的大趋势，区域经济一体化也在快速发展。在一定程度上，区域经济一体化已经成为世界许多国家依靠地区优势，实现区域合作，提高国际竞争力，应对经济全球化的重要选择。中国在参与多边贸易体系，融入世界经济的同时，日益重视区域经济合作，关于区域经济合作的重大举措不断出台，并取得了明显的进展。对中国而言，深入参与区域经济合作，不仅是加强与周边国家互利合作、增强国际竞争力和影响力的重要平台，也是带动沿边地区经济增长、实现区域协调发展的有效手段。

一、中国与东盟

（一）东南亚国家联盟

东南亚国家联盟（Association of Southeast Asian Nations，简称 ASEAN，即东盟）的前身是马来亚（现马来西亚）、菲律宾和泰国于 1961 年 7 月 31 日在曼谷成立的东南亚联盟。1967 年 8 月 7 日至 8 日，印度尼西亚、泰国、新加坡、菲律宾四国外长和马来西亚副总理在曼谷举行会议，发表了《曼谷宣言》，正式宣告东南亚国家联盟成立。

东盟的宗旨和目标是：①以平等与协作精神，共同努力促进本地区的经济增长、社会进步和文化发展；②遵循正义、国家关系准则和《联合国宪章》，促进本地区的和平与稳定；③促进经济、社会、文化、技术和科学等问题的合作与相互支援；④在教育、职业和技术及行政训练和研究设施方面互相支援；⑤在充分利用农业和工业、扩大贸易、改善交通运输、提高人民生活水平方面进行更有效的合作；⑥促进对东南亚问题的研究；⑦同具有相似宗旨和目标的国际和地区组织保持紧密和互利的合作，探寻与其更紧密的合作途径。

（二）中国—东盟自由贸易区

东盟与中国（10＋1）领导人会议是指东盟 10 国（文莱、印度尼西亚、马来西亚、菲律宾、新加坡、泰国、越南、老挝、缅甸、柬埔寨）与中国领导人间举行的会议。2001 年 11 月 6 日，第 5 次东盟—中国领导人会议在文莱举行。中国国务院前总理朱镕基出席会议并发表题为《携手共创中国与东盟合作的新局面》的重要讲话。他指出，中国与东盟应明确新世纪初的重点合作领域并确定建立中国—东盟自由贸易区（China-ASEAN Free Trade Area，简称 CAFTA）目标。

2002 年 11 月 4 日，第 6 次东盟与中国领导人会议在柬埔寨首都金边举行。中国国务院前总理朱镕基出席会议并在讲话中提出启动中国与东盟自由贸易区进程的建议。朱镕基和东盟 10 国领导人签署了《中国与东盟全面经济合作框架协议》，决定到 2010 年建成中国—东盟自由贸易区。中国—东盟自由贸易区建成后，将形成一个拥有 17 亿消费者、近 2 万亿美元国内生产总值、1.2 万亿美元贸易总量的经济区。中国—东盟自由贸易区将是世界上人口最多的自由贸易区，也将是发展中国家组成的最大的自由贸易区。它将为中国和东盟带来互利双赢的局面，为亚洲和世界经济的稳定和发展作出积极的贡献。

（三）《中国—东盟全面经济合作框架协议》

2002 年 11 月 4 日，朱镕基和东盟 10 国领导人共同签署了《中国—东盟全面经济合作框架协议》（简称《框架协议》），这标志着中国与东盟的经贸合作进入了一个新的历史阶段。《框架协议》是未来自贸区的法律基础，共有 16 个条款，总体确定了中国—东盟自贸区的基本架构。

根据《框架协议》，中国—东盟自贸区将包括货物贸易、服务贸易、投资和经济合作等内容。其中货物贸易是自贸区的核心内容，除涉及国家安全、人类健康、公共道德、文化艺术保护等 WTO 允许例外的产品以及少数敏感产品外，其他全部产品的关税和贸易限制措施都应逐步取消。

二、中国与亚太经济合作组织(APEC)

亚太经合组织成立之初是一个区域性经济论坛和磋商机构，经过十几年的发展，已逐渐演变为亚太地区重要的经济合作论坛，在推动区域贸易投资自由化，加强成员间经济技术合作等方面发挥了不可替代的作用。它是由部分亚洲及太平洋国家和地区为促进本区域的经济交流与合作成立的区域性经济组织。1991 年 11 月，中国以主权国家身份，中国台北和香港(1997 年 7 月 1 日起改为“中国香港”)以地区经济名义正式加入亚太经合组织。亚太经合组织现有 21 个成员国，成员国人口占世界人口的 40%多，国内生产总值约占世界生产总值的 50%，贸易额占世界贸易总额的 45%。APEC 是亚太地区最重要、成员最多的区域经济合作组织，在推动亚太地区经济合作与发展方面发挥了重要的作用。中国是亚太经合组织中经济发展速度最快、市场潜力最大的成员之一，中国经济的持续增长为整个亚太地区的发展注入了活力。近年来，每年中国与亚太经合组织成员的贸易额均占到中国当年贸易总额的 70%以上，中国的贸易伙伴排在前五位的均为亚太经合组织成员。对华投资排名前六位的也均为亚太经合组织成员。

三、上海合作组织

上海合作组织简称上合组织，前身是“上海五国”会晤机制。1996 年 4 月 26 日，中国、俄罗斯联邦、哈萨克斯坦、吉尔吉斯斯坦、塔吉克斯坦五国元首在上海举行首次会晤。从此，“上海五国”会晤机制正式建立。

2001 年 6 月 14 日至 15 日，“上海五国”元首在上海举行第六次会晤，乌兹别克斯坦以完全平等的身份加入“上海五国”。并在次日，6 国元首举行首次会晤并签署《上海合作组织成立宣言》，上海合作组织正式成立。6 国元首还签署了《打击恐怖主义、分裂主义和极端主义上海公约》。同年 9 月，上海合作组织成员国总理在阿拉木图举行首次会晤。6 国总理在会晤中一致决定启动 6 国多边经贸合作进程，宣布正式建立上海合作组织框架内的总理定期会晤机制。上海合作组织是致力于经济的政府间区域性国际组织。

四、中国参与区域经济合作的战略思考

(一) 立足东亚，努力推进“中国—东盟自由贸易区”的发展

东亚地区是当今世界最具活力、经济发展最快的区域，与东亚的投资贸易安排在我国具有非常重要的地位。日本、韩国、东盟等与我国产业结构有很强的互补性，是我国承接国际产业转移的重要来源。因此，推进中国与韩国、日本和东盟的“10＋3”合作，以及中国与东盟的“10＋1”合作，无疑有着自身的战略考虑。东亚区域经济合作，既可有效地发挥其市场潜力，也是地区经济协调发展的必然选择。

(二) 积极利用亚太经济合作组织(APEC)交往平台

亚太地区是中国对外经济贸易的依托，中国长期以来同 APEC 成员有十分密切的经贸

关系。加强同 APEC 成员的经贸合作，加强彼此的理解与沟通，对中国进一步对外开放，促进经济增长有着重要意义。

虽然中国在 APEC 机制中不能算是驱动力，但是中国却可以利用这个重要的多边平台，讨论共同关心的问题。APEC 有领导人会议、不同部门的部长级会议、高官会议、工作组会议、学术研究机构会议、商界会议等。这些都为中国与成员国交流意见、加强理解与合作提供了机会。此外，中国应继续力促 APEC 成员把主要精力放在实施茂物目标[①]上，决不能使茂物目标半途而废。

（三）注重跨区域经济合作

区域经济合作开始主要发生在具有地缘优势的相邻国家和地区之间。随着区域经济合作的发展，周边可利用的资源渐渐减少，而随着信息通信技术的发展，使得跨区域的经济合作成为可能，并成为区域经济合作新的热点。

目前中国参与的区域经济合作大多在亚洲地区，然而种种因素导致现阶段亚洲经济一体化的步伐十分缓慢。在这种背景下，我们需要突破地缘性限制，将参与亚洲地区和其他地区的贸易安排并列起来。我国应该根据本国的战略发展需要来选择区域经济合作伙伴，应与评估友好的国家或有战略利益的国家达成区域贸易协定，同时要尽可能避免贸易转移带来的损失。加大与非洲国家和发达国家经济合作，是今后经济合作的重点。非洲地区经济发展较为落后，但未来经济发展的潜力巨大。中国与发达国家的贸易互补性很强，区域经济合作对双方都有益处。

（四）以双边区域经济合作实现多边利益

在当今的区域经济合作中，虽然双边经济合作成为热点，但多边的区域经济合作影响力越来越大。在我国的主要贸易伙伴中，美国、欧盟、东盟均有自由贸易区作为依托。我们要想以双边的区域经济合作实现多边的利益，具体可以某一个国家为切入点，先与其签订双边的自由贸易协定，并将其作为进入该区域的桥梁和纽带。但我们要意识到，区域经济合作只是最终实现多边贸易自由化的方法和路径，而不应是最终目的。

本章要点

1. 区域经济一体化是指一个地理区域内，各国一致同意减少并最终消除关税壁垒和非关税壁垒，以便做到相互之间商品、服务和生产要素自由流动的状态或过程。

2. 依据区域内的经济一体化程度，或者说依据商品和生产要素自由流动程度的差异，成员国的政策协调程度不同，区域经济一体化可以从低到高划分为 6 个层次：优惠贸易安排、自由贸易区、关税同盟、共同市场、经济同盟和完全经济一体化。

3. 区域经济一体化组织的建立对各成员国会产生静态和动态两个方面的影响。静态的影响包括贸易创造和贸易转向。从静态的角度看，成员国是否参加某一个区域经济一体化组织决定于它从该组织中所得到的贸易创造是否大于贸易转移。从动态看，一个区域经济一体化组织可以带来积极的经济影响。同时，在经济一体化处于停滞状态时，有可能不

① APEC 成立的目的是为了促进亚太地区的贸易和投资自由化。为此，1994 年在印尼茂物召开的 APEC 峰会上，提出了“发达成员在 2010 年，发展中成员在 2020 年，实现贸易和投资自由化”的目标，这便是著名的“茂物目标”。

利于技术进步。

4. 大市场理论的核心是:通过扩大市场规模获得规模经济,从而实现技术利益;依靠因市场扩大化而竞争激化的经济条件,实现上述目的。两者之间是目的与手段的关系。

5. 协议性分工理论讲述的是在成本递减情况下国际分工和国际平衡的原理,旨在说明严格意义上的水平贸易发生的一个原因,并着眼于规模经济即成本递减的重要性。

6. 从国际经济一体化的实践来看,20 世纪 50 年代以后,国际经济一体化得到了广泛的发展。

7. 新型的国际经济一体化(而不是组织)也有了明显的发展。特别突出的是亚太经合组织。

复习思考题

一、名词解释

经济一体化　优惠贸易安排　自由贸易区　关税同盟　共同市场　经济同盟　贸易创造　贸易转向

二、不定项选择题

1. 区域经济一体化组织按其形式或层次的不同,可以分为 (　　)
   A. 特惠关税区　B. 自由贸易区
   C. 关税同盟　D. 经济货币同盟
2. 以下组织形式中,不属于国际经济一体化组织的是 (　　)
   A. 自由贸易区　B. 经济联盟　C. 共同市场　D. 关贸总协定
3. 区域经济一体化的基本成因为 (　　)
   A. 国际分工的深化　B. 世界市场竞争的激烈
   C. 世界经济多极化　D. 国家干预国际经济关系
4. 欧洲经济共同体的主要内容包括 (　　)
   A. 建立内部大市场　B. 建立工业品关税同盟
   C. 实施共同农业政策　D. 设立欧洲货币单位
5. 欧洲经济区(EFA)与欧洲联盟相比,区内没有 (　　)
   A. 共同的外贸政策　B. 共同的农业政策
   C. 共同的货币政策　D. 四大流通便利
6. 北美自由贸易区形成的原因主要有 (　　)
   A. 战后欧洲、日本发展迅速,美国经济地位相对下降
   B. 战后美国一直倡导和维持国际自由贸易体制
   C. 美、加、墨经济上具有互补性
   D. 建立自由贸易区,可以用差别待遇对付外部竞争
7. 北美自由贸易协定的主要内容有 (　　)
   A. 确定原产地规则　B. 减免关税和取消非关税壁垒

C. 取消投资障碍　　D. 实施共同农业政策

8. 亚太地区的经济合作，除 APEC 外还包括　　(　　)

A. 东盟自由贸易区　　B. 亚太经济合作组织

C. 日新自由贸易协定　　D. 中国—东盟自由贸易区

9. 下列经济一体化组织中，发达国家与发展中国家之间的经济一体化组织是　　(　　)

A. 亚太经济合作组织　　B. 欧洲自由贸易联盟

C. 北美自由贸易区　　D. 拉丁美洲一体化协会

10. 发展中国家之间一体化组织的失败或发展缓慢的原因主要有　　(　　)

A. 产业结构的低层次雷同

B. 难以就实施共同工业计划达成分工协作

C. 畸形产业结构难以迅速纠正

D. 各国经济发展水平比较接近

三、简答题

1. 区域经济一体化的理论有哪些？
2. 举例说明关税同盟的贸易创造效应。
3. 试分析区域经济一体化的内部影响和外部影响。

第十一章 世界贸易组织

学习目的

● 了解世界贸易组织的起源、《建立世贸组织协定》的要义,世贸组织负责实施管理的协议与协定,贸易争端解决机制,多哈回合谈判,与世界贸易组织相关的组织和中国加入世贸组织等问题。

● 充分认识世界贸易组织对世界经济与中国经济的影响。

【引导案例】

中国输掉轮胎特保案,只因《入世议定书》太苛刻

中国又败诉了!特保案不依据“特保协定”。此案虽然是一个特保案件,但双方争执的焦点不是WTO《特保措施协定》,而是中国《入世议定书》第十六条第1款和第4款。《入世议定书》是中国加入世贸组织一揽子条约的组成部分,与其他条约有同样的约束力,并对中国设置了比《特保措施协定》更苛刻的条款。

根据两个协定的相关规定,《入世议定书》要求的标准是实质性损害(Material Injury),而《特保措施协定》要求的标准是严重损害(Serious Injury),比《入世议定书》的标准要高。同时,按照《入世议定书》,只要源自中国的产品数量增加是导致产业损害的主要原因(A Significant Cause),即可采取特保措施,而《特保措施协定》要求按照WTO救济措施的通用因果关系标准去考量进口产品数量增加与严重损害之间的因果关系,比前者更严格。

诉讼中,中国坚持认为虽然输美轮胎的总量有上升趋势,但增加的幅度在逐年下降;美国轮胎业把发展的重心转向高质量的轮胎,而中国输美轮胎是中等质量和低等质量的轮胎,不仅没有对美国生产高质量轮胎的产业造成损害,还弥补了美国中等质量和低质量轮胎产业的不足。如果美国要采取特保措施,须证明中国输美轮胎数量增加是导致美国轮胎业损害的根本性的、最重要的原因。而美国称,中国输美轮胎的绝对数量是不断增加的,美国轮胎业在2007年至2008年前后的大量关闭是存在的,美国轮胎业工人的大量失业也是客观的,中国输美轮胎的增加与美国轮胎业的实质性损害(Material Injury)之间的因果关系是存在的,对中国轮胎采取特保措施符合中国《入世议定书》的规定。

WTO专家组和上诉机构认定,中国输美轮胎绝对数量的增加是客观的,是对美国轮胎业产生市场干扰的原因之一;虽然不能证明输美轮胎数量增加是导致市场干扰的唯一原因,但只要是其中的原因之一,就可以认定存在因果关系;既然《入世议定书》规定的标准是实质性产业损害(Material Injury),同时没有对因果关系做进一步的要求,只要进口数量增

加是产业损害的原因之一，就可以认定美国的特保措施没有违反《入世议定书》。就这样，中国败诉了。

《入世议定书》的有效期只有12年，到2013年12月结束，其他成员国以后如果对中国产品采取特保措施，就不能再适用这个《入世议定书》了，而应该适用《特保措施协定》规定的条件。也许，中国轮胎业是《入世议定书》有效期间唯一一个受制于《入世议定书》遭遇特保措施的产业。

《中华人民共和国入世议定书》第十六条　特定产品过渡性保障机制

(1) 如果源自中国的产品进口数量大量增加，以至于对进口国的同类产品或直接竞争产品造成市场干扰或干扰威胁，受到影响的成员国可以要求与中国磋商，寻找双方满意的解决方式，包括进口国是否可以按照《特保措施协定》采取特保措施。这些磋商应该及时通知WTO特保措施委员会。

(2) 市场干扰应该被理解为，某种产品的进口数量快速增加(不管是绝对进口数量，还是相对进口数量)，以至于成为对进口国生产的同类产品或直接竞争产品的市场造成实质性损害(Material Injury)(或实质性损害威胁)的主要原因(A Significant Cause)。在界定市场干扰是否存在时，进口国政府应该考虑客观因素，包括进口的数量，进口对国内同类产品或直接竞争产品的价格造成的影响以及进口对生产同类产品或直接竞争产品的产业造成的影响。

关税及贸易总协定1994《特保措施协定》第二条　条件

(1) 一成员只有在根据下列规定确定正在进口至其领土的一产品的数量与国内生产相比绝对或相对增加，且对生产同类或直接竞争产品的国内产业造成严重损害或严重损害威胁，方可对该产品实施保障措施。

(2) 保障措施应针对一正在进口的产品实施，而不考虑其来源。

(资料来源：中国经济周刊，2011年第38期)

第一节　从GATT到WTO

关税及贸易总协定(General Agreement on Tariffs and Trade，简称GATT)是一个政府间缔结的有关关税和贸易规则的多边国际协定，简称关贸总协定。它的宗旨是通过削减关税和其他贸易壁垒，削除国际贸易中的差别待遇，促进国际贸易自由化，以充分利用世界资源，扩大商品的生产与流通。

一、关税及贸易总协定的背景

20世纪三四十年代，世界贸易保护主义盛行。国际贸易的相互限制是造成世界经济萧条的一个重要原因。二次大战结束后，解决复杂的国际经济问题，特别是制定国际贸易政策，成为战后各国所面临的重要任务。

1946年2月，联合国经社理事会举行第一次会议，会议呼吁召开联合国贸易与就业问题会议，起草国际贸易组织宪章，进行世界性削减关税的谈判。随后，经社理事会设立了一个筹备委员会。1946年10月，筹备委员会召开第一次会议，审查美国提交的国际贸易组织宪章草案。参加筹备委员会的与会各国同意在“国际贸易组织”成立之前，先就削减关税和其他贸易限制等问题进行谈判，并起草“国际贸易组织宪章”。1947 年 4 月 7 月，筹备委员会在日内瓦召开第二次全体大会，就关税问题进行谈判，讨论并修改“国际贸易组织宪章”草案。经过多次谈判，美国等 23 个国家于 1947 年 10 月 30 日在日内瓦签订了“关税及贸易总协定”。按照原来的计划，关贸总协定只是在国际贸易组织成立前的一个过渡性步骤，它的大部分条款将在“国际贸易组织宪章”被各国通过后纳入其中。但是，鉴于各国对外经济政策方面的分歧以及多数国家政府在批准“国际贸易组织宪章”这样范围广泛、具有严密组织性和国际条约所遇到的法律困难，使得该宪章在短期内难以通过。因此，关贸总协定的 23 个发起国于 1947 年年底签订了临时议定书，承诺在今后的国际贸易中遵循关贸总协定的规定。该议定书于 1948 年 1 月 1 日生效。此后，关贸总协定的有效期一再延长，并为适应情况的不断变化，多次加以修订。于是，“关税及贸易总协定”便成为确立各国共同遵守的贸易准则，协调国际贸易与各国经济政策的唯一的多边国际协定。

表 11-1 关贸总协定的谈判过程

届 次	谈判时间	谈判地点名称	参加方	谈判主要议题
1	1947.4—10	瑞士日内瓦	23	关税减让
2	1949.4—10	法国安纳西	33	关税减让
3	1950.10—1951.4	英国托尔基	39	关税减让
4	1956.1—5	瑞士日内瓦	28	关税减让
5	1960.9—1961.7	瑞士日内瓦(狄龙回合)	45	关税减让
6	1964.5—1967.6	瑞士日内瓦(肯尼迪回合)	54	关税减让、反倾销问题
7	1973.9—1979.4	瑞士日内瓦(东京、尼克松回合)	99	关税减让、减少和消除非关税壁垒、框架协议
8	1986.9—1993.12	瑞士日内瓦(乌拉圭回合)	123	15 项议题分 4 大类：市场准入、贸易竞争规则、新领域的问题和贸易体制程序的问题

二、关贸总协定的宗旨

关贸总协定的序言明确规定其宗旨是：缔约各国政府认为，在处理它们的世界贸易和经济事务的关系方面，应以提高生活水平、保证充分就业、保证实际收入和有效需求的巨大持续增长、扩大世界资源的充分利用以及发展商品生产与交换为目的，通过达成互惠互利协议，大幅度地削减关税和其他贸易障碍，取消国际贸易中的歧视待遇等措施，以对上述目的作出贡献。

三、关贸总协定的作用

关贸总协定实施以后，即开始进行全球多边贸易谈判。40 多年来，经过多次关税减让谈判，缔约国关税已有大幅度的削减，世界贸易已增长十几倍，其在国际贸易领域内所发挥的作用越来越大，主要表现在以下几个方面：

(一) 总协定为各成员国规范了一套处理它们之间贸易关系的原则及规章

总协定通过签署大量协议，不断丰富、完善多边贸易体制的法律规范，对国际贸易进行全面的协调和管理。

（二）总协定为解决各成员国在相互的贸易关系中所产生的矛盾和纠纷提供了场所和规则

总协定为了解决各成员国在国际贸易关系中所产生的矛盾和争议，制定了一套调处各成员国争议的程序和方法。总协定虽然是一个临时协定，但由于其协调机制有较强的权威性，它使大多数的贸易纠纷得到了解决。

（三）总协定为成员国举行关税减让谈判提供了可能和方针

总协定为各国提供了进行关税减让谈判的场所。总协定自成立以来，进行过八大回合的多边贸易谈判，关税税率有了较大幅度的下降。发达国家的平均关税已从 1948 年的 36％降到 90 年代中期的 3.8％，发展中国家和地区同期降至 12.7％。这种大幅度地减让关税是国际贸易发展史上前所未有的，对于推动国际贸易的发展起了很大作用，为实现贸易自由化创造了条件。

（四）总协定努力为发展中国家争取贸易优惠条件

关贸总协定成立后被长期称作“富人俱乐部”，因为它所倡导的各类自由贸易规则对发达国家更有利。但随着发展中国家成员国的增多和力量的增大，总协定不再是发达国家一手遮天的讲坛，已经增加了若干有利于发展中国家的条款，为发展中国家分享国际贸易利益起到了积极作用。

（五）总协定为各国提供经贸资料和培训经贸人才

关贸总协定与联合国合办的“国际贸易中心”，从各国搜集统计资料和其他资料，经过整理后再发给各成员国，并且举办各类培训班，积极为发展中国家培训经贸人才。

四、关税及贸易总协定的产生

第二次世界大战结束后，美国为推动国际贸易“自由化”，向联合国经社理事会提出召开世界贸易和就业会议，成立国际贸易组织。1946 年，由美、英等 19 个国家组成的联合国贸易与就业会议筹备委员会，起草了《联合国国际贸易组织宪章》。1947 年 11 月在古巴哈瓦那举行的联合国贸易和就业会议上通过了该“宪章”，通称《哈瓦那宪章》。与此同时，由美国邀请包括中国在内的 23 个国家，根据这一宪章中有关国际贸易政策的内容，进行了减让关税的多边谈判，采纳了《哈瓦那宪章》中关于国际贸易政策的内容，签订了《关税及贸易总协定》，并从翌年 1 月 1 日起临时生效。

五、《关税及贸易总协定》的内容

《关税及贸易总协定》分为序言和四大部分，共计 38 条，另附若干附件。第一部分从第 1 条到第 2 条，规定缔约各方在关税及贸易方面相互提供无条件最惠国待遇和关税减让事项。第二部分从第 3 条到第 23 条，规定取消数量限制以及允许采取的例外和紧急措施。第三部分从第 24 条到第 35 条，规定本协定的接受、生效、减让的停止或撤销以及退出等程序。第四部分从第 36 条到第 38 条，规定了缔约国中发展中国家的贸易和发展问题。这一部分是后加的，于 1966 年开始生效。

《关税及贸易总协定》的宗旨是为了提高缔约国人民的生活水平，保证充分就业、实际收入和有效需求的增长，扩大世界资源的利用。主要内容有：

(1) 适用最惠国待遇，缔约国之间对于进出口货物及有关的关税规费征收方法、规章制度、销售和运输等方面，一律适用无条件最惠国待遇原则。但关税同盟、自由贸易区以及对发展中国家的优惠安排都作为最惠国待遇的例外。

(2) 关税减让。缔约国之间通过谈判，在互惠基础上互减关税，并对减让结果进行约束，以保障缔约国的出口商品适用稳定的税率。

(3) 取消进口数量限制。总协定规定原则上应取消进口数量限制。但由于国际收支出现困难的，属于例外。

(4) 保护和紧急措施。对因意外情况或因某一产品输入数量剧增，对该国相同产品或与它直接竞争的生产者造成重大损害或重大威胁时，该缔约国可在防止或纠正这种损害所必需的程度和时间内，暂停所承担的义务，或撤销、修改所作的减让。

六、关税及贸易总协定的组织机构

关税及贸易总协定的组织机构：最高权力机构是缔约国大会，一般每年举行一次。代表理事会在大会休会期间负责处理总协定的日常和紧急事务。下设若干常设和临时委员会与工作组，其中重要的有"贸易和发展委员会"和"国际贸易中心"。秘书处为职能机构提供经常性服务。

关贸总协定由序言和四个部分组成，共计 38 条。其基本原则是：贸易应当在非歧视待遇的基础上进行；成员国只能通过关税而不能采用直接进口管制措施保护本国工业；应通过多边谈判来削减关税，限制贸易壁垒；成员国应当通过磋商解决贸易问题及争端。总协定第四章还专门规定了发展中国家在贸易与发展方面的一些特殊要求和有关问题。

从名称上看，关贸总协定只是一项"协定"，但它实际上等于是一个"组织"。这个在总协定基础上形成的国际组织，其最高决策机构是缔约国大会（通常每年举行一次），其常设机构是由缔约国常任代表组成的理事会（一般每两个月开例会一次），其常设秘书处设在日内瓦。此外，关贸总协定下还设有 20 个机构，如贸易与发展委员会、国际收支限制委员会、关税减让委员会、反倾销委员会、纺织品委员会等分别负责各种专门问题事务。

"关贸总协定"组织的主要活动是举行削减关税和其他贸易壁垒的谈判。这种谈判有一个专门术语称为"回合"。从 1947 年至 1979 年，在总协定的主持下各国共进行了 7 次多边贸易谈判。其中最著名的是 1964 年的"肯尼迪回合"和 1973 年的"东京回合"。除组织多边关税及贸易谈判外，关贸总协定还组织有关国家对于商业政策方面出现的问题进行磋商，解决争端；协助个别国家解决其本国贸易中的问题；帮助有关国家加强地区性贸易合作；执行培训国际贸易专业人员的计划等。

中国也是关贸总协定的创始会员国之一，参加了关贸总协定的谈判和签字。1950 年 3 月，台湾当局宣布退出关贸总协定。1994 年 12 月 12 日，关贸总协定 128 个缔约方在日内瓦举行最后一次会议，宣告关贸总协定的历史使命完结。根据乌拉圭回合多边贸易谈判达成的协议，从 1995 年 1 月 1 日起，由世界贸易组织（World Trade Organization，简称 WTO）取代关贸总协定。

专栏

世界贸易组织和关税与贸易总协定的联系和区别

1995年，当世贸组织开始运作时，运行了47年的“关贸总协定”也结束了其推动国际贸易自由化的使命。那么，世贸组织与关贸总协定究竟是一种什么样的关系呢？

首先，世界贸易组织和关税与贸易总协定有着内在的历史继承性。世界贸易组织继承了关税与贸易总协定的合理内核，包括其宗旨、职能、基本原则及规则等。作为货物贸易的主要协定，原来的“关税与贸易总协定”是世界贸易组织三大协议之一《1994年关税与贸易总协定》的重要组成部分，仍然是规范各成员间货物贸易关系的准则。

但是，世贸组织与关贸总协定又有很大的区别，主要表现在以下三个方面：

机构性质

关税与贸易总协定以“临时适用”的多边贸易协议形式存在，不具有法人地位；而世界贸易组织则是一个具有法人地位的国际组织。

管辖范围

关税与贸易总协定只处理货物贸易问题；世界贸易组织不仅要处理货物贸易问题，还要处理服务贸易以及与贸易有关的知识产权问题，其协调与监督的范围远大于关税与贸易总协定。世界贸易组织和国际货币基金组织、世界银行，成为维护世界经济运行的三大支柱。

争端解决

关税与贸易总协定的争端解决机制遵循协商一致的原则，对争端解决没有规定时间表；世界贸易组织的争端解决机制采用反向协商一致的原则，裁决具有自动执行的效力，同时明确了争端解决和裁决实施的时间表。因此，世界贸易组织争端裁决的实施更容易得到保证，争端解决机制的效率更高。

（资料来源：石广生. 中国加入世界贸易组织知识读本(一)：世界贸易组织基本知识. 北京：人民出版社，2001:15-16)

第二节 WTO的基本知识

1994年4月15日在摩洛哥的马拉喀什市举行的关贸总协定乌拉圭回合部长会议决定成立更具全球性的世界贸易组织（世贸组织），以取代成立于1947年的关贸总协定(GATT)。

世贸组织是一个独立于联合国的永久性国际组织，该组织的基本原则和宗旨是通过实施市场开放、非歧视和公平贸易等原则，来达到推动实现世界贸易自由化的目标。1995年1月1日正式开始运作，负责管理世界经济和贸易秩序，总部设在日内瓦莱蒙湖畔的关贸总协定总部大楼内。1996年1月1日，它正式取代关贸总协定临时机构。

建立世贸组织的设想是在1947年7月举行的布雷顿森林会议上提出的，当时设想在成立世界银行和国际货币基金组织的同时,成立一个国际性贸易组织,从而使它们成为第二次世界大战后左右世界经济的"货币—金融—贸易"三位一体的机构。1947年联合国贸易及就业会议签署的《哈瓦那宪章》同意成立世贸组织,后来由于美国的反对,世贸组织未能成立。同年,美国发起拟订了关贸总协定,作为推行贸易自由化的临时契约。1986年关贸总协定乌拉圭回合谈判启动后,欧共体和加拿大于1990年分别正式提出成立世贸组织的议案,1994年4月在摩洛哥马拉喀什举行的关贸总协定部长级会议才正式决定成立世贸组织。

一、世界贸易组织的宗旨、原则与功能

(一) 宗旨

世界贸易组织继承关贸总协定的宗旨,即"通过降低贸易壁垒,取消歧视性的贸易行为来提高各缔约国的生活水平",并增加了扩大服务的生产和贸易以及可持续发展的目标等内容。世贸组织的主要目标是推动世界贸易的自由化。有三个具体目标:①尽可能实现商品和服务的自由流动;②通过谈判推动自由化进程;③建立公平的争端解决机制处理各国之间的矛盾和纠纷。

(二) 原则

体现世贸组织宗旨的基本原则有以下三个方面[①]:非歧视原则、自由贸易原则和公平竞争原则。这些原则基本上是从关贸总协定继承过来的,但比关贸总协定使用的范围更广:这些原则不仅适用于商品货物贸易,也适用于服务贸易和知识产权保护方面。

1. 非歧视原则

非歧视原则指的是对各成员国贸易政策上的一视同仁,和对本国产品与外国产品的一律平等。关贸总协定的非歧视原则是通过最惠国待遇条款(Most Favored Nation Treatment,简称 MFN)和国民待遇条款(National Treatment)来实现的。

(1) 最惠国待遇

所谓最惠国待遇,指的是一国对于所有成员国的贸易待遇都必须是同样的,如果一国给任何一国降低豁免关税或提供其他优惠政策,该国也必须同时给其他的成员国同样的待遇。例如,如果在美国和日本的谈判中,日本同意将从美国进口的牛肉关税降至10%,那么,任何成员国出口到日本的牛肉无需谈判就自动降低到10%。

在服务贸易方面,成员国给予任何其他国家的服务和服务提供者的优惠,应立即和无条件地给予任何其他成员方的相同服务或服务提供者。例如,如果中国允许美国银行在中国境内开设人民币业务,那么法国银行、日本银行也应自动获得同样待遇。

在知识产权方面,成员方给予任何其他国家的国民有关知识产权保护的任何优惠、优待、特权或豁免,应立即和无条件给予来自任何其他成员方的国民。

当然,最惠国待遇也有例外。首先,两国之间和区域内的"特惠贸易协定"(Preferential Trading Agreements)可以不实行最惠国待遇。所谓特惠贸易协定包括双边的和区域的自

---

① 对于关贸总协定和WTO的原则,有各种不同的归纳。许多书中将最惠国待遇、国民待遇、关税减让等都单独列为一项原则。本书则根据条款的性质归纳为三个方面。

由贸易协定。假如中国和新加坡签订了自由贸易协定,两国间的进出口商品完全免税,并不等于中国从其他国家进口的商品也必须免税。同样,美国给墨西哥商品免税是因为他们同是北美自由贸易区的成员国,而这种待遇不必给不在这一区域内的其他成员国。其次,关贸总协定中的发达国家通过制定“普遍优惠制方案”对发展中国家出口的一些产品提供普遍的、非互惠的、比最惠国待遇更为优惠的关税待遇,其他发达国家也不能通过最惠国待遇获得。另外,边境贸易中的特殊优惠也在最惠国待遇的原则之外。

专栏

最惠国待遇:中美两国的十年较量

对于20世纪90年代中国和美国的企业家、政治家,乃至许多普通老百姓来说,“最惠国待遇”不是一个陌生的词,究其原因是因为围绕着是否延长两国贸易中的最惠国待遇地位问题,中美两国整整较量了十年!

“最惠国待遇”本是关贸总协定中非歧视原则的一项具体措施,并非美国一些国会议员认为的特殊优惠政策。1979年中美两国建交时,两国政府签署了贸易关系协定,包括相互给予最惠国待遇的条款。

从1980年开始,美国政府根据其《1974年贸易法》中的杰克逊—尼克修正案开始对非市场经济国家的最惠国待遇地位进行年度审议,并决定是否延长。由于审议的内容主要是自由移民问题,对中国的最惠国待遇地位一直没有什么问题。但谁也没有想到,十年以后这个年度审议会成为中美两国较量的焦点。

1989年中国的天安门事件之后美国企图对中国进行贸易制裁,其中一项措施是想取消中国的最惠国待遇。第一次挑战是在1990年,美国国会在年度审议中以多数票通过,决议不再延长中国的最惠国待遇地位。中美贸易战一触即发。当时的美国总统布什从美国利益出发,否决了国会的决议,使两国的贸易关系继续保持正常。

1991年,美国国会以中国政府不尊重人权为由又一次通过决议要求取消中国的最惠国待遇,但又一次遭到了布什总统的否决。于是,有关中国的贸易最惠国待遇问题成为每年一次中美双方较量的重点。一方面,美国的人权组织、劳工组织、宗教组织甚至极左派组成了一个反华联盟,坚持不懈地反对延长中国的最惠国待遇。另一方面,美国的企业界(如波音公司和美国商会等)以及中国大陆、香港和台湾的企业界为力争输美商品不被歧视而游说美国政府保持正常贸易关系。

1992年,克林顿在竞选美国总统时又借此攻击布什政府,扬言要给中国政府一点教训。1993年克林顿就职后不久就警告中国政府若不改变人权状况,一年后就不再延长最惠国待遇。时隔一年之后,面对中美贸易日益增长的现状,克林顿政府不得不继续保持正常贸易关系。

1999年11月15日,中美两国就中国加入WTO达成协议,其中一条是美国同意与中国建立“永久性正常贸易关系”(Permanent Normal Trade Relation,简称PNTR),即不再审议中国的最惠国待遇问题。

围绕PNTR议案,美国各方都积极活动,形成全国性的辩论,一时成为美国主流媒体的重要内容。直到2000年5月投票表决前夕,426名众议员有157名反对,只有150名支持,另有119人未表态。但最后的投票结果,PNTR以237票多数票通过,中国获得永久性最惠国地位。至此,中美两国关于最惠国待遇问题长达十年的激烈较量终于画上了句号。

(2) 国民待遇

所谓国民待遇,指的是一国给予所有成员国的公民和企业在经济上的待遇不低于给予本国公民和企业的待遇,这种待遇主要包括税收、知识产权的保护、市场的开放等,以保证成员国产品与本国产品以同样的条件竞争。例如,中国政府对本国生产的商品不征销售税,那么对外国商品在支付了进口关税后也不能征收销售税。如果对本国产品进入市场前没有检验或测试,对外国产品也不能进行任何检测。

在服务贸易上的国民待遇意味着在已承诺开放的部门给予外国服务或服务提供者的待遇,不应低于本国同类服务或服务提供者享受的待遇。例如,中国承诺入世五年后完全开放银行业务,那么五年后外国银行进入中国将享受不低于中国各银行的待遇。

在知识产权领域,国民待遇比最惠国待遇更为优先,外国知识产权应该获得不低于对本国知识产权的保护。

值得注意的是,国民待遇中用的是"不低于"一词而不是"相等",主要是防止对国外产品和外国企业的歧视。如果反过来政府给国外产品更多的优惠则不违反国民待遇的原则。换句话说,国民待遇的原则是保护外国企业不受歧视,但并不管本国企业是否被"歧视"。许多发展中国家由于投资环境较差,基础设施落后,为吸引外资而不得不给予外商减免税收等比本国企业更优惠的政策,这种做法并不违反WTO中的国民待遇规定。

国民待遇也有例外,包括:未参加《政府采购协议》成员国的政府歧视性采购(优先购买本国产品),关贸总协定允许的某些特定的国内补贴,以及允许限制外国电影的放映数量。

2. 自由贸易原则

关贸总协定的基本精神是要消除贸易壁垒,促进贸易发展。但面对各国的现实,只能采取逐步和局部降低贸易壁垒的办法。对于关税,总的原则是只能降不能升,成员国之间通过谈判达成的关税减让不能单方面任意取消,或通过别的方式来取代减让的关税。对进口数量的限制,总协定原则上规定要取消。但这些规定目前都不是绝对的,在某些情况下,总协定允许保留或使用一些贸易保护措施,包括关税与限额。这些情况包括:①改善国际收支;②对受伤害工业作短暂保护;③稳定农产品市场;④国家安全需要。对发展中国家来说,贸易保护还被允许用来作为实现某项经济发展目标的手段。但是,所有这些关税和非关税的措施都必须在非歧视性的原则下实施。

关贸总协定乌拉圭回合还签署了《技术性贸易壁垒协议》、《海关估价协议》、《装运前检验协议》、《进口许可程序协议》、《动植物检疫措施协议》以及《与贸易有关的投资措施协议》等,旨在降低和消除非关税壁垒。

目前不在关贸总协定框架下的主要商品是农产品和纺织品。即使如此,农产品和纺织品的保护也在日益受到限制。

自由贸易原则在服务业上的体现是市场准入。WTO《服务贸易总协定》要求各成员方为其他成员方的服务产品和服务提供者提供更多的投资与经营机会，分阶段逐步开放商务、金融、电信、分销、旅游、教育、运输、医疗保健、建筑、环境、娱乐等服务领域。

3. 公平竞争原则

除了自由贸易以外，公平竞争也是关贸总协定的一个重要目标。公平竞争原则包含三个要点：①公平竞争原则体现在货物贸易领域、服务贸易领域以及与贸易有关的知识产权领域；②公平竞争原则既涉及成员方的政府行为，也涉及成员方的企业行为；③公平竞争原则要求成员维护产品、服务或服务提供者在本国市场的公平竞争，不论他们来自本国或其他任何成员方。

为了保证公平竞争，关贸总协定禁止任何扭曲国际商品市场价格的行为，包括倾销和出口补贴。总协定允许成员国在其某项工业受到别国倾销或出口补贴等歧视性贸易政策时，征收反倾销税或反补贴税以维持公平贸易。关贸总协定签订《反倾销协议》和《反补贴协议》的另一个目的也是为了防止成员国利用反倾销和反补贴的名义来实施贸易保护主义，反过来制造不公平竞争。因此，总协定规定，必须符合反倾销和反补贴条件的情况下才能征收反倾销或反补贴税。

服务贸易领域的公平竞争原则主要体现在鼓励各成员方相互开放服务贸易市场，逐步为外国的服务或服务提供者创造市场准入和公平竞争的机会。对抑制竞争、限制服务贸易的商业惯例，《服务贸易总协定》要求成员方在其他成员的请求下进行磋商交流以最终取消这些惯例。

在知识产权方面，公平竞争原则主要体现为对知识产权的有效保护和反不正当竞争，并允许成员方采取措施防止或限制不正当商业行为。

与此相关的措施是透明度原则，贸易政策和其他经济政策的不透明常常隐藏着对外国企业的歧视性和不公平。总协定规定，各成员国必须公布和公开有关贸易的法律、法规、政策、司法判决和行政裁定，并且还要及时通知其他成员国任何新的法规政策或任何变动。透明度的要求是为了保证信息公开，防止信息不完全下的不公平竞争。

为了保证公平竞争，关贸总协定还对政府行为和国营贸易进行了限制。

专栏

全球光伏贸易战升级　欧盟或发起反倾销

全球光伏贸易战即将升级。英利绿色能源昨天证实，德国 Solarworld 公司要求对中国向欧盟出口光伏产品进行反倾销调查。英利联合天合光能、尚德、阿特斯阳光电力等公司组成的光伏发电促进联盟，代表中国光伏行业强烈呼吁欧盟慎重考虑对华光伏发起反倾销调查。主张并支持开放的市场、自由的贸易和公平的竞争，反对任何形式的贸易保护。而雪上加霜的是，受到光伏产业整体萎靡的影响，八成光伏上市公司预计上半年业绩下滑，库存高企，经营性现金流锐减，全行业正面临资金链条紧绷甚至断裂的风险。

产品六成出口欧盟

昨天，英利联合尚德、天合、阿特斯等光伏企业组成的“光伏发电促进联盟”在北京举行应对反倾销调查新闻发布会，代表中国光伏行业强烈呼吁欧盟慎重考虑对华光伏发起反倾销调查。“各国在发展光伏产业的过程中，属于利益共同体。”英利绿色能源控股有限公司首席战略官王亦逾表示。

以欧盟各国为例，2011年，对华出口光伏设备及原材料总值达75亿美元。在近年的光伏贸易方面，欧盟也基本处于顺差状态。而从整个光伏产业的价值链看，以规模、制造为优势的中国，生产大多集中在组件端。中国仅占整个光伏价值链的8%～10%。

“中国光伏产业并不存在任何所谓的非法补贴和倾销问题。”王亦逾强调说，中国光伏产品得到世界各国消费者的广泛认可和青睐，主要在于其更高的性价比、更好的产品质量和更为全面的售后服务。完全遵循市场公平竞争的基本原则，也是中国光伏企业品牌不断成熟的重要标志。他说，在此之前，为应对美国的“反倾销”、“反补贴”调查，中国光伏企业已向官方提供了大量事实依据，证明中国光伏并不存在任何所谓的非法补贴和倾销。此外，众多美国企业、欧洲企业以及国际光伏产业联盟，也都一致证实和认为：Solarworld为了自身的商业利益，而对中国光伏企业提出的无理诉讼，是毫无依据的。

中国和欧盟分别为世界第二、第三大经济体，同时又互为第一大贸易伙伴，如果欧盟跟随美国，同样对中国光伏发起反倾销调查，那么中国光伏产业将会遭受致命的打击。2011年，中国近358亿美元的光伏产品出口，近六成是到欧盟。以尚德公司生产的产品为例，其组件生产中所使用的原材料和设备，又有很大一部分来自于欧洲，在2010年和2011年，公司从欧洲采购的设备和原材料总金额高达6亿欧元。

光伏寒冬

资本逐利与政策吹风，令光伏“大干快上”后产能过剩。降薪、裁员、负债奇高，身处其中的巨头备受煎熬。以江西赛维LDK太阳能高科技有限公司为例，根据赛维2011年年报，归属于公司股东的净亏损额达1.852亿美元。另一家巨头无锡尚德太阳能电力有限公司在一季度的亏损也超过1亿美元。事实上，赛维只是光伏企业深陷资金链紧张危局中的一个缩影。统计数据显示，由于需求无力、价格暴跌，八成光伏上市公司预计今年上半年业绩将下滑。而库存高企、经营性现金流锐减，再加上投资基金和银行对光伏热情的消退，全行业正面临资金链条紧绷甚至断裂的风险。

（资料来源：龙金光.南方日报，2012年07月27日）

（三）功能

为了实现“推动世界贸易自由化”的总体目标，世贸组织承担了一些具体的功能。这些功能既是世贸组织的日常运作职能，也是其宗旨的具体执行准则，主要包括以下几个方面：

(1) 负责监督促进乌拉圭谈判结果和WTO各项协议的落实。

(2) 继续承担和推动国际多边贸易谈判。

(3) 协调裁决成员国之间的贸易纠纷。

(4) 监督检查各成员国的贸易政策。

(5) 通过与其他国际机构（尤其是世界银行与国际货币基金组织）的合作，在更大程度上协调全球经济政策。

(6) 通过技术援助和培训计划,在贸易政策事务上对发展中国家提供帮助。

二、世界贸易组织的法律框架和组织结构

(一) 法律框架

世贸组织的法律框架由《建立世界贸易组织协定》及其四个附件组成。附件一有 A、B、C 三部分。附件一 A 是货物贸易多边协定,包括《关税与贸易总协定 1994》和《农业协议》等 12 个有关货物贸易的具体协议;附件一 B 是《服务贸易总协定》;附件一 C 是《与贸易有关的知识产权协定》。附件二是《关于争端解决规则与程序的谅解》,附件三是《贸易政策审议机制》,附件四是《政府采购协议》、《民用航空器贸易协议》、《国际奶制品协议》和《国际牛肉协议》。其中,《国际奶制品协议》和《国际牛肉协议》已于 1997 年 12 月 31 日终止。

从约束力方面来看,世贸组织的文件分两种:第一种是所有成员都必须接受的,包括附件一、附件二和附件三;第二种是仅对签署方有约束力,成员可以自愿选择参加,包括附件四。

按类型来区分,世贸组织的法律文件共分为三类。第一类是多边总协议,包括《关税与贸易总协定》、《服务贸易总协定》和《与贸易有关的知识产权协定》。第二类是具体部门协议,包括货物贸易中的《农业协议》、《实施卫生与植物卫生措施协议》、《纺织品与服装协议》、《技术性贸易壁垒协议》、《与贸易有关的投资措施协议》、《反倾销协议》、《海关估价协议》、《装运前检验协议》、《原产地规则协议》、《进口许可程序协议》、《补贴与反补贴措施协议》、《保障措施协议》和服务贸易中的《金融服务协议》、《基础电信协议》、《自然人流动协议》等。第三类是诸边协议,包括《政府采购协议》、《民用航空器贸易协议》等。

(二) 组织结构

世界贸易组织的组织结构是依据 WTO 协定建立的四层组织架构(见图 11-1),其最高决策机构是至少两年一次的部长会议(Ministerial Conference),由各成员国部长级代表组成。第一次世贸组织部长级会议于 1996 年 12 月在新加坡举行。

世贸组织的第二层组织是部长会议之下的常务理事会(Generalcouncil),它是该组织的行政机构,负责处理日常事务。理事会由所有成员国的常驻代表组成,其主要功能是:仲裁解决成员国之间的贸易纠纷,监督审查各成员国的贸易政策,向部长会议报告工作并执行部长会议决议。

由各成员国代表组成的货物贸易理事会(Council for Trade in Goods)、服务贸易理事会(Council for Trade in Service)及与贸易相关的知识产权理事会(Council for Trade-related Aspects of Intellectual Property Rights),三个专门理事会在常务理事会的指导下进行工作,构成世贸组织的第三层机构。

世贸组织的最后一层机构是由三个专门理事会根据需要建立起来的委员会和工作小组。目前,在货物贸易理事会下设有市场准入、农业、动植物检疫措施、贸易的技术壁垒、补贴和反补贴措施、反倾销行为、海关估价、原产地规则、进口许可程序、与贸易有关的投资措施和安全保障措施 11 个委员会,纺织品贸易监督机构和关于国营贸易的工作组。在服务贸易理事会下设有金融服务贸易和处理特别承诺事务的两个委员会以及有关国内管制和服务贸易规则的两个工作小组。

另外，世贸组织还设有由总干事领导的秘书处。总干事由部长级会议任命，并确定其权利和义务、任期等。图 11-1 详细介绍了世贸组织的组织机构。

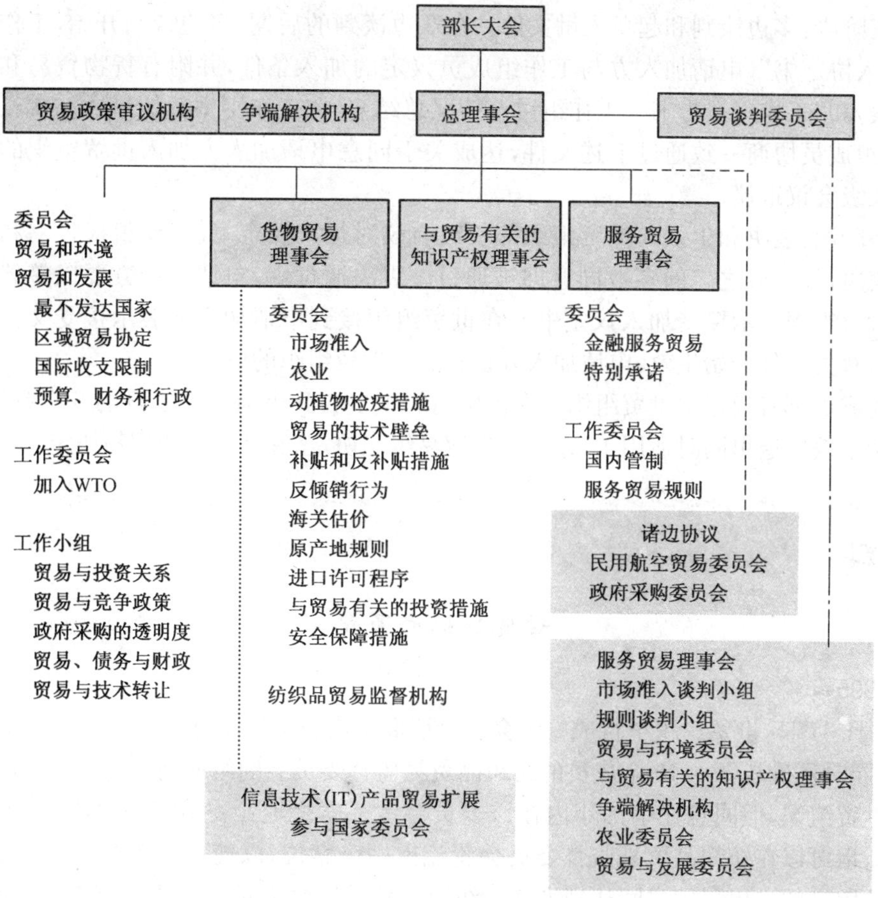

图 11-1　WTO 组织结构图

（三）加入、退出和决策机制

世界贸易组织的成员国根据加入的方式不同分为两类：创始会员国和非创始会员国。

截至 1997 年 3 月，所有符合创始会员条件的缔约方都成为了世贸组织的创始会员国。在此之后的成员都是以加入的方式进入世贸组织的。

加入世贸组织的程序可分为四个阶段。

第一阶段：申请与受理。申请加入的国家或地区向世贸组织总干事递交正式信函以表明其加入世贸组织的愿望。世界贸易组织秘书处负责将申请函发送给全体成员，并把审议加入申请列入总理事会会议议程。总理事会审议加入申请并设立相应的工作组。

第二阶段：审议和双边谈判。主要工作是审议申请加入方的外贸制度和进行与成员国之间的双边市场准入谈判，这是加入程序中的重点阶段。在此阶段，申请加入国要向工作组提交外贸制度备忘录、现行关税税则及相关的法律和法规，接受工作组的审议，并且要对工作组要求其进一步说明和澄清的关于其外贸制度运作情况的问题作出书面答复。在审议工作的后期，申请加入方要同提出双边市场准入谈判要求的所有成员国进行双边货物贸易和服务贸易的市场准入谈判。一般情况下，谈判双方需要在申请加入方加入前达成双边市场准入协议。

第三阶段：多边谈判和起草入世文件。在双边谈判的后期，多边谈判开始，工作组着手起草“加入协定书”（申请加入方与工作组成员议定的加入条件，并附有货物贸易和服务贸易减让表）和“工作组报告书”（工作组讨论情况总结）。在工作组举行的最后一次正式会议上，工作组成员协商一致通过上述文件，达成关于同意申请加入方加入世贸组织的决定并提交部长级会议审议。

第四阶段：表决和生效。世贸组织部长级会议对加入议定书、工作组报告书和决定草案进行表决，经三分之二的多数同意即被通过。表决通过后，申请加入方要以签署或其他方式向世贸组织表示接受加入议定书。在世贸组织接到申请加入方表示接受文件之日起第 30 天，有关文件开始生效，申请加入方正式成为世贸组织的成员。

任何成员都有权退出世贸组织。在世贸组织干事收到书面通知之日的 6 个月期满后，退出开始生效。退出同时适用于《建立世界贸易组织协定》和其他多边贸易协定。

资料

世贸组织大事记

1995 年

1 月 31 日，世贸组织举行成立大会。会议商定由新加坡主办该组织第一届部长级会议，同时还确认了由 10 个成员的纺织品贸易监督委员会的组成情况。尽管中国尚未加入世贸组织，但同意让中国年内在该委员会占一席之地。委员们一致决定，中国和巴基斯坦可以在纺织品贸易监督委员会轮流占一个席位，以使在每年 2 500 亿美元的纺织品贸易的进出口国之间达到平衡。纺织品贸易监督委员会负责监督在 10 年内分阶段取消世界纺织品进出口限额，并逐步停止实行多种纤维协定。根据这项决定，如果中国到 1995 年 12 月 31 日仍未能加入世贸组织，其在委员会的席位将被世贸组织的另一个成员国取代直到中国加入世界贸易组织为止。

11 月 29 日，世贸组织成立了 7 人仲裁机构上诉法庭。该机构负责对世贸组织成员国之间发生的分歧进行仲裁，其中的三个成员国听取并裁决任何一个由世贸组织的争议仲裁小组提交的案件，并有权维持、修改或取消仲裁小组的原判。上诉法庭的裁决具有法律约束力，任何不接受它通过的最后裁决的国家都将受到贸易制裁。

1996 年

4 月 16 日，世界贸易组织总理事会在日内瓦召开。

4 月 30 日，历时约两年的世界贸易组织基础电信谈判未能按期达成协议，谈判各方决定将达成协议的期限推迟到 1997 年 2 月 15 日。

10 月 4 日，世贸组织宣布一项裁决，裁定日本的烈酒税法对进口的外国烈酒构成了歧视，违反了多边贸易的有关规则，要求日本修改这一税法。

11 月 20 日，世贸组织决定成立一个仲裁小组，以便在不超过 7 个月的时间之内裁决关于美国制裁古巴的赫尔姆斯—伯顿法是否违反世贸组织有关规定的问题。

12 月 5 日，经世贸组织政府采购协议签署成员的一致同意，香港成为该协议的成员。

12 月 9 日～13 日，世贸组织首届部长会议在新加坡召开。来自世贸组织 128 个成员和 30 个观察员的 2 300 多名代表出席了本届会议。会议期间，与会部长分析了世贸组织成立两年来国际贸易的发展情况，承诺继续推行贸易自由化，以促进所有成员的发展与就业、稳定和繁荣。会议最后通过了《新加坡部长宣言》。

1997 年

2 月 15 日，世贸组织就全球电信自由化达成协议，68 个国家在协议上签了字。

2 月 20 日，世贸组织总干事鲁杰罗任命了赫尔姆斯—伯顿法仲裁小组的三名成员，要求该小组在 6 个月内就美国这一针对古巴的贸易制裁法律是否违反多边贸易规则提出意见。

1998 年

5 月 18 日～20 日，第二次部长级会议在日内瓦举行。为庆祝关贸总协定生效 50 周年，世贸组织于 19 日举行纪念活动。来自世贸组织 132 个成员和 31 个申请加入世贸组织的国家和地区的代表出席了会议并参加庆祝活动。中国外经贸部副部长龙永图以观察员身份出席会议。会议主要讨论三个方面的问题：已达成的协议执行情况；既定日程及今后可能开始的谈判内容；第三次部长级会议举行的日期和地点。

1999 年

1 月 12 日，世贸组织解决争端机构在日内瓦举行特别会议，同意成立专家小组审议欧盟新的香蕉进口政策，并将在 90 天内作出裁决，以解决美欧间的贸易摩擦。

3 月 2 日，根据欧洲联盟的要求，世贸组织解决争端机构同意成立一个专门小组，对美国国内贸易法中的“301 条款”的合法性进行审议和仲裁。

7 月 22 日，世贸组织同意 1999 年 9 月 1 日起任命新西兰人麦克·穆尔为新一任总干事，任期三年。总理事会还决定三年后即 2002 年总干事由泰国人巴尼巴滴·索帕猜担任。

11 月 30 日，第三次部长级会议在西雅图举行，国际货币基金总裁康德苏、世行行长沃尔芬森和 WTO 总干事穆尔在会议上做了联合声明。声明中强调在过去两年中很多成员国都遇到了经济方面的困难。其间，多边贸易体系成为了世界经济稳定和发展的基石。多边贸易体系规则是国际经济政策合作框架的重要组成部分。

2000 年

2 月 7 日，世贸总理事会对进一步开放服务和农业的谈判组织工作达成共识，服务贸易谈判于 2 月的第四周进行；农业委员会于 3 月 20 日开始的那一周组织类似的特别会议。

11 月 13 日，信息技术产品委员会批准了一项关于高科技产品的非关税壁垒的工作方案。该方案分三步在一年内实施。高科技产品委员会曾经对取消信息技术产品的关税达成一项协议。

12 月 15 日，总理事会通过了一项关于执行问题的决议。该执行问题最早由发展中国家提出。世贸总干事默尔在他的报告中要求增强发展中国家在制定国际标准中的作用。

2001 年

5 月 30 日，由世贸组织、世界卫生组织、挪威外交部部长和全球卫生委员会组成的工作组对药品定价和援助发表了一份报告。工作组成员一致同意在药品的专利体系仍然发挥重要作用的情况下，定价问题变得很重要。成员们还呼吁加强对不发达国家的医疗援助。

7 月 27 日，欧盟及其他八个 WTO 成员国上书争端解决委员会要求成立专门委员会审查美国新的《关于持续倾销补贴的补偿法》，他们认为此法案违反了 WTO 的规则。美国的这项新法规，也被称为《比尔德修正案》，会于当年 10 月生效。根据该法规，美政府将把征收反倾销和反补贴税得来的收益给予受到相应倾销或补贴行为损害的美国企业。

11 月 9 日～14 日，世贸组织第四次部长会议在卡塔尔首都多哈举行，会议达成协议，决定启动新的一轮多边贸易谈判。

11 月 10 日，世贸组织第四次部长级会议一致通过中国加入 WTO 的决议。WTO 接到中国人民代表大会批准的通知 30 天后即 12 月 11 日，中国正式成为 WTO 第 143 个成员国。

2002 年

1 月 2 日，中国台湾作为独立关税区成为 WTO 第 144 个成员。

6 月 3 日到 7 月 3 日，应欧盟、中国、日本、韩国、瑞士、挪威和新西兰 7 国的先后要求，争端解决委员会成立专门小组审查美国实施钢铁进口保障措施的情况。

12 月 18 日，WTO 工作小组决定加快俄罗斯的入世进程。

（资料来源：世贸组织官方网站 http://www.wto.org
阿里巴巴 WTO 专题 http://www.alibaba.com/）

二、世贸组织对世界经济的影响

(1) WTO 对世界经济的贡献首先在于它提供了一个统一的规则，使不同体制、不同国家的企业能够在共同的规则之下进行竞争。经济全球化发展的一个必然要求是各国经济体制和制度的趋同，从而为经济体的全球化行动提供适宜的制度环境。由于制度的差异很容易在各国之间造成贸易摩擦，使企业的全球化扩展受到阻碍。世界贸易组织的规则是各成员国协商的结果，因此在共同的规则下进行贸易和经济活动，可以减小摩擦，有利于世界经济的发展。

(2) 世界贸易组织的争端解决机制也在一定程度上避免了许多“贸易战”，减少了贸易纠纷给各方带来的损失。世界贸易组织成立之后，大量的贸易争端的顺利解决体现了贸易争端解决机制的效力，促进了世界贸易的发展，避免了各国使用自己的标准强加于贸易伙件，减少了贸易摩擦。例如欧美的香蕉贸易以及金枪鱼事件的解决都避免了贸易战的发生。

(3) 有利于资源在世界范围内进行重新配置，从而提高全球的经济福利。生产的全球化可以使企业在世界范围内组织生产，寻求最低的生产成本，从而提高了资源的使用效率，带来经济发展和收入水平的提高。根据世界贸易组织估算，由1994年乌拉圭回合的影响所带来的世界收入的增加在1 090亿～5 110亿美元之间。从另一方面来说，市场规模的扩大给消费者提供了更大的选择范围，可以让消费者享受到更多样化的产品与服务，同时关税水平和产品成本的降低也降低了生活成本，增进了消费者的福利。

(4) WTO成员国政府的政策受到了限制。成员国履行WTO协定的责任和义务，政府在制定国内经济政策时不能违背WTO协定。这种限制是有利于国际贸易和投资的，它减小了政府政策变动带来的风险。同时，这种限制也会使得各国企业面对的政策环境会逐步相近，竞争会变得更加公平。

总之，从某种意义上说，世贸组织的建立，为世界经济的全球化和稳定发展奠定了制度基础。

第三节　中国与WTO

世界贸易组织中国工作组在2001年9月17日批准了所有法律文件，同年11月9日～13日于卡塔尔首都多哈举行的世贸组织第四届部长级会议就中国加入世贸组织进行的表决获得通过。11月11日，中国对外贸易经济合作部部长石广生代表中国政府在中国加入议定书上正式签字，并向世界贸易组织秘书处递交了由国家主席江泽民签署的中国加入世贸组织批准书。2001年12月11日，中国正式成为世贸组织第143个成员。

多年来，中国经济的迅猛发展是一个众所周知的成功经历。在强劲的改革措施的推动下，近10%的平均年增长率创造了大量的就业和投资新机会，使中国变得更加繁荣。中国从闭关自守的计划经济转向一个更为市场化的贸易强国所产生的效力遍及全球经济，影响着从消费者选择到投资流动的方方面面。

资料

中国入世谈判大事记

●复关经过

1986年7月10日，中国正式提出申请恢复关贸总协定缔约方地位。

1987年10月22日，关贸总协定中国工作组第一次会议在日内瓦举行。

1989年4月18日～19日，关贸总协定中国工作组第7次会议在日内瓦举行。

1989年5月24日～28日，中美第5轮复关问题双边磋商在北京举行。

1989年12月12日～14日，关贸总协定中国工作组第8次会议在日内瓦举行，事实上重新开始审议中国的外贸制度。

1990 年 1 月 1 日，台湾当局以“台、澎、金、马单独关税地区”名义申请加入关贸总协定。

1991 年 1 月 11 日，澳门成为关贸总协定缔约方。

1991 年 10 月，中国总理李鹏致函关贸总协定各缔约方首脑和关贸总协定总干事，阐明中国复关问题的立场。

1992 年 10 月 10 日，中美达成《市场准入备忘录》，美国承诺“坚定地支持中国取得关贸总协定缔约方地位”。

1994 年 8 月底，中国提出改进后的农产品、非农产品和服务贸易减让表。作为解决复关问题的一揽子方案。

1994 年 11 月 28 日，外经贸部部长助理龙永图会见关贸总协定总干事萨瑟兰。与此同时，中国驻美国、欧共体和日本大使分别约见驻在国高级官员，通报中国政府关于复关谈判最后时限的决定。

1994 年 11 月 28 日～12 月 19 日，关贸总协定中国工作组第 19 次工作会议在日内瓦举行。谈判未能达成协议。

1995 年 3 月 11 日～13 日，美国贸易代表坎特访华，与外经贸部部长吴仪就复关问题达成 8 点协议，同意在灵活务实的基础上进行中国“入世”的谈判。

1995 年 5 月 7 日～19 日，外经贸部部长助理龙永图率中国代表团赴日内瓦与缔约方就中国复关进行非正式双边磋商。

1995 年 6 月 3 日，中国成为世贸组织观察员。

●入世进程

1995 年 11 月，中国复关工作组更名为中国“入世”工作组。

1995 年 11 月 28 日，美方向中方递交了一份“关于中国‘入世’的非正式文件”，即所谓的“交通图”，罗列了对中国“入世”的 28 项要求。

1996 年 2 月 12 日，中美就中国“入世”问题举行了第 10 轮双边磋商。中方对美方的“交通图”逐点作了反应。

1996 年 3 月 22 日，龙永图率团赴日内瓦出席世贸组织中国工作组第一次正式会议。

1997 年 8 月 6 日，中国与新西兰在北京就中国“入世”问题达成双边协议。

1997 年 8 月 26 日，中国与韩国在汉城就中国“入世”问题达成双边协议。

1997 年 10 月 13 日～24 日，外经贸部首席谈判代表龙永图率团在日内瓦与欧盟、澳大利亚、挪威、巴西、印度、墨西哥、智利等 30 个世贸组织成员进行了双边磋商；与匈牙利、捷克、斯洛伐克、巴基斯坦签署了结束中国“入世”双边市场准入谈判协议，并与智利、哥伦比亚、阿根廷、印度等基本结束了中国“入世”双边市场准入谈判。

1997 年 10 月 26 日～11 月 2 日，中国国家主席江泽民应邀访美，在与克林顿总统发表的联合声明中，重申加快中国“入世”谈判，争取尽早结束。

1997 年 11 月 1 日～16 日，中日两国关于中国“入世”双边市场准入谈判基本结束。

1997年11月2日，出席亚太经合组织(APEC)部长级大会的中美高级贸易官员就中国“入世”问题全面交换了意见。

1997年12月1日～12日，中国代表团在日内瓦出席了世贸组织中国工作组第6次会议，就议定书和工作组报告的绝大部分内容达成了谅解，期间还与美国、欧盟、日本、澳大利亚、巴西、墨西哥等国进行了双边磋商。

1998年3月28日～4月9日，世贸组织中国工作组第7次会议，中国代表团向世贸组织秘书处递交了一份近6 000个税号的关税减让表，得到了主要成员的积极评价。

1998年5月18日～22日，龙永图率中国政府代表团赴日内瓦参加了多边贸易体制50周年大庆和世贸组织第2届贸易部长会。

1998年6月17日，江泽民接受美国记者采访时提出“入世”三原则：

1. WTO没有中国参加是不完整的。

2. 中国毫无疑问要作为一个发展中国家加入WTO。

3. 中国的“入世”是以权利和义务的平衡为原则的。

1998年11月16日，江泽民和美国副总统戈尔在APEC吉隆坡会议上会晤，双方都表示希望在1999年早些时候结束中美双边谈判。

1999年3月3日，中美高级贸易代表团就降低关税，进一步敞开农业、电信、金融和保险市场谈判至深夜。

1999年4月6日～13日，朱镕基访美。4月10日，中美签署“中美农业合作协议”并就中国加入WTO发表联合声明，美方承诺“坚定地支持中国于1999年加入WTO”。

1999年4月底，美国首席谈判代表卡西迪率团来京，就双方遗留下来的问题继续谈判。

1999年5月8日，以美国为首的北约袭击中国驻南斯拉夫大使馆，中国政府被迫中断了“入世”谈判。

1999年9月6日，中美恢复谈判。

1999年9月8日，江泽民在澳大利亚重申中国“入世”三原则。

1999年9月11日，江泽民与克林顿在APEC第7次会议上正式会晤。

1999年11月15日，中美双方就中国加入世贸组织(WTO)达成协议。

2000年4月12日，中国与马来西亚达成双边协议。

2000年5月16日，中国与拉脱维亚达成双边协议。

2000年5月19日，中国与欧盟达成双边协议。

2001年9月13日，中国与墨西哥达成双边协议。

2000年9月26日，中国与瑞士签署双边协议。

2001年11月2日，龙永图宣布中国入世最后时间表排定，11日签署入世全部文件。

2001年11月10日，中国代表团在多哈签署入世议定书。

2001年12月11日，中国正式成为WTO的第143个成员。

(资料来源：凤凰网)

但飞速发展并不是没有代价的。它尤其无情地揭示出中国经济体制中一些结构性的弱点，特别是在农业、金融和国有企业等方面。中国面临的矛盾一直是，而且会继续是，如何最好地保持经济增长和结构改革势头的齐头并进，因为如果其中之一停滞不前，另一个就很可能受挫，从而可能导致产生另外一系列新的经济挑战和困难。

从很多方面讲，加入 WTO 是中国保持经济发展和改革速度的最佳选择。随着世界经济变得更加错综复杂和彼此关联，中国按照国际贸易规则参与世界经济对中国以及美国、亚洲和世界都变得更为关键。作为 WTO 成员，中国将能参与国际贸易和投资管理规则的制定。

同样的，中国将能利用 WTO 争端解决机制来保护自己的贸易利益。中国出口商的一个受益之处是，他们现在可以确信自己的贸易伙伴必须遵守 WTO 规章。这意味着，举例而言，WTO 成员将不能在自己的国内市场上歧视中国产品。加入 WTO 将使中国对于外国投资者更具吸引力。在中国的投资增多意味着有更多的高薪就业机会、更多的政府税收收入和更多的技术转让。中国对 WTO 的承诺将有助于增加各个经济领域中的竞争。中国消费者将因竞争带来更多选择、更低价格和更高质量而直接受益，更不用说对知识产权和消费者权益的觉悟和认识也将提高。竞争将有助于提高效率和生产力，最终增强中国经济并提高中国公司在任何一个市场同最好的跨国公司进行竞争的能力。

中国经济将由于服务行业范围的扩大而受益，外国公司在中国加入 WTO 后向中国引进保险、金融和经销业。在这些领域的竞争将反过来刺激中国国内的服务业，从而使公司和消费者有更宽的选择面。

资料

中国入世十周年大事记

2001 年卡塔尔多哈时间 11 月 10 日，世界贸易组织（WTO）第四届部长级会议审议通过了中国加入世界贸易组织的决定，结束历时 16 年的入世谈判。

2001 年 12 月 11 日，中国正式加入世界贸易组织，成为其第 143 个成员。根据加入世贸的承诺，中国扩大在工业、农业、服务业等领域的对外开放。

2004 年 4 月 6 日，《中华人民共和国对外贸易法》由十届全国人大常委会第八次会议修订通过，7 月 1 日起施行。这部对外贸易领域基本法律的修订，是中国履行入世承诺全面清理有关法律、法规的重要标志。

2004 年 7 月 1 日起，中国提前半年履行放开对外贸易经营权承诺，以登记备案制取代实行了 50 年的外贸权审批制，促进了国有企业、外商投资企业和民营企业多元化外贸经营格局的形成。

2005 年 1 月 1 日，中国取消了进口汽车配额许可证制度，对汽车产品实行自动进口许可管理。

2006 年 7 月 1 日，中国进口汽车关税完成了入世以来的“最后一降”，从 28%降低至 25%，进口汽车零部件的关税税率也将降至 10%。至此，中国加入 WTO 时有关汽车及其零部件降税的承诺已经全部兑现。

2006 年 12 月 11 日，中国正式施行《中华人民共和国外资银行管理条例》，在履行入世承诺基础上将取消对外资银行的一切非审慎性市场准入限制，对外资银行实行国民待遇，人民币业务对外资银行全面开放。

2007 年 3 月 16 日，《中华人民共和国企业所得税法》由十届全国人大第五次会议表决通过，自 2008 年 1 月 1 日起施行，结束了中国长达 20 多年的内、外资企业税率差异化的做法。

2008 年 7 月，中国商务部部长陈德铭率中国代表团在日内瓦参加多哈回合的各种形式谈判。这是中国加入世贸组织以来首次参与核心层谈判，标志着中国已经成为世界多边贸易体制核心成员之一。

2010 年 1 月 1 日，中国与东盟(亚细安)自由贸易协定正式启动，不仅意味着自贸区内约七千种商品实现“零关税”，更标志着中国和东盟将以此为起点，在货物贸易、服务贸易与相互投资三大领域全方位互动推进。

2010 年 1 月 10 日，中国海关总署宣布，在国际金融危机背景下，2009 年中国进出口额仍有增长，成为全球第一大出口国、第二大进口国。

2011 年 12 月 7 日，国务院新闻办公室首次发布《中国的对外贸易》白皮书，表示中国将从贸易大国向贸易强国转变，与贸易伙伴共享繁荣，实现共赢。

(参考资料：中新社、联合早报)

本章要点

1. 关税与贸易总协定(GATT)的主要职能是通过多边谈判，推动世界贸易的发展。从 1947 年创立以来，关贸总协定主持了八个“回合”的降低关税和非关税贸易壁垒的谈判，加速了国际贸易自由化的进程。

2. 世界贸易组织(WTO)继承了关贸总协定的“通过降低贸易壁垒，取消歧视性的贸易行为来提高各缔约国的生活水平”的宗旨，并增加了扩大服务的生产和贸易以及可持续发展的目标等内容。

3. 世贸组织的主要目标是推动世界贸易的自由化，其基本原则包括非歧视、自由贸易和公平竞争原则，其最重要的多边总协议包括《关税与贸易总协定》、《服务贸易总协定》和《与贸易有关的知识产权协定》。

4. 世贸组织对世界经济的主要贡献在于它为不同体制、不同国家的企业之间的公平竞争提供了共同的规则，为世界经济的一体化和稳定发展奠定了制度基础。

复习思考题

一、名词解释

多边贸易谈判　多边协议　双边协议　乌拉圭回合　关税与贸易总协定　服务贸易总协定　与贸易有关的知识产权协定　世界贸易组织　最惠国待遇　国民待遇

二、单项选择题

1. 世界贸易组织成立于 ( )
A. 1948 年　B. 1986 年　C. 1995 年　D. 1996 年
2. 关贸总协定和世界贸易组织最重要的基本原则是 ( )
A. 非歧视原则　B. 自由贸易总原则
C. 公平贸易原则　D. 透明度原则
3. 关贸总协定第八轮多边贸易谈判又称 ( )
A. 东京回合　B. 狄龙回合　C. 肯尼迪回合　D. 乌拉圭回合
4. 世界贸易组织的最高权力机构和决策机构是 ( )
A. 部长会议　B. 总理事会　C. 秘书处　D. 贸易政策审议机构
5. 非成员国加入世贸组织须经部长会议 ( )
A. 2/3 以上多数通过　B. 1/2 以上多数通过
C. 3/4 以上多数通过　D. 4/5 以上多数通过
6. 关贸总协定规定,发达国家与发展中国家进行关税减让谈判时,发展中国家可引用 ( )
A. 对等减让原则　B. 平等互惠原则　C. 非互惠原则　D. 独立自主原则
7. 中国自________正式成为世界贸易组织的成员方。 ( )
A. 2001 年 12 月 11 日　B. 2001 年 9 月 17 日
C. 2002 年 1 月 1 日　D. 2001 年 11 月 11 日
8. 根据最惠国待遇条款,缔约国一方现在和将来所给予缔约国对方的特权、优惠及豁免待遇,应与缔约国一方给予 ( )
A. 任何第三国的待遇相同
B. 本国的公民、企业的待遇相同
C. 第三国或本国的公民企业的待遇相同
D. 其参加的关税同盟的其他成员国的待遇相同
9. 我国政府承诺到 2005 年,将工业品的平均关税降至 ( )
A. 10%　B. 17%　C. 23%　D. 3%
10. 争端解决机构在接到申请后的________会议上必须决定同意或不同意成立专家小组。 ( )
A. 全体　B. 第一次　C. 第二次　D. 第三次

三、简答题

1. 针对 WTO 的六大功能分别举出一两个实例加以说明。

2.《关税总协定》通过八轮谈判成功地降低了各成员国货物贸易中的关税和非关税壁垒,为什么还要成立"世界贸易组织"?

3. 请具体分析发达国家实行农产品保护的原因并讨论为什么在关贸总协定中农产品作为特殊情况处理。

4. 什么是最惠国待遇?它在中美贸易关系中为什么这么重要?

第十二章 生产要素的国际流动

学习目的

- 理解国际间劳动力和资本的流动对输出入国的影响。
- 理解跨国公司存在的理由。
- 识别跨国企业对其母国和东道国产生的影响。
- 理解国际劳务移动的原因和影响。

【引导案例】

超越索尼:三星的品牌升位之路

20 世纪 90 年代,三星开始了品牌化全球化之路。当年三星虽然在韩国是首屈一指的品牌,但在全球还没有建立自己的品牌地位,在中国大陆给消费者的印象更是廉价品,中央电视台 3·15 晚会甚至曝光过三星 DVD 恶劣的售后服务,给中国的消费者留下了深刻的印象。就是在这种四面楚歌的情况下,三星从危机中发现了商机:三星还未在全球建立起自己统一一致的品牌形象,这给三星提供了在全球品牌升位的机会。三星做了一个大胆的战略决定:定位高端,超越全球电子品牌的老大索尼。

2011 年,全球最大的综合性品牌咨询机构 Interbrand 发布全球品牌价值 100 强榜单,韩国三星排在第 17 位,日本老牌电子品牌索尼则排在第 35 位,价值较去年大跌 13%。产值占到韩国 GDP 20%的三星,已成为韩国经济的强力支柱,以至于三星的李健熙会长被《财富》杂志称为"韩国的经济皇帝"。短短的 20 余年,三星就从"二流企业"跃升为世界顶尖的集团,这样的崛起速度让人感到吃惊。同样是从 OEM 起家的三星,其品牌升位之路对于中国众多的制造型企业有着重要的经验借鉴价值。

精工品质　极致创新

通过 OEM 为索尼做代工,三星积累了经济实力,拓展了规模,成为韩国最成功的制造型企业。但是与日本品牌相比,当时的三星只能说是分得了亚太经济奇迹的一点残羹冷炙。初期的低端产品定位,让三星产品撬开了世界市场的大门。但是到了 20 世纪 90 年代,该战略的负面效应开始暴露。

1993 年,为彻底改变"数量经营"旧理念,树立三星"精工品质"新形象,三星正式提出"新经营运动",核心包括:企业在世界处于无限竞争的时代必须占据所在行业的领导者位置,否则就会面临生存威胁;只有在追求产品质量的基础上才能确保企业的核心竞争力。

为了让三星每位员工认识到"新经营运动"意义,李健熙下令把三星生产出的一些认为有质量问题的产品，包括电视机、冰箱、微波炉、手机都堆到一个操场上，点火焚烧。三星的职员亲眼目睹这一屈辱而惨痛的场面。这种极端的活动，使得追求第一品质的理念在三星公司深入人心。

同时三星认识到，如果产品没有独特的功能或者外观表现，也不会得到消费者的青睐。所以除了施行精工品质战略外，三星还致力为产品注入丰富的品牌内涵。三星在研发和技术创新上做足工夫，研发经费占总营收比重不断攀升，2007 年首度登上全美专利排行榜第二名，排名仅次于雄踞榜首 18 年的 IBM。

竖起高端品牌大旗

“新经营运动”给三星带来了质量上的飞跃，但也带来不能忽视的遗憾，那就是过于关注产品品质而忽视了对自身品牌及形象的塑造。三星必须走品牌升位之路，打造高端品牌形象。三星高层领导意识到：必须打造出世界一流的产品，即品牌卓越、不断创新、能够引领新潮流的产品，使品牌形象产生质的飞跃。

与顶尖企业站在一起——奥运品牌营销

当受众碎片化趋势愈发明显，传播成本日趋增加，企业的品牌宣传渠道已经受到诸多限制。同时，随着企业在售后服务、品牌建设上的完善，消费者需要更具差异性、强势性的宣传引导。而纵观世界，有能力影响全球人群并有效提升品牌形象的事件非奥运赛事莫属。

从 1988 年汉城（今首尔）奥运会开始，三星以奥运会无线通讯合作伙伴的身份连续赞助了 6 届奥运会，公司的品牌价值已经由此前的 32 亿美元飙升至 234.3 亿美元。2008 年北京奥运会中，三星赞助国家体操队，和中国移动联手打造奥运工程，为奥委会工作人员配备手机，开展奥运火炬分享计划，邀请韩国明星作为品牌形象大使；在长野冬季奥运会和悉尼奥运会上，三星向运动员提供最新的三星手机，并提供免费通话服务；悉尼奥运会上更是发起运动员家庭观奥计划，邀请上千个运动员家庭从世界各地来到悉尼。这一系列活动提升了品牌在世界消费者心目中的形象。

奥运品牌营销战略让三星“与顶尖企业站在一起”。通过对赛事持续不断地投入，并从公益、文化等各个角度运用广告、促销、公关手段进行市场推广，构成了三星体育营销的完整体系，最终成功地塑造了三星高端品牌形象，实现了品牌升位的华丽转身。

当下中国的制造型企业面临着当年三星遇到的问题，事实证明，低廉、低价、低质的产品之路，只会将企业带上末路。通过借鉴三星的品牌升位战略，期望有一天，发达国家的企业也能满含敬畏和佩服的心情，大呼抵制中国企业。

（资料来源：中国质量新闻网，2012-03-10）

第一节　国际间劳动力的流动

一、国际劳动力流动的概况

劳动力流动的主要形式有移民和外籍劳工两种。一般来说，“移民”是指到别的国家定居，最终成为该国居民。而“外籍劳工”只是在别国临时工作。从流动的性质看，到美国、加拿大、澳大利亚等地的多数是永久性移民，到日本、欧洲或中东国家的，多是外籍劳工。从流动的方向看，基本上是从人口多的国家流向人口相对少的国家，从经济落后工资低的发展中国家流向工资高的经济发达国家。

据历史学家考察，世界人口迁移大约在 4 万年以前就开始了。15 世纪哥伦布发现美洲大陆后，世界人口迁移的数量开始迅速增加。此后，世界人口主要经历了三次大规模的迁移浪潮。

第一次浪潮从 15 世纪初延续到 19 世纪上半叶，发达国家的殖民扩张导致人口向新大陆的大规模迁移，包括大量的非洲人被贩卖到美洲。据估计，被拐运到南北美洲的非洲人口有 3 500 万～4 000 万，不过实际到达目的地的只有大约 1 000 万人，大部分人在途中死亡。这些非洲奴隶主要分布在巴西(365 万)、加勒比海的英法荷丹殖民地(380 万)、西属美洲(155 万)和英属北美洲(40 万)。第二次浪潮发生在 19 世纪下半叶到 20 世纪初，这一时期的人口迁移主要由欧洲工业化国家的经济扩张引发，生产率的增长和医学的进步导致这一时期欧洲人口的急剧增加，快速增加的人口压力需要通过人口向外迁移来缓解。在 19 世纪 20 年代，仅有 14.5 万人离开欧洲，而到 1900 年至 1910 年间，移民人数已高达 900 万，每年有近 100 万移民①。第二次世界大战前后发生了人口迁移的第三次浪潮。躲避战争的难民、战败国被遣返战俘和平民以及许多民族国家的新建与独立，在欧洲和亚洲引发了两个庞大的人口迁移流。

第二次世界大战后，美国利用其在经济与科技上的优势地位，在体制、法律、政策等方面进一步建立与完善了人才引进模式，从而使移民的总体素质比较高。美国学者卡灵顿分析了美国移民的教育程度。他将初到美国的移民的受教育年限分成三类：初等(受教育年限为 0～8 年)、中等(9～12 年)和高等(超过 12 年)。结果表明：只受过初等教育的移民，无论从绝对数量还是从相对数量看都微不足道，700 万当中只有 50 万(7%)；占最大比例的主要是来自北美及中美各国受过中等教育的移民；受过高等教育的移民比重排第二位，其中亚洲移民占很大比重。菲律宾 73 万名到美国的移民中绝大部分受过高等教育，印度移民中有 60%上过大学，而中国 40 万名移民中受过中等与高等教育的移民各占一半。②

资料

目前的中国移民状况

美国国务院最新公布资料显示：2008 年 10 月—2009 年 9 月的上一联邦财政年度获批的 EB5 类签证移民总数，已从 2008 财年的 1 443 人升至 4 218 人，其中七成左右主要来自中国。齐立新说，投资移民成功率高的国家分别为加拿大、澳大利亚、新加坡，其规定投资门槛分别为 40 万加元(约 235 万元人民币)、80 万澳元(约 454 万元人民币)、150 万新元(约 962 万元人民币)。

此外，申请难度最大的欧洲，近两年仍频频有富裕家庭关注。在荷兰一家移民机构任律师助理的黄馨(化名)说，中国富人已成为他们最优质的客户，每年他们都会提供免费往返机票和酒店住宿，邀请中国富商赴荷考察投资项目。

---

① 斯塔夫里阿诺斯. 全球通史：1500 年以后的世界. 北京：北京大学出版社，2005：233，308-310

② 荣芳，何晋秋. 国际人力资本流动的可持续性探讨. 中国软科学，2000(6)：82-85

加拿大移民局数据显示:2009 年,加国投资移民全球目标人数为 2 055 人,中国内地的名额占了 1 000 名左右。以投资起步价 40 万加元(约 235 万元人民币)计算,仅 2009 年,即使只按"门槛标准"计算,从中国流向加拿大的财富至少 23.5 亿元人民币,相当于一座世博会中国馆。

2012 年 8 月 23 日公布的一项研究报告指出,近 20 年来,中国海外新移民呈加速度递增趋势,不仅使世界各地特别是美国、加拿大、澳大利亚及欧洲、非洲等的华侨华人数量剧增,而且迅速改变了当地华人社会的格局。

这份题为《中国侨资企业发展年度报告 2010—2011》的报告,是由中国国务院侨务办公室委托清华大学华商研究中心承担的。报告指出,一是华人社会由以老侨与港台东南亚华人移民为主体,转变为以中国大陆移民占多数;二是华人素质提高,经济条件改善,构成更趋多元化。报告指出,北美华人从 1990 年的 200 多万剧增至 2010 年的 550 万。欧洲由数十万剧增至 200 多万,非洲由数万猛增至近百万。2000 年至 2010 年增长更快,如西班牙华人从 2.8 万人猛增至 15 万人,美国从 300 余万人大增至近 400 万人。投资移民美国的数量,2011 年较 2007 年增长了 10 倍。报告说,华人聚居都会区,在北美逾 50 万华人的都会就有纽约、多伦多、旧金山湾区、洛杉矶、温哥华等地。东南亚则形成华人百万以上的聚居都会区,如新加坡、曼谷、吉隆坡、雅加达等。在这些华人聚集大都会区,华人经济具有自我扩展能力,充满活力,释放新的生机,并带动了周边的华人移民扩散。报告表示,欧洲、非洲等地的新移民与华人商务亦日趋活跃,呈现前所未有的气象。东南亚是最大的传统华人聚居区,因为基础大,新移民容易被人忽视。报告援引厦门大学庄国土教授团队的最新研究成果表明,东南亚的华人新移民数量高达 400 万。报告指出,海外华人社会经济的重大变化,极大地丰富了华人社会经济与文化活动,也创造了越来越多的新机会,为华侨华人的生存和发展提供了无限生机,使得华人社区与网络形态丰富多样,不仅新兴的电子网络社区迅速形成,传统的社区也获得新生。报告说,由于中国的商品、资本走向世界,中国的信息与机会在发展中日增,海外华侨华人不仅在所在国的生存与发展机会大增,而且新华商在海外与中国之间拓展经济空间,同时回国创业和发展的数量与日俱增。

(资料来源:中国移民报告,2012 年金征远移民网 http://yimininfo.com/index.asp)

二、移民对经济的影响

移民对各方利益究竟会产生什么样的影响,各国和世界的净福利到底会如何变化呢?下面分两步讨论这个问题。首先,我们分析移民对贸易、劳动力供求各方以及各国福利的影响,然后分析移民的种种外在成本和收益。

(一) 国际劳动力流动的福利变动分析

我们假设墨西哥代表劳动力充裕的国家,人均收入低;美国则代表资本充裕的高收入国家。在允许国际间劳动力流动之前,墨西哥有劳动密集型产品(大米)的比较优势,出口大米,进口钢铁。美国则相反,有资本密集型产品(钢铁)的比较优势,出口钢铁,进口大米。

如果我们允许劳动力自由流动,墨西哥就会向美国移民从而造成墨西哥劳动力减少。图 12-1 表示的是墨美两国的劳动力市场。横坐标表示劳动力数量,可以是人数,也可以是劳动时间;纵坐标是工资,即劳动力的价格。S_L是劳动力的供给曲线,工资越高愿意工作的人越多或时间越长,反之则减少。D_L是劳动力的需求曲线,劳动力的需求由厂商决定。一般来说,工资越高,厂商愿意并有能力雇佣的人数就越少;而工资低时,厂商的需求量就增加。

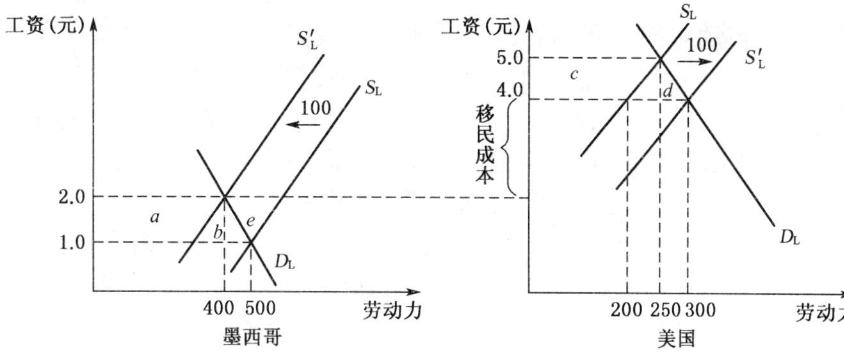

图 12-1　国际劳动力流动的利益变动

劳动力的工资水平是由劳动力市场的供求决定的。两国劳动力允许流动之前,墨西哥的工资由于劳动力供给相对充裕而较低,假设相当于每小时 1 美元,美国的工资则因为劳动力的相对缺乏而较高,假定为每小时 5 美元,如果两国都放宽移民政策,墨西哥的劳动力就会向美国流动,假定为 100 人。结果是,墨西哥的劳动力减少,供给曲线内移,而美国劳动力的供给增加,供给曲线外移。在墨西哥,新的劳动力供给曲线(S'_L)表示的只是留在墨西哥的劳动力,美国的新劳动力供给曲线(S'_L)则包括了美国原有的劳动力和从墨西哥来的移民。在对劳动力需求不变的情况下,这种移民的结果是:墨西哥工人的工资上升了,美国的工资下降了。

这种劳动力的流动什么时间能够停止下来,两国的工资水平什么时候才能达到新的均衡点呢?如果我们假设劳动力完全自由流动,再假设移民完全没有代价,那么墨西哥的劳动力会一直不断地向美国迁移。墨西哥剩下来劳动力的工资会越来越高,美国工人的工资则越来越低,以致最后达到两国的工资水平相等。两国的工资越接近,劳动力的流动就越缓慢。当两国的工资一样时,墨西哥劳工也就没有了高工资的引诱和刺激而不移居美国了。至此,劳动力的流动才会停下来,两国的劳动力市场才会稳定下来。这一点,又与“要素价格相等”理论所预测的结果相同。

但事实上这种两国工资完全相等的情况不大可能出现,即使是完全自由的劳动力流动政策(如在欧洲共同体内),仍然会有一个移民成本的问题,从而造成两国工资的不等。对于移民来说,到他乡异国去谋生并不是一件轻而易举的事,无论从经济上还是心理上都会付出一定的代价。文化的差异,语言的障碍,背井离乡的痛苦,再加上可能存在的种族歧视,使得劳动力在移民之前会认真比较所得的差异(假设信息是完全的)。除非美国的工资高到足以弥补这种移民的代价,墨西哥的劳工不会轻易到美国去。因此,自由移民的结果不是两国的工资相等,而是美国的工资等于墨西哥工资加上移民成本(或代价)。在我们的例子中，假设这种成本用工资来衡量的话，是每小时2美元，那么，当墨西哥的工资上升到与美国工资只差2美元时，移民就会停止。在新的劳动力市场均衡点上，墨西哥实际就业水平是450人，工资水平是每小时2美元。美国的实际就业水平是300人，其中100人是墨西哥移民，200人是美国工人。在没有发生移民之前，美国的就业人数是250人，由于墨西哥移民使得工资下降，一部分美国劳工(50人)因工资下降而不愿继续工作。在墨西哥，由于一部分人移民国外，造成国内劳动力市场的相对短缺，引起工资上升，一些本来不工作的人也进入劳动力市场。因此，虽然走了100人，而最终就业人数是450人，只比原来少了50人。

这种劳动力的流动对各国的利益和损失是什么？我们首先来看美国。

美国由于接收了大量移民，使全国同类工人的工资降低，一部分人甚至退出了劳动力市场，因此，美国工人的损失应是面积c。但另一方面，由于工资降低，厂商受益，既可支付较低工资，又可雇佣更多的人工作，其收益部分是$(c+d)$，厂商收益大于工人损失。从整个国家角度来说，美国的纯收益是d，得益于来自墨西哥的移民。

墨西哥怎么样？墨西哥剩下的劳动力得到较高的工资，一部分本来没有进入劳动力市场的人也因为工资的上升而就业，墨西哥劳动力的总收益是a。但另一方面，墨西哥的厂商会由于劳动工资的上涨而损失，其损失为$(a+b)$，大于劳工受益，纯损失为b。

另一个有利益变动的集团是从墨西哥到美国去的那部分劳动力。对这些移民来说，一定是有益的，否则就不会去。如果不去美国，这些人的工资是每小时1美元，去了美国后，他们所得到的是每小时4美元，减去“移民成本”，所得至少不能低于墨西哥留下来的工人所得工资(2美元)，否则部分移民又会回到墨西哥。因此，移民的实际收益至少是$(b+e)$。

这些移民的利益应算在哪一国？如果仍把这些人看成是墨西哥人，换句话说，如果这些人只是临时在美国工作的外籍劳工，那么，他们的所得也是墨西哥的所得。这样，墨西哥的总收益就变成$[a+(b+e)]$。减去厂商损失后，仍有纯利益e。另一方面，即使这些移民最终归化于美国并成了美国人，但由于他们在墨西哥的亲属关系，他们仍会把他们所得的一部分汇回墨西哥，那么墨西哥的损失也至少可以小于b。

实际上，各国移民汇给国内亲属和朋友的资金还是相当可观的。国际移民局(OIM)最新发布的《2011年全球移民状况》报告显示，截至2010年年底，约有3 000万非洲移民，约占非洲人口总数的3%。据世界银行的一项调查报告统计，2010年这些非洲移民汇回本国的侨汇总额累计达400亿美元，约相当于18 000亿中非法郎。它约占整个非洲大陆国内生产总值的2.6%。也是1990年非洲移民侨汇总额的4倍。撒哈拉以南非洲国家的移民有2/3是到非洲的其他国家生活，只有4%是在发达国家或经济合作与发展组织(OCDE)居住。2010年，有64%的撒哈拉以南非洲国家的移民是在非洲地区内流动，主要是为了就业。这些移民选择就业的非洲国家主要是布基纳法索、肯尼亚和南非。北非国家的移民绝大部分即90%选择前往非洲地区以外的国家。①

当然，也有可能这些移民从此与输出国没有联系，一分钱也没汇回，那么在本例中墨西哥的损失是b，而美国的收益则等于$(d+b+e)$，大于墨西哥的损失。两者加起来，仍有相当于$(d+e)$的净收益。因此，从整个世界范围看，劳动力的自由流动如同自由贸易一样，提高了资源的有效利用，整个世界总体上获得收益。

---

① 转引自商务部网站，2011年12月31日，“2010年非洲移民侨汇总额达400亿美元”http://www.mofcom.gov.cn

（二）移民的其他外在成本和收益

除了通过劳动力市场的供求变化对贸易和社会福利产生影响以外，移民还会附带很多其他的成本和收益。

从移民的角度分析，由于移居到一个新的国家，他们会丧失某些已经积累起来的权利，如政府养老金和社会保险等；但移民多数在工资收入较高的国家能获得更好的公共服务。从总体上来看，移民的净收益应该是提高的，否则他们不会轻易移民。

对于移民输出国来说，各项税收以及兵役义务的损失可能会超过移民移居国外而减少的公共服务成本。由于年轻人尤其是教育程度较高的年轻人容易在国外找到工作，移居国外的多数是受过良好教育的中青年，从而更增大了输出国遭受损失的可能性。因为这些移民大多是净纳税人，对输出国的税收贡献往往超过他们所获得的社会福利和补贴，所以移民造成净财政损失的可能性增大。

对于遭受净财政损失的移民输出国来说，一个可能的政策反应是阻止本国居民离境或阻止他们把资产转移到国外。贾格迪什·巴格瓦蒂和其他一些经济学家针对移民问题提出了一些政策建议，包括向移居国外的人征税。他们认为，向移居国外的公民所征的税额应大致相当于社会在公共教育及其他方面为他们花费的净税款①。具体地说，巴格瓦蒂建议对高技能的离境移民征收一种"人才外流"税。征收"移民税"或"人才外流税"的目的不仅仅是减少财政损失，同时也是给潜在的移民们的一种信息，让他们在做决策时对移民的成本收益有所考虑，移居国外给他们自己以及国内亲友将带来的收益是否足够高以致超过他们需要支付的这种补偿。

对于移民接收国来说，入境移民既享受社会福利，使用公共教育和公共卫生服务，还使治安费用增加。这些费用可能超过他们所交纳的各项税收，从而增加移民接收国或地区的财政负担。入境移民缴纳的税收可能大于其入境后给其他纳税人增加的负担。主要的原因与上面关于对移民输送国影响的论据密切相关：入境移民的年龄分布以年轻的成人移民为主，他们正进入或处于纳税高峰期，已经在移民输出国完成了某种程度的教育，他们对各种社会福利支出并不构成额外负担，也不会成为高失业率的人口集团（许多移民干的一般是当地人不愿干的那些工作），而且要过许多年后才需要领取养老金。即使那些非法移民，比如非法进入美国的大批墨西哥移民，也属于净纳税集团。作为非法入境者，他们可以享受到的公共物品和服务很有限，但消费税和预扣的所得税等都很难因为没有合法身份而幸免。结果我们看到，移民作为一个整体，往往会给移民接收国带来一定的净财政收益。

（二）人才流失

对于发展中国家来说，向外移民往往伴随着人才流失。这些移居国外的人不仅仅只是普通的劳动力，其中很大一部分是这些发展中国家需要的人才。菲律宾、印度、巴基斯坦、中国等国家留学和定居美国的人中，受过高等教育的占了相当大的比例，甚至高达60%（如

① 见Bhagwati，Jagdish（ed.），The Brain Drain and Taxation，II：Theory and Empirical Analysis，New York：North-Holland，1976. Bhagwati，Jagdish，"The Economic Analysis of International Migration"，Pages 44-56 in Robert C. Feenstra（ed.）Essays in International Economic Theory：International Factor Mobility，Cambridge：The MIT Press，1987

印度)。中国最著名的大学如北大、清华中出国留学最后定居欧美国家的比例也相当高。这种高级专门人才在国内完成学业或奠定学业基础之后,迁移到其他国家的国际性迁移活动被称为“智力外流”(Brain Drain)。由于这些人才是由其原居住国花费大量基础教育投资而培养出来的,这种“智力外流”显然使原居住国的教育投资效益下降甚至丧失。对于移民输送国来说,作为重要的生产要素之一,高级专门人才或具有企业家才能的人移居他国还会对本国的经济发展造成许多损失。仍然留在国内的一些劳动力和其他自然资源有可能会因为缺乏企业家和高级专门人才而无法充分发挥作用。

专栏

中国“留学生”超130万人成世界最大留学生派遣国

2012留学年度随着春节的结束正式开启。回顾2011年的中国留学市场,人数多、增长快成为大家的共同印象。随着中国综合国力的进一步增强,中国家庭分享世界优质教育资源的意愿和能力也越来越强。2008—2011年,出国留学人数从17.98万增长到35万,翻了一番。目前,中国以留学身份在外国的人员已超130万人,中国已成为世界上最大的留学生派遣国。据留学专家预测,2012年将有更多学生扬帆海外,开启海外名校征途。

英美各占三成

据美国国际教育研究所在华盛顿发布的年度报告显示,2010—2011年,中国已是连续第二年成为美国海外留学生最大来源国。报告显示,中国留美的学生总数达到了157 558人,这一数据约占美国海外留学生总数的22%。业内人士称,2011年美国留学人数将达到25万人,并且将以20%～30%的速度稳步递增,预计2012年年底将冲破35万人大关。

美国、英国、澳大利亚、加拿大传统留学大国的地位不可撼动,2011年申请美国院校的学生占据了35%,美国继续引领世界留学市场,英国、加拿大、澳大利亚分别位列美国之后,其中,英国30%,加拿大16%,澳大利亚15%,和2010年的留学数据相比,各国的申请量均有了不同程度的上浮。学生选择什么国家留学,除了留学环境、教学质量、留学费用之外,国家的签证和毕业后的就业政策也成为学生及家长衡量的重点。

90后成为留学主力军。调查显示,90后已经成为留学主力军,90后学生人数占到留学生总人数的82%,他们当中的很多人已经本科毕业,开始考虑出国就读海外名校硕士。在所有90后申请人群中,初、高中所占比例也进一步扩大,赴国外就读中学的学生数量占到了全部留学生人数的30.4%,低龄化的留学趋势进一步显现。

和老一代留学生相比,90后新生代的形象和追求已经有所改变,他们已经不满足于拿高薪、移民国外,他们更有活力,而且目标明确,视野更加开阔,不少学生都表示学成以后将回国发展,成就自己的事业。

(资料来源:中国大学招生网)

当然，人才外流对发展中国家并不完全是损失。由于种族、文化、语言及血缘等关系，这些人才与本国的关系不会完全割断。从长远看，发展中国家也存在着人才回流的可能性。一旦发展中国家的经济和政治体制有利于发挥企业家和高级专门人才的时候，一旦这些国家的经济发展出现很多机会的时候，许多移居国外的人才会回到自己的祖国，成为这些国家经济增长和科技发展的重要力量。

（三）外在成本和收益

除了上述直接的经济影响以外，移民还可能带来其他的成本和收益。下面三种可能的外在成本和收益值得一提：

1. 知识收益

新移民的到来也带来了知识，而且无论是商业关系、食品烹饪法、艺术才能、务农经验还是专门技术，都具有相当的价值。以美国为例，就有“美国工业革命之父”塞缪尔·斯莱特(Samuel Slater，1768—1835)、工业巨富和慈善家安德鲁·卡内基(Andrew Carnegie，1835—1919)、科学奇才阿尔伯特·爱因斯坦(Albert Einstein，1879—1955)以及许多古典音乐方面的艺术名家移民到美国，给美国的社会进步和科技发展带来了巨大的贡献。美国的黑人运动员为美国的田径、篮球等体育项目争得了无可争议的霸主地位，罗马尼亚的体操教练为美国培养了许多明星，美国的芭蕾舞剧团里不乏俄罗斯的杰出演员，美国信息产业的发展离不开硅谷里的中国人和印度人，美国商界的犹太人在美国经济中举足轻重。遍布各地的中餐馆、墨西哥餐馆、意大利餐馆等使美国人不用远行就可品尝世界各地的美味佳肴。

移民所具有的知识带来的经济收益不仅为移民自身和其劳务购买者分享，同时也会传播给移民接收国的其他居民，从而直接或间接地帮助他们提高收入水平。

2. 拥挤成本

移民可能会带来与人口拥挤相连的种种外在成本——过多的噪音、冲突与犯罪。1959年古巴革命后美国接收了近80万难民和移民，主要分布在佛罗里达州。迈阿密是位于佛罗里达州东南的港口城市，这一地区在接纳了大量的中南美洲移民的同时，也接收了许多外国的犯罪分子。在反共反独裁的幌子下，不少古巴的犯罪分子以政治避难的名义到了佛罗里达州并继续从事贩毒、走私等犯罪活动，从而使这一地区成为有名的犯罪率高的地方。1975年美国在越南撤军后，60多万的越南南方以及老挝、柬埔寨的难民涌向美国，在美国加利福尼亚州迅速形成了一个一个的新移民区。此外，每年有大量的墨西哥移民进入加州，使加州的人口增长速度过快。加利福尼亚、佛罗里达、新泽西等移民较多的州不时起诉美国联邦政府没有有效控制移民人口而造成这些地方的拥挤和过多的财政负担。

3. 社会摩擦

对移民来说，在陌生的国家生活，除了背井离乡远别亲朋，也许还不得不忍受其他人的敌视、偏见和刁难。接收移民较多的国家往往有种族歧视和种族冲突问题。对移民自由的各种限制，比如19世纪末20世纪初美国对亚洲移民的歧视，20世纪20年代初美国反共恐怖时期对移民入境的全面限制，以及20世纪60年代以来英国对许多英联邦国家入境免签特权的撤销——主要就是因为对移居入境民族的一些偏见造成的，也反映了新移民与本国原有的主要民族之间的社会摩擦程度。

由于移民可能会增加社会成本，政治家必须在决定批准多少移民入境和哪种移民入境时对这些可能发生的社会摩擦与成本加以权衡,这也往往使移民问题染上政治色彩。

第二节　国际资本流动

一、国际资本流动的状况

(一) 国际资本流动方式

资本在国际间的流动也会对贸易产生影响。与劳动力不同的是,资本流动的形式比较多样,主要可以分为两大类:单纯的货币资本流动或称资产组合投资(Portfolio Investment)和伴随着技术管理等的对外直接投资(Foreign Direct Investment,简称 FDI)。

资产组合投资是国际资本流动的一种主要方式,具体又可分为国际借贷和国际证券投资两种形式。

1. 国际借贷

许多国家和企业不愿外国资本控制本国经济但又缺乏资本,通常采用从国外借款的方式获得资本。同时,国际上有许多资本在寻找投资机会,也愿意通过借贷的方式获得收益。一些国际组织和发达国家为了帮助落后国家发展经济,也常常进行贷款。国际借贷根据贷款的来源和性质可分为外国政府贷款、国际金融组织贷款、外国商业银行贷款以及出口信贷等。由外国政府提供的贷款,其条件由双边协议予以一定约束,且资金成本较低,期限较长。国际金融组织主要包括国际货币基金组织、世界银行及其附属机构(国际金融公司和国际开发协会)、亚洲开发银行、泛美开发银行和欧洲投资银行等,这些机构的贷款是另一类官方贷款来源,有软硬之分。软贷款指低息长期贷款,硬贷款指利率较高、期限较短的贷款。外国商业银行贷款是由国际金融市场上的私人银行提供的商业性贷款,借款人可以自由使用,但贷款的利率较高,还需要支付有关费用。目前国际上流行的贷款方式主要有辛迪加贷款(Syndicated Loans)、项目贷款(Project Financing)和出口信贷等。

辛迪加贷款也称国际银团贷款,就是由一家或多家银行牵头,多家分属于不同国家或地区的银行联合组成的一个银行集团,各自按一定的比例,共同向借款人提供一笔中长期贷款。银团贷款的利率有固定利率和浮动利率两种。它是商业银行采用的一种比较典型、普遍的贷款方式。

项目贷款也被称为项目融资或项目筹资,是以项目本身具有比较高的投资回报可行性或者第三者的抵押为担保的一种融资方式。主要抵押形式包括项目经营权、项目产权和政府特别支持(具备文件)等。项目融资与一般贷款最大的区别是归还贷款的资金来自于项目本身,而不是其他来源。

出口信贷是为支持出口为外国供应商提供的一种最普遍的信贷方式。由于政府支持并积极参与的原因,出口信贷的条件一般都比金融市场借贷的条件优惠。发达国家的政府参与出口信贷的方式大致有两种:一种是政府成立出口信贷机构,直接向进口商或进口方银行提供信贷;另一种是私人银行向进口商或进口方银行提供信贷。根据接受信贷的对象来划分,出口信贷又分为买方信贷和卖方信贷。买方贷款可以由出口方银行直接向进口商提供贷款,也可以由出口方银行贷款给进口方银行,再由进口方银行为进口商提供信贷。卖方信贷是出口方银行向国外进口商提供的一种延期付款的信贷方式。

2. 国际证券投资

国际货币资本流动也可以通过国际证券投资的方式。大体上讲，国际证券投资又可分为国际股票投资和国际债券投资。国际股票投资包括让境外投资者直接购买本国上市或境外上市公司的股票，以及本国投资者利用海外存托凭证[①]获得对非本国公司股票的所有权。国际债券投资是指投资者在国际债券市场上购买外国企业或政府发行的债券，并按期获取债息收入和到期收回本金而进行的投资活动。国际债券有两种基本类别，即外国债券和欧洲债券。前者是指一国发行者在另外一个国家的证券市场发行的债券，一般以市场所在国的货币为计值货币，由该国国内证券商承销发行，投资者大多是该国居民，有关发行的程序和申请手续等都要依据市场所在国对证券发行的有关规定办理。欧洲债券最初是指以美元为计值货币，在欧洲发行的美元债券。这种国际债券形式产生的历史背景是：一方面，由于美国国内的限制性金融举措使国外借款者很难在美国发行美元债券或获得美元贷款；另一方面，许多国家，尤其是欧洲国家有大量美元盈余，需要在债券市场上寻求投资机会。70年代后，随着美元汇率波动幅度的增大，欧洲债券中以德国马克、瑞士法郎和日元为计值货币的比重逐渐增加，同时，发行地也突破了欧洲地域限制，开始在亚洲、北美以及拉丁美洲等地发行欧洲债券。发展到今天，欧洲美元债券、欧洲日元债券和欧洲西德马克债券已经在欧洲债券市场上占据了最大的比重。国际债券投资有很多优点：从投资者的角度来看，它具有较大的流动性，收益有可能超过本国证券投资或银行存贷利息，同时，它在国际范围内进行投资组合，有利于分散投资风险；对于债券发行者来说，发行国际债券可以获得大量的国际资金来发展本国的生产和服务行业。

外国直接投资除了货币资本投资以外，资本要素国际流动的另一种主要方式是外国直接投资。在东道国创立新企业和并购东道国的企业是国际直接投资的两种基本方式。新企业的创立既可以是由外国投资者投入全部资本，在东道国创立一个拥有全部控制权的独资企业，也可以由两个或两个以上的投资者共同创立一个国际合资企业，投资合作者可以是东道国的投资者，也可以是第三国的投资者。目前在发展中国家的外国投资主要采取合资企业的形式。并购的一般做法是从证券市场取得企业的股权证券，或者在企业增资时以适当的价格取得企业增发的股权证券，或者是同企业直接谈判购买条件以取得企业的所有权。跨国公司的海外投资往往采用直接投资的方式。

（二）国际资本流动的现状

二战后，尤其是20世纪90年代之后，国际资本流动有了巨大的发展和变化。从规模上看，国际金融市场上债券和股票交易数量有了大幅增加。从结构上看，外国直接投资和证券投资已经取代商业银行贷款占据了国际资本流动的主导地位。从资本流向来看，发达国家仍然是国际资本市场上的主要融资者，但发展中国家的市场份额呈上升趋势。

国际资本流动的发展是世界经济发展和变化的结果。首先，技术进步降低了国际投资的成本，为国际资本流动的发展提供了必要的条件。其次，主要工业化国家金融市场的放松管制和许多发展中国家进行的宏观经济改革，为国际资本流动的自由化创造了有利的条件。

外国直接投资(FDI)是国际资本流动的一个重要形式，它的迅猛发展成为20世纪后半

① 存托凭证代表投资者对非本国公司股票的所有权，是一种可转让的凭证，它可以避开当地法律对外国公司在注册手续、财务报表和消息披露等方面的严格要求，使外国公司的股票比较方便地进入当地证券市场。

期国际资本流动发展中的一个显著特点。

进入21世纪,国际资本流动又出现了新的变化。从规模上看,作为国际资本流动一个重要组成部分的跨国投资规模呈下降趋势,跨国并购的速度已经放缓,跨国直接投资(FDI)的增长动力明显不足。从结构上看,国际资本增加了对传统产业的技术改造和对新兴产业投资方面的关注,技术资本投资呈增长的趋势。从资本的流向上看,更多的国际资本正在加速流向发展中国家和地区,尤其是亚洲一些市场容量和需求潜力较大的经济体。流入发达国家的资本总量有所减少。在发达国家内部,美国仍然是国际资本流动的主要目的地,但是资本流入速度已经放缓;欧盟对国际资本的吸引力大大增强;日本吸收外国直接投资的能力有所减弱。由于世界经济还处在不断调整的发展进程中,国际资本流动受其影响也会不断地出现新变化和新特点。

二、国际资本流动的利益变动分析

我们可以通过分析资本市场供求变动来考察国际资本流动带来的利益变动和社会福利变化。这部分的分析沿用上节对劳动力流动的利益分析方法。

从资本输出国的角度看,对外投资不仅使外流资本的收益增加(否则这些资本不会投到国外去),也使留在国内的资本变得相对稀缺,平均收益上升。对于资本输出国的工人来说,本国资本的外流则会减少他们的工作机会,使本国劳动力的平均工资下降。近年来,美国等发达国家中的许多大公司因国内劳动力成本太高,纷纷将工厂搬至发展中国家进行生产,引起这些发达国家工人的强烈反对。由此可见,资本输出会使本国劳动力利益受损。但是,从整体来看,资本的收益会大于劳动力的损失,整个社会从资本流动中获得净收益。此时,如果政府能通过适当的税收和转移支付政策来分配收益,也有可能使劳动力保持其在资本输出前的状况而资本获得额外收益,从而不仅使整个社会的福利水平上升而且减少社会矛盾。

对于资本输入国来说,得益的主要是劳动力。资本和技术的流入使就业水平和劳动生产率都得到提高,因此劳动力的收益增加。另一方面,外来资本的流入会使国内原有资本的收益率下降。当然,这只是一种不考虑资本流动外部效应的静态分析结果。事实上,引进资本还会产生许多外部经济效应。如果引进外资的同时引进了先进的技术等,使本国的许多未开发资源或闲置劳动力得到更充分的利用,由此带动的经济发展和经济起飞不仅使外来资本和本国劳动力的收益提高,也会使国内资本的收益增加。不过,即使不考虑这些外部效应,引进外资给本国劳动力所带来的收益也会超过本国资本的损失。因此,资本的国际流动使资本输入国也获得净收益。

总之,资本的国际流动会使资本输出国和输入国都获得净收益,因此提高了整个世界的福利水平。

第三节 跨国公司

一、跨国公司概论

(一)跨国公司的形式

跨国公司(Multinational Corporation, Transnational Corporation, Multinational Enterprises，或 Multinationals）是指在两个或两个以上国家（或地区）拥有矿山、工厂、销售机构或其他资产，在母公司统一决策体系下从事国际性生产经营活动的企业。它可以由一个国家的企业独立创办，也可以由两个或多个国家企业合资、合作经营或控制当地的企业使其成为子公司。

跨国公司的内部结构是：通过对外直接投资，在世界范围内进行生产和资源配置；把研究与发展、采掘、提炼、加工、装配、销售以及服务等生产过程和流通过程遍及世界各地；把最高决策权保留在总公司，总公司承担确定整个公司的投资计划、生产安排、价格制度、市场安排、利润分配、研究方向以及其他重大决策的职能。

联合国跨国公司委员会认为一个跨国公司应具备下述三个要素：

（1）跨国公司本质上是一个工商企业，组成这个企业的实体在两个或两个以上的国家内经营业务，而不论其采取何种法律经营形式，也不论其经营所涉及的领域。

（2）跨国公司的管理决策着眼于全球，尽管其管理决策机构的设立主要以某国或某个地区为主。哪里有市场或资源，它就根据需要到那里投资建工厂；哪里有工厂，哪里就有市场。在跨国公司的全球决策中，市场占据主导地位：市场决定了工厂、企业的经营策略和经营状况。

（3）跨国公司的经营范围很广，从研究与开发、原料开采、工业加工到批发、零售等再生产的各个环节都纳入了它的经营范围。它是资本运作的全过程，而不是某个行业或再生产的某个环节。

（二）企业跨国经营的主要原因

企业采用跨国经营的形式绝不会是偶然的“偏好的转移”，而是追求利益最大化的结果。企业跨国经营的原因包括主观和客观两个方面。

从主观角度分析，企业的跨国经营是为了获得更高的资本回报率或降低产品和服务的生产运输成本。一般说来，跨国公司的母国多是资本相对充裕的发达国家，相应地，跨国公司一般都是资本充裕的企业，而在资本相对充裕的国家，资本的回报率一般都会低于资本相对贫乏的国家。追求高额的资本回报率而投资于发展中国家是发达国家企业跨国经营的主要原因之一。

企业跨国经营的另一个直接原因是为了降低成本。跨国公司最主要优势之一是可以进行内部的资源流动，其实质是企业间贸易行为的内部化，也就是将一般企业的成本内部化。这种内部化的成本既包括投入品的成本，也包括研发和技术转移的成本。内部化的成本一般要低于市场交易的成本。

关于企业跨国经营的客观原因，经济学家作出了很多的解释。比较具有说服力的是生产分布理论，即资源是影响商品生产地的重要因素，它在特定行业是决定性因素。如，石油开采企业必须在石油资源丰富的地区投资建厂。又如，一家美国企业要建立一个劳动密集型的企业，需要大量低工资的工人。由于劳动力不是自由流动的要素，他们不能把中国丰富的劳动力移民到美国来建厂，一个可行的办法就是这家美国企业在中国投资设立它的子公司来利用中国的劳动力资源。另外，市场、运输成本和贸易壁垒也是影响生产分布的重要因素。总之，跨国经营是企业适应客观条件追求利润最大化的结果。随着经济全球化的进一步发展，跨国公司会越来越成为一种主要的企业形式。

二、跨国公司发展历程

如果我们把1865年德国拜尔化学公司在美国纽约开设的苯胺工厂视为世界上第一家跨国公司的话，那么，跨国公司迄今为止已经有了130多年的发展历史。

19世纪中后期，许多大公司纷纷在国外进行投资和开办工厂的活动，这些企业在19世纪末期就具备了现代意义上的“跨国公司”的雏形。在发展初期，跨国公司的经济实力十分有限，在国民经济和世界经济中都处于无足轻重的地位。两次世界大战期间，战争阻碍了国际贸易和资本流动的发展，跨国公司受其影响发展速度大大放缓。这一阶段最引人瞩目的变化是，美国企业利用战争从事大规模海外扩张活动，使得美国的跨国公司在对外直接投资方面后来居上。二战后，随着科学技术的发展和世界市场的形成和完善，跨国公司在数量上和规模上都有了巨大发展。20世纪90年代以来，随着经济全球化的深入发展和知识经济的兴起，跨国公司又进入了一个新的快速发展期，如表12-1。世界上出现了一些拥有数百亿资产、年销售量超过千亿美元的巨型跨国公司，如美国的埃克森美孚（Exxon Mobil）石油公司、通用电气公司（General Electric）、通用汽车公司（General Motors）、电报电话公司（AT&T）、国际商用机器公司（IBM）、可口可乐公司（Coca-Cola）和日本的丰田公司（Toyota）等。在跨国公司的对外直接投资方面逐渐形成了美、日、欧三足鼎立的局面。同时韩国也崛起了数家世界级的跨国公司。其他新兴工业化国家及发展中国家的跨国公司也在不断成长和发展。在此发展态势下，全球跨国公司的数目迅速增加。20世纪末，在世界级跨国公司总数中，美国约占40%，日本和韩国约占30%，欧洲约占30%。

表12-1 全球跨国公司统计数据

年 份	总公司数	分支机构数
1970	7 000	—
1980	9 481	—
1988	11 000	112 000
1992	37 000	170 000
1999	60 000	500 000
2004	61 000	900 000
2007	79 000	790 000
2008	82 000	810 000

资料来源：1971—2009《世界投资报告》。

资料

跨国公司的新发展

联合国贸易和发展会议（贸发会议）26日发布《2011年世界投资报告》。报告显示，2010年全球外国直接投资流入量上升5%，达到1.24万亿美元，发展中国家吸引外资量首次超过发达国家。

生产消费中心明显转移

报告中指出,2010 年全球外国直接投资流入量仍比金融危机前平均水平(1.47 万亿美元)低 15%,且较 2007 年达到的峰值低 37%。总体来看,全球投资增长滞后于工业产出和贸易增长。

发展中经济体受内部需求强劲、经济加速增长和南南投资上扬影响,2010 年外国直接投资流入量上升 12%,达 5 740 亿美元,占当年全球外国直接投资流入总量的 52%,首次超过发达国家。

参与该报告撰写的约翰内斯堡大学教授斯蒂芬·盖尔布认为,这表明国际生产和消费中心正由发达国家向发展中国家转移。

跨国公司贡献经济产出达 1/4

此外,报告还显示,2010 年全球外国直接投资流动呈现三个特点。

首先,外国直接投资地区流动不均衡。经济增长前景不佳及主权债务危机导致欧洲去年外国直接投资流入量下降 19%,为 3 130 亿美元。北美则出现强劲回升势头。

外国直接投资流入量最大的地区为东亚、南亚和东南亚,去年上升 24%,达 3 000 亿美元,其中,中国内地吸引外资 1 060 亿美元,上升 11%。报告说,鉴于中国劳动力成本上升,未来劳动密集型产业吸引外资能力下降,外资将更多地流向高技术产业和服务业。

其次,制造业外资流入量增长明显。报告显示,去年全球制造业共吸引外资 5 540 亿美元,占 48%,其中清洁能源项目投资比例上升。

再次,跨国公司在全球经济发展中作用凸显。2010 年,跨国公司外国分支机构销售额和产品增值分别达到 33 万亿美元和 7 万亿美元,出口量达 6 万亿美元,约占当年全球出口量的 1/3。全球范围内,跨国公司总产值达到 16 万亿美元,约占全球经济总产出的 1/4。

后危机时代商业环境仍难料

尽管投资促进和便利化仍是多数国家投资政策的主要部分,但部分国家投资限制以及行政审查措施有增加趋势,投资保护主义风险上升。

联合国贸发会议预计,如果全球经济不遭受其他意外冲击,全球外国直接投资将在今年内恢复到危机前平均水平,增至 1.4 万亿～1.6 万亿美元,2012 年达到 1.7 万亿美元,2013 年达到 1.9 万亿美元。

报告认为,后危机时代商业环境仍然充满不确定性,全球经济治理机制不完备、欧洲主权债务危机以及新兴经济体经济增长过热等都将给外国直接投资复苏带来挑战。

(资料来源:2011 年世界投资报告)

三、跨国公司在世界经济中的作用

跨国公司的迅猛发展是当代经济的一个重要特征,它的发展直接推动了国际贸易和国际资本流动的发展。跨国公司以对外直接投资为基础，是对外投资的主要机构。根据联合国贸易与发展会议的数据，2008 年全球 FDI 的流量为 1.66 万亿美元，比 2007 年下降 15%，而跨境并购交易额同比下降 29%。2009 年全球外商直接投资总额为 1.04 万亿美元，同比下降 38.7%。这是全球 FDI 连续第二年下降。其中发达国家吸收 FDI 下降 41.2%，发展中国家下降 34.7%。据 WTO 的数据，目前跨国公司的贸易量已占全球贸易总额的 40%以上。近几十年来，跨国公司已成为国际贸易中最活跃、最具影响的力量。

（一）跨国公司促进了全球的商品生产和流通

当前，国际贸易三分天下，即 1/3 是在跨国公司内部进行的，1/3 是在跨国公司之间进行的，1/3 是在国家与国家之间进行的。也就是说，与跨国公司有关的贸易已占世界贸易的 2/3 之多。由此可见，跨国公司已经在国际贸易中占据了举足轻重的地位。据不完全统计，目前世界上 500 家最大的跨国公司已经控制了约 3/4 的全球贸易。

（二）跨国公司促进了资本的国际流动

跨国公司通过直接投资的方式将资本从收益率低的国家转移到收益率高的国家，使资本在全球的配置更加有效率。与单纯的货币流通不同，跨国公司的直接投资是一种生产资源的转移。当可口可乐或其他公司来华投资设厂时，带来的并不只是资金和就业，还带来了先进的生产技术和设备。另外，跨国公司业务的发展还推动了东道国的银行、保险、证券、会计等现代金融服务部门的国际化进程。

（三）跨国公司促进了技术的国际转移

跨国公司在高、中技术部门的集中倾向显示了它在生产、获得、掌握和组织技术性资源方面的突出优势。跨国公司通过其国际化生产网直接转移软、硬件生产技术，使得国际技术转移具有了动态的特征。

很长时间以来，跨国公司比较典型的技术转移战略是：首先，把研制的专利技术应用于母国的国内生产，垄断国内市场，并通过产品出口满足国外市场的需要；其次，经过若干年后，再将新技术转让给设在其他发达国家里的子公司，取得当地市场的技术优势；再次，又过若干年后，再向发展中国家的子公司转让技术。

然而，由于现代高新技术产业投资额巨大，投资回收期长，而技术生命周期则越来越短，即使是实力雄厚、规模庞大的跨国公司也难以单独承担技术创新所需要的巨额资金以及由此所带来的巨大风险。于是，共同投资、联合开发、共担风险、共享成果的技术及经营联姻的战略越来越受到了跨国公司的青睐。由于联姻的跨国企业大都在全球性行业竞争中占据重要地位，因此，通过这种强强战略联盟，不仅可以相互交换彼此拥有的专利技术等优势要素，充分吸收和利用当今世界各国的先进科技成果，提高创新产品的技术含量，延长创新产品的生命周期，获得高额的投资回报率，而且能够在分担新产品的开发成本和风险以及共同进入市场等问题上达成一致协议，使结盟双方最终能够获得 1+1>2 的投资效应。因此，在技术研究、开发及经济上的跨国战略联盟，作为跨国公司在经济全球化背景下的一种发展模式正在不断得到加强。

专栏

全球化的视角：世界是平的

一本重点论述“全球化”的世界畅销专著——《世界是平的》

《世界是平的》简介

《世界是平的》是一本重点论述“全球化”的世界畅销书(2005年出版，再版多次)，作者是《纽约时报》的专栏作家托马斯·弗里德曼。

据说从美国各个大学里的MBA学生到IBM的全体员工，几乎是人手一册《世界是平的》。全美国的州长、国会议员都在谈《世界是平的》，大学校长在毕业典礼上建议，进公司前应先读《世界是平的》。有的商学院甚至要求新生来报到前就先读过《世界是平的》。

该书全球销售近1 000万册，连续64周名列亚马逊十大畅销书，被全球700多家报纸转载内容。这一切应合了作者托马斯·弗里德曼的理论：全球化使世界的格局变平了，从沟通到现实，从设想到传播，一切都如履平地。

书中，作者列举了10股造成世界平坦化的重要力量，启发人们思考：当前的潮流，对国家、公司、团体或个人而言，到底意味着什么？这10股力量中就包括了中国加入WTO这个重要因素。他认为，在世界变得更平坦的未来30年之内，世界将从“卖给中国”变成“中国制造”，再到“中国设计”甚至“中国所梦想出来”。

《世界是平的》的主要论点

该书是托马斯·弗里德曼用了4年时间写成的一本重点论述“全球化”的专著，书的论点如下：

(1) 全球化不只是一种现象，也不只是一种短暂的趋势。它是一种取代冷战体系的国际体系。全球化是资本、技术和信息超越国界的结合，这种结合创造了一个单一的全球市场，在某种程度上也可以说是一个全球村。

(2) 世界是平的，意味着在今天这样一个因信息技术而紧密、方便的互联世界中，全球市场、劳动力和产品都是可以被整个世界共享，一切都有可能以最有效率和最低成本的方式实现。

(3) 全球化无可阻挡，美国、日本以及其他发达国家的工人、财务人员、工程师和程序员现在必须与远在中国和印度的那样同样优秀或者同样差劲的劳动力竞争，他们中更有竞争力的将会胜出。

(参考资料：梁秀伶，王虹.跨国公司管理.北京：清华大学出版社，北京交通大学出版社，2010：13-14)

第四节 国际要素流动和国际贸易的关系

国际要素流动和国际商品及服务贸易是各国经济交往最重要的两种形式，对两者关系的研究也是国际经济学的重要理论课题之一，很多经济学家和学者对此问题从不同角度进行分析，得出了各自不同的结论。

一、要素流动与贸易的替代关系

（一）劳动力流动与劳动密集型商品贸易的替代

劳动力的自由流动会改变一国的资源配置。在资本不变的情况下，移民输送国由于劳动力的减少而使资本劳动力比率（人均资本）上升，资本变得相对充裕；而移民接收国的情况则相反，劳动力会由于外来移民而变得相对充裕起来。这种资源配置的变化，对贸易会产生一定的影响。无论是劳动密集型商品的国际贸易还是国际间的劳动力流动，都会导致各国内劳动力收益与其他要素收益的差距缩小（斯托尔珀—萨缪尔森定理），导致各国间劳动力收益的差距缩小（要素价格均等化定理）。

（二）资本流动与商品贸易的替代效应

与劳动力国际流动与劳动力密集型商品贸易的关系一样，资本的国际流动对资本密集型产品的国际贸易也有替代作用。1999年诺贝尔经济学奖获得者、美国哥伦比亚大学教授罗伯特·蒙代尔（Robert Mundell）是最早研究国际贸易与要素流动之间关系的经济学家。他在赫克歇尔—俄林模型的基础上得出国际贸易与要素流动之间是替代关系的结论。他进一步推断，对国际贸易的阻碍会促进要素的流动，而对要素流动的限制则会促进国际贸易①。二者都能实现商品价格均等化和要素价格均等化：即使要素不能流动，自由贸易除了使商品价格均等化外，也能使要素价格均等化；同样，即使无法贸易，要素的自由流动除了使要素价格均等外，也会使商品价格趋同。蒙代尔认为在世界范围内有效配置资源，不需商品和要素同时自由流动，只要生产满足一定条件，商品或要素之一完全流动就可以了。

二、要素流动与贸易的互补及促进作用

生产要素国际流动和商品国际贸易之间的关系除了相互替代以外，在一定的条件下还有互补和促进的作用。

（一）技术不同时要素流动对国际贸易的促进作用

蒙代尔关于要素流动和商品贸易之间的替代关系主要是建立在赫克歇尔—俄林模型上的。马库森（Markuson，1983）改变了赫克歇尔—俄林模型中两国技术相同的假设条件，结果发现国际贸易与要素流动之间不仅存在替代性而且还存在互补关系。

在马库森的模型中，假设两国（比如说美国和中国）之间要素禀赋相同但在生产技术上存在差距，假设两国都生产两种产品：钢铁和棉布。钢铁是资本密集型产品，棉布是劳动密集型产品。美国生产钢铁的技术比中国高，而中国生产棉布的技术比美国高。美国具有生产钢铁的比较优势，中国具有生产棉布的比较优势。两国发生贸易时，美国出口钢铁而中国出口棉布。

---

① 在俄林的《区间贸易和国际贸易》（Bertil Ohlin，Interregional and International Trade ，Cambridge，1935）的第9章中有这个命题的类似表述。

贸易后两国各自增加本国有比较优势产品的生产，从而造成各国不同要素回报率的差异。在美国，资本密集型钢铁生产的增加和劳动密集型棉布生产的减少，导致对资本相对需求的增加，资本收益率的提高和劳动收益率的下降。在中国，情况则正好相反，劳动收益率提高而资本收益率下降。这时，如果允许生产要素的国际流动，中国的资本就会流向美国，而美国的劳动力就会流向中国。美国资本的增加和中国劳动力的增加都会进一步加强各自的比较优势，更多地生产和出口本国具有比较优势的产品，进口本国没有比较优势的产品。要素流动增加了国际贸易，两者呈现互补关系。

（二）与技术关联的要素流动和国际贸易

在传统的要素流动分析中，人们通常把各国的资本或劳动看成是一种同质的要素，在各种不同行业的生产中都可以使用。在这种情况下，资本从发达国家流向发展中国家，会使发展中国家资本稀缺的情况得到改善，有利于这些国家扩大资本密集型产品的生产。同样，当劳动力从发展中国家流向发达国家时，会促进发达国家劳动密集型产品的生产，这种要素的国际流动会在某种程度上替代同类要素密集型商品的贸易。

但是，现实中国际资本流动的主要形式之一是外国直接投资（FDI），资本的流动不仅仅是货币资金，而是与具体的技术和产品相联系的。劳动力也不是同质的，可进一步分为有技能的工人和无技能的工人。当这些与技术关联的要素进行跨国流动时，往往会促进国际贸易的发展。这种与技术和产品关联的要素流动包括：发达国家劳动密集型产业向发展中国家的转移或对发展中国家劳动密集型产业的直接投资，发达国家对发展中国家资源产业的直接投资，发展中国家技术人才向发达国家移民等。

1. 发达国家劳动密集型产业的转移

在传统的贸易理论中，发达国家在劳动密集型产品上失去比较优势后，资本会从劳动密集型行业转移到国内有比较优势的行业中去。但当资本允许在国际上自由流动时，发达国家从劳动密集型行业退出来的资本往往会投入到发展中国家的劳动密集型行业中去。外资的进入会使发展中国家的劳动力得到更充分的利用，从而促进劳动密集型产业的发展。

资本在国际间的流动还会引起资金输入国的技术变动。许多发展中国家虽然劳动力充裕，但由于缺乏技术，即使是劳动密集型产品也无法生产，而通过外资流动带来的技术转移，把产品、技术和有效的管理机制等引进了国内，从而促进了劳动密集型产品的生产和出口。

因此，这种带有特定技术和产品的国际资本流动不仅没有减少发达国家和发展中国家之间资本密集型产品的贸易，还促使发展中国家提高了其具有比较优势的劳动密集型产品的生产和出口，从而推动了南北贸易的发展。

2. 发达国家对发展中国家资源产业的投资

许多矿产资源和能源是资本密集型产品，发展中国家往往因为缺乏资本和技术而无力开采，但矿产资源本身不能移动。在这种情况下，发达国家的资本投入到发展中国家的资源产业会促进这些产业的生产和出口。

美国石油公司向中东地区的投资就是一个典型的例子。美国的石油业始于1859年，当埃德温·德来克（Edwin Drake）在宾夕法尼亚首先发现石油后，美国的石油工业就蓬勃地发展起来了。在很长的一段时期内,美国的石油工业是其重要产业之一。著名的洛克菲勒就是美国美孚石油公司(Standard Oil)的创始人,并成为美国历史上第一个财产过亿万美元的人。第二次世界大战之后,在美国本土开采石油的成本越来越高,在这种情况下,美国的石油资本不是流向国内其他有比较优势的行业,而是大量流向了中东的石油工业,从而大大提高了中东国家的石油生产能力,使中东地区各国成为主要的石油生产和出口国家。美国则从1990年变成了石油净进口国,到2000年每天从国外净进口(主要从中东地区)400万桶石油。美国向中东地区的投资增加了与这些国家的贸易。

3. 发展中国家向发达国家的技术移民

尽管劳动力不能像资本那样自由流动,但许多发达国家对具有一定教育背景和知识技能的人还是采取了许多积极的移民政策。如美国的移民种类中就有"技术移民"一项,受过高等教育是一般技术移民的必要条件,对于某些有特殊才能或技能的人则可列入特殊技术移民。在这种积极的吸引外国技术人才的政策下,世界高科技人才大量涌入美国,为美国的技术创新注入了源源不断的人力资本,提高了美国产品的科技含量,也增加了技术密集型产品的比较优势。另一方面,资本密集型产品的生产往往需要技术人员和熟练工人,发展中国家的技术移民也会使美国的资本得到更好地利用,推动美国资本密集型和技术密集型产品的生产和出口。

要素流动有可能会从更大的范围内对商品贸易产生影响。两国之间的要素流动可能会减少相互之间的贸易,但同时也有可能提高了整个世界的贸易流量。

假设中国相对于朝鲜是一个资本充裕的国家,但相对自己的主要贸易伙伴国,美国和日本又是一个劳动充裕的国家。如果允许中朝之间劳动力的自由流动,可能会有大批朝鲜移民到中国来。中国劳动力的增加会减少中国与朝鲜的贸易(替代效应),但也进一步加强中国生产劳动密集型产品的能力,中国的生产可能性曲线朝偏向劳动密集型的出口部门移动,其结果相当于"出口扩张型增长",在总体上增强了中国生产和出口劳动密集型产品的能力。但是因为中国对朝鲜的贸易量很少,从而促进中国对重要贸易国家的出口。

本章要点

1. 生产要素(除了土地等自然要素以外)在国际间的流动,会对各国的贸易模式和贸易量产生影响。

2. 国际劳动力流动主要包括移民和外籍劳工两种形式,劳动力流动引起的福利变动是,移民接收国福利增加,移民输出国企业的损失大于劳动力所得,但移民本身有净收益。如果包括移民所得,移民输出国的福利也得到改善。世界整体福利水平提高。

3. 移民还有很多附带的成本和收益,如知识收益、拥挤成本和社会摩擦等,从而对财政、技术、文化和社会等方面产生影响。

4. 国际资本流动引起的利益变动是:资本输出国有净收益;资本输入国的劳动力获利、资本受损,但国家整体福利水平上升。

5. 跨国经营是企业适应客观条件追求利润最大化的结果。跨国公司在国际经济中的主要作用是促进了商品的生产和流通,促进了资本的国际流动,也促进了技术的国际转移与外溢。

6. 国际贸易与要素流动之间存在着相互替代的关系，但在一定的条件下，两者还存在互补或相互促进的关系。发达国家向发展中国家的劳动密集型产业和资源产业的投资和发展中国家向发达国家的技术移民都会进一步促进贸易的发展。

复习思考题

一、名词解释

劳动力流动　移民　智力外流　知识收益　拥挤成本　直接投资　国际间接投资　国际证券投资　国际股票投资　国际债券投资　外国债券　欧洲债券　跨国公司

二、不定项选择题

1. 国际经济合作的实质内容是　（　）
A. 生产要素的国际移动和交换
B. 生产要素的国际移动和分配
C. 生产要素的国际移动和重新组合配置

2. 国际经济合作是不同国家在以下哪种领域内所进行的经济协作和配合？　（　）
A. 流通领域　B. 生产领域　C. 分配领域

3. 经济发展水平差距较大的国家之间所开展的经济合作活动属于下列哪种类型的国际经济合作？　（　）
A. 多边型　B. 垂直型　C. 水平型

4. 导致生产要素国际直接移动的原因主要是　（　）
A. 各国(地区)间生产要素禀赋的差异性
B. 各国(地区)间生产要素素质的差异性
C. 各国(地区)间经济发展水平的不平衡性
D. 各国(地区)间经济发展水平的不平等性
E. 各国(地区)政府的干预

5. 国际经济合作是主权国家间的经济协作，它所反映出来的是一种新型的国家间关系，当代国际经济合作的必要前提和基本原则是　（　）
A. 尊重国家主权　B. 遵守国际惯例
C. 坚持共同发展　D. 坚持平等互利
E. 坚持依法办事

6. 当代国际经济合作从类型上看主要包括　（　）
A. 广义国际经济合作与狭义国际经济合作
B. 生产国际经济合作与流通国际经济合作
C. 宏观国际经济合作与微观国际经济合作
D. 多边国际经济合作与双边国际经济合作
E. 垂直国际经济合作与水平国际经济合作

三、简答题

1. 国际劳动力流动过程中，对于移民自身来说，移民成本主要有哪些？

2. 假设法国出口资本密集型产品，从波兰进口劳动密集型产品；波兰则相反，出口劳动密集型产品进口资本密集型产品。假设波兰加入欧盟后大量的波兰人移居法国。请用图说明波兰移民对法、波两国劳动密集型产品的生产和贸易的影响。

第十三章 知识产权与技术贸易

学习目的

- 理解知识、知识经济与知识产权的含义。
- 掌握国际技术贸易的内容，包括商标、专利与专有技术。
- 了解国际技术贸易的方式、国际技术贸易合同以及国际技术贸易的作用与意义。

【引导案例】

谷歌赢得法国电视台起诉 YouTube 侵权案

2012 年 5 月 30 日，据华尔街日报网站报道，谷歌公司周二在法国赢得法国电视一台(TF1)控告 YouTube 侵权一案。

法国当地法院认为，YouTube 是一种“托管”服务，只要网站向版权所有人提供移除侵权内容的完善程序，就不需为用户上传的侵权内容负责。法国电视一台向谷歌索赔 1.5 亿欧元的请求被驳回，同时法院判决法国电视一台向谷歌支付 8 万欧元的诉讼费用。法国电视一台表示“正研究上诉的可能性”，并表示判决“从多方面看都出乎意料”。

除此案外，YouTube 在美国也遭遇侵权起诉。维亚康姆指控 YouTube 在创立初期充斥着侵权内容。YouTube 在 2005 年至 2008 年间依靠用户上传的大量侵权内容获得人气。不过，法国电视一台的诉讼中则将重点放在 2008 年后的侵权内容上。此类案件的主要争议在于给越来越频繁在线视频分发行为划出界线。

欧洲和美国的电视台和媒体公司正把越来越多的节目放上网，通常是在自己的网站上，这样他们可以获取相应的广告收入。同时，谷歌近年来也与媒体就版权内容播放达成一些合作协议，双方分享广告收入和用户付费。

YouTube 目前提供一种叫做“内容身份验证”的服务，版权所有者可以鉴别出属于自己的内容，让网站移除，或是选择与网站分享此内容形成的广告收入。

法国电视一台与 YouTube 在去年年底达成了一些内容分成协议。维亚康姆旗下的派拉蒙电影公司也在今年 4 月与 YouTube 签约，将其所有的 500 部电影提供给付费用户。

谷歌公司对周二的判决表示欢迎。YouTube 公共关系执行官在一份声明中表示：“这将促进用户生成内容平台的进一步发展，我们也可将法国的作品传向世界各地。”

（资料来源：中国知识产权网 http://www.cnipr.com）

第一节　知识产权概述

一、知识产权的概念和范围

知识产权英文为 intellectual property，也称“智力成果权”，是指人们对其创造性智力成果和工商业标记依法享有的权利的总称。

（一）广义的知识产权范围

根据 1967 年《建立世界知识产权组织公约》第 2 条规定，知识产权应包括下列权利：①与文学、艺术及科学作品有关的权利；②与表演艺术家的表演活动、与录音制品及广播有关的权利；③与人类创造性活动的一切领域内的发明有关的权利；④与科学发现有关的权利；⑤与工业品外观设计有关的权利；⑥与商品商标、服务商标、商号及其他商业标志有关的权利；⑦与防止不正当竞争有关的权利；⑧一切其他来自工业、科学及文学艺术领域的智力创作活动所产生的权利。根据世界贸易组织《与贸易有关的知识产权协议》（TRIPS）划定的知识产权范围包括：①版权与邻接权；②商标权；③地理标志权；④工业品外观设计权；⑤专利权；⑥集成电路布图设计权；⑦未披露过的信息专有权。

（二）狭义的知识产权范围

狭义的知识产权包括工业产权和版权。工业产权是指工业、商业、农业、林业和其他产业中具有实用经济意义的一种无形财产权，工业产权包括发明专利、实用新型专利、外观设计专利、商标、服务标志、厂商名称、产地标志和原产地名称以及制止不正当竞争的权利。版权（即著作权）是指“文学、科学、艺术作品——包括文字、音乐、戏剧和电影作品，以及绘画、雕刻和雕塑的作者及其他版权所有者的权利”，版权的内容包括作者权与作品传播者权。

（三）知识产权的客体及法律体系

知识产权的客体即知识产权关系中权利和义务指向的对象，它决定着知识产权法律关系的基本属性，是区别知识产权法律关系与普通民事法律关系的基本界限。知识产权的客体是知识，知识是客观世界的反映，同时反作用于客观世界，即知识的能动作用。知识产权法是调整基于智力成果而产生的各种社会关系的法律规范的总和。商标权、专利权和著作权构成我国知识产权的核心内容。围绕这三项权利，我国分别制定了《商标法》、《专利法》和《著作权法》，从而确立我国知识产权法律体系的三大支柱。知识产权法属于民法的范畴。知识产权法律体系中几乎所有的制度与原则都可溯源于民法。

资料

我国民法典制定过程中对知识产权制度的处理

我国民法典制定过程中，对知识产权制度如何处理，民法典是否接纳知识产权制度，成为争议的焦点。有观点认为，我国的知识产权制度宜在民法典作原则性规定，但同时保留民事特别法的体例。因为：第一，知识产权是私权。知识产权虽是知识类无形财产的权利形态，但基本属性与财产所有权无异，都应归类于民事权利范畴。将无形财产权在民法典中作出反应，有助于与有形财产权形成完整的、丰富的财产权体系。第二，知识产权是受民法典保护的权利，知识产权法虽含有若干程序法、公法性的规定，但依然是以实体法为基础的私法制度，隶属于民法这一法律部门。民法典作为民事基本法，在法律分类上具有更高的位阶和权威。在民法典中对知识产权进行明确定位，有助于维系这一权利的神圣不可侵犯性。第三，知识产权已在我国民事基本法中作出原则规定。1986 年，民法通则第五章第三节专门规定了知识产权。考虑到立法体例的传承性，未来中国民法典对知识产权作出一般规定，并无不可。立法体例的选择，不仅是一种法律传统、法律文化的偏好，而且涉及立法技巧、立法规则的运用，进而还受制于一定社会政治、经济、科技等因素的影响。基于历史上的考察和现状分析，我国的知识产权制度宜在民法典作原则性规定，但同时保留民事特别法的体例。

（资料来源：吴汉东. 知识产权立法体例与民法典编纂. 中国法学，2003，1：58）

二、知识产权的本质

世界贸易组织的《知识产权协议》在序言中宣示"知识产权为私权"。在诸多知识产权国际公约中，《知识产权协议》第一次明确界定了知识产权的本质属性，即以私权名义强调知识财产私有的法律形式。这一规定不仅说明了知识产权在私法领域中的地位，意味着知识产权与财产所有权具有同样的地位，在制度上可以为知识产权提供更可靠的法律保护，而且厘清了知识产权与相关法律制度的差异。

三、知识产权的特点

（一）专有性

知识产权是一种专有性的民事权利。相对债权而言，它与所有权一样具有排他性和绝对性的特点，两者的区别在于知识产权是对无形财产的垄断，财产所有权是对有形财产的排他性独占。知识产权的专有性主要表现在两个方面：

（1）无形财产为权利人所独占，权利人垄断这种专有权利并受到严格保护，没有法律规定或未经权利人许可，任何人不得使用权利人的知识产品。

（2）对同一项知识产品，不允许有两个或两个以上同一属性的知识产权并存。例如，两个相同的发明物，根据法律程序只能将专利权授予其中的一个，而以后的发明与已有的技术相比，如无突出的实质性特点和显著的进步，也不能取得相应的权利。

知识产权与所有权在专有性效力方面也是有区别的：首先，所有权的排他性表现为所有人排斥非所有人对其所有物进行不法侵占、妨害或毁损，而知识产权的排他性则主要是排斥非专有人对知识产品进行不法仿制、假冒或剽窃；其次，所有权的独占性是绝对的，即所有人行使对物的权利，既不允许他人干涉，也不需要他人积极协助，在所有物为所有人控制的情况下，无地域和时间的限制。而知识产权的独占性则是相对的，这种垄断性权利往往要受到权能方面的限制（如著作权中的合理使用、专利权中的临时过境使用等），同时，该项权利的独占性只有在一定空间地域和有效期限内才发生效力。

（二）地域性

一般认为，地域性是知识产权独有的特性。其实，在历史上民事权利的许多领域都存在过地域性。据国际私法学者研究，在侵权之债领域，侵权诉讼曾长期由侵权行为地法院管辖，适用侵权行为地法；在合同之债领域，也曾因法律的地域性造成法律适用的僵化和判决难以在域外执行。产生这一现象的原因是：当这些权利产生之初，各国大都处于封建闭锁状态，对外经贸往来稀少，偶尔发生的涉外纠纷可以通过其国内法解决，因此没有必要诉诸权利的域外效力。在这种情况下，上述民事权利不可能不具有一定的地域性。

知识产权的产生与上述制度有着相同的历史背景。在一国获得知识产权的权利人，如果要在他国受到法律保护，就必须按照该国法律规定登记注册或经审查批准。从19世纪末起，随着科学技术的发展以及国际贸易的扩大，有关知识产权交易的国际市场也开始形成和发展起来。这样，知识产品的国际性需求与知识产权的地域性限制之间出现了巨大的矛盾。为了解决这一矛盾，各国先后签订了一些保护知识产权的国际公约，成立了一些全球性或区域性的国际组织，在世界范围内建立了一套知识产权国际保护制度。国际公约关于国民待遇原则的规定，是对知识产权地域性限制的重要补充和协调。由于这一原则，使得一国承认或授予的知识产权，根据国际公约在缔约国发生域外效力成为可能。但是，知识产权的地域性特点没有动摇，是否授予权利，如何保护权利，仍须由各缔约国按照其国内法来决定。到20世纪下半叶，由于地区经济一体化与现代科学技术的发展，知识产权立法呈现出现代化、一体化的趋势，由此，知识产权严格的地域性也受到了挑战。于是一种全新的管辖权理论应运而生，即一国法院不仅有权管辖其地域内的知识产权纠纷，而且有权管辖在其他地域发生的相关纠纷。与此相联系，以权利要求地作为知识产权的准据法也相应发生变革。涉外知识产权纠纷的非专属管辖与知识产权法律适用的多元化，都会对这一权利的地域性特点带来重大影响。总之，在当今社会，知识产权的地域性特点依然存在，但已受到巨大的挑战。

（三）时间性

时间性特点是知识产权与所有权的主要区别之一。所有权不受时间限制，只要其客体物没有灭失，权利即受到法律保护。知识产权在时间上的有限性，是世界各国为了促进科学文化发展、鼓励智力成果公开所普遍采用的原则。这一制度既要促进科学、技术、文化的广泛传播，又要注重保护知识产品创造者的合法利益，协调知识产权专有性与知识产品社会性之间的矛盾。从这个意义上说，平衡原则是知识产权制度自近代法到现代法的基本精神之一，知识产权的时间限制性规定，反映了社会需要和公众利益。根据各类知识产权的性质、特征及本国实际情况，各国法律对著作权、专利权、商标权都规定了长短不一的保护期。

（四）客体的非物质性

知识产权的客体是知识，知识相对于有形财产具有非物质性特征。知识产权客体的非物质性是知识产权与其他相关民事权利最主要的区别。

(1) 不发生有形控制的占有。由于知识产品不具有物质形态，不占有一定的空间。人们对它的占有不是一种实在而具体的占据，而是表现为对某种知识、经验的认识与感受。

知识产品虽具有非物质性特征，但它总要通过一定的客观形式表现出来，作为其表现形式的物化载体是有形财产权而不是知识产权。

(2) 不发生有形损耗的使用。知识产品的公开性是知识产权产生的前提条件。由于知识产品必须向社会公示、公布，人们从中得到有关知识即可使用，而且在一定时空条件下，可以被若干主体共同使用。此使用不会像有形物使用发生损耗，如果无权使用人擅自利用他人的知识产品，亦无法适用恢复原状的民事责任形式。

(3) 不发生消灭知识产品的事实处分与有形交付的法律处分。知识产品不可能有实物形态消费而导致其本身消灭之情形，它的存在仅会因法定保护期届满产生专有财产与社会公共财富的区别。同时，有形交付与法律处分并无联系。基于上述特征，国家有必要赋予知识产品的创造者以知识产权，并对这种权利实行有别于传统财产权制度的法律保护。

第二节 国际技术贸易

国际技术贸易是指不同国家的企业、经济组织或个人之间，按照一般商业条件，向对方出售或从对方购买软件技术使用权的一种国际贸易行为。它由技术出口和技术引进两方面组成。简言之，国际技术贸易是一种国际间的以纯技术的使用权为主要交易标的的商业行为。

一、国际技术贸易的分类

根据技术在国际间流动的原因的不同，可以将技术在国际间的流动分为国际技术转移、国际技术转让和国际技术贸易。

(一) 国际技术转移

国际技术转移是指技术地理位置上的变化。技术这种地理位置变化的机制来源于资源有限和需求之间的矛盾，从而形成技术的自然转移机制。技术转移通常并非人为的主动有意识的行为，如技术人员的流动本身成为技术转移的载体。

(二) 国际技术转让

国际技术转让是由于不同地区或国家生产力水平、经济基础、劳动力素质等因素的差异，人为地有意识地将技术在不同地区或国家间进行引进或让与的行为。可以分为有偿转让(也即技术贸易)和无偿转让。

(三) 国际技术贸易

国际技术贸易是指一个国家的公司、企业、经济组织或个人，按一般商业条件，将技术向另一个国家的公司、企业、经济组织或个人转让或许可的行为。这里“国际性”关键在于交易的标的是否跨越国境。

二、国际技术贸易的基础方式和途径

总体而言，国际技术贸易可以分为三类，即单纯的技术转让、引进技术与引进设备相结合、引进技术与引进外资相结合。具体可以分为：

(一) 工业产权与非工业产权的转让与许可

工业产权与非工业产权的转让与许可是国际技术贸易的主要形式。

1. 工业产权的转让与许可

与工业产权相关的国际技术贸易主要对象是受法律保护的专利、商标(不包括单纯的商标转让与许可)和计算机软件著作权等的转让与许可。

2. 非工业产权的转让与许可

与非工业产权相关的国际技术贸易的主要对象是专有技术的转让与许可。

无论是工业产权还是非工业产权的国际技术贸易通常都是使用权的许可,国际技术贸易实践中是通过所谓的许可贸易(Licensing)来实现的。当然,国际技术贸易也包括上述对象的所有权本身的转让。

(二) 技术服务与咨询

1. 技术服务

技术服务(Technology Service)是指技术知识人接受委托为委托人解决特定的技术问题。比较常见的技术服务的内容包括员工培训、技术的指导、现场设备的安装和调试等。

2. 技术咨询

技术咨询(Technology Consultancy)是指技术知识人接受委托为委托人提供解决决策。常见的技术咨询服务包括有关技术运用的可行性论证、相关技术的调查、相关技术成果的分析和评估等。

3. 合作生产与合作设计

合作生产与合作设计就是通过双方的合作,利用各自拥有的技术共同完成有关的生产项目或共同开发有关的生产计划。发展中国家通过这种形式在引进外资的同时,也同时引进了经济发展所需的有关技术和技术设备。

4. 国际工程承包

国际工程承包通常通过国际间的招投标方式由中标人为招标人承建相关的工程项目。由于国际工程承包、设计、咨询、勘探、评估、技术设备的提供、人员的培训、设备的调试、试生产等技术性服务,国际工程承包已经成为国际技术贸易的重要形式。

5. 国际直接投资

国际直接投资是投资方通过兼并、收购或建立新企业的方式,直接在东道国设厂生产。在当前国际经济全球化日趋深化的背景下,国际直接投资已经成为国际性跨国公司实现全球化经营的重要战略内容。国际直接投资的投资方通常以现金资本的方式作为主要形式,目前以技术和技术设备作价作为投资的方式日趋增多。

6. 与设备买卖相结合的国际技术贸易

技术的引进方除了运用许可贸易方式引进软件技术之外,还通过购买有关产品生产的成套设备、流水线等硬件技术提升企业的技术水平和生产能力,这种所谓的硬件技术的转让通常是发展中国家在经济发展初期较为常见的方式。我国在改革开放初期所引进的技术大量的就是以成套设备为主的硬件技术。

7. 补偿贸易

所谓补偿贸易(Compensational Trade)就是技术引进方以融资的方式引进成套设备,

通过生产的产品(或双方约定的其他产品)抵偿设备价款的方式。设备的引进方通过这种方式可以在设备提供方的帮助下获得相关的生产技术。有些学者将补偿贸易、加工贸易等方式合并在合作生产的技术贸易方式中。

(三) 技术引进

使国外的技术转让到国内,就是技术引进。具体地说,技术引进是指一个国家或企业引入国外的技术知识和经验,以及所必须附带的设备、仪器和器材,用以发展本国经济和推动科技进步的做法。

技术引进是一个特定的概念:

(1) 技术引进是一种跨国行为。

(2) 技术引进与设备进口有着原则区别。人们常将"技术"广义化,把技术分为软件技术和硬件技术。软件技术就是前面提到的技术知识、经验和技艺,属纯技术;硬件技术是指机器设备之类的物化技术。只从国外购入机器设备而不买入软件技术,一般称之为设备进口。若只从国外购入软件技术或与此同时又附带购进一些设备,这种行为才能称为技术引进。

(3) 技术引进的目的是为提高引进国或企业的制造能力、技术水平和管理水平,要达到目的只有引进软件技术,通过自我消化吸收才能做到。

三、国际技术贸易特点

国际技术贸易(简称"技贸")与货物贸易(简称"物贸")有着明显的区别:

1. 交易标的性质不同

物贸的标的是有形的物质商品,易计量、论质和定价;而技贸的标的是无形的知识,其计量、论质和定价的标准都是很复杂的。

2. 交易双方当事人不同

一方面,物贸双方当事人一般不是同行,而技贸双方当事人则一般都是同行。因为只有双方是同行,引进方才会对转让方的技术感兴趣,引进方才有能力使用这种技术。另一方面,物贸中的卖方始终是以销售为目的,而技贸中的卖方(转让方),一般并不是为了转让而是为了自己使用才去开发技术的,只是在某些特定情况下才转让技术。

3. 交货过程不同

物贸的交货是实物移交,其过程较简单。技贸的"交货"则是传授技术知识、经验和技艺的复杂而又漫长的过程。

4. 所涉及的问题和法律不同

技贸涉及的问题多、复杂、特殊。如技贸涉及工业产权保护、技术风险、技术定价、限制与反限制、保密、权利和技术保证、支持办法等问题。技贸中涉及的国内法律和国际法律、公约也比物贸多。因而从事技贸远比从事物贸难度大。

5. 政府干预程度不同

政府对技贸的干预程度大于对物贸的干预程度。由于技术出口实际上是一种技术水平、制造能力和发展能力的出口,所以为了国家的安全和经济利益上的考虑,国家对技术出口审查较严。由于在技贸中,技术转让方往往在技术上占优势,为了防止其凭借这种优势迫使引进方接受不合理的交易条件，也为了国内经济、社会、科技发展政策上的考虑，国家对技术引进也予以严格的管理。

四、国际技术贸易的内容

国际技术贸易是以无形的技术知识作为主要交易标的的，这些技术知识构成了国际技术贸易的内容，它主要包括专利技术、商标和专有技术。商标虽不属技术，但它与技术密切相关，所以常将它作为国际技术贸易的基本内容之一。

(一) 专利

世界知识产权组织给“专利”下的定义是：专利是“由政府机构或代表几个国家的地区(机构)根据申请而发给的一种文件，文件中说明一项发明并给予它一种法律上的地位，即此项得到专利的发明，通常只能在专利持有人的授权下，才能予以利用(制造、使用、出售、进口)……”简言之，专利权就是专利持有人(或专利权人)对专利发明的支配权。在我国，专利权是以申请在先原则授予的。专利权受到专门法律《专利法》的保护。

专利权有其明显的特点：

(1) 专利权是一种法律赋予的权力。发明人通过申请，专利机关经过审查批准，使他的发明获得了法律地位而成为专利发明，而他自己同时也因之获得了专利权。这种权利的产生与物权的自然产生是不同的。

(2) 专利技术是一种知识财产、无形财产。专利权是一种特殊的财产权。

(3) 专利权是一种不完全的所有权。专利权的获得是以发明人公开其发明的内容为前提的。而公开了的知识很难真正为发明人所独有。

(4) 专利权是一种排他性(独占性、专有性)的权利。对特定的发明，只能有一家获得其专利权。也只有专利权人才能利用这项专利发明，他人未经专利权人的许可，不能使用该专利发明。

(5) 专利权是一种有地域性的权利。专利权只在专利权批准机关所管辖的地区范围内发生效力。

(6) 专利权是一种有时间性的权利。专利权的有效期一般为 10～20 年。超过这个时间，专利权即失去效力。

根据专利技术创造性程度的高低和其他特点，常把专利分为三种类型：

(1) 发明专利。所谓发明，是指对产品、方法或者其改进所提出的新的技术方案。它是利用自然规律解决实践中特定的技术问题的新方案。发明可分为两类，一类是产品发明，其发明的结果是一种新产品；另一类是方法发明，其结果是一种制造产品或测试或操作的新方法。

(2) 实用新型专利。实用新型是对产品的形状、构造或者其结合所提出的适于实用的新技术方案。实际上，实用新型也属于一种发明。它与上述发明专利不同之处在于，实用新型是一种仅适于产品的、创造性水平较低、能够直接应用的发明(有人称之为“小发明”)。在实践中，实用新型这种“小发明”为数众多，所以包括中国在内的世界上少数国家把它从发明中划分出来，单独加以保护。实用新型专利条件低，审批程序简单，收费也少，这有利于鼓励众多的小发明者。

(3) 外观设计专利。外观设计是指产品的形状、图案、色彩或其结合所作出的富有美感并适于工业上应用的新设计。它与实用新型不同,外观设计对产品形状的设计主要是图好看;而实用新型对产品形状的设计主要是基于增加产品的使用价值,使其有新功能,主要是图好用。专利中的外观设计实际上是工业外观设计,它与纯美术作品不同,造型、图案和色彩只有体现在有独立用途的制成品上,才是专利中的外观设计。它是在保证或不影响产品用途的前提下,通过外形、图案、色彩的设计来吸引消费者。

(二) 商标

商标是商品生产者或经营者为了使自己的商品同他人的商品相区别而在其商品上所加的一种具有显著性特征的标记。常见的商标是文字商标和图形商标。国外有立体商标,如"可口可乐"饮料瓶子的特殊形状。还有音响商标、气味商标等形式。商标大体上可分为三类:制造商标、商业商标和服务商标。

一般只有能够移动的重复性生产的商品才使用商标。商标须具有显著性特点,即相同或类似的商品不能使用相同或相似的商标。

商标的作用:

(1) 区别功能,即商标能标明产品的来源,把一企业的产品与另一同类企业的产品区别开来。这是商标最基本最重要的功能。

(2) 间接标示产品质量的功能。产品的来源不同,其质量和信誉也会有差别。商标作为特定来源的产品的标记,它间接地反映了该产品的内在质量。人们选购商品时,一般无法当场检验其内在质量,而往往是根据自己的经验和商品的社会信誉凭商标来选购所希望的具有一定质量的商品的。

(3) 广告功能。由于商标的简明性和"显著性",它最容易被消费者记住,从而使商标成为醒目的广告。

商标权是商标使用者向商标管理部门申请注册并得到批准的商标专用权。但在少数国家,商标权是由于商标的首先使用而获得的。在我国,商标权是以注册在先原则而取得的。商标权的内容包括使用权、禁止权(禁止他人使用)、转让权、许可使用权和放弃权。商标权受专门法律《商标法》的保护。

商标权的特点:

(1) 商标权是一种排他性权利。

(2) 商标是一种无形的知识财产。商标权是一种特殊的财产权。

(3) 商标权是有时间性但又可无限延期的权利。与专利权期满不可延期不同,商标权到期可续展延期,且延期次数不限。

(4) 地域性。商标权只在注册机构所管辖地区范围内有效。

(三) 专有技术

专有技术的英文名称叫"know-how",意为"知道如何制造"。所谓专有技术是指在实践中已使用过了的没有专门的法律保护的具有秘密性质的技术知识、经验和技巧。专有技术可以是产品的构思,也可以是方法的构思,但它在不少方面与专利技术不同。

(1) 专利技术必须是可以通过语言来传授的;专有技术虽也须是可以传授的,但它未必都是可言传的,有些只能通过"身教"才能传授。

(2) 专有技术是处于秘密状态下的技术；而专利技术是公开技术。

(3) 专有技术没有专门法律保护，所以它不属于知识产权。

(4) 专利技术是被专利文件固定了的静态技术；而专有技术则是富于变化的动态技术。

(5) 专利技术受保护或被垄断的期限是有限的(最多20年)；而专有技术是靠保密而垄断的，因而它被垄断的期限是不定的。

专有技术也是一种无形的知识财产，它除需用保密手段得到保护以外，也需要法律的保护。在实际中，专有技术是援引合同法、防止侵权行为法、反不正当竞争法和刑法取得保护的。但专有技术受法律保护的力度远比专利技术受到专利法保护的力度小。

五、国际技术贸易的基本方式

国际技术贸易采用的方式主要有许可贸易、技术服务与咨询、特许专营、合作生产，以及含有知识产权和专有技术许可的设备买卖等。

(一) 许可贸易

许可贸易有时称为许可证贸易。它是指知识产权或专有技术的所有人作为许可方，通过与被许可方(引进方)签订许可合同，将其所拥有的技术授予被许可方，允许被许可方按照合同约定的条件使用该项技术，制造或销售合同产品，并由被许可方支付一定数额的技术使用费的技术交易行为。许可贸易按其标的内容可分为专利许可、商标许可、计算机软件许可和专有技术许可等形式。在国际技术贸易实践中，一项许可贸易可能包括上述一项内容，如单纯的专利许可，也可能包括上述两项或两项以上内容，成为一揽子许可。许可贸易是国际技术贸易中使用最为广泛的技术贸易方式。

(二) 特许专营

特许专营是近二三十年迅速发展起来的一种新型商业技术转让方式。它是指由一家已经取得成功经验的企业，将其商标、商号名称、服务标志、专利、专有技术以及经营管理的方式或经验等全盘地转让给另一家企业使用，由后一企业(被特许人)向前一企业(特许人)支付一定金额的特许费的技术贸易行为。特许专营类似许可，但它的特许方和一般的许可方相比要更多地涉入对方的业务活动，从而使其符合特许方的要求。因为全盘转让，特别是商号、商标(服务标志)的转让关系到他自己的声誉。特许专营的被特许方与特许方之间仅是一种买卖关系。

(三) 技术服务和咨询

技术服务和咨询是指独立的专家或专家小组或咨询机构作为服务方应委托方的要求，就某一个具体的技术课题向委托方提供高知识性服务，并由委托方支付一定数额的技术服务费的活动。技术服务和咨询的范围和内容相当广泛，包括产品开发、成果推广、技术改造、工程建设、科技管理等方面，大到大型工程项目的工程设计、可行性研究，小到对某个设备的改进和产品质量的控制等。

(四) 合作生产

对于合作生产，有多种不同的理解。从国际技术贸易的角度来看，合作生产是指分属不同国家的企业根据他们签订的合同，由一方提供有关生产技术或各方提供不同的有关生产技术，共同生产某种合同产品，并在生产过程中实现国际技术转让的一种经济合作方式。

（五）含有知识产权和专有技术转让的设备买卖

在国际贸易实际业务中，在购买设备特别是关键设备时，有时也会含有知识产权或专有技术的转让内容。这种设备买卖也属于技术贸易的一种方式。但是，单纯的设备买卖，即不含有知识产权和专有技术许可的设备的买卖属于普通商品贸易，不是技术贸易。

除上述五种情形外，许可贸易的做法还常出现在补偿贸易中，一方提供的设备中含有专利或专有技术，该方以设备出口和技术许可的综合方式向对方提供技术设备，对方以该项设备生产的产品或其他产品补偿其技术和设备的价款。许可贸易的做法也常出现在合资经营方式中。或者拥有专利和专有技术的一方直接转让其技术，实行技术作价入股；或经过许可方式获得他人专利或专有技术使用权的一方，经技术产权方的允许后，以分许可的方式向合资企业进行技术的再转让。

第三节　知识产权的国内保护

一、知识产权的侵权

知识产权的侵权是指违反法律规定而损害知识产品所有人专有权利的行为。侵权行为有直接侵权与间接侵权。直接侵权主要表现为对知识产权客体的擅自使用。间接侵权并非是直接作用于知识产品本身，往往是擅自行使知识产权人的"权利"。侵权行为属于事实行为。侵权行为不以意思表示为构成要件，是客观行为。侵权行为的法律后果依法律的直接规定而发生，不反映行为人追求的直接目的，不存在行为人所预期之意思效力。侵权行为因符合法定事实要件而成立。

与侵害有形财产所有权行为相比较，侵害知识产权行为具有以下特征：

（一）侵权的行为方式具有特殊性

侵害财产所有权的行为，往往直接作用于客体物本身，主要表现为侵占、妨害和毁损。而侵害知识产权行为主要表现为剽窃、篡改和仿冒，其施加影响的对象是作者、创造者的思想内容或思想表现形式，与知识产品的物化载体无关。

（二）侵害行为的高度技术性

侵害知识产权行为与具有智力创造性特征的知识产品的利用相联系，往往有相当程度的"技术含量"。该类侵权一般要凭借相应的技术手段，因而较之有形财产权侵害更具有隐蔽性和欺骗性，并由此增加侵权损害中因果关系的证明难度。

（三）侵害范围的广泛性

由于知识产品的非物质性和公开性特征，合法使用与侵权使用通常在同一时空条件下产生。在知识产品利用极为便利的条件下，使用行为极有可能构成侵权行为，且受侵害的对象往往不是某一单项权利。

（四）侵害类型的多样性

侵害知识产权有直接侵权行为与间接侵权行为之分，法律对此规定有不同的过错条件处罚标准。所谓间接侵权，是指行为人的行为本身并不构成侵权，但其行为帮助和导致了直接侵权的发生，因而对知识产权所有人造成了损害。间接侵权人与直接侵权行为人一起构成共同侵权。可见，在侵权损害方面，知识产权法较之一般财产权法的规定更为复杂。

二、侵犯知识产权行为的归责原则

归责，是指在侵权行为人的行为或物件致他人损害的事实发生以后，应依何种根据使其负责。归责原则，是归责的基本规则，它是确定行为人的侵权民事责任的根据和标准，也是对各个侵权法规范起统帅作用的立法与司法指导方针。

归责原则决定一定侵权行为的责任构成要件、举证责任的负担、免责条件、损害赔偿的原则和方法等。关于侵犯知识产权行为的归责原则，学者主张不一：主张过错责任原则，主张同时适用过错责任原则与无过错责任原则，主张过错推定责任原则以及主张无过错责任原则。我国民法通则采取二元归责原则体系：一般侵权行为适用过错责任原则，特殊侵权采用无过错责任原则。我国新合同法则采用严格责任原则。这表明立法的重心逐渐从个人本位向社会本位转移。

对于侵犯知识产权行为的归责原则逐渐发展到严格责任原则是大势所趋，这也是知识在经济中地位的越发加强在上层建筑中的反映。

三、侵犯知识产权行为的法律救济

对于侵犯知识产权行为，其权利人可采取以下权利保护方法：

（一）民事救济措施

民法对知识产权的保护更为直接，具有维护权利状态或对权利人所受损害给予经济补偿之作用。对于知识产权的民事救济，权利人可以提起确认之诉、物权之诉与债权之诉，以维系其受到侵害的权利。但与一般财产所有权不同，知识产权所有人并不能援用请求恢复原状、返还原物之传统民事救济措施。在各国知识产权制度中，民事救济措施最重要的是请求停止侵害与请求赔偿损失。

（二）刑事保护措施

许多国家的相关立法都规定刑事诉讼程序及刑事制裁措施，用于针对一些特别严重的侵犯知识产权的行为。一般而言，有期徒刑与罚金是最基本的刑事救济手段。除此之外，有些国家还规定扣押、没收和销毁侵权复制物及制作设备等。我国新刑法对侵犯知识产权罪规定了有期徒刑、拘役、管制、罚金等各种刑事处罚。随着知识对于国民经济的日益重要，以知识为主要内容的知识经济时代的到来，各国刑事立法对于侵犯知识产权行为的处罚范围与力度的扩大与加强是必然的趋势。

（三）行政保护措施

随着知识的经济地位越发巩固，以知识为主要内容的生产关系深入国民经济体系中的每一角落，对于侵犯知识产权的行为也日益由对私权领域的侵犯过渡到对国家公权领域的侵犯。在这种情况下，行为人不但要对侵权行为承担民事责任，同时也要对自己违反行政法律规范而承担行政责任。

各国一般设有专门的行政管理机关或是成立统一的管理知识产权事务的行政部门，通过各种行政措施保护知识产权权利人的合法权益。

第四节 知识产权的国际保护

一、知识产权国际保护本质

知识产权的国际保护是国际经济、政治、科学技术水平和国际贸易发展到一定历史阶段的必然产物。表现为从19世纪起便开始的相关知识产权保护方面的双边或多边协定的出现、公约的制定及国际组织的成立。特定的国际公约反映特定的国际经济内容。国际知识产权关系是国际政治经济关系的重要组成部分。知识产权的国际保护公约是以“知识”为内容的国际经济关系的反映。

二、知识产权国际保护的现状

（一）知识产权国际保护的现状

知识产权的国际保护兴起于19世纪80年代，经过近几十年的发展，现已形成知识产权领域的国际法律秩序。其形成与发展的标志主要有：

(1) 以专利、商标、著作权保护为主要内容的知识产权国际保护法律体系已经初具规模。全球性的国际知识产权条约有：《保护工业产权巴黎公约》、《保护文学艺术作品伯尔尼公约》、《WIPO版权公约》、《WIPO表演与录音制品公约》，还有世界贸易组织的《与贸易有关的知识产权协议》和联合国教科文组织管理的《世界版权公约》。它们涉及专利权、商标权、版权等知识产权的方方面面。

(2) 各类知识产权国际公约的适用范围即覆盖面日益广泛，普遍性程度越来越高。据统计，《保护文学艺术作品伯尔尼公约》由10个成员国发展至165个；世界贸易组织及其《与贸易有关的知识产权协议》现有156个成员。

(3) 世界知识产权组织和世界贸易组织及其与贸易有关的知识产权理事会等国际组织，作为国家在知识产权领域进行国际合作的组织系统已经形成。这些国际组织依据其组织章程或条约的行政条款确定的宗旨与职能所持续开展的大量对内对外活动，不仅有力地推动了知识产权制度的国际协调，而且积极地促进知识产权领域的国际合作和科学、技术与文化的进步。

（二）知识产权保护已被纳入世界贸易组织总体框架

在1986年关贸总协定乌拉圭回合谈判之前，知识产权国际保护问题一直是由世界知识产权组织讨论和解决。关贸总协定在总体上并不涉及知识产权问题，并且把贸易与知识产权区别对待。它主要规定的是国际货物买卖中关税与非关税的规则，只要货物贸易涉及专利和商标时，为了不让知识产权保护妨碍贸易自由化，才有个别条款提及商标与专利的保护。但是乌拉圭回合第八轮谈判中，知识产权国际保护问题被纳入其中，不仅将知识产权作为新增的三个议题之一，而且达成了《与贸易有关的知识产权(包括假冒商品贸易)协议》(TRIPS)。该协议是一个代表发达国家知识产权保护的高标准、高水平的协议。乌拉圭回合谈判结束，该协议也随之生效，成为各国普遍接受的知识产权多边保护规则，并对各国知识产权立法和司法保护产生极其深远的影响。我国在加入世界贸易组织后，这个协议也必将成为我国知识产权保护的重要准则。该协议的产生背景：

(1) 20 世纪 80 年代以来，与知识产权相关的贸易迅猛发展，决定有必要把知识产权作为一个特殊议题纳入关贸总协定的管辖范围。随着世界新技术革命的兴起，全球经济技术贸易蓬勃发展，知识产权贸易转让额大幅度上升，其增长速度大大高于有形商品贸易。而且在贸易中涉及专利、商标等知识产权问题的频率越来越高。这样，无形的知识产权贸易及有形的商品贸易中的知识产权问题，如专利产品“平行进口”中的侵权认定、商品进出口中假冒商标等越来越受到重视。知识产权保护在国际经贸中的地位日益重要，并成为国际经贸中不可忽视和不可回避的重要问题。

(2) 知识产权在发达国家与发展中国家的严重不均衡性，决定了以美国为代表的发达国家极力主张把贸易与知识产权保护挂钩。在当代，90%的知识产权属于发达国家。知识产权保护与发达国家的利益密切相关，他们认为，在关贸总协定内建立一整套知识产权保护体系，就可以减少因知识产权保护不充分而给国际贸易带来的扭曲和障碍，并增强其在多边基础上对侵犯知识产权行为的报复能力，以弥补现行国际公约和知识产权保护的不足。通过把贸易和知识产权问题挂钩，发达国家可以利用技术和贸易优势来影响国际上对知识产权的保护。可以说，把知识产权问题纳入关贸总协定，是美国等发达国家坚持的结果。

(3) 现行知识产权国际保护体系存在种种缺陷与不足。比如现行知识产权国际公约缺乏有效的争端解决机构，公约内容与新技术革命下国际贸易环境和技术的发展之急剧变化极不适应。这也是关贸总协定乌拉圭回合谈判中涉及知识产权谈判并最终达成协议的重要背景因素。

在上述背景下，1993 年 12 月 15 日，《与贸易有关的知识产权协议》最终达成，它标志着在当今的国际经贸发展中，科学技术、国际经贸与知识产权三者之间的关系正发生着有史以来最深刻的变化。这种变化不仅是促进知识产权保护规范化的动力，而且决定了知识产权在国际贸易中的重要地位，反映了知识产权保护的时代特征和发展趋势。协议的产生为多边国际贸易制定了一个崭新的规则，从而使国际贸易有了重要的法律保障。这个协议在一定程度上动摇了世界知识产权组织领导下的知识产权国际保护规则，使世界知识产权组织单独左右知识产权国际保护体制的局面被打破，已取代关贸总协定的世界贸易组织将在知识产权国际保护方面发挥重要作用。

三、知识产权国际保护的发展趋势

在全球经济一体化日益发展的当今世界，国际形势也随着经济的发展渐趋复杂，使知识产权国际保护表现新的特点和趋势。

随着“新经济”在一些国家国民经济中的地位日益重要，作为“新经济”重要因素之一的知识产权保护便成为上层建筑中的突出问题。反映在国内立法上，知识产权立法将成为现代民商法的重点。反映在国际立法上,其重心将逐渐由传统民商领域转移到知识产权领域,知识产权的国际保护逐渐成为国际民商法律新秩序中的重要组成部分。反映在国际关系中,知识产权的国际保护已上升至国际政治和国际经济问题,成为外交斗争的重要组成部分。很多发达国家已将知识产权保护作为实施外交政策的一种重要手段,直接与对外政治、经济关系联系起来。

西方发达国家对于知识产权制度的认识不同及出于本国经济利益考虑,使知识产权国际保护在地区性条约与世界性条约中的冲突日益激烈。在世界的多极发展中,一些国家利用其经济等种种优势,在知识产权的国际保护中,企图以本国的标准来影响甚至取代区域性或全球性的标准,以维护本国经济利益。

现代科学技术特别是生物技术及国际互联网络的快速发展,使知识产权的外延不断扩展,出现许多新的知识产权客体。全球电子计算机和通讯等技术的飞速发展,以电子信息技术为核心的世界科技革命已经到来。传统知识产权客体所不及的高科技智力成果,如集成电路、计算机软件、多媒体节目产品、卫星传播和电缆传播、生物工程等不断出现,这些新的知识产权客体的出现,标志着知识产权已发展到一个新的阶段。多媒体和信息高速公路逐渐结合,使知识产权领域的法律问题日趋复杂。

本章要点

1. 知识产权法是调整因创造、使用智力成果而产生的,以及在确认、保护与行使智力成果所有人的知识产权的过程中所发生的各种社会关系的法律规范的总称。一般包括以下几种法律制度:著作权(版权)法律制度;专利权法律制度;商标权法律制度;商号权法律制度;产地标记权法律制度;商业秘密权法律制度;以及反不正当竞争法律制度等。知识产权包括工业产权和版权(在我国称为著作权)两个部分。

2. 国际技术贸易是世界不同的国家或地区,一方将某种内容的技术通过签订商业协议或合同的形式转让给另一方,并收取一定的技术使用费,这种交易即称为国际技术贸易。国际技术转让可以是有偿的,也可以是无偿的。有偿的国际技术转让就是国际技术贸易。国际技术贸易的主要内容有:各种工业产权,如专利、商标;各种专有技术或技术诀窍;提供工程设计,工厂的设备安装、操作和使用;与技术转让有关的机器、设备和原料的交易等。总之,技术贸易既包括技术知识的买卖,也包括与技术转让密切相关的机器设备等货物的买卖。

3. 中国入世以来,经济全球化的趋势日益突出并不断延伸,市场竞争日趋激烈。虽然市场壁垒逐步打破,但发达国家从自身的利益出发,利用国际贸易的"游戏规则",设置更多的非市场壁垒,如"绿色壁垒"、"技术壁垒",而"技术壁垒"尤为突出。企业的生存与发展决定于以知识产权为主要内容的核心竞争力,企业的快速发展也为企业知识产权管理提出了一个重要课题,就是如何切实保护好自己的知识产权,打造、提升核心竞争力,锻造市场竞争的利剑,为企业的发展壮大保驾护航。并且知识产权转让和知识产权许可的频繁发生,知识产权日益与国际贸易挂钩,从多方面影响着国际贸易的发展,知识产权本身也成为国际贸易的内容,即国际知识产权贸易。国际知识产权贸易的发展对世界经济的发展有着深远的影响。

复习思考题

一、名词解释

知识产权　国际技术贸易

二、单项选择题

1. 知识产权是一种________的权利。（　　）
   A. 无形　B. 非排他性　C. 公有　D. 非独占性
2. 技术对一国经济增长能起到很大的作用，我国技术进口至今已有________多年的历史。（　　）
   A. 80　B. 70　C. 60　D. 50
3. “丰田”、“海尔”是________商标。（　　）
   A. 证明　B. 等级　C. 制造　D. 文字
4. 商务谈判的中心是对________进行磋商。（　　）
   A. 质量　B. 价格　C. 利润　D. 知识产权保护
5. 委托方和受托方，这种称呼主要用于（　　）
   A. 权利的转让　B. 技术业务与技术咨询业务及相关合同
   C. 工业产权技术的许可合同　D. 专有技术转让合同
6. 专利权是以技术发明为（　　）
   A. 前提　B. 对象　C. 目标　D. 基础
7. 商标权是一种（　　）
   A. 专用权　B. 地域权　C. 使用权　D. 合法权
8. 下列属于我国禁止出口的技术是（　　）
   A. 我国特有的传统工艺和专有技术
   B. 在国际上具有首创或者领先水平的技术
   C. 对外承担不出口义务的引进技术
   D. 出口后将给我国对外贸易带来不利影响的技术
9. 里程碑式的支付方式也就是（　　）
   A. 一次性支付的总付方式　B. 分期支付的总付方式
   C. 提成支付方式　D. 入门费与提成支付相结合的方式
10. 制造单位的技术人员应该全面熟悉供方提供的（　　）
   A. 技术资料　B. 科技报告　C. 信息　D. 专利号

三、简答题

1. 专利权的特点是什么？
2. 鉴定技术服务与技术咨询合同应注意哪些问题？
3. 试述发展我国技术出口的意义与作用。

参考文献

[1] 贾恩卡洛·甘道尔夫. 国际贸易理论与政策. 上海:上海财经大学出版社,2005

[2] 冯宗宪,杨健全,张文科. 国际贸易理论、政策与实务. 西安:西安交通大学出版社,2003

[3] 海闻,P. 林德特,王新奎. 国际贸易. 上海:上海人民出版社,2003

[4] 詹姆斯·P. 豪克. 农产品贸易政策原理. 北京:中国人民大学出版社,1991

[5] 李月娥,李永. 国际贸易理论与政策. 上海:立信会计出版社,2005

[6] 查尔斯·范·马芮威耶克. 中级国际贸易学. 上海:上海财经大学出版社,2006

[7] 佟家栋,周申. 国际贸易学——理论与政策. 北京:高等教育出版社,2003

[8] 张相文. 国际贸易学. 武汉:武汉大学出版社,2004

[9] 赵伟. 国际贸易:理论政策与现实问题. 大连:东北财经大学出版社,2004

[10] 赵春明. 国际贸易学. 北京:石油工业出版社,2003

[11] 朱钟棣,郭羽诞,兰宜生. 国际贸易学. 上海:上海财经大学出版社,2005

[12] 丹尼斯·R. 阿普尔亚德,小艾尔弗莱德·J. 菲尔德. 国际经济学(第 4 版). 北京:机械工业出版社,2003

[13] 黄卫平,彭刚. 国际经济学教程. 北京:中国人民大学出版社,2004

[14] 罗伯特·J. 凯伯. 国际经济学(第 8 版). 北京:机械工业出版社,2002

[15] 保罗·克鲁格曼,茅瑞斯·奥伯斯法尔德. 国际经济学:理论与政策(第 6 版). 北京:中国人民大学出版社,2006

[16] 多米尼克·萨尔瓦多. 国际经济学(第 5 版). 北京:清华大学出版社,1998

[17] W. 查尔斯·索耶,理查德·L. 斯普林克. 国际经济学. 北京:中国人民大学出版社,2005

[18] 莫迪查·E. 克雷林. 国际经济学:一种政策方法. 北京:北京大学出版社,2004

[19] 陈家勤. 当代国际贸易新理论. 北京:经济科学出版社,2000

[20] 保罗·克鲁格曼. 克鲁格曼国际贸易新理论. 北京:中国社会科学出版社,2001

[21] 刘厚俊. 国际贸易新发展——理论、政策、实践. 北京:科学出版社,2003

[22] 熊性美,戴金平. 当代国际经济与国际经济学主流. 大连:东北财经大学出版社,2004

[23] 中国世界经济学会组编. 现代国际经济学理论发展综述. 北京:中国人民大学出版社,2006

[24] 陈霜华. 国际贸易. 上海:复旦大学出版社,2006

[25] 朱廷珺. 国际贸易(第 2 版). 北京:北京大学出版社,2007

[26] 罗伯特·C. 芬斯特拉(Robert C. Feenstra),艾伦·M. 泰勒(Alan M. Taylor).

国际贸易.北京:中国人民大学出版社,2011
[27] 程大中.国际贸易.上海:上海人民出版社,2009
[28] 杰伊·B.巴尼.战略管理——获得与保持竞争优势.上海:格致出版社,2011
[29] 梁秀伶,王虹.跨国公司管理.北京:清华大学出版社,北京交通大学出版社,2010
[30] 邹正方.世界贸易组织规则概论.北京:知识产权出版社,2009
[31] 张海东.世界贸易组织概论(第2版).上海:上海财经大学出版社,2010
[32] 石广生.中国加入世界贸易组织知识读本(一):世界贸易组织基本知识.北京:人民出版社,2001
[33] 石广生.中国加入世界贸易组织知识读本(二):乌拉圭回合多边贸易谈判结果——法律文件.北京:人民出版社,2002
[34] P.罗布森.国际一体化经济学.上海:上海译文出版社,2001

附　录

【选择题参考答案】

第一章

1. A　2. B　3. A　4. C　5. A　6. D　7. A　8. C　9. D　10. C

第二章

1. D　2. A　3. A　4. C　5. C　6. B　7. B　8. B　9. A　10. B　11. B

第三章

1. A　2. B　3. A　4. B　5. D　6. A　7. A　8. C　9. C　10. D　11. B　12. B　13. C　14. C

第四章

1. C　2. B　3. A　4. D　5. C　6. A　7. C　8. A　9. A　10. C　11. D　12. D　13. C

第五章

1. B　2. B　3. C　4. D　5. D　6. B　7. C　8. D　9. B　10. C　11. D　12. B　13. B

第六章

1. D　2. C　3. C　4. C　5. C　6. A　7. D　8. D　9. C　10. C　11. B

第七章

1. B　2. D　3. A　4. A　5. A　6. D　7. A　8. C　9. D　10. D

第八章

1. A　2. B　3. C　4. D　5. A　6. A　7. C　8. D　9. B　10. A

第九章

1. A　2. B　3. C　4. A　5. B　6. A　7. D　8. B　9. B　10. D

第十章

1. ABCD　2. ABC　3. ABCD　4. ABC　5. ABC　6. ACD　7. ABC　8. ACD　9. C　10. ABC

第十一章

1. C　2. A　3. D　4. A　5. A　6. C　7. A　8. A　9. A　10. C

第十二章

1. C　2. B　3. B　4. ACE　5. ACD　6. ACDE

第十三章

1. A　2. D　3. C　4. B　5. B　6. B　7. A　8. C　9. B　10. A